德国古典哲学研究译丛
主编　李秋零

守望者
The Catcher

德国哲学1760—1860：观念论的遗产

German Philosophy 1760-1860:
The Legacy of Idealism

[美] 特里·平卡德（Terry Pinkard）著
侯振武　译

中国人民大学出版社
·北京·

总　序

德国古典哲学，上承古希腊精神为源，下启西方现代哲学为流，巍巍然而成大观，堪称人类思想史上的一座丰碑。其享誉“古典”，绝非浪得虚名，可谓实至名归。作为理解和把握西方哲学发展的一个重要枢纽，德国古典哲学一直是哲学研究课题的重中之重。清末以降，随着西学东渐的历史潮流，德国古典哲学也开始受到中国学界的普遍关注。在20世纪下半叶，作为马克思主义理论来源之一的德国古典哲学更是得到了特别的眷顾。尤其值得一提的是，在德国古典哲学的影响下，中国思想界产生出的新哲学形态，独领一代风骚，贺麟、冯友兰、牟宗三等人的新儒学中，无不闪现着德国古典哲学的思想光芒。德国古典哲学遂成为中西哲学交流的一个重要关节点。

三十余年来，我国学界的德国古典哲学研究取得了长足的进步，呈现出新的景象。简言之，其一是逐渐摆脱了旧的“两军对垒”的“贴标签式”哲学史观，德国古典哲学不再简单地是马克思主义“哲学革命”的注释和作为资产阶级哲学而受到批判，而是作为人类思维的优秀成果得到了客观的研究，其杰出的贡献得到了充分的肯定。其二是翻译工作得到了加强，大量的德文原著被翻译成中文，一些旧的译本也得到重译，并且出现了不同形式的全集或选集，为深入扩展的研究奠定了扎实的基础。其三是研究的领域和主题也得到扩展，传统的主题得到进一步的加强，新的主题、新的角度不断涌现，在各种统计中，以德国古典哲学为研究对象的著作、论文所占的比例长盛不衰。乐观地估计，这种良好的势头仍将继续。

然而，我们仍不免有一些“缺憾”。其一是我们对德国古典哲学的把握依然是有短缺的。我国学界常说的德国古典哲学其实是四大家，即康德、费希特、谢林、黑格尔，其中尤以康德和黑格尔为重中之重。对费希特和谢林的研究尚且有亏，对哈曼、赫尔德、雅各比、舒尔茨、莱因霍尔德，以及与之紧密相关者如浪漫主义者荷尔德林和施莱尔马赫等人的研究就更无从谈起了，这使得我们的德国古典哲学研究虽不致有“盲人摸象”之毁誉，却总难免有“遗珠之憾”。其二是随着研究条件的改善和研究资料的丰富，我们的一些研究者却做起了桃花源里的田舍翁，不知有汉，无论魏晋。数十年来，国外的德国古典哲学研究依然在蓬勃发展，出现了许多著名的学者和著作，提出了不少新的问题，我们的一些研究者虽然孜孜以读康德、黑格尔的著作，却对国外的这些新成果、新动向视而不见，使得自己的研究无法与国际学界接轨、对话，成为一种实实在在的自说自唱。

有感于此，在几位热心的青年学者的策动下，我们组织了这套“德国古典哲学研究译丛”，其宗旨自然是向国内学界介绍国外的新学者、新成果和新动向。“译丛”的选题偏重于欧美但不限于欧美，基本上都是已经为学界所公认的著作，既有对特定哲学家的深入研究，亦有对德国古典哲学的全景式探讨。在组织“译丛”的过程中，我们聚集了一批有志于此的青年学者。他们大多具有海外留学的背景，甚至是直接师从于选题的作者。由他们来担任译者，无论是选题的确定，还是翻译过程中思想内容的领悟、语言的转换，“译丛”的质量都是有把握的。其中，四川大学哲学系的余玥君、梁中和君为确定选题、联系译者等等做了大量的事务性工作，为“译丛”最终得以面世做出了重要的贡献。蒙这些青年学者的抬爱和信任，推举我为这套“译丛”的主编，我殷切地希望，这套“译丛”能够得到学界、读书界的认可和喜爱，同时也希望有更多的有志之士参与和支持我们的工作，为我国的德国古典哲学研究做出应有的贡献，共同促进我们的哲学事业繁荣昌盛。

李秋零

2017 年 11 月 9 日

于中国人民大学人文楼书斋

献给苏珊

致　　谢

最初是剑桥大学出版社的希拉里·戈斯金建议我写这本书的。如果没有她的鼓励，本书是不可能完成的。在本书的写作过程中，她在改写原稿方面也提供了很多有益的建议，在此一并致以谢意。 ix

在原稿中，我引用了罗伯特·皮平的几篇文章，但他的影响远不是任何脚注能够说尽的。在这些年的交谈中、在我们共同教授的课程中，我们一直在探讨相关主题。关于如何改善本书思路，我从他的建议、论证和观念中学到了很多。我从我们之间的相互交谈以及共同教授的课程中所吸收的，比那些涉及他的已出版著作的脚注（就算这种脚注是无限多的）所能够包含的要多。

弗雷德·拉什也阅读过本书原稿，他的评注是无价的。

苏珊·平卡德给予我的不仅仅是支持，当我试图弄明白如何沿着历史的方向来展开我的论述时，她还给我提供了来自历史学者视角的帮助。没有她，这本书是不可能完成的。

缩略语

Briefe	G. W. F. Hegel, *Briefe von und an Hegel*, ed. Johannes Hoffmeister, Hamburg: Felix Meiner Verlag, 1969, vols. 1—4. x
HEW	G. W. F. Hegel, *Werke in zwanzig Bänden*, eds. Eva Moldenhauer and Karl Markus Michel, Frankfurt am Main: Suhrkamp, 1971.
KW	Immanuel Kant, *Werke*, ed. Wilhelm Weischedel, Frankfurt am Main: Suhrkamp Verlag, 1977, vol. 1.
Schellings Werke	F. W. J. Schelling, *Schellings Werke*, ed. Manfred Schröter, Munich: C. H. Beck und Oldenburg, 1927.
SW	J. G. Fichte, *Sämtliche Werke*, ed. Immanuel Hermann Fichte, Berlin: Walter de Gruyter, 1971.
WTB	Friedrich von Hardenberg, *Werke, Tagebücher und Briefe*, eds. Hans-Joachim Mähl and Richard Samuel, Munich: Carl Hanser, 1978.

目　录

第二部分　继续的革命：后康德派

第三部分 完成的革命？黑格尔

第四部分 反思中的革命

导言："德意志"与德国哲学*

一

1763 年，作为"第一次世界战争"称谓竞争者之一的"七年战争" *1*
结束了。这场战争在世界范围内的影响是显而易见的——法国除了因战争而遭受巨大的财政损失之外，还被英国赶出了北美和印度，并且再也没能恢复其领土——但奇怪的是，这场战争开始于并主要是在"德意志"境内进行的，其中一个重要结果是，德意志的普鲁士**国家**转变为（或者可以说仅仅是被确认为）欧洲列强之一。不过，很难说这对于"德意志"来说意味着什么，因为正如许多历史学家已经指出的，在那时，"德国"尚不存在，所谓的"德意志"不过是逐渐衰落的"德意志民族神圣罗马帝国"中讲德语的那部分的简称。至 18 世纪，曾经在中世纪和文艺复兴时期作为商贸中心的"德意志"（简称意义上的），已经变成欧洲舞台上的一个小角色。随着发现欧洲人所称的"新大陆"的航海活动以及在这片土地上的积极殖民，贸易转移到北大西洋，"德意志"早已大大丧失其经济活力。在三十年（1618—1648 年）战争中遭受了巨大的人口损失之后，按照 1648 年《威斯特伐利亚和约》的条款，"德意志"被分割为一系

---

* 按照平卡德的观点，在德意志第二帝国成立（1871 年）之前，没有真正意义上的"德国"（即德意志国家）。因此，本书所论的 German philosophy，严格来说应译为"德意志哲学"，但考虑国内学界惯例，依然译为"德国哲学"。除此之外，在指 1871 年之前的 German 和 Germany 时，则分别译为"德意志（人）的"和"德意志"。脚注均为译者注，以下不一一列出。——译者注

列的诸侯邦国，它们有的相对大些，有的则和村庄一样小。这些诸侯邦国只是因名义上属于并受神圣罗马帝国的权力与法律保护而聚合在一起，而后者不过是一个古老的笑话，它既不神圣，也不罗马，更非帝国，因此它不是一个国家、联盟或条约组织，而完全是一个我们今天的政治术语难以描述的、完全自成一类的政治实体。从其早期现代历史来看，“德意志”很大程度上甚至并不是指一个文化整体；恰恰相反，它的主要特征是，在宗教上分裂为新教地区与天主教地区，所有的战争和对抗都源自这一分
2 裂。无论是新教的“德意志”人还是天主教的“德意志”人，都不认为他们共享一种共同文化；他们至多共享了一种（各式各样的）语言，并且只是偶然地在地理上相邻。

因此，在那一时期，“德意志”必然会被置于引号当中，因为那时实际上根本就不存在“德国”。“德意志”变成德国只是后来的事。

然而，自 1781 年开始，德国哲学在一段时期内统治着欧洲哲学，它不仅改变了欧洲人甚至实际上也改变了整个世界关于自身、自然、宗教、人类历史、知识本质、政治以及一般人类理智结构的理解。德国哲学从一开始就是备受争议的，它总是难以被理解，并且几乎总是被称为**德意志的**——比如 1816 年威廉·哈兹里特在评论弗里德里希·施莱格尔的著作时，一开篇就写道：“这本书是德意志的”——并且清楚的是，“德意志的”这个词，有时候用于意指深层含义，有时候仅用于意指表面含义，而有时候则用于指责作者试图通过将某种“深层含义”掩藏在反启蒙主义语言中，以华而不实的方式将这种含义赋予自己的作品[1]。不过，“德国”在当时并不存在的事实表明，几乎不可能诉诸它是“德意志的”（its being “German”）来做解释，似乎“是德意志的”（being “German”）这一点不能独立地解释这一时期德国哲学的发展。如果没有别的什么含义，那么在这一时期，被视作“德意志的”东西就是那种人人随意可用的东西，是由作家、政治家、宣传员，当然还有哲学家所发展和争辩的东西。

但是，“德意志的”哲学家们在这一时期所提出的问题，依然是我们自己所必须面对的。在此期间，我们在如何讨论这些问题方面也许已经变得更有经验，已经更为清楚地知道对他们的问题的何种重复或回答又带来了新问题。尽管如此，他们的问题依然是**我们的**问题，因此，德国哲学依

然是**现代**哲学的本质部分。那么，德国哲学与"德意志"的关系是什么？

二

思考"德意志"变为德国的过程是吸引人的，因为18世纪末，这里的哲学、文学与科学出现了知识"大爆炸"，并且由于文学和哲学的发展，"德意志"成为文化上统一的德意志（或将自己视为一个文化统一体）。3
1810年，斯塔尔夫人（Madame de Stael）在其著作《论德意志》中认为，德意志是诗人与哲学家的国度，诗人与哲学家在思想中实现了他们在政治现实中所不能获得的东西。因此，"不关心政治的"德意志人的印象进入诗与哲学的玄虚世界当中，这一点变成德意志之外的人的主要观感，以至于从那时起，甚至许多德意志人自己也接受了这种关于他们的文化的看法。

然而，这种观点，即便说不是一种明显的错误，那也是一种严重的误解。在这一时期，他们绝不是"不关心政治的"，他们在实践上或政治上也不是无动于衷的[2]。实际上，他们当时正经历着向现代生活的剧烈转变，而这影响了他们对所有事情的理解。为了理解德国哲学，我们必须谨记，如黑格尔所言，真理是整体，观念和社会结构不能被截然区分为两个不同的部分，并且它们是相互从属的，有时会相互适应，而有时则会相互对抗并引发某种改变——而且"改变"在当时的"德意志"的确是流行的。为了理解德国哲学，至少要部分地理解这一"整体"以及**它**偶然所具有的形式为何最终对于**我们**来说具有普遍意义。为了明白这一点，我们可以描绘——即便仅仅是简要地——这一时期"德意志"所面对的问题，以及它们所引起的明显张力。

18世纪中期，"德意志"正在经历着人口的快速增长和向商业化农业的转变，并且经济开始受到扩张主义力量的第一次微弱拖拽，而这种力量在欧洲其他地区也已经起作用了。然而，"德意志"的政治现实和社会现实，就其核心而言，是独特的并且是十分不稳定的。在部分地区，三十年战争的影响是毁灭性的；例如，符腾堡（黑格尔的出生地）的人口数，从1622年的445 000锐减到1639年的97 000[3]。对这一区域的经济的影响更是糟糕；由于贸易转移到北大西洋，德意志的经济已经遭受了打击，

在战争的影响下甚至濒临崩溃。战争也使得对抗脱离了纯粹新教/天主教
4 主题，转变为联合反对皇帝的各个邦国君主对于领土的关切（因此神圣罗马帝国的效力，甚至最终其是否存在都是成问题的了），由此，帝国丧失了权威，而各诸侯邦国的统治者们的权威则得以加强。

在那一时期，各邦国君主开始索取更多的金钱，来保持像法国人那样的宫廷生活（除了担负军事开支之外，他们相信自己需要这么做）；许多德意志邦国君主尽可能地效仿凡尔赛宫，举行舞会，建设奢靡的宫殿，供养大批朝臣，资助宫廷艺术，等等。宫廷生活是需要大量开支的，因此那些君主们就开始寻找更为高效的方式来控制他们的领地，征收税赋，并推动经济增长。这日益要求（至少在最初）一个相对高效的官僚机构，它能够以最新的管理技术来有效地管理邦国事务。最终，统治者们看到了大学——德意志境内之所以有很多大学，是因为各个邦国君主都希望能够确定，他自己的大学培养出了持有正统观点的合格牧师和能够管理他的领地的合格管理者。

邦国君主们越来越相信他们的官员的如下说法，即只有凭借最现代的、日新月异的社会理念和政府理念，才能实现他们的专制统治的新目标，才能实现宫廷统治，此时，那些压力反过来就为逐渐将启蒙思想引入德意志开辟了道路。然而，同样是这些压力，它们也有助于保障与强化这些统治者无视法律来进行统治，并有助于他们逐渐敌视传统和继承下来的权利等所有要素，他们的启蒙了的顾问们告诉他们，这些要素妨碍了他们对财富的更大规模的索取，而这种索取是为了维护他们那为数众多的迷你凡尔赛宫。但是，他们对于推动经济增长（它有可能建立起独立的权威中心）并不怎么特别感兴趣，他们的官员对其他群体获得比自己更多的社会地位或权力也不怎么特别感兴趣。这种环境严重地限制了经济增长的可能性，以及出现独立的、创业型的中间阶层的可能性。因而，从英法传来新的启蒙理念、人口出现增长（例如，到 1740 年，符腾堡的人口数已
5 经恢复到了 472 000）的同时，经济虽然稳步增长，但却不能应对急速扩张的人口[4]。因此，经济不能为所有那些打算进入大学或神学院的年轻人提供充分的就业机会，他们进入大学或神学院是想受到那些启蒙理念的训练，并希望将来能够找到一份合适的职业。

让事情变得更糟的是，三十年战争之后，国家实际上掌控了所有需要学识的职位的聘用，这就意味着，所有这类职位将几乎完全依赖于上层的资助。（只有屈指可数的非贵族出身的年轻人能够依靠家族财富或独立职业而外在于国家聘用体制。）然而，启蒙运动使这些年轻人明白，他们之所以受教育、受训练，本质上是为了使对事物的管理变得统一、有序与合理，由此，他们所组成的官僚机构同君主权力的专断恣意之间的矛盾愈益尖锐，而后者当然一直是最初聘用这些官僚的唯一资助来源。实际上，管理者被训练成“恩将仇报”之人，而且并不奇怪的是，他们一般来说更愿意接受统治者的供养，而不喜欢“恩将仇报”以及随后而来的失业所可能带来的愉悦。这并没有消除矛盾，反倒使抉择变得越发清晰了。

所有这些发生在政治和文化上完全彼此独立的“德意志”诸邦之中。如果从“德意志”的一个地区到另一个地区旅行，那完全就是出国；在这场旅行中，法律变了、方言变了、服饰变了，如此等等，不胜枚举；道路糟糕，不同地区之间的交往困难（并因此很少来往）；通常，一个人要想旅行的话，那他必须申请通行证。“自由”（liberty）依然是一种旧制度（*ancien régime*）语境中的自由，也就是说，它还不是一种普遍“权利”，而是做某种特别的事的“特权”——例如使用铁钉的特权或从特定保护区收集木头的特权，并且依赖于它所适用地区的区域性。因此，一旦脱离了特定区域，那么就完全不可能有什么“权利”了。“特殊主义”（即属于某一特定区域并封闭于其中）的观念同新兴的启蒙运动观念发生了碰
撞，后者主张，只有合理化和“普遍主义”才能为“特殊主义者”即君 6
主提供继续赞助有学识职位所必需的资金。

这伴随着一种相当强烈的脆弱感，这种感觉表现在当时德意志人生活的各个方面。在这时，男子通常是在 28 岁结婚而女子则为 25 岁，但是，只有大约一半人口能够达到这个年龄，并且只有 4% 的人口能够超过 65 岁。不断增长的贫穷和真实的（不仅仅是比喻意义上的）无家可归的威胁笼罩着大部分“德意志人”，特别是穷人。在这一背景下，只有本地公社和家庭才能提供免受周边世界之威胁的保护，而代价则是社会从众性（social conformity），到了 18 世纪末，这种从众性变得令人窒息。在那个世纪，唯一的出路似乎只能是走出去，移民到“新世界”去，到欧洲其

他地区去（特别是东欧或土耳其）。除了那些前往“新世界”的人以外，还有许多人从德意志或欧洲的一个地区移居到另一地区，一旦人们走出故土并丧失公民权，他们特别容易受到各种危险的威胁。

三

因此，18世纪中期的德意志被一些特别根本性的内外矛盾困扰着。一方面，它的社会是四分五裂的，充满了危险，死亡率居高不下，它要求上文提及的那种从众性观念，这一观念对于很多人来说，相较于其他充满危险的生活，依然是唯一舒适的生存方式，但对于另一些人来说，这种观念日益变得令人窒息而不是令人安心。胸怀抱负的官僚及其子女能够感觉到新风徐来，但在他们面前似乎并未发生什么变化。并非意料之中的是，旧俗已经崩塌，即便它们看起来依然稳固，例如：无论是这一时期的欧洲还是北美，私生子迅速增多，年轻人（他们因延迟结婚而失意）经常要面对未婚先孕的问题（并且，就像以前一样，最终是女方承担怀孕的所有花费，而这并没有给她们带来她们所渴望的婚姻）。在美国，对看似无限的新土地的预期经常能够给身处农业社会的年轻人提供出路；需以婚姻
7 为保障的怀孕为心有不舍的父母解决了问题，新人们能够开始在自己的土地上携手创造他们自己的未来。然而，在德意志，这根本是不可能的，这只是加剧了已经在起作用的社会矛盾。对于很多人来说，这意味着青年时期长期依赖家庭；而对于另外一些人来说，这使得假定的未婚夫（妻）找到了借口，以此回避了希望他们承担的责任。

对于迅速成长的管理阶层以及希望加入其中的人们来说，“阅读俱乐部”如雨后春笋般涌现出来，这甚至引得某些保守的观察家惋惜地说道，他们看到了一种新的疾病——“阅读癖”（*Leseucht*），而某些人是特别容易受到“感染的”（典型的是，对主人缺少敬畏之心的仆人，与当时风俗格格不入的妇人，当然还包括易受影响的年轻学生）。特别是小说，它们使得年轻人能够想象一种新生活，它不同于他们正在过的或他们命中注定要过的那种生活，并且，小说使得年长之人能够聚在小屋和阅读社团中，讨论那些抨击专制君主之权威、颂扬有学识职位之美德的材料。旅行文

学——它能够训练人们去想象不同的生活方式——变成了一种自我崇拜。在这一时期，欧洲德语区的书籍出版增长速度要快于其他地区——这不仅预示着阅读能力在增长，而且预示着人们正在从书中寻找**更多的**东西。三十年战争的破坏导致书籍出版大幅度下降；然而，如罗伯特·达恩顿所指出的，至1764年，莱比锡新书条目已达到战前水平，约1 200条，至1770年（在这一年，黑格尔和荷尔德林出生了）则增长到1 600条，在1800年已经达到了5 000条[5]。

"阅读俱乐部"这一新兴文化并不是"宫廷"文化，但它也不是"大众"文化。它是一个新兴群体的文化，这一群体并不将自己视为贪图享受的，而是认为自己是有教养的、受过教育的，并且最重要的，是**自我指导的**。它的理想凝结在*Bildung*这个德语词当中，这个词指的是以受过教育的、有教养的、有修养的方式掌握事物；一个拥有*Bildung*的男人或女人，不仅仅是有学识的，而且也是一个拥有良好品味的人，能够完全以受过教育的方式掌控其周边世界，并因此能够"指导自己"，而这与先前的从众性压力是格格不入的。获得*Bildung*也不仅仅是受过教育；一个人如果仅仅是"受过教育的"，那么从消极的意义上可以说，他（或她）是通过死记硬背或通过获得模仿现成观点的能力来学习的。然而，成为一个拥 8
有*Bildung*的人所要求的是，他（或她）**使**自己成为一个拥有良好品味和智识的人。这个拥有*Bildung*的男人或女人就是一个阅读俱乐部的理想成员，他们共同确信他们组成了一个"公共领域"（*Öffentlichkeit*），即一群人共同地并且自由地就文化、政治和社会事务做出善恶判断。摩西·门德尔松（德国启蒙运动的关键人物）在其1784年的获奖征文中甚至将启蒙运动本身等同于*Bildung*。

在此语境中，*Bildung*的理想很容易与德意志及欧洲其他地区新兴的情感主义宗教（emotionalist religion）结合起来。宗教改革提倡质疑教会权威，但是，当宗教战争和三十年战争尘埃落定时，宗教改革实际上最终只是为了支持它自己和其他一些东西而取代了一个教条主义权威。德意志的战后解决方案（它允许各地君主决定在其统治区内哪种宗教能够成为国教）产生了矛盾的效果：一方面，它进一步打破了教会声称具有的、先前自己假定的绝对权威；而另一方面则正式确认，这种权威更为稳固地进入社会结构当中。这种解决方案使得一种特殊的正统对于每种区域性来说都是强制性的，因而其不过是预示着基督教的分裂，而且变得更为清楚的是，“基督教”再也没有必要只用一个声音来播撒福音。显而易见的结论是，要决定基督教之真实“意谓”，那就需要进一步的反思，并且据此，许多基督徒接受了奥古斯丁的建议，转向内心去寻求那已被遮蔽的“真实的”基督教之音，它或是沉默无声，或是被教会弄得支离破碎。许多新教思想家建议人们，要想更好地发现上帝的在场及其意志，那就要去省察内心而不是阅读神学著作。（在天主教区域也发生了类似运动。）在德意志的许多新教地区，这采取了众所周知的虔信派的形式，它颂扬对《圣经》的群体式阅读，主张将个人与群体反思对“内心”的偏离作为自我改善的方式，并倡导关注社会改革，因为宗教改革在教会内部已经（部分地）展开了。虔信派也教导人们去自我反思，这种反思集中表现为坚持写日记，与他人讨论自己的经验，坚守原则，简言之，就是要学会看
9 一个人是否根据上帝的意愿来**指导**自己的生活。

17 世纪时，莱布尼茨曾主张，由于上帝是完善的，这个世界必然是“所有可能世界中最好的”。内含在莱布尼茨学说当中的这种完善观念逐渐成为一种正统，而这要归功于克里斯蒂安·沃尔夫在德意志对这种观念的发展和整理。世界的“完善”及其相应的“和谐”甚至导致了新世界的创生——“乐观主义”，并且，在 1775 年，柏林科学院给关于此主题的一篇征文——《一切都是对的》——颁了奖。随后不久发生的里斯本大地震促使伏尔泰写就了讽刺整件事的小说《天真汉》，并且此后，如下观点越来越站不住脚：世界中的一切都处于其所应在的秩序当中。

然而，这种思路并非仅仅自以为是地断言世界是它应当所是的样子。在世界当中寻找上帝的完善意味着反思上帝对世界的**爱**，这反过来逐渐开始打破某些基督教思想家（特别是加尔文教派）所呈现的人类本性的阴郁形象，并有利于如下观点，即世界的瑕疵可以当下补救，而不必等到死后。因而，根据新兴的思路，基督徒的义务是根据上帝的爱来改造世界，并且，为了做到这一点，基督徒必须脱离正统，甚至大大脱离基督教的唯智主义神学，而聚焦于他们自己“内心”当中的真理，为的是在地上实现上帝之国。世俗的启蒙运动强调同情和同感，因此很好地与虔信派教

徒的宗教观念——依据我们的上帝对世界的爱来行动——融合在一起，二者（虽有冲突）都符合如下观念，即一个人应当通过变得有教养、通过坚守道德原则来指导自己的生活。因此，“阅读俱乐部”以及那些在大学中受过教育的青年男女，与将 *Bildung* 视为自我指导、将主体性视为自我反思的观念相结合，产生出了作为自我指导的宗教**情感**。这种混合导致了一种稍显混乱但依然坚定的自我理解模式，这种模式至多是不牢靠地适应那个破碎的、专制的、从众者似乎命中注定地生活于其中的世界。

这里的问题不仅仅是上升的期望未能为社会条件所确认，也不仅仅是经济力量或阶层压力迫使人们去改变自己的方式以适应新的生产模式，毋宁说，这一时期德意志的青年男女发现自己身处一个实际的生存困境当
中：他们中的许多人再也不能**是**那种能够舒适地适应社会环境的人，因 10
此，对于他们来说，他们要**成为**何种人的问题日益清晰地摆在面前。随着古老秩序的规范性力量缓慢地消逝在他们背后，青年一代（特别是 18 世纪 70 年代成年以及此年代早期出生的人）开始相信，他们正经历着一种史无前例的生活，他们试图找寻一系列新的意义，这些意义将会把他们的生活锚定在那算不上美好的新世界当中。

四

出于完全偶然的原因，这一时期的德意志人恰恰要面对我们现在所称的“现代”问题。对于他们来说，传统的力量、经文的力量，甚至一般的自然与宗教的力量都已被动摇了，这些东西在过去提供给他们的方向，无论是怎么样的，都似乎是子虚乌有的，或是有待争取的。当然，他们绝不希望简单地放弃诉诸经文或传统；相反，他们发现，坚持那些东西需要某些其他的证据，而不是那些东西本身；他们发现，传统的权威和现存的宗教不再是自明的或自证的。这里的问题不仅仅是，对于新生代来说世界变得日益复杂，以至于他们需要比他们的父母更加具有辨识力；问题是，他们的社会世界本身已经改变了，**他们**已经改变了，因此要想求助过去曾为他们的祖先解决过问题的事态——“人人各得其所，各安其位”这种

相当古老的、“德意志的”特殊主义的“家乡”观念——再也行不通了。似乎已经固定的东西，看起来已开始变成可改变的习俗，或至多是某种人们“放置”在世界当中的东西，而不属于永恒的事物结构。留给他们的是他们“自己的生活”，他们发现自己“被要求”去做的事情就是过他们自己的生活。然而，这只是向他们提出了一个新问题：什么样的生活是“自己”的生活？

在试图解释他们的世界的过程中，他们发现，围绕着他们的制度与实践几乎不能给他们带来什么帮助，因为他们不能“发现”自己或“看到”自己反映在那些实践当中。因此他们开始变得“无家可归”；对于他们来说，本地性（locality）——它曾经建构了他们的祖先的生活——所带来的安慰不再是**直接地**在那里的。不过，在没有指导或引导的情况下，他们也没有发现自己；他们依然生活在古老的、被决定了的社会当中，这个社
11 会开拓出了特殊的角色让他们去扮演。因此，在他们的生活中，他们呈现出一种二元性：一方面，一种对他们所应做的事情的意识（有时是令人窒息的），一种认为他们的生活道路已经向他们展示出来的观念；另一方面，另一种同样引人注目的意识是，他们不是被预先确定的社会道路所“决定的”，他们必须过“他们自己的”生活。所有这些向他们提出了一个既是**道德的**又是政治的紧迫问题：在维持对自身的这种异化的、“二元的”立场的同时，如何生活，如何守信于他们的家人、朋友、社会环境，甚至有时还包括他们的宗教。

因此，“德意志”身处一种革命情势当中，虽然实际上没有人要求革命。有一种明显的感觉是，事情必须改变，但没有人能够确定，这种改变应当采取何种形式或这种改变应当在哪里首先发生。人们感觉到，过去已不足以作为独立的引导者，他们必须为前行过程中出现的史无前例的问题提供补充答案。

并不奇怪的是，对那几代人来说，卢梭是相当具有吸引力的。他的观念与他们所经历的一切发生了共鸣：首先，我们是因文明而“堕落的”（因宫廷文化及谄媚的朝臣，每个人都是关注其他人在做什么来决定模仿谁，每个人都指望隐喻意义上的社会规则——书籍——来引导自己的行为）；其次，我们应当努力摆脱这种社会桎梏而成为“自然的”，应当在

我们的生活当中去找寻真诚性从而成为自我指导的，应当留意我们的情绪，它是我们生活的更为“自然的”引导者。特别是在德意志，人们充满激情地崇拜情感和感性。由于对他们自己及其社会世界的那种二元的、分裂的意识——后来的德国观念论者将之称为二重化（*Entzweiung*），人们表达这种崇拜的方式之一是培育一种真诚的感性，留意属于他们自己的东西，这**独立于**从众者、**独立于**宫廷和官僚的虚伪造作的世界，虽然这世界已经包围或不可避免地等待着这些人。他们自己的“自身关系”——他们对他们的生活要往哪里去的理解，他们对应当如何适应为他们制定的计划及更庞大的体制的意识——似乎是由社会系统从外部给予他们的，该系统安排了他们的生活计划并严格规定了他们所扮演的角色。他们因如下这种压迫性的思想而烦恼，即他们不仅不能在他们既定的社会领域中去期待过他们“自己的”生活，而且不能接管那些“继承下来的”生活；属于他们自己的东西必须是“自然的”，必须处于他们独自能够培育并且能够真诚回应的“情感”领域当中。 12

在这种情况下，对情感和感性的崇拜似乎给了他们在自己的生活中开拓（或从他们自己的视角来说是“发现”）空间的力量，在其中，每个人让自己同自己及他人直接发生关系——每个人都与自己和其他人有关，因为他们是“真实地、独立地存在着”，而不仅仅是因为社会或家庭为他们做了计划；在这种情感化的自身关系模式中，每个人同样也与自然发生关系，其媒介是某种属于他们“自己的”东西，而不是社会能够从他们那里调用或强加给他们的东西。因此，要成为“自然的”并与他们的“感性”保持联系，那就要**独立于**他们感觉与之格格不入的社会期望。这种看待自己、他人与自然的方式，似乎（至少对于许多人来说）是操控甚或调解自己与看似不可改变的秩序之关系的方式。

世界会被改变吗？当时占统治地位的哲学即沃尔夫主义（它是莱布尼茨思想的体系化）传递出这样的信息：当前的秩序不仅是统治权命令事物的方式，而且它本身也是世界自在地必然**不得不成为**这个世界的方式。这一哲学还宣称，我们最好将国家视为一个在理想状态下按照原则运转的“机器”，它因运用启蒙了的财政学说而是高效透明的，这些学说是由受过良好训练的管理者来运用的。同样，“启蒙了的”神学告诉它的受众要摆脱低俗的迷信，要从被视为公正理性的世界的视角出发看待每一事物。因此，启蒙了的神学认为侍奉统治者就是侍奉上帝。在德意志早期的“启蒙运动”模式中，接受“启蒙了的”神学家和管理者的指导、建议的专制君主们所经营的世界，将会接近于一个完善的世界，即便是有罪的人也渴望产生出这样一个世界。每一事物都各安其位，并且恰恰是其必然所是。

五

这个世界被一场具有煽动性的震动所撼动，其标志是23岁的约翰·沃尔夫冈·冯·歌德出版了书信体小说《少年维特之烦恼》①。它在德意
13 志乃至整个欧洲引发了一场风暴，它使得这位年轻作者一举成名，甚至可以说成了最伟大的文学大师（所有人都想见到他并询问他的经历与书中所描绘的事件的关系）。据说，它在欧洲引发了一代又一代的大批自杀事件。故事的框架是相当简单的：一个叫维特的年轻人爱上了一个叫夏洛特（绿蒂）的年轻女子，而她已与另一个男人订婚了，这个男人正是维特的朋友；他的爱（尽管绿蒂回报了他）是命中注定的，世界（包括社会世界和自然世界）对他自己的遭遇的无动于衷和绿蒂的心都困扰着他，以至于他发现，他只有用绿蒂丈夫的手枪自杀才能摆脱这些烦恼；一位“编者”收集了他的信并在出版时做了少量的评注。（这部书既有作者的亲身经历和真实的人，也有为增强吸引力而单纯虚构的情节——人们想知道的是，故事在多大程度上是“真实”发生过的。）

真正触动当时读者的（尽管它现在让人觉得有些古怪，但其思想之开放依然能促使今天的年轻读者去欣赏它），是它完美表达当时气氛的方式及对这种气氛的评注，这种方式似乎是发自内心的。维特被表现为一个

---

① 德文版标题是“Leiden”，这不仅仅是指烦恼（sorrows），也指“遭遇”（sufferings），并且用来表示基督受难（Christ’s passion）。在这本书的标题所唤起的神学语境中，基督“受难”几乎从来不能被替换为烦恼。据此，作者将英译标题改为 *The Passions of Young Werther*。不过，考虑到国内惯例，仍译为《少年维特之烦恼》，简称《维特》。

践行情感和感性崇拜的人，他经历着来自他周边的社会世界的异化，并最终发现，如果不能满足感性，那么生活就是不值得过的（或者毋宁说，他或绿蒂的丈夫，有一个必须离开）。也就是说，维特实际上**就是**他自己的读者，他反馈给读者们的，是他们自己（无论是多么不完备地）正在主张的东西。与他们一样的是，维特也完全沉浸于情感和感性的"风俗"或"风尚"当中；而与他们不一样的（或者毋宁说，与他们中的一部分不一样的）是，维特完全沉浸其中，以至于他只能从中得出唯一符合逻辑的结论：面对不可改变的失败，他只能自杀。

读者同样沉浸在那种"风尚"当中（否则这部书就不会那么吸引他们），但在读这部书时（"编者"所谓的客观性起到了相当巧妙的辅助作用），他们同时远离了它，因此，当他们读它时，并未完全沉浸其中。因此，《维特》所起到的几乎史无前例的作用，实际上是引入或至少让人们充分意识到，关于读者身份的意识是二元的，意识到，他们一方面**是**主角，而另一方面，通过阅读他的经历，他们又**不是**主角。由此揭示出的是，对情感和感性的崇拜（这本应解放他们，或至少给他们提供一个独立于他们所处的异化了的社会环境的支点）恰恰是异化的，它背负着一 14
种二元意识，而这是它本应让人们摆脱的那种事态。对情感本身的崇拜使得人们相信，尽管他们注定要过官僚般麻木同质的生活，但每个人都能发现情感和主观感性的"内在"支点，它独立于那种麻木的"外在"现实，并使他们能够摆脱这种现实，即使他们不得不顺从于这种现实；《维特》展现给他们的是，情感风尚（及其相伴随的虚伪，即人们为了与时俱进而假装出情感主义）本身是自我毁灭性的，在向他们表明这一点的同时，它使人们远离了这种风尚，不过并没有在他们的经验中取消它。《维特》不是一部说教小说；它最终并未鼓吹某种道德，也没有勾画出什么才是正确的生活方式或什么能够取代一种分裂的（*entzweites*）生活。它只是使它的读者明了**他们是**谁，以及**这意味着**什么。（令作者感到恐惧的是，某些读者显然接受了维特的结论，因而以溺水、跳桥或吞枪的方式来自杀，而在他们赴死之时，都带着一本《维特》。）

我们不能说《维特》完全凭一己之力引起或促成了公众的意识的改变（或者用观念论者的术语来说是自身关系的改变）。然而，它的确已经详尽地体现并巩固了一种观念、一种气氛，并给予其具体形态。不过，对于它的读者来说，它以一种震撼人心、扣人心弦的方式提出了那个时代的核心问题：人们如何过“自己的”生活？什么样的人是“现代”人，或者更直截了当地说，什么样的人是现代德意志人？

然而，《维特》的流行所带来的眩晕只持续了数年就消失了。在《维特》成功之后，再也没有能如此吸引人的作品跟上；歌德（至少在最初时）没有在其成功之后拿出同样令人兴奋、扣人心弦的作品，尽管他继续写作并享有文学名家的美誉，但没有哪部作品能够取代《维特》（或发展《维特》的内涵）[6]。《维特》所带来的大爆炸似乎就仅止于此了；在德意志人的生活中，能够主张同样权威或启示的东西，似乎连影还没见
15 到。《维特》所阐明并激起的对错位的不满和生存论理解并未消失；但是，它提出的关键问题依然没有答案，似乎没有什么能够给人们提供手段去开始建构看起来像答案的东西。

革命显然已在酝酿之中，但它还不是，当然看起来也不可能是一场政治革命（至少最初是这样）。毕竟，“德意志”生活的压迫性似乎还不足以激起人们的反抗。在支离破碎的“德意志”，没有单一的朝廷、单一的教会，甚至也没有可以归属责任的单一经济。没有关押对“德意志人的”生活持异议者的“巴士底狱”。有的都是非“德意志人的”生活——只有撒克逊人的生活、普鲁士人的生活、法兰克福人的生活、斯瓦比亚人的生活，如此等等。然而，《维特》使人们认识到，尽管如此，一个观念正在全“德意志”，甚至可能在全欧洲酝酿，这就是事情（things，这里用的是其最宽泛的含义）必须改变。然而，当时官方的沃尔夫哲学所证明的是，“事情”必须以符合事情自在之本性的方式而存在。分裂的意识，即人们自己生活中的二元性，似乎是必然的结果，这种意识不是关于偶然调整的意识，而是关于事物自在地必然所是的方式的意识。

1781年，事情的确改变了。在柯尼斯堡（普鲁士的发祥地，在神圣罗马帝国版图之外），苏格兰和英格兰启蒙运动的中心建立起来了，它是那里进行着的大三角贸易（the great merchant trade）的衍生物。不列颠海军所关心的是，它从哪里可以获得能在硬度和韧性之间保持良好平衡的木材用来制造桅杆，这使得不列颠与波罗的海沿岸之间建立起了广泛的木材

贸易联系，而这场贸易正是从柯尼斯堡发端的。在柯尼斯堡，大量的不列颠移民推动了苏格兰启蒙运动思想逐渐同德意志思想相结合，而这恰恰是在古老的神圣罗马帝国确立的边界之外发生的。由这种结合开始，接下来的是雷霆闪电，它打击并有效地摧毁了整个华丽的形而上学体系，一般认为这种体系支持着整个“德意志的”体制。在推翻旧形而上学的过程中，它将一种新的理念嵌入词汇表中，现代德意志人和欧洲人根据这一理念来谈论他们的生活，这就是“自我决定”。康德之后，一切都不再一样了。

注释：

［1］彼得·格雷引用了哈兹里特的这句话，参见 Peter Gay：*The Naked Heart*（New York：W. W. Norton，1995），p. 40。

［2］关于“不关心政治的”德意志人这一虚假看法的深刻批判，可参见 Frederick Beiser，*Enlightenment*，*Revolution*，*and Romanticism*：*The Genesis of German Political Thought 1790—1800*（Cambridge，Mass：Harvard University Press，1992）；David Blackbourn，*The Long Nineteenth Century*：*A History of Germany*，*1780—1918*（Oxford University Press，1997）。

［3］这一数据来自 Mary Fulbrook，*A Concise History of Germany*（Cambridge University Press，1990），p. 64。

［4］关于符腾堡的数据，参见 James Sheehan，*German History*：*1770—1866*（Oxford University Press，1989），p. 75。

［5］Robert Darnton，“History of Reading，” in Peter Burke（ed.），*New Perspectives on Historical Writing*（University Park：Pennsylvania University Press，1992），p. 144.

［6］唯一可能与之比肩的是席勒的戏剧《强盗》，它的主题是个人美德、反抗压迫以及对恰当责任的意识；尽管席勒的戏剧相当流行，但它并未像歌德的作品那样充分体现公众的想象，因为它没有像歌德的作品那样充分体现公众的**心境**。

第一部分　康德与哲学革命

第一章　哲学革命（一）：人类自发性与自然秩序

自由与批判 19

18 世纪后期，康德的第一部主要著作——《纯粹理性批判》（以下简称《批判》）——在德意志的所有地区迅速变成了知识生活的一个关键文本。要想理解人们为何会热忱地接受这部作品，我们可以在康德 1784 年发表的《答复这个问题：什么是启蒙运动?》这篇文章中找到关键点。在这篇文章中，康德将启蒙定义为“人类脱离**自己加之于自己的**不成熟状态（*Unmündigkeit*）……不经别人的引导，就对运用自己的理智无能为力”[1]。它恰逢社会、政治及文化方面的进步与改善的观念在德意志（乃至整个欧洲人的生活中）日益觉醒，与之伴随的是对事物所是的方式的日益不满（这尤其集中在受过教育的年轻人当中）和如下观念，即改变既是被要求的，也是迫在眉睫的。康德的话遇到了已经准备好来接受这些话的听众。“监护”的时代、“不成熟”的时代已经结束，就像是从孩童时代成长起来了那样：过去时代的幻觉将要被撇到一旁，这些幻觉再也不会复活，是时候承担起成年人的责任了。此外，这种“不成熟”实际上并不是人类的自然状态，而是一种“自己加之于自己的”状态，是某种“我们”自己招惹来的东西。关于要实现这一点需要什么的问题，康德的观点相当明确：“这一启蒙运动除了自由之外并不需要任何别的东西”[2]。康德的话充分体现了一种深层的、几乎隐藏着的转变，这种转变发生在他的听众将之经验为对于他们来说必要的东西当中：从现在开始，我们要过我们自己的生活，要自为地思考，并且，就像是要激励他的读者似的，康 20

德声称，这一切所需要的就是要有这样做的“勇气”。

支配着《批判》的是如下观念：从现在开始，“我们”现代人必须依赖我们自己、依赖我们自己的批判能力来理解事情。这种“批判的”立场的对立面是一种名为“独断论”的程序，它将某些原则视为理所当然的，而不是首先让这些原则去接受彻底的批判[3]。在《批判》中，康德实际上是认为“独断论”标志着“理性的儿童时期”，正如怀疑论标志着理性的成长那样（尽管尚未完全成熟）[4]。关键不在于停留在我们文化儿童期的“自己所加之于自己的监护”，也不是简单满足于怀疑论提供给我们的“休息地”。相反，关键是为我们的自我批判的努力（或如康德所说是为我们自己）找到一个**家**，一个住地（*Wohnplatz*）[5]。如康德所说，这样一种彻底的全面的自我批判工作只要求理性必须“在其一切活动中都把自己置于批判之下……理性依赖于这种**自由**而实存”[6]；同样地，“理
21 性”必须要求，“只会看出它自己根据自己的策划所产生的东西，它必须带着自己按照不变的法则进行判断的原理走在前面，强迫自然回答它的问题，却绝不只是仿佛让自然用襻带牵引而行”[7]。

不过，“自由”和“独立思考”的主题虽然的确推动了《批判》，但在某种程度上，读者在它的开始部分难以发现这些主题。在最初的几个章节中，关于我们所做的判断的逻辑本性及其与传统形而上学关切之间的关系，康德做了看起来相当晦涩的论证。传统形而上学所研究的，是那些“超越”我们经验的东西，我们“意识到”它们，但却不能切实地经验到它们。因此有人说，当我们可以以一种直接实验的方式经验地研究石头、禾草、大海乃至于我们自己的身心时，传统形而上学则宣称要凭借必然性和确定性去研究对象王国，我们不能像得到那些普通实验对象那样得到这些对象，例如上帝和不朽灵魂，因此，形而上学据说是只运用“纯粹理性”的学科，它不依赖于经验，也不同经验发生关系。因而，形而上学的判断依赖于“纯粹”理性所发现的东西，并且不能被任何经验的普通运用所篡改。

判　断

康德正踏在这片相当有争议的领土上，他通过展示并检验我们所做判

断的类型学，灵巧地质疑传统形而上学（它运用纯粹理性以非经验的方式研究那些超验对象）的权威。康德指出，我们能够用两种方式来考察判断：一方面，我们可以关注判断的**形式**（即主词如何同谓词相联系）；另一方面，我们可以从我们如何着手**证明**判断的角度来思考它。

关于**形式**，用康德的术语来说，判断可以被说成是“分析”的或
“综合的”。一个分析判断指的是，谓词就“包含”在主词当中（就像一
个小圈被套在一个大圈当中那样）。“三角形有三个边”就是一个分析判
断，因为谓词（“三个边”）已经“包含”在主词（“三角形”）当中。因 22
此，分析判断的标志之一就是，对它的否定将永远是自相矛盾的。（“三
角形没有三个边”就是这种自相矛盾的例子。）相反，综合判断**没有**使谓
词“包含”在主词当中，因此否定这种判断时并不会产生**自相矛盾**的情
况。（“康德的帽子是黑的”就是一个综合判断。）

关于**证明**，即我们确立判断的根据，大体而言，我们要诉诸经验（康德称之为后天证明）或诉诸某些独立于经验的东西（他称之为先天证明）。如果所有的判断都是分析的或综合的、先天的或后天的，那么我们可以列出下表，它穷尽了所有可能的判断类型。

		证明的模式	
		先天证明	后天证明
判断的形式	分析判断	是	否
	综合判断	?	是

显而易见的是，有先天分析判断——例如，“所有的三角形都有三个边”，我们无需在三角形上做实验就能知道这种判断——而没有后天分析判断。然而，尽管显然有后天综合判断（“康德的帽子是黑的”），但是否有先天综合判断这一点并不完全清楚，这种判断不像分析判断那样一眼就能看出真假，它是独立于经验而被证明的，这一点又不同于后天综合判断。传统形而上学极力主张这种先天综合判断（如“灵魂是不朽的”）是不能用经验来证明的（因为非物质的灵魂是不能被物质性感官经验到的），但形而上学家们却声称，这种判断是真实的，而且是必然的。因此，首先要提出的问题是（这也是康德暗中提出的），到底有没有这种先

天综合判断。

23 他很快就得出了肯定的结论。首先，数学中的判断不是分析的，不过它们却是必然的并且是独立于经验而得到证明的。“7 + 5 = 12”就是这种先天综合判断。大体上来说，康德的推理过程类似如下。为了做出先天综合判断，我们需要进行一系列操作：首先，我们必须通过操作在某个随意选取的量幅（magnitude）中建构起数字 7（大体上来说，是通过一种不断重复的程序将这个量幅中的 7 个单元汇集起来）；其次，我们必须以同样的操作建构起数字 5，只不过，这后一操作是在建构数字 7 的那第一个操作之后进行的；最后，我们必须检验成功执行这两个操作之后的结果是什么。尽管 12 是执行这两个操作的必然结果，但它并不“包含”在判断（“7 +5”）的主词当中。这不能被解释为就是从单词（“7”“5”“加”“等于”）意义中得出来的，因为算术乃至于所有数学门类，都不被理解为形式主义，不能被理解为这样一种“游戏”，它的规则在执行时不考虑这游戏是否与现实世界有关。否则，数学就不具有客观意义了，而只具有同“捡木棍”（pick up sticks）——它是根据随意规则而进行的单纯游戏——一样的意义了。同样，数学判断不是通过从涉及的术语（“7”“5”“ +”）的意义引申出某些逻辑结论就能获得的。例如，数学得出关于无限的结论（如所有偶数组成的无限序列，有些学者认为康德时代的逻辑学是不能掌握这种无限的）[8]。康德还主张，类似的思考可以应用到几何学上，即使二者之间存在着关键而又微妙的差异[9]。

因此，我们从算术和几何学中获得了两类关于先天综合判断的有效例子。接下来显而易见的问题就是：如何才能为这些判断辩护？形而上学能够以同样的方式得到辩护吗？

24 纯粹直观

对于许多最初的读者来说，康德对他后一个问题的回答是令人震惊的、莫名其妙的。康德主张，标志着数学和几何学中的真判断的那种**可能性**，可以被证明为不依赖于我们在世界中以普通经验的方式能够遇到的对象的结构，而是依赖于理智的一般必然结构。为了展现这一点，康德主张，我们必须承认，在我们的理智中有两种截然不同的能力。他认为，我们的经验是一种**联结**（combination），是我们经验中两种不同“观念”或“表象”的联结，它们就是概念和直观，而我们将它们联结起来的方式就构成了我们经验的结果[10]。概念和直观是不可以相互还原的，它们是相互独立的表象。康德惊人地提出，对这种结构的反思就是形而上学的全部内容。

康德指出，在遇到像一块石头这样单一的事物时，我们是以两种方式意识到它的：一方面意识到它是一个**个体**事物，另一方面意识到它具有某种**一般**属性。石头是**这个石头**，但我们也能注意到，它与其他石头共有同一种颜色等。我们以直观的、感官的方式意识到这个个别的石头，而当我们根据其一般特征来刻画它时，我们就对之做出了概念性判断。实际上，这意味着，我们能**直接地**意识到个别事物，但只能**间接地**（以概念的方式）意识到它所具有的一般属性。毕竟，如康德自己所说，直观使我们与对象处于一种“直接关系”当中，而概念则只能使我们与对象处于一种间接关系当中；康德甚至说过，判断是关于对象的“表象的表象”——也就是关于对象的直观表象与关于那直观表象的概念表象的**联结**，或康德（根据他那个时代的逻辑词汇）所说的表象的**综合**[11]。因而，
我们的经验似乎是由两类“观念”或“表象”构成的：关于个体事物的 25
直观表象和依据这些事物的一般特征而获得的概念表象。当然，这种观点看起来并不牵强，但康德从中得出了令人吃惊的、意义深远的结论。

根据上述区分，康德要求他的读者去思考几何学和数学中关于无限所做的判断。单纯**感性直观**是不能形成关于无限的表象的，因为感性直观的内容总是个体事物。我们也不能建构一种关于无限的纯粹概念性的理解，因为在康德时代的形式逻辑学中，是不可能表象无限的。因而，如果在数学和几何学中发现先天综合判断是可能的，那么必然是因为，我们既能够直观地意识到无限，而且能够建构这两门学科的对象（这种建构是以那直观意识为基础的）。由于我们为了建构纯粹几何学的对象而需要关于空间的表象，并且空间（它是无限的）不可能是纯粹逻辑学（概念）或感性直观的对象，因而，对于我们来说，为了能够做出那些几何学判断和建构，我们必须拥有关于空间的**纯粹直观**，这是一种对“整个”无限空间

的直观意识。例如，我们知道，任意两个点是在一条直线上的，我们总是能在这两个点之间取出一点；然而，这要求我们能够将空间表象为具有无限多个这样的部分。（我们必须能够“看到”这一点，因为任何线段，无论是多么小，我们总是能够切分它。）关于对时间的纯粹直观也可以做类似的论证：对于我们来说，为了能够重复算术操作（以便我们能够将 5 加到 7 上，然后再加上 4，一直无限地加下去），我们必须拥有对时间性的“纯粹直观”，即关于执行这样一种直到无限的迭代程序的意义的表象——这又是一种如果我们要想执行操作就必须“看到”（即凭直觉知道）的东西。

因而，康德的结论是，时空是“观念性的”（ideal），因为它们不可能是直接感觉经验的对象，因而我们只能在对它们的“纯粹”表象中触及它们。石头和树枝是“真实的”，我们能够在普通经验中触及它们；但是，作为几何学和数学的研究对象，我们只能在关于它们的“观念性”表象中触及它们。由此，康德认为，我们不能说时空是那种就在世界当中的“对象”。或者换句话说，**如果没有**我们得以经验对象的条件，我们就不能说那些对象是否处于空间或时间当中。

26 所有这些，对于康德的读者来说，都是相当令人困惑的，就好像康德是在专横地主张，时空只是人类的主观“观念”，而不是世界的真实特征。更令他们震惊的是，康德提出如下问题：单凭与经验对象的直观相遇（这未经概念性活动中介、未受其影响）甚至说单凭纯粹直观，我们能**了解**经验对象吗？对这一问题的回答，正是康德哲学的核心，它的影响更为深远。

概念与直观：先验演绎

康德得出了一些相当令人吃惊的结论，这些结论乍看起来与他关于几何学和数学之本性的主张是相抵牾的。不可能有直接的直观知识，即便在数学和几何学中也是如此；所有知识都需要中介，并运用在判断中发展起来的概念。实际上，我们关于世界的那些最基础的意识活动都涉及了直观与概念的联结（这二者分别自行运作并对整体做出贡献），在这种联结之前，根本就没有任何**意识**。从关于判断和几何学的那看起来相当诡秘的讨论出发，康德很快进入到对意识和心智的一般本性的思索当中。

在某种程度上，康德最终呈现的整个图景，表面上看来是简单的。我们关于世界的意识是两种截然不同的“表象”（*Vorstellung*）联结的结果：一是被动接受的、关于时空中的对象的表象，这种表象是由感性直观给予的；二是推论而得的表象（概念），我们将之与直观表象相联结而产生出判断。反过来，当我们将一种表象（如“在那里的那个东西”）同另一种表象（“绿色的”）相联结而形成简单判断（在那里的那个东西是绿色的）时，概念应当被认为是表象联结的**规则**。在所有这一切中，我们意识到，我们拥有看待世界的视角，并就其真假做出判断。

然而，如康德表明的，表面看来简单的图景，包含了很多不仅颇具争议而且难以准确陈述的内容。并且，要想贯彻这幅图景的内涵（并论证它），那就需要阅读康德所有著作中最难理解的章节之一：“纯粹知性概念的先验演绎”。“先验演绎”背后那个引导性问题，表面看来是简单的： 27
表象与其所表象的对象之间的关系是什么[12]？对这一思路的贯彻使康德得出结论说，一个行动者得以具有自我意识的条件，就是经验对象得以可能的条件——如果我们去看一看我们得以成为具有自我意识的行动者的那些条件，那么形而上学中的所有重大问题就得到了严谨的答案，并且，其中一个条件是，我们**自发地**（即不是作为其他东西的因果性结果）将我们意识经验的某些特征带**给**经验，而不是**从**经验中得出这些特征。因而，我们关于自己及世界的经验的一个关键特征，不是对世界中预先存在的那部分的特征的“反映”，而是由我们自己自发“提供”的。

康德回答他的基本问题（“表象与其所表象的对象之间的关系是什么?”）的关键在于，我们如何理解直观与概念在判断和经验中各自发挥的作用。如果它们在意识中不是作为一个整体起作用，那么感性直观——甚至是各种感性直观的杂多——只能给我们提供一种**含糊的**经验，即使作为经验，它也暗含着各种内容和对象。然而，对于将经验中的各种内容**作为一种杂多**的行动者来说，这些内容必然是相互并置的；毕竟，我们所意识到的不是一个含糊的世界，而是意识到我们关于世界中事物的经验的**统一体**。也就是说，我们意识到的是关于世界的**单一的**、**复杂的**经验，而不是一系列互不相干的经验，也不是一个完全模糊的经验；此外，我们的经验似乎是由各种关于**对象**的**表象**所构成的，这些对象被表象为超越性的，即表象本身。

一种直观意识不能区别对象的**显像**和正在显现着的**对象**——也就是说，原则上，那个经验的**统一体**不能来自感性自身，因为感性是一种被动功能，是一种接受能力，它只能给我们提供一个模糊的经验领域，因而不
28 是关于经验对象的表象。因此，（关于对象的表象和被表象的对象之间的）那种区分首先要求的是，直观杂多以如下方式被联结起来，即能够在经验（显像）和被表象对象之间做出区分。因而，这种联结必然是来自某种**执行**这种联结的**主动**能力。那么，这种主动能力是什么？它必须以某种特殊方式将不同的直观表象联结起来吗？或者，在某种形而上学或逻辑学的意义上，它所做的联结是任意的吗？它只是我们自己偶然造成并获得的习以为常的特征吗？

毕竟，我们无论如何都不可能跳出我们自己的经验去检验世界之中的对象是否符合我们关于它们的表象；相反，我们必须从经验自身**之内**出发，评价那些我们就判断性表象的真假所做出的判断。因而，被表象的对象与关于对象的表象之间的区分是建立在经验自身**之中**的。因此，要想回答最初的问题——表象与其所表象的对象之间的关系是什么？——我们就不能在**因果性的意义上**（即将这关系视为存在于“内在经验”与外在事物之间的）而是要在**规范性的意义上**、在经验自身之内考虑这种关系，要将之理解为一种关乎我们如何恰当**取得**那种经验的区分——我们是将之视为单纯显像（单纯表象）还是对象本身[13]。一方面，我们可以将某些表象同其他表象联结起来，这只是一个关于我们的**事实**；另一方面，我们可以就什么是显像和什么是对象做出真假判断，这则是一个**规范性**问题。所讨论的那些术语——“真”“假”——是规范性术语，其所涉及的是我们应当如何“看待”事物的问题，而不是我们实际上如何看待它们的问题。因而，要想使一种经验成为**真正**关于对象的，那我们就需要在如下二者之间做出区分：一方面是事实性的和习惯性的经验秩序，另一方面是我们自己就我们应当相信什么所立的法。

我们的**取得**经验的那种方式涉及三个步骤：第一步，我们必须以一种

统一的方式去**理解**直观对象，以便“对我们来说”有一种需要对之做出
判断的经验杂多，它是处于时空框架当中的不同内容。然而，综合的模式
单凭其自身从来不足以让我们在表象的对象和对象的表象之间做出区分；
它只能给我们一种关于时空中各种“内容”的模糊直观。第二步，我们
必须根据一系列**规则**将事物的那种直观的、经验的杂多统一起来，以便我 29
们的经验将显示出一种规则性，这将使我们容易对之做出判断。（如康德
后来所说，这种统一化必须依照它如何与某种关于“整体”的观点相适
应这一点来进行，这种整体要求一种康德称之为“先验想象”的行为，
即根据一种必然的、概念的规则将不同表象联结起来的行动，因此不同于
普通的经验想象，后者至多是根据偶然的关联规则将事物结合起来。）第
三步，我们必须就感性杂多做出**判断**，这种判断将这些直观置于概念之
下，从而能够完全区分开被表象的对象和关于对象的表象[14]。如康德所
看到的，关键在于进入这第三步，并提出如下问题：在第三步中，我们如
何能够主张，我们在判断中据以将直观归摄于概念之下的条件是可能
的——这再次重复了他最初的那个问题，即作为表象的判断与判断所表象
的对象之间的关系是什么？

回答这个问题的关键在于弄清楚，我们这种最基础性的（通过“先验想象”将统觉与再生）统一的活动，是如何在要**对**世界有一个统一的视角这一要求下发生的。这样一种视角要求有一种**活动**，这种活动将该视角**作为**视角确立起来，并且这必须与我们得以对经验做出判断的条件相关。

康德在一个关键性段落中提出：“‘我思’必须能够伴随着我的一切
表象；因为否则的话，某种完全不可能被思考的东西就会在我里面被表象
出来，而这就等于说，这表象要么就是不可能的，要么至少对于我来说就
是无。”（康德以其作品中少有的不充分陈述来结束这一段落：“从这一本
源的联结中可以产生出很多结论来。”[15]）“我思”必须能够伴随任何表 30
象，这意味着，除非我能够意识到一种表象是一种表象（如我意识到我
关于石头的经验**是**一个**关于**石头的**经验**），否则表象对于我来说就是无；
因而，任何表象必须满足它得以成为这种反思性意识之对象的条件。当
然，这种特殊的活动意味着，任何表象得以是一种表象（具有某些认知

内容、作为关于某物的表象而被经验到）的条件，与自我意识自身的条件有关。

康德用来表述这种自我意识的术语是**统觉**，即意识到某个东西**是**一种意识（它本身是能够将**对象**同关于对象的**表象**区分开的条件之一）。那么问题是：这种统觉的本质是什么？

任何将一种杂多**作为**一种杂多的表象，不仅涉及经验的接受性；将之作为**一种**可经验的**杂多**来**经验**，这要求一种关于经验的单一复合**思维**[16]。因而，用康德的话来说，经验杂多的统一是“表象的综合统一”。然而，一种单一复合思维之所以要求一个单一复合主体来思考它，是因为一种单一复合思维不能分配给不同的思维主体。（例如，“一块黑色大石头躺在地上”这样一种单一复合思维，不同主体会想到这个复合体的不同要素，如“大”“黑色”等等，但这合起来并不是一种单一思维，它只不过是一系列不同的思维。）因此，我们需要**一个**复合思维主体具有一种单一复合思维。

因而，在康德所构建的图景中，一方面，我们具有思维主体的同一性；另一方面，思维主体又具有表象杂多。因而，就像同一个主体拥有不同经验那样，复合思维主体也是与经验杂多的“综合”统一相关联的。在此基础上，康德得出了他最根本性的结论：表象杂多的综合统一（以
31 及他所称的统觉的分析统一）的条件是**统觉的综合统一**[17]。“经验或想到X的我”就是“经验或想到Y的我”，这毕竟不是一个分析真理。（从“某人想到了康德”和“某人想到了休谟”，不能得出结论说，“同一个人想到了康德和休谟”。）另外，绝对必然的是，所有不同的经验都被归于**同一个**思维主体，它们能够为同一个“我思”所“伴随”。由于这既是必然的（因而只能是先天可知的）又是综合的（被否定时不会自相矛盾），所以我具有自我意识的同一性这一判断，是一个先天综合判断（听起来有些奇怪）。

由此可以得出什么结论呢？对于我能够将我自己理解为同一个思维主体（从而超出一系列临时扩展出的经验）来说必要的条件，对于一般表象之成为表象来说也是必要的，而成为表象就是说，要具有认知内容，这不仅是一个人心智生活中内在的主观事件，而且是关于某物的——这促

使康德转向他那最初问题的另一个版本：一种表象究竟如何能够关于某物？

如果我们意识中的直观表象必须被联结的方式是存在的，那么这方式“必须”包含事物得以能够成为一种“表象”的条件；康德说，理解这一活动之更深层意谓的关键，就在判断本身的观念当中，这是《批判》一开始就谈论的主题。做**判断**——断言某物是真的或假的——不同于将某个观念同另个观念单纯**联结**起来。做判断是指服从于支配这些判断的**规范**。然而，例如，我将“康德”与普鲁士或德意志联结起来，还是将之与午后散步联结起来，抑或与关于举办晚宴的恰当方式的探讨联结起来，这都只不过是一个事实性问题，而不是一个规范性问题。做**判断**指的是做符合正确性标准的事，而将一个东西和另一个东西联结起来，则不涉及正确与否的问题——它只是关于一个人理智生活的事实。

因而，作为规范性问题，判断自身是两种不同类型表象根据正确判断的规则结为一体的结果。反过来，这表明，概念是不能简单地从直观中抽象出来的：在判断中，概念是综合的规则；用康德的话来说，概念是“把各种不同的表象在一个共同表象之下加以整理的行动的统一性”[18]。由于直观本身不能产生出这种联结的统一性，因而它们不能将它们自己与判断联结起来；只有概念能够联结（也就是“综合”）这些经验性的事物。康德论证说，拥有概念，就是指为判断提供“综合”的规范或规则。与其说拥有概念类似于拥有某种内在的心智状态，不如说它更类似于拥有一种能力——一种依据确定规范将不同表象联结起来的能力。 32

康德认为，当我们思考我们能够以统觉的方式意识到我们是思维主体这一点所依凭的那些条件时，所有这些最终都汇聚到了一起。对于我来说，意识到我自己是一个思维着的存在，就是指意识到我自己是一个经验的统一体——是关于世界的统一观点，并且，这个统一体必须是**由我自己**、通过将表象联结到判断形式当中而形成的。在将感性直观杂多联结为一个“综合统一体”（即将我的经验视为关于事物的一系列连续表象，而不是一系列主观的、心理的事件）时，我将那种经验（直观）的诸要素联结起来了，所依据的是对于这种联结来说必然的规则。因此，这些规则的必然性的建立，必须包含在对如下问题的思考中：当我们要对感性直观做判断（即便是我们能够做出如下这种平常的判断：“噢，它在光中看起来是绿色的，但实际上它是蓝色的”）时，这些感性直观如何必然地被联结起来。因而，这些概念中最基本的，将是一般经验中必需的基本概念，或用康德对亚里士多德术语进行再造后的说法，将是所有可能经验的必然**范畴**。（康德将范畴规定为：“范畴是关于一般对象的概念，通过这些概念，对象的直观就在判断的逻辑机能的某个方面被看作确定了的。”[19]）的确，如果没有这些范畴，我们根本就不能将我们的直观看作**表象**。它们将仅仅是心理事件，是在那或不在那、发生或不发生的，而不能被说成是适当或不适当、正确或不正确、真实或虚假的。

此外，将它们看作**表象**，就是将它们看作**关于**某个**对象**的表象。康德
33 说：“**对象**是在其概念中结合着一个所与直观的杂多的那种东西。”[20]我们将不同的直观事件（如黑色、椭圆形的，等等）联结到如下观念中：它们都是一个单一对象（这块石头）的透视表象。直观本身不能告诉我们，它们是关于什么的直观；我们将它们**变**成关于某物的直观，也就是说，我们依照判断的（即一般概念表象的）规则主动地将它们联结起来，从而使它们变成**表象**。对于我来说，如果要以统觉的方式意识到我自己的经验是表象，那么我必须能够**将**它们**看作**是以某种方式联结起来的，并且，有多少判断形式，就将会有多少范畴[21]。

因此，基本范畴本身与我们将我们的经验规整为一种统一经验的方式有关，这后一种经验呈现了一个单一的世界，在这个世界中，处于时空中的对象依照确定的因果律而相互作用。康德自己对那些范畴的推导，依然是相当有争议的，因为用他的话来说，这些推导只是我们的自我意识机能所要求的“判断的逻辑形式”（也就是说，最终是由我们的表象机能所要求的，这指的是在我们的经验中表象出关于对象的经验与对象自身之间的区别，表象出我们自己以某种方式“形成”我们的经验，这预设了，在我们自己的经验中，我们具有将判断的逻辑形式带进规范性游戏的机能）。关于经验的范畴（例如，关于因果性的范畴、关于不同时间拥有不同属性的持存实体的范畴）之所以会出现，是因为我们要自觉地就我们自己的经验做判断[22]。

概念与直观：几点结论 34

第一，康德的思路意味着，理智不能被理解为单纯被动的实体；在意识到经验对象时，我们不是仅仅被动地看或听，也不是仅与对象处于因果关系当中；我们同对象的认知关系是我们对对象采取**主动**立场的结果，这是通过将我们经验中的不同要素（直观的和概念的）**联结**起来而实现的。

第二，我们的表象不能被认为是“自然之镜”（借用理查德·罗蒂的术语）；自然不能决定什么**作为**表象——自然中的东西只是自然中的东西，并且，如果没有我们以某种方式接受它们这一活动，它们是不会呈现或“象征”什么的。（当然，这并不否认，关于如下一点会有相当完美的自然解释：如果我们将感觉**仅仅**视为心智事件而不是**关于**某物的，那为何我们会有这些而没有那些特定的感觉。）仅通过与非直观的概念形式相联结，我们的感性直观就变成了关于自然对象的表象。此外，如果不与直观相联结，概念就仅仅是空洞的形式规则：“思维无内容是空的，直观无概念是盲的”[23]。

第三，我们的表象不是如我们最初所简单认为的那样，是我们私人心智生活边界内发生的、单纯内在的插曲；它们是对经验要素的积极的、受规则掌控的“接受”，这是通过“综合”活动而实现的，这些活动产生了各种对于我们要具有经验来说必然的统一——特别是思维主体的统一与经验对象的统一。我做判断，就意味着我要接受那些对于**所有**判断者来说都适用的规则；它们不能是我的私人规则，因为这种私人规则根本就不是“规则”，而只是个人癖好和倾向的表达[24]。它们对于一个“普遍的自我意识”（康德语），即对于所有理性行为者来说，是必然的规则[25]。

第四，我们能够意识到的对象，**必须**是在时空当中的对象，因为时空
是任何可能直观的形式。康德的结论表明，我们据以能够以统觉的方式意 35
识到我们自己的有意识的、思维着的生命的那些条件，是我们意识到一个独立存在的世界的条件，这个世界存在于时空当中，是由以因果方式相互作用的诸实体构成的。反过来，这拒绝了同“超感觉”物（如不朽灵魂）的直接经验联系。

第五，思维的表象内容不能由联想范式或自然主义所理解的因果范式来解释，思维的**认知**内容完全是由掌控判断性综合的规范所构成的。

因此，康德关于理智的基本图像是从他的“先验演绎”中产生出来的。一方面，我们所拥有的直观，是世界以某种方式、通过我们的感官影响我们的结果，这构成了理智的一种被动机能；另一方面，我们也具有一种主动机能，即依照某些必然规则来处理这些直观。这种主动机能纯粹**自发地**产生出概念，其产生方式既不来自直观，也不来自它们的纯形式（时空）；因而，经验的基本概念、范畴根本就**不来自**直观，**不来自**经验性的一般经验[26]。此外，只有当这些机能汇聚到综合行动当中时，我们才会有**意识**；我们所拥有的不是一种局部性的直观的意识，也不是一种局部性的主动的意识；直到我们的接受机能和自发机能通过自发机能本身联结为一个统觉统一体时，我们才不仅仅意识到我们自己或世界。

康德那相当密集的论证的要点是惊人的。在我们关于世界的经验的背后，是人类**自发性**这一不可回避的事实，即我们主动地处理我们的经验，并将之转化为适合于我们的形态。自然和上帝都不能为我们做到这一点，我们必须自己做。

康德还提供了回答长期存在的形而上学问题的方法。传统形而上学总是试图对超越我们经验的非感性物说些什么。康德提供了新东西：他的新的“批判”哲学将是一种**先验**哲学，它将表明，关于非感性物的概念哪
36 些对于我们经验的可能性来说是必要的[27]。哪些关于非感性物的“表象”对于经验的可能性来说并非必要的，它们根本就没有给我们提供什么知识——结果是，对于经验的可能性来说，无论是关于上帝的表象还是关于不朽灵魂的表象都不是必要的。康德相当骄傲地说，这相当于是在哲学中掀起了一场革命，它就如天文学中的哥白尼革命那样具有根本性：谁围绕着谁运行，这个问题突然似乎以一种之前人们不会想到的方式变成了有争议的问题[28]。

概念与直观：问题与图型

由此看来，康德将理性主义和经验主义的思路一并摧毁了。经验主义

者的错误在于，概念只是从感官经验中抽象出来的，而实际上，如果我们不是已经具有了某些特别基本的、“纯粹的”概念，我们根本就不会有任何有意识的感官经验。此外，这些概念不是天赋的，而是人的理智在塑形经验以适应判断形式的过程中，由理智本身的自发性产生的。经验主义者还将如下两种解释混为一谈：一是关于我们如何具有某些联想范式的心理
学解释；二是关于我们如何裁定判断之真假的规范性思考。类似地，理性 37
主义者的错误在于，由于感官只是混乱的思维模式，我们能够得出关于超感觉的形而上学物的实存和结构的实质性学说，而无需由感性经验来做独立查验；他们未能理解，概念只是经验综合的规则，如果抽离了这一作用，概念就完全是空洞的，就仅仅是判断的逻辑形式，并且不能用于提供关于事物的任何实质性规定。

因此，我们关于世界中独立对象的有意识的经验，依赖于我们对我们经验的感官要素的处理，并依据某些必然规则即概念主动将它们联结起来。此外，这不是我们通过内向省察就能获得的，因为所有的意识，即使是关于我们主观心理生命的意识，都预设了如下一点：我们已经将概念与直观综合起来了。可以说，在内向省察中，我们是不可能看到直观进来了，之后又看到概念应用到直观上了。按照康德自己的思路，我们绝不可能意识到一种“未被综合的”直观。也就是说，即使是简单如“看到蓝色”，如果不经概念中介，我们也是绝不可能意识到的；专注于任何东西的经验甚至就像对一种“蓝色”感觉的直接内省意识那样，本身只能从关于时空中对象世界的内容的更为充实的意识中抽象出来，这意味着，直观本身必须早已被置于概念形式当中了。

因此，康德提出了“先验的”形而上学，并以此灵巧地回应来自海外的苏格兰怀疑论和当时统治德国思想界的沃尔夫理性主义。像因果性这种概念，的确是形而上学的，因为如休谟已经表明的，我们从来不能直接察觉到引发某种后果的因果性“力量”，而只能察觉到将一个事件与另一个事件联系起来的恒常合规则性。然而，这并不是怀疑是否存在因果性的理由；实际上，**判断**事物具有因果联系的机能（这不同于将事物经验为具有因果联系的）是经验得以可能的条件之一。我们必须确信世界中的对象是具有因果联系的，因为如果我们不这样做，那么我们就不能以易于

38 做判断因而是理智的方式将我们的感官经验联结起来。（当然，这并不是说，我们必须认为任何东西之间都是有因果联系的；具体的因果联系需要更多的经验研究；我们只是必须理解，所有我们能够意识到的事件都是其他原因的结果，通过因果性范畴，我们能够在所有经验上可确定的相继范式中找到必然规则，这种规则将是这种相继中的因果关系[29]。）如果没有这种联结，如果没有依照因果关系链条将我们的经验建构为关于对象世界的复合的统一表象，我们的心智生活将是完全黑暗的；若此，我们也许或多或少能够成功地应对我们的环境，但我们绝不可能**意识**到它。类似地，如康德所说，我们必须根据我们的经验独立于实体（实体之间的互动是根据这些因果律进行的）这一点来整理我们的经验。

然而，有意识的经验在自身之中包含关于上帝的表象，这并不是有意识的经验得以可能的条件；经验包含与不朽灵魂的相遇，这不是经验得以可能的条件。这并不否认，这些东西可能是“超越”经验边界而存在的；而只是表明，无论是“纯粹的”理性还是“经验运用的”理性，都不能建立起关于这些东西的真理，这是因为，那些对我们有效的先天综合真理，只与数学和几何学命题，或与我们同自身的意识关系之得以可能所必需的条件有关。从纯粹理性的立场出发，我们对那些东西只能保持不可知的态度。

然而，如果的确不可能有对“未经综合的”直观的意识，没有对基本感官素材的直接意识，那么康德似乎是遇到麻烦了。一方面，他谈到有两种不同类型的“表象”，即概念与直观；另一方面，如果康德是对的，那么感官输入的东西只能通过与概念相综合而**变成**表象、“直观”（只获得认知内容和意义），这意味着，在这种综合之前，它们根本就不是（“关于”某物的）表象，即使它们的形式是空间的和时间的。

基于这些原因，康德提出了第三种机能，即“想象力”，这种机能事
39 实上将概念与直观相联结，并确保它们是相互匹配的。“先验想象力”——之所以如此称呼它，是因为它也是经验得以可能的条件，并且，原则上是不能通过内省发现的——为直观在时间上的相继与判断的抽象形式之间相互适应做好了准备。我们的心智的两个方面——自发性与接受性、直观与概念、感性与知性——必须是相互中介的，并且这必须由自发

的机能本身来完成（因为直观是不能自己将自己联结起来的）。也就是说，“自发的”机能必须同时提供规则**和**运用规则的条件[30]。而能够做到这一点的唯一方法就是，依据一定的规则，将时间性的先天形式同概念相联结以产生出一个范畴。康德认为，如果判断的逻辑形式没有被时间化，那么它就根本没有意义。如他提及，“例如实体，如果我们去掉了持存性的感性规定，它就不过是意味着一个可以被思考为主词（而不是关于某种别的东西的谓词）的某物”[31]。只有当判断的诸逻辑形式被转化为时间化形式时，它们才能确实变成经验的**范畴**。康德将这后一种形式称为它们的“图型”，这为我们提供了建构将它们实际应用到经验上的规则：当“它总是一个主词，而从来不是谓词”这一形式观念被应用到时间性的纯粹形式当中时，就变成“它随着时间推移而存在，并且具有各种随着时间而变化的偶性”，即变成了实体。

康德自己的“纯粹知性概念”的“图型法”只是他更一般化的心智理论的担保。“有意向”（to have a mind）不是指列出具体“素材”，它是指能够**执行**涉及规范（或康德所说的“规则”）的某类活动。甚至是数学和几何学中的计算（尽管是在对时空的“纯粹直观”中被发现的）本身也要求图型。因此，图型正是规则或系列规则，其用来规定如何建构概念及判断。算术法则是这种图型；甚至那些普通的经验概念，如“马”的概念，也是图型。在各种不同情况下，拥有概念不是指一个人内心当中发 40
生的某类心智事件，也不是指在理智的眼前形成了某种“图像”；而是指能做什么——添加和扣除、建构集合图形或证明——或者从其他东西（如牛或卵石）中将马认出来、挑出来。但是，康德也将一个成问题的要素引入到了他的理论当中：先验想象力是如何运用“规则”来将概念（“规则”）与直观相联结的[32]？

“理念”、自在之物和自由

对于康德的读者来说，也许最令他们震惊的，是他的整部《批判》所得出的关于如下问题的结论：如果没有我们据以经验世界的那些条件，这些范畴或图型是否会运用到世界上？众所周知，他的结论是，我们对于自在之物是一无所知的；如果我们没有在可能经验中发现的东西，如果没有我们通过先验哲学的方法证明的东西，我们什么都不**知道**。我们全部的知识受限于世界**必然**向我们呈现的方式；我们关于非感官物的形而上学知识本身，受限于作为经验得以可能的条件的范畴（因果性、实体，等等），这些范畴是**由我们提供给**一般经验的，而根本不是由自在之物的本性施加给我们的。例如，如果没有我们必然经验世界的方式，我们甚至都不能得出结论说，世界就如它自在所是那样处于时空当中；我们只能得出结论说，我们不能以其他形式来直观它；我们不能得出结论说，我们自己的自发性带给经验的那些范畴就是事物自在存在的方式，因为它们是我们自己创造出来并应用到这些直观上的。

这一点特别令人不安，因为这恰恰否认我们拥有关于上帝的知识，并且，这对于当时的许多人来说，似乎是提出了比以往更为彻底的怀疑论。然而，这是一种与众不同的怀疑论。尽管它相当大胆地主张，我们对于自
41 在之物一无所知，它还同样大胆地主张，在所有人类经验背后的，是经验形成过程中的人类自发性的必然性。此外，这种自发性是“普遍的”；它不仅仅属于受过教育的或高贵的心智；它是所有**人类**经验的性质，或如康德所说，是一种“普遍的自我意识”。

康德对于同一个世界有两种谈论方式：一是，它必须作为“现象”世界向我们呈现出来；二是，它是自在的，我们对之不会形成任何可能经验，它是“本体”世界。由此，康德在术语上就将现象和自在之物区分开了[33]。之后，康德将现象和本体之间的区分变成对传统形而上学的批判。“先验辩证论”部分中，在处理长期悬而未决的传统形而上学问题时，康德不是提出新的解决方案，而是**消解**了这些问题，即表明它们从一开始就是不应该出现的问题。康德已经表明，概念只有在同可能经验的关系中或作为经验得以可能的条件时才有意义（*Bedeutung*）。传统形而上学的错误正在于，它试图用纯粹理性去谈论自在之物是什么样的。例如，它问：世界中的事物是一个实体的表现形式还是永恒形式的可变示例，是一系列互不相干的单子还是虚空中的单纯原子，等等。然而，形而上学研究者似乎总是以感性的方式讨论深层的东西，他实际上遭遇了康德所谓的“先验幻相”，一当人们越过可能经验的边界，这种幻相就必然会发生。

传统形而上学认为它能够前后一贯地谈论本体，但实际上，我们只能前后一贯地谈论现象。

然而，对于康德来说，这并不是事情的全部。超越可能经验的边界，这不仅仅是我们的弱点，也不仅仅是对一种迷人幻相的信以为真。实际上，如果我们能够将我们的经验作为一个整体来理解的话，那么正是理性自身的本性要求我们以某种方式超越可能经验的边界。“知性”（理智， 42
der Verstand）是一种“原则”机能，而理性则是依据那些原则相互提供证明性支撑而将它们关联起来的机能。就此而言，理性最明显的运用是建构形式推理（例如，“所有人都会死，苏格拉底是人，所以苏格拉底会死”），在这种推理中，正确的前提往往会得出正确的结论。然而，单就理性自身而言，它不能决定前提是否正确，它只能说由什么推出什么。正因如此，理性导致了对判断之“根据”或“条件”的找寻，而这反过来使得它不可避免地去寻找**无条件的**东西，即终极根据，一种其背后不再有别的根据的根据。

因此，理性所欲找寻的不仅仅是有效的推理；它必然试图找出序列的终点，试图寻找无条件的“整体”（各种个体现象只是这种“整体”的要素）。康德将这种被视为总体的“整体”称为理性的“理念”（在德语中，*Ideen* 不同于普遍的 *Vorstellung*（表象））。概念适用于知觉的对象（并使对这些对象的有意识知觉成为可能），然而，理念则是建构并规整我们关于世界的反思。理念具有一种二阶地位，因为它们是所收集并规整的，是我们关于我们对个体对象的一阶知觉的反思和思考。然而，当这些理念用来为经验提供**秩序**时，对它们的运用就是十分恰当甚至是必要的，虽然是“主观上”必要的。尽管如此，这种运用并不是经验得以可能的条件。例如，对于我们进行科学研究来说，将世界设想为一个相互关联的整体，这在主观上是必要的，然而这种世界概念并非先验意义上必要的，因为即便我们不从这种角度来思考世界，我们依然是具有自我意识的行动者。“知性”的先天概念给予我们的是自然的**客观性**，而理念提供给我们的则是关于自然之**秩序**的表象。

然而，如果这些理念不仅用来为我们研究现象和规整经验提供“范导性”方法，而且它们本身也要形成世界是一个整体（我们对之不可能形成经验，它是一个本体）这种准确表象，那么，它们就导致了康德所说的“二律背反”，这表示的是那些导致了矛盾双方均可成立的“无条件总体”。例如，如果只运用纯粹理性，我们能为如下两个相反论断提供同
43 样好的论证：“世界在时间中没有开端”和“世界在世界中有一个开端”。传统形而上学在解决自己提出的问题时失败了，随着古典形而上学体系的扩展和多样化，这种决定性的失败直接促成了先验幻相。由于表面看来似乎合理的论证能够同时支持相互对立的论断，所以古典形而上学家们就误以为，他们只需把他们的论证再加强些，以表明对立结论是错误的；他们没有看到，这些理念必然导致这些相互矛盾的观点，并且原则上，进一步的研究或加强论证都不能使它们摆脱这种命运。

这些二律背反中最为著名的是第三个，相互对立的两个论点分别是：**必然**有着一种根本的意志自由，这种自由创造了一个因果序列，但它本身不是任何其他原因的结果；每一事件都**必然**是有原因的，因此没有自由。在其他理念的先验运用所导致的二律背反（例如，世界在时间中有开端和没有开端）中，相互对立的论断都被认为不具有最终的认知意义。然而，关于自由和决定论，康德认为，我们必须**同时**相信如下两点：一方面，我们作为存在者，必须遵守一个在决定论意义上构成的宇宙的诸规律；另一方面，我们从根本上来说是自由的，并且可以决定我们自己的行动。这个二律背反的两个要素都是真的。之后，康德说，二律背反的解决方法是：从实践的观点看，我们必须认为我们在本体意义上是自由的；但是，从理论的观点看，我们必须对自由问题持不可知论，或者根本就否认自由的可能性。然而，根据康德的《批判》，自由问题——这实际上是他的全部工作的关键问题——原则上就不允许理论视角的解决方法。因此，在康德看来，自由**正是**现代思维的大问题，并且，基于理性自身的本性，现代思维必然会去找寻这一问题的解决方案（毫不夸张地说，这一问题是不可理解的），因为必然的答案是相互矛盾的。我们不得不活在这样的信念中：我们既是自由的（从一种实践立场上来看），又是不自由的（从一种理论立场上来看）。

由此，康德从根本上颠覆了前人的哲学讨论的基础。所有先前的形而上学都是建立在“先验幻相”上的；因此，传统形而上学的问题并未得

到解决，而是表明它们是以错误的方式提出的。此外，如下坚定的信念也被证明是无可救药的幻相："哲学"和"理性"证明了基督教上帝的实存，并因此直接支撑了德意志君主的权威。 44

相当简单明了的是，我们根本不能对上帝形成理论知识。然而，康德自己却主张，他只是阐明，在这些宗教问题中什么才是真正紧要的，如他在 1787 年版的序言中所说的："因此我不得不悬置**知识**，以便**给信仰**腾出位置。"[34] 尽管如此，对于他的许多德意志读者来说，这种对"信仰"的要求是相当令人不安的，而对另一些读者来说则是相当具有解放意义的；由此产生了一场新的、撼动了知识界的神学论争，直到今日。

此外，康德在摧毁传统形而上学的同时，他还从根本上重新强调人的自发性和自由[35]。在康德之后，我们似乎再也不能依照一系列自然性质，或依照思维力量为它们自己的倾向而实现某种形而上学潜能这一点，来解释我们的思维力量了。我们在解释思维时所依照的，是根据掌控演绎性综合的规范性规则来进行判断这一点，而不是依照同对象的自然的、因果的或形而上学的关系。我们的心智包含我们对经验采取规范性立场的方式，并且，如果没有这种主动的"采取立场"，那么就根本没有意识、没有心智。在最普通的知觉中，我们没有发现向我们呈现出的完美秩序的命定结果，而只发现了人的自发性的结果，这表现在：自己给自己施加概念规则，将自身与既定的感性直观经验的要素相联结。

由此看来，在康德的《批判》的高温下，旧世界已经消融了。

注释：

［1］Kant, "An Answer to the Question: 'What is Enlightenment?,'" *Kant's Political Writings* (ed. Hans Reiss; trans. H. B. Nisbet) (Cambridge University Press, 1991), p. 54. ［康德：《答复这个问题：什么是启蒙运动?》，《历史理性批判文集》，何兆武译，天津：天津人民出版社，2014 年，22 页。——译者注］康德的这篇文章是为了一次有奖征文竞赛所写，不过它并未获奖；摩西·门德尔松却以同样的主题获得了一等奖。

［2］Kant, "An Answer to the Question: 'What is Enlightenment?,'" *Kant's Political Writings*, p. 55. ［康德：《答复这个问题：什么是启蒙运

动?》，《历史理性批判文集》，24 页。——译者注]

[3] Immanuel Kant, *Critique of Pure Reason* (trans. N. K. Smith) (London: Macmillan and Co., 1964), Bxxxv, p. 32. [康德：《纯粹理性批判》，邓晓芒译，杨祖陶校，北京：人民出版社，2004 年，25 页。——译者注] 最初，在《纯粹理性批判》中，康德将独断论定义为，"那种要依靠……原则、单从概念中来推进某种纯粹知识而从不调查理性达到这些知识的方式和权利的僭妄"。

[4] *Critique of Pure Reason*, A761 = B789; p. 607. [《纯粹理性批判》，584 页。——译者注] "纯粹理性的事业的第一步标志着它的儿童时期，它是独断论的。上述第二步则是怀疑论的，它表明通过经验而学乖了的判断力的谨慎。但现在还必须有第三步，它只应归之于成熟的男子汉的判断力，这种判断力把坚定的并依其普遍性检验过的准则作为基础；就是说，不是理性的工作，而是依其全部能力和对纯粹先天知识的适应性经受评估的理性本身；这就不是理性的检察官，而是理性的批判，由此所猜测的不只是理性的局限，而且是理性的确定的界限，不只是对这个那个部分的无知，而且是在某种类型的一切可能问题上的无知，确切地说，绝不仅仅是猜测，也是出自原则的证明。"

[5] *Critique of Pure Reason*, A761 = B789. [《纯粹理性批判》，584 页。——译者注] "所以怀疑论是人类理性的一个休息地，在这里人类理性能够对它的独断论的漫游进行思索并对它所处的地区画出草图，以便能够在今后以更多的把握选择自己的道路，但却不是它长期逗留的住地。"

[6] *Critique of Pure Reason*: A738 = B766. [《纯粹理性批判》，569 页。——译者注] 在康德的著作中，这种关于理性之作用的观念是特别突出的，奥诺拉·奥尼尔（Onora O'Neill）不断为这种观念做辩护。例如可参见 *Constructions of Reason: Explorations of Kant's Practical Philosophy* (Cambridge University Press, 1989) 一书中的文章。当然，我的讨论也受惠于她的工作。

[7] *Critique of Pure Reason*, Bxiii. [《纯粹理性批判》，13 页。——译者注] 此处的德文原文是："Sie begriffen, daß die Vernunft nur das einsieht, was sie selbst nach ihrem Entwürfe hervorbringt, daß sie mit Prinzipien

ihrer Urteile nach beständigen Gesetzen vorangehen und die Natur nötigen müsse, auf ihre Fragen zu antworten, nicht aber sich von ihr allein gleichsam am Leitbande gängeln lassen müsse."

［8］参见 Michael Friedman, *Kant and the Exact Sciences* (Cambridge, Mass.: Harvard University Press, 1992)。迈克尔·弗里德曼认为，传统逻辑学中的这种缺陷，是康德建构其数学理论的动因之一。

［9］我的讨论必须将康德详细讨论过的这些主题简化；不过，迈克尔·弗里德曼着重而又详尽地讨论了这些主题，见 *Kant and the Exact Sciences*。

［10］在德语中，"representation"（表象）是 *Vorstellung*，"intuition"（直观）是 *Anschauung*。众所周知，人们认为这两个英语词并未最充分地表达康德自己所做的区分。我恰巧认为它们差不多已是尽善尽美了。显然，*Vorstellung* 更接近"idea"（观念）而非"representation"，尽管它是一个普通词，但在英语中，在这个词的康德意义上，更为经常的是被用来指哲学中或多或少技术性的讨论。*Anschauung* 虽然在英语中意味着"intuition"，但在德语中更为普遍的用法是表示"viewing"（观看）。无论如何，"representation"和"intuition"已成为翻译康德术语的标准，我在这里也就继续沿用了。

［11］*Critique of Pure Reason*, A19 = B33 and A68 = B93.［《纯粹理性批判》，25 页。——译者注］

［12］在这里，我将 A（1781）和 B（1787）两版演绎视为同一工作的一部分。当然，这种做法是有争议的。因为在康德的时代，就已经有人整理二者之间的区别、差异和相似之处，并且几乎所有的康德专家都讨论过这个主题。我赞同贝阿特丽丝·隆格内斯（Beatrice Longuenesse）的观点，将它们视为同一个演绎的两个版本，参见 *Kant and the Capacity to Judge: Sensibility and Discursivity in the Transcendental Analytic of the Critique of Pure Reason* (trans. Charles T. Wolfe) (Princeton University Press, 1998)。

［13］在其具有开拓性的著作中，贝阿特丽丝·隆格内斯将这称为"客体内在化于表象当中"。参见 Longuenesse, *Kant and the Capacity to Judge*, p. 25。

［14］关于涉及理解时空中的事物的这个第一步，是有一个问题的，因为康德似乎承认，关于内容，存在着某些不经概念中介的感性或经验的掌握。可以肯定的是，尽管有着相互抵牾之处，但康德理论的大方向是否认对内容的非概念性经验掌握（1787 年的《批判》B 版更为清晰地表明了这一方向）。因而，理解的综合必须涉及内容的预先形成，这为它在概念之下进行的判断**准备**了这种理解的综合；这不是将它置于完全推演性的概念形式中，也不是将之归于范畴之下——这只能发生在判断中——而是凭借现有的概念性中介来掌握它。这至少是贝阿特丽丝· 隆格内斯的理解所暗示的，在这一点上，我认为她的理解很有说服力。然而，如果要捍卫这一点，那就需要更多篇幅，并且如康德专家们所知的，这一问题是相当复杂的。

［15］*Critique of Pure Reason*，B133.［《纯粹理性批判》，89－90 页。——译者注］

［16］参见 Henry E. Allison，*Kant's Transcendental Idealism*（New Haven，Conn.：Yale University Press，1983），p. 138。

［17］在这里，我赞同贝阿特丽丝· 隆格内斯的意见，将统觉的分析统一视为一种意识，在其中，综合统一被“反思”到，也就是说，综合统一借助于概念而“被思考”或被判断。参见 Longuenesse，*Kant and the Capacity to Judge*，p. 73。在她看来，“借助分析统一”而实现的综合，是将几种直观表象置于一个概念之下，或是将几个概念置于一个更普遍的概念之下。参见 *Kant and the Capacity to Judge*，p. 81。

［18］*Critique of Pure Reason*，A68 = B93.［《纯粹理性批判》，63 页。——译者注］

［19］Ibid.，B128.［同上书，86 页。——译者注］

［20］Ibid.，B137.［同上书，92 页。——译者注］

［21］要注意的是，康德并没有说：我必须能够看到它们是联结起来的，甚或我的确看到它们是联结起来的；必须能够将它们看作是联结着的。如休谟就曾指出过，我们能够以奇思异想的方式将我们的经验在想象中重组起来。

［22］康德研究者一眼就能看出，这最后一句话是将关于范畴本质的

极富争议的解释简化了。它舍弃了如下观点：范畴先于经验的概念，我们通过综合行为将之“应用”到经验上。它也舍弃了如下观点：范畴是从判断的纯粹形式（概念）与直观的纯粹形式（时空）的联结中产生的。例如，根据这后一观点，假言判断（如果 p，那么 q）的形式与时间中必然相继的观念相联结，产生了因果性范畴，即一个事件（q）必然接续另一个事件（p）；定言判断（S 是 P）的形式与时间性相联结，给出了实体（它是持存的，虽具有变动的属性但却是同一的）范畴，即某物（S）虽然具有属性 P 之后又具有属性 Q，但它依然是同一个事物。如果要辩护这一解释，那我就需要相当多的篇幅来展示其中的细节。相反，提及如下这点可能是最简单的：贝阿特丽丝·隆格内斯（*Kant and the Capacity to Judge*）、亨利·E. 阿利森（*Kant's Transcendental Idealism*）和罗伯特·皮平（*Kant's Theory of Form*：*An Essay on the Critique of Pure Reason*，New Haven，Conn.：Yale University Press，1982）以不同方式为这一思路做了辩护。与这种解释相对立的观点中，阐述得最精致详尽的，当属保罗·盖耶尔（*Kant and the Claims of Knowledge*，Cambridge University Press，1987）。

［23］*Critique of Pure Reason*，A51 = B75.［《纯粹理性批判》，52 页。——译者注］

［24］康德有些隐晦地指出：“作为**我的**表象（即使我没有意识到它们是这样一种表象），它们**必须**与这样的条件必然地相符合，只有在这一条件下它们才能够集合在一个**普遍的自我意识**中，因为否则的话它们就不会无一例外地属于我了。”（*Critique of Pure Reason*，B 132-133）［《纯粹理性批判》，89 页。——译者注］

［25］Ibid.，§16.

［26］“然而，一般杂多的联结（*conjunctio*）绝不能通过感官进到我们里面来，因而也不能同时一起被包含在感性直观的纯形式里。因为它是表现力的一种自发性行动……”“一切联结，都是一个知性行动。”（Ibid.，B129-130）［《纯粹理性批判》，87-88 页。——译者注］

［27］甚至“先验的”这个术语本身，康德的用法或多或少也是史无前例的。在康德的用法中，这个术语用来表示他的如下一般想法：形而上学的基本概念（如上帝概念、灵魂概念，以及因果性观念）是“超越”

了经验的非感性对象或形式；只有当这些对象或形式表明它们是经验可能性的必要条件时，也就是说，只有当它们对于我们关于世界和自己的经验来说是不可或缺的条件时（例如，不包含这些对象或形式的经验是不可信的），它们才具有必然性。相当具有震撼力的是康德接下来的主张：这些的确必要的对象或形式只是他所谓的“观念性的”；上帝和灵魂**不**在其中；实际上，严格来说，这些观念物根本就不是对象，而是经验的结构；在重要但又晦涩的意义上，这些结构不是我们在经验当中**发现**的，而是我们主动**贡献**给经验的结果，从深层次讲，它们是我们自为建构起来的东西。

［28］关于这一比较的恰当性及其真实意蕴，已经产生了许多讨论。最近的两个具有影响力的观点采取了相当不同的方法。亨利·E. 阿利森认为，这一比较表明了先验实在论（前康德的形而上学）与先验观念论（康德自己的理论，它否认关于自在之物的知识）之间的区别。参见 Allison，*Kant's Transcendental Idealism*。保罗·盖耶尔在仔细考察了解释这一比较的诸种观点之后认为，它表明，在方法论层面上，康德对自己的“批判”哲学（关于必然真理和偶然真理的地位，以及什么应当被视为理所当然的）是犹豫不决的。参见 Guyer，*Kant and the Claims of Knowledge*。

［29］参见 Longuenesse，*Kant and the Capacity to Judge*，pp. 369－370。

［30］“但先验哲学所具有的特点就在于：它除了能指出在纯粹知性概念中所给予的规则（或不如说诸规则的普遍条件）之外，同时还能先天地指出这规则所应该运用于其上的那种具体情况。”*Critique of Pure Reason*，A135/B175. ［《纯粹理性批判》，137 页。——译者注］

［31］*Critique of Pure Reason*，A147＝B186. ［《纯粹理性批判》，145 页。——译者注］

［32］根据贝阿特丽丝·隆格内斯，我们应当将知性构思为想象综合的规则提供者。如她所说，知性正是生产性的想象综合。这是知性的“第一个方面”。而它的第二个方面则是指，它是反思性的或演绎性的。参见 *Kant and the Capacity to Judge*，p. 63。

［33］“自在之物”和“本体”之间的区分是微妙的。前者是我们感性直观的不可认识的来源；后者是只有理性才能理解的世界的概念，它没

有任何经验，是传统形而上学思维只能凭借理性掌握的某种“整体”或超感性对象的表象。正因如此，本体是作为限制性概念起作用的，即提醒人们注意，不能通过否认我们得以理性地解释世界的那些条件来扩展这种解释。关于本体/现象之间区分的类似解释，参见 Pippin，*Kant's Theory of Form* 以及 Allison，*Kant's Transcendental Idealism*。

［34］ *Critique of Pure Reason*，Bxxx. ［《纯粹理性批判》，22 页。——译者注］

［35］ 在英语学界，关于“自发性”这一主题及其对于康德思想的重要性，表达得最有说服力的是皮平，参见 *Kant's Theory of Form*；*Idealism as Modernism*：*Hegelian Variations*（Cambridge University Press，1997）。

第二章　哲学革命（二）：自律与道德秩序

45 从自发性到自由

自由和决定论之间的二律背反为康德接下来的哲学革命提供了舞台。第一《批判》已经表明，人的经验来自内心的自发活动性与其直观（被动的）机能的联结。理智的自发性并不来自别的东西，也不是自明真理或不容置疑的第一原则——相反，它是一种自生自成的活动性。在《批判》的第二版（1787 年）的一个脚注中，康德甚至主张："这样一来，统觉的综合的统一就是我们必须把一切知性运用，甚至全部逻辑以及按照逻辑把先验哲学都附着于其上的最高点，其实这种能力就是知性本身。"[1]

康德关于现象和自在之物的区分不可避免地提出如下问题：康德由此究竟是如何处置传统道德观念的。如果凭借纯粹理性，我们不能确定已创造出并提供给我们的秩序中存在着某些价值和善，那么，我们是会变成雅可比所担心的"虚无主义者"，还是会承认，我们的善恶判断只能依赖于我们的偶然欲望，因此如休谟所说，理性不过是"激情的奴隶"？

在一系列著作和文章中，康德给出了他的回答：从《道德形而上学的奠基》（1785 年）开始，接着是《实践理性批判》（1788 年），最后是相当晚出版的《道德形而上学》（1797 年）。这些著作中的思路也体现在一系列独立文章中，并延续到他讨论宗教的作品中。

46 康德认为，回答这些问题的关键在于如下实践必要性，即假设我们是自由的。在理论领域中，来自事实必然性的规范必要性要求我们假设，我们在思考判断的规范性标准时是自由的。那么，在实践领域（在其中，我们做出判断的结果不仅是其他判断，而且还有行动）中，规范必要性的自发性（这是它的自成的、非衍生的特征）发挥何种作用呢?

作为世界中物理的、具体的存在者，我们是被严格决定论意义上的自然律所支配的。然而，在自发地确信我们是行动存在者时，我们必须认为自己是自由的。康德认为，这一点的关键在于如下理解：人的行动和世界中决定论意义上的事件（如膝跳反射行为）之间的区别，与行动者在行动时所遵循的规范性原则有关；行动总是能被说成是恰当的或不恰当的、正确的或错误的。康德将这种规范性原则描述为一种“准则”，即一种主观的行动原则，是根据准则而展开的行动的特征，它表达了我们在实践领域中的自发性，因为从根本上来说，一个行动所表达的是行动者自己**做**某事，而不是他被外力驱使[2]。

尽管行动者会有各种自己几乎肯定不能决定的欲望和倾向，并且它们肯定能够作为行动的吸力或动机起作用，但是，当行动者打算做某事时，他所做的事情就是由他选择遵循的“准则”所决定的，是由他主观上关于自己要做事情的理解（即使这种理解只是潜在的）决定的。因而，我们必须认为，我们不仅是被自然律推动的（即我们肯定是物理的、具体的），而且我们只根据向自己呈现出的、关于规则或原则的表象行动。换言之，我们必须将支配我们行动的法则设想为自己加于自己的法则，而不是外在于我们行动的某个东西颁布给我们的。规范性法则独立于事实性或经验性法则，这一点在第一《批判》中已经是十分明显的了，因此在实 47
践领域中表现得更为清楚：因为我总是会问自己，我应当做（或已做了）什么，而不是我实际上碰巧做（或已做了）什么；我总是会问，我是否应当遵循一种不同于我实际所选的准则；我必须认为自己能够做到这一点——认为自己是**自由的**——如果这些思考要想有意义的话。

尽管我必须**认为**自己是自由的，但为何我必然会得出结论说我确实是自由的？为何我不应当得出结论说，我注定会有某种关于自己的深层幻相？康德对此的回答依赖于他在现象和本体之间所做的区分。当我将自己经验为世界中众多物理存在者之一时，我只能将自己设想为由自然律决定的。然而，我是自在之物这一点，是不能由这种经验给予的；因此，我认为自己是自由的，这意味着我认为自己在本体意义上是自由的，尽管原则上来说，我不能为我在此意义上**的确是**自由的这一点提供任何理论证明。我们自己的自由是一个我们必须做出的关于自身的悬设，但在理论上我们无法为之辩护；它是一个必要条件，据此，我们可以将自己设想为自发存在者，也就是说，我们不仅拥有一种将我们自己看作是在世界中的物理存在者的视角，而且还拥有一种**关于**这个世界的主观视角。因此，基于实践根据，我们必须悬设一种关于我们自身的、基于理论根据无法证明的信仰（并且，从我们关于自然的经验的角度来说，这看起来确实是错误的）。

我的欲望和倾向、我的恐惧和需求，会对作为“感性”存在者的我施加一个拉力。然而，它们不能决定，我将如何评价那些倾向，以及在何种程度上，我认为自己必然能够考虑我将要做什么，并且依照这种考虑的结论去行动。因此，我必须认为，是我**自己指导自己**去接受这个或那个准则。由于世界并不能使（cause）我去接受这个或那个准则，因而我必须自己**使**自己去接受准则，并且这种因果性（causality）形式是不能在物理世界中找到的，它必须是自发的、自生的；因而，如康德所说，它必须被设想为“先验自由”，它是一个行动者使自己接受并遵循准则的方式，它本身是行动者能够将自己设想为行动者的条件，因而在现象的经验世界中是不可能找到的。

48 康德的观点是相对容易说明的。例如，我想要一块巧克力。是某些关于世界、我的身体乃至于我被养育的方式的事实，使这块巧克力对我有吸引力。我想要巧克力的欲望是这些事实所引发的结果。然而，我是否**应当**接受准则——“吃巧克力”或“不吃巧克力”——这一点不是由世界的因果力量所决定的。此外，我认为自己能够去考虑应当接受何种准则，就此而言，我必须认为，我是凭借自己的自由选择而去遵循这个或那个准则的；也就是说，我必须区分，哪个准则对于我来说是正确的，而哪个准则是我实际上遵循的。康德就这样引导我们不可避免地得出如下结论：我们必须认为是我们自己**使自己**去接受并遵循准则，而不是由外在于我们的东西引发我们去这样做的。

从自由到自律

因此，康德所认为的行动者指的是按照法则行动的主体——因为不按照法则行动的存在者将不会是自由的，而只是无序的、随机的，是被随机法则（如一个倒霉的球落入赌盘中）所摆布的——并且，这些法则必须是自己加之于自己的，即是说，行动者只是被他对之先形成表象而后运用到自身上的法则所推动。这一洞见本身已经使康德的理论够新奇了；但他还接着论证说，从理性行动者的概念中，我们也能得出关于我们应当执行的具体行动的不同于一般的结论。

这种行动概念是在我们的日常的普通活动中起作用的。我们去上班、去买东西、与朋友闲谈或拒绝邀约，都是基于我们应当去做什么的整体考量。由于我们是基于我们应当去做什么这种观念行动的，所以（关于我们**确实应当**做什么的）辩护问题就会定期出现在我们的生活中，并且这些问题促使我们找寻一般标准以帮助我们在各种我们能够形成的不同准则中做出选择。当我们找寻这种标准时，我们所试图形成的，不仅仅是主观准则，而且还有康德所说的实践法则，即对更为客观的原则的陈述。如果我问自己我是否应当比我现在攒更多的钱，那我就是要求自己用一个一般原则来评价我的准则。例如：我是应当得过且过，还是应当慎重地规划未来，即使我现在也许更喜欢当下的生活？我们所表达的最一般的客观实 49
践法则是**命令**（imperatives），例如，“如果你想老了的时候还有钱，那你现在就必须开始攒钱”，或者，“那些关心朋友的人，必然会对朋友的诉苦富有同情心”。因为我们能够合理地表达这些实践原则，所以原则上，我们往往能够区分我们的主观准则（我们实际上遵循的）与我们应当遵守的实践法则（正如我们往往能够区分，我们实际上遵循的准则——例如，“我应当闯红灯以更快地达到目的地”——和国家法律所告诉我们应当做的事）。

尽管如此，那我们要如何为这些实践法则本身辩护呢？它们的权威和正当性的一个显而易见的来源，同许多命令本身以其他一系列欲望和倾向为条件的方式有关。（众所周知，康德将这种命令称为“假言命令”。）例如，如果我或其他人想做个炒鸡蛋，那么对于我或其他人来说合理的是，要得到些鸡蛋；但是，除非我或他们先前偶然有这样一个欲望（或其他与鸡蛋有关的欲望），否则得到些鸡蛋这一点对于我（或其他人）来说就是不合理的。

为这类命令（它们依赖于其他既定的欲望和为它们辩护的目的）奠基的基本权威，一部分是理性本身的权威。使它们变成真正的**命令**（command）的是，如果不按照它们来做就是不合理的，就像想做没有鸡蛋的炒鸡蛋是不合理的那样。一当我们在为实现某一目的而必然要求的东西与目的本身之间建立起联系，我们就是在表达一种假言的有条件的命令：要想如此这般，你就必须做这做那！然而，这类假言命令的权威只是部分地来自理性，因为在所有这类命令中，“必须做”显然只有在目的本身是有力量的情况下才是有力量的，并且理性并未设定那些目的。对假言命令的权威和有效性的承认，并未消除休谟的怀疑：理性只能是激情的奴隶。

如康德相当明智地看到的，现在的问题是，无条件地约束我们的或用他的话来说“绝对的”（categorical）实践法则（或“命令”）能否被表达出来。只有在如下两种情况下，这样一种法则才将是无条件地约束我们的：（1）某种目的是我们理性上必须具有的，以至于我们可以说，所有行动者“理性上必然”会试图完成这一目的；或者（2）一种命令是一条
50 真正的法则，同时，它无需从它有能力或有必要推进其他目的这一点上获得权威。

实际上什么在推动着我们去行动？这种提问方式使得康德将动机要素引入他的道德理论当中。由于整个“先验自由”学说都要求我们能够凭借我们所接受的准则来推动我们自己去行动，因此似乎不可能有这种绝对目的；由于它必须通过诸如欲望或偏好这种机能来推动我们，因此它依赖于行动者的特殊的、有机的、心理的构造。然而，无论如何，即便是偏好本身，要想推动（不同于引发）行动者去行动，它也必须首先被安置进行动者的准则当中；行动者必须为自己去行动**找到一个理由**（reason）[3]。偏好的许诺无论多么吸引人，但究其自身而言，它不过是一种“刺激”；只有当行动者**将之**（在这里是指追求偏好）变成自己行动的理由时，它

才是行动的理由；只有这样，行动者才是真正自由的，才是真正推动自己去行动的，而不是被外力摆布的。

因此，如康德所说，**如果**有这样一种无条件的绝对命令，**那么**它必然能够约束所有理性行动者，并且必然独立于他们所意愿的特殊目的。也就是说，它必然是一条对于所有理性行动者都有效的命令、法则，他们正在思考他们恰巧在思考的行动的原因是什么样的，此后所剩下的，只有绝对意义上有效的命令本身的**形式**，只有如下纯粹的理念：无论这命令可能是什么，它都必须是对所有理性行动者具有无条件约束力的[4]。因此，作为这样一条应当掌控我们的准则的实践法则，如康德所说，它具有“普遍性”的形式，即能够约束**所有**行动者，而不考虑他们的社会地位、特殊的生活方式、喜好、倾向或他们为自己的生活所做的规划。 51

康德自己对绝对命令的表述显示出了这一特征：“要只按照你同时能够愿意它成为一个普遍法则的那个准则去行动”[5]。也就是说，无论我们形成何种“准则”，这些准则都要符合道德法则。然而，如康德意识到的，这似乎就是要求，准则要面对一条极为一般意义上的法则——似乎是要求，无论行动者接受的是什么样的准则，这准则都要符合对于行动者具有约束力的实践法则（也就是说，或者与之一致，或者至少不违背它），而无需再讨论这实践法则可能是什么。动机问题，即什么推动我们使我们的准则符合于这普遍法则（它以这样一种形式的、抽象的方式表达出来），只会令问题更为尖锐。如果它能无条件地约束我们，那么我们就不能因为我们想这样做或者因为它提供了对偏好或满足的承诺而被推动着去这样做，因为这样一来，它就是以我们实际上是否关心这种偏好或满足为条件了。相反，实践法则自身的无条件本性必须与我们行动的一个特征相联系，这个特征自身是无条件的，即我们的作为“先验自由”的自由，也就是我们能够自己引发自己行动的机能。为了它能够无条件地约束我们，为了我们能够说我们是无条件地选择了它，我们必须能够自由地选择它同时又认为它是我们自己加之于自己的。用不太像康德的话来说：康德认为，绝对命令将必须是一种“召唤”（calling），即它是这样一种东西：一方面不考虑我们自己的（“有条件的”）生活境况而**对我们提出要求**，而另一方面又是每个行动者用来自己**约束自己**的。

康德认为，在关于义务的日常经验中，我们就会遇到这种情况。关于道德义务的最核心的经验是，以超越了我们偶然想做某事的方式，经验着一种对自己的要求，感受着义务的拉力。例如，当一个人认为自己有义务告诉朋友关于某事的真相时，他就经验到了一种责任，即他的确应当说出
52 真相，即使这意味着放弃了他想做的其他事情。（说出真相这个行为可能是令人不悦甚至是痛苦的。）这种关于义务的经验，只有对于自由的存在者来说才是可能的，这种存在者能够经验到双重拉力：一是自己想做的事，二是他的责任，即无条件要求他去行动。因此，我们自己的“先验自由”是我们在自己的有意识的生活中经验到道德义务本身的基础。

然而，这意味着，道德义务并不仅仅基于我们的自由。自由存在于我们推动自己去行动的机能当中，而不是存在于外力的摆布当中。即便是对偏好的承诺，也只在我们想满足这偏好（即我们把“为了偏好而行动”变成我们的准则和动机）时才能推动我们去行动。然而，这种自由依然是以非我们所选的东西（例如，我们是偏好这个还是那个）为条件的。然而，作为对我们的无条件约束，道德义务要求我们克服诸如对偏好的追求、对名望的欲求等。也就是说，它所要求的不仅仅是自由，还有**自律**、自我决定，即自己给自己颁定实践法则，而非由外界强加；如康德所说，所有这些都汇聚在绝对命令当中。对于后康德思想的发展来说，康德自己对这些要求的表述既惊人又具有决定性意义：“因此，意志不是仅仅服从法则，而是这样来服从法则，即它也必须被视为**自己立法的**，并且正是因此缘故才服从法则（它可以把自己看做是自行创立的）”[6]。也就是说，我们忠于道德法则，就好像，它不是我们所选的，而我们又始终意识到（无论多么隐晦地）我们自己正是我们所忠于的法则的创立者。如果不是我们自己而是别的东西创立了道德法则，那么这法则就不可能既具有无条件约束力而又与我们的“先验自由”相匹配[7]。

康德相当彻底而又矛盾地得出如下结论：这种“先验自由”机能确实意味着绝对命令、道德法则（反之亦然）。只有自行创立的法则才能与
53 我们是“先验自由的”这一观念匹配，并且，只有自行创立的、约束所有类似存在者的法则才是无条件约束我们的。由此可知，尽管我们从来不能被要求完全**完成**我们的意愿——因为这往往依赖于机会，因此依赖于我

们通常不能自己决定的东西——但我们通常应对我们**已经打算**去做的事情负责，这是因为，选择准则并以之约束我们自己，这永远是我们自己先验自由领域内的事。

从自律到道德原则

康德那相当惊人的结论提出了自己的问题。最关键的是，它提出了如下问题：如果满足所有这些要求的实践法则只是如下形式化原则，即我们每个人在行动时，至少不能与那非常抽象的、形式化的原则——行动要符合于“普遍的”、对所有类似行动者都有效的法则——相冲突，那么，何以能够得出结论说，我们应当去做某件具体的事呢？通过以这些方式采取行动，我们究竟要做什么呢？

康德自己对这一问题的回答，是他最有力量、最具影响力的道德理念之一：同这些能够自律地行动的存在者有关的某种东西，其本身具有“绝对价值”，康德将之称为每一个这种行动者的“尊严”（*Würde*）。每一个认为自己是这样一种自律存在者的行动者，都必须认为自己是目的本身，而不是其他东西的手段；他必须认为自己是为了自己的自由而做事，也就是说，是为了在世界中自己推动自己，而不是为了被外力摆布。他只有最终关心这种自由时，他才能够意识到自己（或他的**自身**）**是一个行动者**，因此，这种机能对于他来说是具有绝对价值的，所有其他行动者也都关心他们自己那里的这种机能的绝对价值。因而，所有这些按照准则行事的行动者至少不能与一条普遍实践法则相冲突，这一要求意味着，要按照相互尊重这种机能的准则行事，并且这本身将导致绝对命令的进一步具体化，康德将之表达为：“你要如此行动，即无论是你的人格中的人性，还是其他任何一个人的人格中的人性。你在任何时候都同时当做目的，绝不仅仅当做手段来使用。”[8]康德进一步论证说，将所有行动者当作目的 54
本身，这一要求足以将一整套道德责任具体化。将某人当作目的而从来不是**仅仅**当作手段，这意味着一个人应当充分表达如下这点：他将他们视为“也在自身必然包含着这同一个行为的目的的存在者”[9]——也就是说，他必须能够合理地赞同相关行动所促进的目的，他至少必须能够“赞同”

（*einstimmen*）被提出或被追求的目的。

因而，在这背后有着一个强有力的道德秩序图景，它完全革新了我们看待自己的方式。道德秩序不是一个被赋予的秩序，在其中，我们每个人已经被预先分配了各自的角色，并且我们有责任符合这一秩序；道德秩序也不是一个为我们每个人决定了什么是幸福或完善的自然秩序；相反，如康德所说，它是一个“目的王国（*Reich*）”。在这个“目的王国”中，每个人都确信自己是完全自我立法的，并且，借助于“普遍的”立法，通过将所有其他人当作目的本身来尊重，每个人都确信自己也要服从普遍法则，而这法则是他自己和其他人共同遵循的。也就是说，道德秩序是一个理想，是共同创立的秩序，而不是自然秩序或被赋予的秩序；它是每个自律行动者在为自己和他人立法时涉及的**相互性**，它被视为“创立”法则的相互性，个体行动者脱离所有其他行动者是不能考虑它的，共同体也不能将之实体化进一种现存整体当中。或者如康德所说：“因此，道德性存在于一切行为与立法的关系中，惟有通过这种关系，一个目的王国才是可能的。”[10]如他之后的很多批评者与追随者所注意到的，问题在于，所有理性行动者都必须只按照原则行事这一相当形式化的要求（这被称为“普遍化”命题）同关于所有这些行动者的无条件价值的那种更为实质性的主张之间的联系。这种主张似乎发生了很大的变化，并且从形式化到实质性的过渡（虽然这是相当有吸引力的）的本性并非完全清晰的。

55 自由与政治共同体：自律与美德

无论关于形式化到实质性的过渡的阐明会遇到什么样的困难，“普遍性”（依照这样的准则行事，该准则符合对于所有行动者来说都是合理的实践法则）这一形式化观念和尊重所有行动者的内在“尊严”（将人当作目的本身并从“目的王国”的立场发出意愿［willing］）的观念，使得康德拥有了一系列丰富资源来陈述，我们在道德上到底应该做什么。大体来说，康德将道德世界分为两个领域：一个领域是由政治和社会意义上对我们的无条件要求所构成的；另一个领域是由美德责任所构成的，这些责任是我们每个人加之于自己和他人的，但它们不能变成法律上可强迫执行的责任。（直到 1797 年《道德形而上学》出版时，这些责任才被充分阐明了。）康德关于这些问题的观点虽然是有趣并富有洞见的，但同时，对于他的读者来说依然不清晰的是，他究竟如何将这些观点与他的其他观点勾连起来。

康德的社会世界概念依赖于他在政治哲学中做出的如下关键区分：简单的自由选择（*Willkür*）与更为根本的自由的（和潜在自律的）意愿能力（*Wille*）。我们的自由允许我们设定目的，并确定实现目的的最有效手段；这是一个**自由选择**的问题，它存在于我们形成自己的准则的能力和从实践法则及原则的角度评价准则之恰当性的能力当中。然而，由于我们也能够克服我们对既定意图和目的（如幸福）的依赖性，能够变成完全自律的，能够完全地自行其是，所以，我们也拥有自由**意志**，它不仅是形成准则并依其行事的能力，而且实际上也是**创立**可以评价准则的至上实践法则的能力。在社会秩序中，我们的行动只能从道德视角出发而被视为一种自由选择的表现，而不是自由意志的表现；由于公共秩序绝不可能直抵人心来洞察人们是出于义务感还是出于个人偏好而行动，所以公共秩序所能够渴望的伦理生活的最高层次，只能是在公法下自由选择之间的和谐，而不是品德高尚的个体所构成的共同体。

据此区分，康德主张一种基于自由的、根本上开明的政治—社会体系。在不同选项中进行自由选择的能力（*Willkür*，自由选择）必须服从公 56
开颁行的法律的管辖，这种法律本身只能根据如下这点得到辩护，即什么样的强制性限制能够应用到每个人的自由选择上，以使之能够与每个具有同样自由权利的个体共存。财产权是这一观点的基础，并且他说，人们有义务——如他所说——离开自然状态、进入法治的情境中（在一个国家中）[11]。在一个公平正义的公共秩序中，人们——作为目的本身——有权根据他们自己关于幸福的观念来追求幸福，并且有义务尊重其他人追求幸福的权利[12]。

然而，这种观点不是将公共秩序视为确保私人偏好的手段，而是将法治视为目的本身，视为我们作为“目的王国”成员有义务完成的东西。康德认为，他的这一具有革命性的自由—自律学说之所以给我们承诺了一个开明的社会秩序，并不是因为这一秩序会使得我们更幸福，而是因为它是我们自己的自由本身的道德要求。因此，这样一种秩序下的公民可以说是拥有公民**自由**（这涉及自由选择的权利，这些权利是与其他拥有相同权利的公民共存的）、公民**平等**（没有任何单个个体有权强迫其他个体遵守他们原则上并不拥有的法则，——但是康德强调，这并不承诺人们在财产上是平等的）和公民独立（每个人拥有权利这一点，与其他人是否实际上赋予他这些权利或赞同他拥有这些权利无关）。康德观点中最惊人的是，我们有义务——这义务是**无条件的**但却是**强制性的**——从属于这样一种社会秩序，因而我们走出"自然状态"而进入这样一种政治秩序的义务，并不是一种有条件的、"假言的"义务，否则它就要依赖于某种属于这种公民秩序的共有欲望；同样惊人的是，对于之后的康德评论家来说，这种大胆主张的方式依然是不清晰的。

57 如果公共秩序指的是在法治情况下的选择**自由**，那么另一方面，私人道德秩序就是指如下美德，即每个人出于正确的理由而**自律地**意愿正确的准则。为了合乎美德，人们必须具有某种履行义务的意向（*Gesinnung*）；出于错误的动机而做了正确的事情，这是不合乎美德的，因为这意味着，行动者不是被他的合理承诺推动的，而是被超出承诺本身的东西推动的（例如，对遭到逮捕的恐惧或对取悦他人的欲望）。人们可能并非出于美德而遵守公法，也就是说，是由于错误的原因而守法，但人们只有出于义务动机和对道德法则本身的尊重，才能是合乎美德的并是遵守道德法则的。

在康德的美德观念中，有两点值得注意。首先，康德对于具有美德特质的要求的解释，不是从某些性格特征和人格性的教养与培育出发的（尽管他没有贬低这些），而是从对基督教改宗经验的世俗化、彻底化的再解释出发的。拥有正确的性格意向，这是本身**能够**选择的东西；借助自由意志的行动，人们可以突然改变自己的道德取向，因此这不依赖于无中生有的天赐恩惠。因此，在此意义上（即在不同于一条实践"法则"的意义上），人们的基本"意向"**类似于**一条准则，因为人们可以将之当作一种超级准则来解释，这一准则的内容就是，只接受那些符合道德实践法则的准则。

其次，在关于公法和正义的学说中，我们只需避免我们自己和他人妨害其他人的权利，然而，为了合乎美德，我们还必须积极地推进和追求正确目的。据此，康德认为，有两种目的，作为自律存在者，这两种目的都是人们必须无条件追求的：人们应当追求自己的道德完善（很容易理解的是，这一目标是不可能实现的）；人们应当推进他人幸福。然而，康德自己为这两种目的所提供的论证是有些奇怪的：在早期著作中，他的论证是，特殊的目的绝不能作为一项无条件义务的基础，只有如下动机才能充当这一角色，即依照符合普遍法则的准则行动。不过，在之后的《道德形而上学》中，他特别提出："这个规定一个目的的行为是一个实践原则，这个原则所要求的……是目的本身。"[13]这两种目的的所谓责任特征， 58
也与我们的如下所谓无条件责任有关，即努力清除我们自己人格性中可能阻碍我们履行责任的障碍。

尽管如此，无论论证是多么的模糊，概貌还是清晰的。公民学会使他那与公法相冲突的倾向服从于公法本身——这种法律之所以是正当的，是因为它使所有人的同等自由得以可能——而**合乎美德的**人运用他的无条件的意志自律，只依照那些准则行事，并且只追求理想的"目的王国"所有成员都能够追求的那些目的。自由公民所运用的是次级形式的自治，而合乎美德的个人所运用的则是作为自治之最高形式的自由，一种完全的自律。

自律、宗教与伦理联邦

康德哲学中最有争议的方面之一（在最初围绕着第一《批判》的出版而展开的讨论中，这已经成为争论的原因之一），与康德对现有宗教的思考有关。康德相当明确地取消了任何关于上帝乃至于上帝实存的理论知识，但他也明确宣称，他这样做只是为了给信仰留出地盘。尽管如此，他的道德哲学看起来至少是取消了道德对宗教的直接依赖关系，并因此潜在地扰乱了德意志的现存秩序，他（像许多人那样）将宗教视为维持社会秩序所绝对必需的保障。如果人们的伦理生活（最宽泛意义上的）——他们作为公民的机能和他们导向美德生活的个体机能——不依赖于他们对于现有教会秩序之教义的赞同，那么在人们的生活中，宗教到底能够扮演什么角色呢？

康德自己关于宗教的反思，是与他自己所看到的、在他的道德哲学中起作用的难题紧密相关的：在他建构道德自律学说时，这一学说在解释如下问题时遇到了麻烦，即如果具体的行动者非难自由与自律的要求，那么他将如何为这些要求所推动。一个人是为了义务而不是为了其他东西——这是否对个人有利、是否供养着社会秩序抑或其他——而履行义务；为了其他东西而履行义务，将会清除道德义务的无条件性特征，并使之依赖于
59 对义务本身之外的东西的兴趣或欲望。根据康德对道德经验的理解，当我们知道某事的确是我们的道德责任时，我们**正是**被责任本身的规范性力量所推动的。不过，既然如果我们的确是合乎美德的，我们就不能说我们对道德有“经验的”兴趣，那么我们所具有的“兴趣”或动机到底是什么呢？

康德自己的回答并不是完全可靠的。道德法则——这是我们所有人各自而又共同创立的法则——对我们提出的无条件要求，如他所说，恰恰是一个“理性的事实”，由于我们首先是自由的理性行动者而意识到它，并且，奇怪的是，如果我们没有意识到它，它就会取消我们作为行动者的资格[14]。“理性的事实”是康德如下观念的另一种表达方式：理由之所以能够要求我们，是因为我们**使它们**对我们提出要求；在接纳道德法则的原则时，我们也必须服从这一原则。此外，作为一个自我立法的“事实”，它不可能来自任何关于世界的更为根本的形而上学事实，因为它是关于我们自己的基础性的、非派生的自发性本身的“事实”（即使我们服从于道德规则这个“事实”——用康德的话来说——是一个“先天综合”命题）。在实践中否定这个“事实”是不可能的，因为这种否定就是将这一“事实”合法化了，而这一否定将被这一“事实”所否定。因此，“理性的事实”这一观念可以归结为一种再陈述，其内容是对道德法则本身的权威的准悖论性的陈述，这一陈述似乎要求一个“不守法则的”行动者基于法则给自己立法：从一个视角来看，这些法则似乎是先于立法活动的；而从另一个视角来看，则似乎是从立法活动本身中派生出来的。这种矛盾来自康德的如下要求：如果我们要将一个原则（一个准则、道德律）加之于我们自己，那么我们大概必须有**理由**这样做；但是，如果我们接受那个

原则的理由是先已存在的，那么这个理由本身就不是我们加之于自己的；而由于它要对我们有约束力，所以它必须是（或至少如康德模糊地说的那样被“认为”是）我们加之于自己的。因此，“理性的事实”，作为一种“康德悖论”的表达，在原则上应当是不可否定的，在理论上则是不可证明的：我们不能愉快地接纳这个关于我们自身的观点，我们依然是自 60
由的、实际上行动着的行动者[15]。（这种“康德悖论”在康德的后继者们所提出的体系中扮演着重要角色[16]。）

因此，康德对问题——“在成为道德行动者这件事上，我们的兴趣是什么？”——的回答，归根结底是如下主张：严格说来，在成为道德行动者这件事上，没有也不可能有什么**兴趣**。我们就**是**道德行动者，因为我们是我们所是的那种理性生物；我们就是经验到道德义务对我们的召唤的，因为我们是这样的行动者。就算我们对道德有什么“兴趣”，这兴趣本身也是由道德义务的召唤产生的；它绝不可能先于道德义务。

但是，如康德不断重复的，由于我们不仅仅是理性的，而且也是肉身性的行动者，这意味着我们不应当期待人们成为天使，同时，认为人类应当能够以某种方式放弃在自然世界中获得幸福的要求的想法也是愚蠢的。这不是某种偶然的、道德上无关紧要的事实，而是一个本质性的事实，它关乎如下问题：成为一个理性的**和**自然意义上肉身性的个体行动者，这意味着什么？（非肉身性的行动者——如果存在的话——是不会有这个问题的。）因此，对于我们来说，如下两方面在实践上**都是**必然的：一方面，我们出于义务而履行义务，因此舍弃了所有与我们的义务相冲突的幸福要求；另一方面，我们在我们的生活中开辟出某块区域，在这里我们追求我 61
们自己的幸福，尽管没有任何义务要求我们去追求我们自己的幸福。

在《实践理性批判》中，康德试图解决这些问题。在这部著作中，康德引入了若干道德“悬设”，它们是他所称的“至善”所要求的。尽管道德法则的要求总是不顾及个人的幸福要求，但是我们并不能完全弃绝我们的幸福，因此，我们必须建构“至善”概念，它比单纯道德的善“更高”，又绝不会使道德善服从任何别的东西。这样一种“至善”将会是美德与幸福的统一，如果说幸福是美德的报偿的话，那么在这种统一中，合乎美德的人所考虑的幸福正是那种他应得的幸福。在我们的行动中，我们应当无条件地追求这种“至善”，应当努力创造这样一个世界，在此世界中，合乎美德的人是幸福的，这是他们应得的。由于这只是一个理想，并且在当下**这个**世界中从来不可能实现，但我们必须相信它是**能够**实现的，因此康德的结论是，我们必须为此做两个“悬设”：灵魂不朽（因为至善的实现需要无限的时间）和上帝存在，他将会按照恰当的比例来给合乎美德的人分配幸福（因为美德和幸福的统一要求自然与自由的和谐，而人类行动者单凭自身是无法实现这一点的）。这二者（尽管它们的真理是无法证明的）之所以是“悬设”，是因为我们发现，通过承担一种对自己创立的道德法则的无条件要求的承诺，我们已经承诺自己要去悬设这些东西，为的是解释，那些先天承诺如何是可能的[17]。

无论康德对他的悬设的论证有何价值，它们都清楚地阐明了康德更为一般的观点如何使传统智慧竖耳倾听：宗教并非如道德促发宗教那样促发道德。1793 年康德出版他自己的宗教哲学著作时，这一点变得更为清楚了。这部著作的题名是非常康德式的：《纯然理性界限内的宗教》[18]。当
62 然，将宗教置于理性的引导之下，这并不是康德的新创造；它在一定意义上是启蒙思想中的老生常谈，并且，关于宗教是否能与理性的自由运用共存，也有许多争论（无论是宗教的支持者还是反对者）。尽管相较于前人，康德关于自由和自律的观点以一种更为激进的方式将宗教归摄于理性之下，但同时，他并非明确放弃诉诸宗教本身。

康德主张，道德需要一种关于世界的“终极目的”，而这正是由宗教提供的。然而，如他所言，在其真实的、合理的意义上，宗教归根结底就是“将我们的一切义务都认作是上帝的诫命”[19]，道德义务本身之所以具有权威，是因为“目的王国”中的行动者创立了它，而不是因为它是由处于人类理性之外的上帝所命令的。特别是，康德逆转了关于宗教同道德之关系的公认观点，这使得早已被接受的恩典观念遭受质疑。根据天主教和新教的教义，人类单凭自身是不能完全变革他们的道德生活的，因为他们不可避免地带有原罪；只有上帝自由地赐予的恩典（这是不能被要求的）才能将人类行动者置于进行变革的位置上。然而，在康德看来，人类行动者完全有责任也完全有能力形成至高无上的道德实践法则（绝对命令）、形成与道德法则相一致的准则并依据这种准则行动；他们也完全

能够改变他们自己的意向，以使他们自己更能如（自己创立的）道德法则所要求的那样行动，而这仅仅是通过他们自己的自由选择和意志能力实现的[20]。

那么如何解释道德上的恶？在每个人类行动者那里，至少有两种潜在的动机来源：一种是“理性的事实”，另一种是各种刺激，它们来自我们自己的肉身性本性，来自如下事实，即我们每个人都对生命有着自己的规划，这些规划都可以归结为“自爱”。这些可以将我们拖曳向完全不同的方向。这两个来源都在吸引着个体，这正是肉身性的、理性的存在者的本性的一部分。康德将这称为“根本恶”。恶人是指一个人使道德法则服从自爱，使他那服从道德法则的动机变成了与他自己个人优势相关的理由。 63
人们并不是为了恶而做恶，他们不是弥尔顿笔下的撒旦，他希望“恶来做我的善”[21]；他们之所以堕落，是因为他们在意愿时，没有足够的力量愿意去做显然正确的事，而是将如下一点合理化了：以他们自己的规划取代道德法则的要求。

可是，人们如何去做显然正确的事？目前为止，这些问题的出现可以归咎于坏的教养。无论自爱的倾向多么强，但由于有“理性的事实”，人们总是能够克制这种倾向。所有人都能够在他们自己那里实现这种“革命”，并且，如康德所说，如下二者之间“不可能是一致的”：一方面是竞争性的经验主张，其大意是某些人就是有坏的品性；另一方面是实践上必要的先天信念，即我们拥有“先验自由”[22]。此外，这种对我们自身自律力量的“反思性信念”，是与一种“道德宗教”相匹配的，也就是说，这种宗教的目的是辨识我们的根本恶并努力改善我们的表现；然而，它与那种致力于获取神圣恩赐的宗教是不匹配的（它弃绝了我们的自由，而是希望上帝能使我们变得更好）。

这样一种道德宗教坚持一种**伦理**联邦的理念（康德意义上的）。不同于一种政治社会或联邦（它依据对于尊重所有人的自由来说必需的东西，被授权对其成员实施强制），一种“伦理联邦”只能是完全自由进入、自由维持的。我们可以强迫那些试图摆脱社会约束的人服从法治，但没有人被授权强迫其他人变成合乎美德的。

不过，尽管我们不能被强迫进入理想的伦理联邦，但我们每个人都有无条件的道德义务自由地进入该联邦；这个义务并非对一般美德义务的再表述，而是来自我们促进“至善”的承诺。**政治**联邦作为一种理念，它表现为自由原则所辩护的法治，而**伦理**联邦的理念将会（或多或少象征性地）表现为一个由上帝所统治的共同体，这个上帝是世界的道德性起因。这个世界相当于以一种“无形教会”的形式在地上实现了上帝之国，一种没有任何强制的准制度，但它依然能够将所有人联合在“目的王国”
64 的理念之下。现有教会（由于根本恶和人的有限性）至多是能够艰难地接近这种“无形教会”，因为现实的教会必然会制定强制手段以捍卫其教义和核心信仰。然而，在“无形教会”中，我们因履行我们对所有人类个体的义务而完全并全部地履行我们对上帝的义务；上帝，作为世界的道德起因，是这种实践理性的悬设，它与如下问题相关：什么对于将“至善”呈现为可见的来说是必要的。因此，“上帝意志”的内容就相当于“人的自律意志”的内容[23]。如果不是自律地为了道德法则而贯彻道德法则，是不可能荣耀理性宗教中的上帝的；一旦这抓住了人们的心，哲学革命将变成人的生活中的革命，“上帝之国”（作为一个伦理联邦）将会在地上实现。

康德尽心竭力地使他的读者（可能还有当局的管理者）相信，这将是与基督教完全契合的。实际上，他甚至说过，基督教是这种“道德宗教”的唯一范例；他根据自己关于道德的观点，重新阐释了许多《圣经》中的段落，根据这种阐释，耶稣死亡与复活的整个故事只意味着：“除了将真正的伦理原则深深地整合进人们自己的意向中之外，绝对不存在对人的拯救”；“真正”理性的和道德的“宗教”虽然或多或少与基督教诲的某些关键方面是一致的，但它不能强迫人们去信仰《圣经》；对圣经教义的“神圣陈述”“应当绝不会影响对道德准则的接受”，因为“每个人无需经文的权威就能够全然确信（实践法则）”[24]。在理性的意义上来说，道德，即为了义务而自律地履行义务，就是宗教拯救的观念[25]。

65 以这种灵巧的策略，康德提出了一个理智与世界的新模型，以及一般道德义务的新模型。不仅如此，他还实现了欧洲文化中一种根本性的，甚至决定性的变革，这种变革摆脱了传统教会权威的统治，从而转向一种非天启的、体现了新生的自由与自律理想的宗教。康德是在玩一场高风险游戏，而随着事态在欧洲开始升温，他也逐渐意识到了这一点。

注释：

[1] *Critique of Pure Reason*, B134 note. [《纯粹理性批判》，90 页注释。——译者注]

[2] 康德自己对"准则"这个术语的用法，及其同他的道德理论中其他相关术语（"命令""动机""实践法则"等等）的关系，并不是完全清晰明白的，许多学者都认为，他的成熟作品并不十分连贯。为了便于阐述，在呈现康德观点时，我将忽略这些学术上的细节，因为我认为，人们的确能够连贯地呈现他的所有观点。关于所涉问题的极具代表性的讨论，可参见 Barbara Herman, "On the Value of Acting from the Motive of Duty," in Barbara Herman, *The Practice of Moral Judgment* (Cambridge, Mass.: Harvard University Press, 1993), pp. 1－22; Henry E. Allison, *Kant's Theory of Freedom* (Cambridge University Press, 1990); Onora O'Neill, *Constructions of Reason*, chapters 3－5, 7, pp. 51－104, 126－144。

[3] 如康德所说："任性的自由具有一种极其独特的属性，它能够不为任何导致一种行动的动机所规定，除非人把这种动机纳入自己的准则（使它成为自己愿意遵循的普遍规则）；只有这样，一种动机，不管它是什么样的动机，才能与任性的绝对自发性（即自由）共存。"(Immanuel Kant, *Religion Within the Limits of Reason Alone*, trans. Theodore M. Greene and Hoyt Hudson, New York: Harper and Row, 1960, p. 19) [康德：《纯然理性界限内的宗教》，李秋零译，《康德著作全集》（第 6 卷），李秋零主编，北京：中国人民大学出版社，2007 年，22 页。——译者注] 亨利·E. 阿利森将这称为康德的"安置命题"(incorporation thesis)，它是这样一种观念："感性倾向只有在如下情况中才是与意志对象相关的，即它们被'安置进一条准则当中'，也就是说，归摄于一个行动规则之下"，并且这种安置（即我将某个东西安置进动机当中，设定一个目的或者接受一条准则）行为是可以"被设想的但是不能被经验的"(Allison, *Kant's Theory of Freedom*, p. 40)。

[4] 康德在其所有的道德哲学著述中都始终强调这一点，特别是在

《实践理性批判》和《道德形而上学的奠基》当中。在《奠基》中，康德主张，绝对命令“所包含的只是准则符合这法则的必然性，而法则却不包含任何限制自己的条件，所以，所剩下的就只是一个一般而言的法则的普遍性”（*Groundwork of the Metaphysics of Morals*, trans. H. J. Paton, New York: Harper Torchbooks, 1964, p. 88（AA 420－421））。[《道德形而上学的奠基》，李秋零译，《康德著作全集》（第4卷），北京：中国人民大学出版社，2005年，428页。——译者注]

[5] *Groundwork*, p. 88（AA 421）. [《奠基》，428页。——译者注]

[6] Ibid., p. 98（AA 431）. [同上书，439页。——译者注] 翻译上做了些修正：特别是，我将“davon er sich selbst als Urheber betrachten kann”译为“of which it can regard itself as instituting”，而不是将“*Urheber*”译为“author（作者）”（如果更严格按照字面意思来说，它应该译为“instituter”（创立者），但这似乎有些不合适）。

[7] 因此康德得出如下彻底的结论：“现在，当我们回顾迄今为止为了找出道德原则而做过的一切努力的时候，就不会奇怪，为什么它们全都必然失败了。人们看到人由于自己的义务而受到法则的约束，但却不曾想到，人仅仅服从他自己的，但尽管如此却是普遍的立法。”*Groundwork*, p. 100（AA 432）. [《奠基》，440页。——译者注]

[8] Ibid., p. 96（AA 429）. [同上书，437页。——译者注]

[9] Ibid., p. 97（AA 430）. [同上书，438页。——译者注] 原文是“nur als solche, die von eben derselben Handlung auch in sich den Zweck müssen enthalten können, geschätzt werden sollen”——如果严格按照字面意思来翻译，这应当译为，他们“必须能够将[同一个]目的包含在自身之内”。

[10] Ibid., p. 101（AA 434）. [同上书，442页。——译者注]

[11] 我曾说过，在《道德形而上学》中，康德为此所提出的理由，就其本身而言并不具有说服力，因而需要我们在其伦理思想的其余部分的完整语境中来理解。参见 Terry Pinkard, “Kant, Citizenship, and Freedom,” in Otfried Höffe (ed.), *Immanuel Kant, Metaphysische Anfangsgründe der Rechtslehre* (Klassiker Auslegen, Bd. 19) (Berlin: Akademie Verlag,

1999)，pp. 155－172。

［12］如康德在他的一篇文章中所说的："没有人能强制我按照他的方式（按照他设想的别人的福祉）去追求幸福，而是每一个人都可以按照自己所认为是美好的途径去追求自己的幸福，只要他不伤害别人根据可能的普遍法则而能与每个人的自由共处的那种追逐类似目的的自由（也就是别人的权利）。"（"On the Common Saying：'This May Be True in Theory，but It Does Not Apply in Practice，" *Kant's Political Writings*，p. 74）［康德：《论通常的说法：这在理论上可能是正确的，但在实践上是行不通的》，《历史理性批判文集》，183 页。——译者注］

［13］*Metaphysics of Morals*（trans. Mary Gregor）（Cambridge University Press，1991），p. 190（AA 386）.［《道德形而上学》，张荣、李秋零译，《康德著作全集》（第 6 卷），398 页。——译者注］

［14］"我们可以把这个基本法则的意识称之为理性的一个事实，这并不是由于我们能从先行的理性资料中，例如从自由意识中（因为这个意识不是预先给予我们的）推想出这一法则来，而是由于它本身独立地作为先天综合命题而强加于我们，这个命题不是建立在任何直观的，不论是纯粹直观还是经验性直观……我们必须十分注意一点：它不是任何经验性的事实，而是纯粹理性的惟一事实，纯粹理性借此而宣布自己是原始地立法的。" *Critique of Practical Reason*（trans. Lewis White Beck）（Indianapolis：The Bobbs-Merrill Company，1956），p. 31（AA31）.［康德：《实践理性批判》，41 页。——译者注］

［15］众所周知，克里斯汀·科尔斯戈德在她关于康德的许多文章中都做了上述论证，并且她是最先明确提出自我立法这一问题的评论家之一。最简洁明确地呈现她关于这一主题的观点，见 Christine Korsgaard，*The Sources of Normativity*（Cambridge University Press，1996）。

［16］据我所知，罗伯特·皮平最先指出"康德悖论"对于后康德的观念论来说具有基础性意义，参见 Robert Pippin，"The Actualization of Freedom，" in Karl Ameriks（ed.），*Cambridge Companion to German Idealism*（Cambridge University Press，2000）；以及 *Hegel's Practical Philosophy*：*Traces of Reason in Ethical Life*［该书此时尚未出版，出版后的题名为：

Hegel's Practical Philosophy: *Rational Agency as Ethical Life*, Cambridge University Press, 2012。——译者注]。在朱迪斯·巴特勒的著作中也能发现这一观念，参见 Judith Butler, *The Psychic Life of Power*: *Theories in Subjection* (Stanford University Press, 1997)。在处理康德自我立法观念中的内在困境（及后康德思想家对这些困境的回应）时，卡尔·阿默里克斯尝试了一种不同的策略，参见 Karl Ameriks, *Kant and the Fate of Autonomy*: *Problems in the Appropriation of the Critical Philosophy* (Cambridge University Press, 2000)。阿默里克斯主张对康德做一种更为"适度"的解释：他认为，康德接受了我们自己经验的偶然性，并采取了一种或多或少带有和解性的策略，这一策略试图"认可自由意志论，试图接受最好的现代科学的发现，并试图考察是否能够以某种方式建构一种理性形而上学，它能够为二者都留下地盘"(*Kant and the Fate of Autonomy*, p. 341)。在阿默里克斯看来，我们应当清楚地将康德用语中关于偶然经验的这种常识观念背后的系列命题，同康德自己关于这一体系（先验观念论）的形而上学思考区分开，同时，又要将这二者同体系的形而上学内涵（康德认为自己为自由所开创的地盘）区分开。因此，阿默里克斯认为，不是"康德悖论"，而是康德对自由问题的形而上学解决方案（即把自由视为先验因果性问题）才是康德学说的核心。由此，他将后康德思想家的回应视为对康德形而上学抱负的误解（这使得他们的观点，从形而上学角度来说，比康德的观点更具争议），而不是像我这样，认为这些回应中的一部分试图解决"康德悖论"。

[17] 参见 Allison, *Kant's Theory of Freedom*, p. 67。他认为，康德的悬设不是道德法则的"支撑架"（如它们在第一《批判》中那样），而是实现至善的"必要条件"。

[18] Kant, *Religion Within the Limits of Reason Alone* (trans. Theodore M. Greene and Hoyt Hudson) (New York: Harper and Row, 1960).

[19] Ibid., p. 142; Immanuel Kant, *Werke* (ed. Wilhelm Weischedel) (Frankfurt am Main: Suhrkamp Verlag, 1977), xviii, p. 822. [《纯然理性界限内的宗教》, 155 页。——译者注]

[20] 关于康德自己对恩典的神学观念的拒斥，可见 *Religion Within*

the Limits of Reason Alone, p. 134；*KW*, p. 811。

［21］John Milton, *Paradise Lost*, Book 4, line 110.

［22］参见 *Religion Within the Limits of Reason Alone*, p. 43；*KW*, p. 698。

［23］参见 *Religion Within the Limits of Reason Alone*, pp. 94－95；*KW*, pp. 763－764。

［24］关于基督教作为唯一的道德宗教，参见 *Religion Within the Limits of Reason Alone*, p. 47；*KW*, p. 703。关于拯救和圣经权威的要点，参见 *Religion Within the Limits of Reason Alone*, pp. 78，123；*KW*, pp. 739，799。

［25］在提出这一主张时，康德甚至认为，基督教是“道德宗教”的唯一范例，不仅如此，它在概念上与犹太教是无关的，尽管在历史上，它是从犹太教中产生出来的。在康德看来，基督教在信仰观念中实现了一场概念革命，并因此在概念上与它的历史前辈犹太教无关，康德进一步主张，犹太教“根本就不是一种宗教信仰”（*Religion Within the Limits of Reason Alone*, p. 117；*KW*, p. 791）。虽然根据康德的说法，我们可以指责他持有某种反犹主义观点，但康德不应当为之后德国出现的恶毒的反犹主义承担责任，不过同时，我们也不应当粉饰康德自己的哲学反犹主义。康德根本否认犹太教是一种宗教，这在他帮助开创的德意志理智环境中造成了轩然大波。一旦传统上接受的天启基督教的真理观念遭到质疑，基督教学说被用更加“现代的”术语再表述出来（例如，表述为“伦理宗教”），将犹太教视为一种错误宗教而长期排斥在知识界之外这一现象就会被重新思考，像摩西·门德尔松这些人更是将对犹太教的重新思考提上了日程。因此，对于那些希望继续排斥犹太教的人来说，为这种排斥提供合理根据就是必要的，而不是仅仅说它与所谓真正的、天启的基督教不相合。可叹的是，康德也为这种企图出了力；但是，如下观念的形成也有康德自己成就的一份功劳：与占据统治地位的正统不相合这种简单的证明不再是排斥某物的有效根据。

第三章　哲学革命（三）：审美鉴赏、目的论和世界秩序

66 自然秩序与道德秩序

康德前两个《批判》以及其他著作所呈现的理智同世界的关系图景表明，在我们通常以经验的方式对待世界时，为了理解经验对象，我们必须要有一种理智的自发性要素；这种自发性是非派生的，同时它既不涉及对任何既定对象的理解，也不涉及任何自明的第一原则。相反，它的自发性特征表明它是如何凭借自己的力量产生出来的。在这种自发性中，人类行动者产生出若干“规则”，凭借它们，我们经验的诸“直观”被整合进人类经验的有意义的整体当中；如果这些规则不与这些经验性的、直观性的要素相结合，这种自发性的结果就将全无意义（*Bedeutung*），即是说，缺乏同世界的客观联系。然而，当转进到道德领域当中时，为了其意义，这种自发性就不再受到直观的束缚；在与行动的关系中，自发变成了自律，变成了直观到道德法则并因此推动我们自己去行动的机能。

在哲学思想中，长期存在着这样一种传统观点：我们对事物的个体感知和我们对我们做什么的思考，要求我们对自己在整个大千世界中的身份有所了解。特别是，基督教世界观要求，如果我们要充分理解什么是真的和什么是我们应当做的，我们就要充分理解我们在被创造的秩序当中的位置。尽管康德似乎在一个至关重要的方面摧毁了这整个思路，因为他否认我们能够认识自在之物或“无条件的”自然总体，但是在其他方面，他依然赞同这一思路，认为经验知识与道德知识要求我们去理解我们在某种
67 总体当中的位置。在经验的情况中，自发性（与直观相结合）不仅产生

个体对事物的感知，而且也产生对一种**自然秩序**的经验，这种秩序是由必然的因果律所掌控的，并且适应于数学和几何学规律；而在行动的情况中，自发性产生出的是一种**道德秩序**，一个“目的王国”。自然秩序和道德秩序这两个概念都要求我们诉诸理性的理念，以使我们能够理解它们，尽管这些理念只能对经验起范导作用，而不能起建构作用。它们不是关于自在之物——那个被设想为完全独立于我们据以设想它的条件而存在的世界——的真实表象，而是将我们的经验的特殊要素整合进一个有意义的整体的必要方式。理论上的理念和实践上的理念，就其对归于它们其下的特殊判断来说是范导性的而言，就像我们的经验的所有规范性构件那样，是由我们**创立**的，为的是服务于理性之诸目的。

规范性与审美判断

康德自己也已清晰地认识到他的处理方式中最为明显的困境：我们如何解释，我们既**服从**理性之诸规范，却又是**创立**那些规范的行动者？我们究竟如何能够**受制于**我们自己**做出的**法则？特别是，康德的概念需要考虑，“我们”如何创立规范，以及这些合乎我们所称的“理性”的规范，是否根本就不是我们“创立的”，而就是它们所是的那个样子的。尽管康德在其早期著作中几乎从来没有回避讨论这个问题，但他以其特有的彻底方式直面该问题则是在《判断力批判》（1790 年）当中，在这里，他对已经思考了一段时间的一些理念和论点做了明确陈述。在这部著作中，康德是通过聚焦另一问题来呈现我们“创立”规范这一论题的：在道德秩序和经验秩序中，我们是如何引导我们自己的？这种引导是如何与我们做出有效判断的必要条件相联系的？这种提问方式使得他去考察他所称的“反思性的判断”，这不同于“规定性的判断”。在“规定性的判断”中，我们有一个一般性概念，我们要将特殊者归于其下。（例如，我们有一个关于“玫瑰花”的概念，那么我们就要判断，我们正在观察的这朵花是否是一朵玫瑰花——是否是更为一般性的概念的一个“实例”或“例示”。）然而，在“反思性的判断”中，我们是从特殊者开始的，之后我们要去找寻特殊者可归于其下的一般性概念。 68

康德挑选出审美判断和目的论的判断作为这种“反思性的判断”的主要范例。在判断某物为美的审美判断中，我们遇到的是一个美的对象（例如，一件艺术品或美丽的自然风光），我们判定它是美的，并且，在领会它的美时，我们经验到愉悦；此外，在判定它是美的时，我们做出如下判断：它**确确实实**是美的，而不仅仅对于我们来说“似乎是美的”，这会使我们说，这个判断对于其他人也是有效的。尽管我们也许会忍不住将这些判断归为经验判断，归为在普通陈述（例如“它只是在光中看起来是绿色的，但它实际上是蓝色的”）中发现的更为一般的类型的实例，然而，这种归类是错误的。我们可以陈述出适用于这类经验判断（在判定一个对象是蓝色的这个例子中，涉及的是正常照明等条件）的一般性规则（当然，这是有很大困难的），但是，在关于美的审美判断中，我们所遇到的个体性实例（例如艺术品），原则上来说是不能找到适用于它们的一般性规则的。这也许会使人们认为，这类判断就是纯粹主观的回应，它们只不过说出了如下事实：被判断对象使观察者感到愉悦。康德认为，这种观点也没有抓住要领，因为初步看来，某物是令人愉悦的或令人舒适的（*angenehm*）和它是美的，这两种说法是不同的；前一说法是一个纯粹私人的、主观的判断，而后一说法似乎不止于此——它所主张的，似乎不是行动者发现某物“对于他来说”是愉悦的，而是这个对象是美的并且其他（进行鉴赏的）人也会将之经验为美的。的确，如康德进一步得出的结论所说的那样，我们在一个美的对象中所经验到的愉悦，不会先于它是美的这一判断，相反，二者是相伴相随的。

由于审美经验涉及纯粹经验接受性这一被动要素和（“反思地”）判断某物是美的这一主动要素，所以康德认为，对审美判断的研究，也许能够提供理解如下问题的线索：我们作为行动者，**服从**于我们自己**创立**的规范。

理解审美判断的关键是关于什么被经验为**美的**这种反思性的判断。在这种判断中，我们不是将一个一般性概念（关于“美的”概念）应用到特殊实例上去，而是将这个实例当作美的，并且可以说，我们是要找寻一
69 个概念以将这个实例归摄于其下。（打个比方，我们不是带着关于美的精准概念进入博物馆，然后考察每幅画是否可以被归摄于这一概念之下。）

因此，关于美的判断是康德意义上“反思性的”；但是，如康德所看到的，将这类判断归于反思性的，只是推迟了对如下问题的回答：这种反思为何是或者是否是关于美的事物的直观理解的必要条件。

回答这一问题的关键与如下一点有关：关于既令人愉悦又是美的东西的判断，据说涉及**鉴赏**，而它本身是所有官能中最“主观的”。然而，当我们判定某物的确是美的时，我们正做出这样一个判断，即在这种经验中，我们理智的主观鉴赏，如康德所说，是“普遍可传达的”，它不是单纯私人的意义，而是服从某些普遍规范。然而，一个人就什么东西使自己愉悦做出主观判断时，他不是在做一个规范性判断，也不是就他发现什么使他愉悦而什么不令他愉悦做事实性陈述。因而，“鉴赏”的两重意义分离开来。在做出关于美的主观判断时，一个人是就自己以及所有其他人**应当**如何经验某物做出了规范性陈述，而不是就其他人实际上将如何回应被判断对象做出经验性预言；在就使自己愉悦的东西做出判断时，人们只是报告了自己的私人心智状态，并因此没有资格说其他人在经验同一事物时应当如何感觉（不过，当一个人劝告朋友说菜单上的某个东西并不像他所希望的那样令人舒适时，这的确为经验预言留下了空间）。

因而，审美经验必须是与私人主观经验（它只是发现某物是令人舒适的）截然不同的。在就某种舒适性的私人经验做出判断时，我们并未假设，我们能够向其他此时尚未分享共同心智状态的人（例如，他们没有发现一个东西的味道是“令人愉悦的”）传达如下一点：他们也**应当**发现，这一状态是令他们愉悦的。然而，在关于美的判断中，我们所经验到的东西是我们可以传达的，尽管我们的判断并不以概念为基础，因为我们不能就这种美提出一条规则来。如康德指出的，我们不能像在客观判断中“强迫”人们去接受从证据中得出的结论那样，“强迫”人们去相信某个东西是美的。

因而，这种可普遍传达的美的经验，必然是由普遍规范建构起来的。70
但是，这些规范不能被解释为概念，因为没有任何规则能够决定什么被视为美的。因此，这种经验的可能性条件是，占有某种“普遍的”或“共有的”官能——也就是**审美**鉴赏的机能。恰如占有一个概念并不意味着一个人处于某种特殊的主观心智状态而是具有一种机能——他知道概念是如何在经验中“展现”出来的，知道如何在符合普遍有效的运用和适用规则情况下用它来做判断——那样，占有鉴赏力意味着一个人有能力将对象理解为美的。因此，鉴赏是进行这种审美欣赏的**能力**，而不是陈述关于什么被视为美的规则的能力。

因此，审美欣赏本身不能等同于对愉悦本身的简单经验，否则就将不是“可普遍传达的”。当然，这使得这样一种机能很是令人疑惑：由于它是一种可普遍传达的状态，所以它涉及规范——因为只有规范性问题才能是被传达的——但是它又不能涉及概念性规范，因为没有任何适用于审美判断的规则。因而，它必然以一种不遵照规则的方式涉及理智的认知机能。康德的结论是，审美欣赏必然涉及想象与知性（der Verstand）的自由互动——这里的“自由”是指它们之间的互动不受任何规则束缚。当结果是知性与想象之间和谐的自由游戏时，它就是将某物理解为美的。

因此，关于美的经验涉及想象，尽管是以一种被中介了的方式。虽然理智是由对于经验可能性来说必要的概念（规则）掌控的，而想象是根据它自己的计划自由地将经验内容结合起来。不过，当想象建构了一个经验的统一体——尽管它不受概念（规则）指导，但却与理智所产生的概念性判断（这是由规则指导的）和谐一致，**并且**，这种和谐本身是自发地产生出来的，而没有任何规则指导它——时，人们就有可能理解美的东西。然而，这种和谐自由的游戏本身不是被直接经验到的（至少不是以直接经验舒适或愉悦的感觉的那种方式经验到的）；通过一种留意于它的活动，即通过**反思性的判断**活动，行动者理解了这种和谐。

71 以这种方式，审美经验将自发性和被动性这两方面要素结合在一起：人们必须使理智与想象之间不受束缚的和谐发挥作用，并且，这种和谐必然是被自发地留意到的；人们必须将某物理解为美的，理解为经验的一个对象，该经验自在地展示出的效果，同想象与理智产生这一对象时所自发导致的效果是一样的。在经验美的东西时，我们遇到的是这样的对象，反思性的判断将之判定为以如下方式展示出来的，在这种方式中，**如果**这些对象已使想象和理智相互处于一种完全和谐的自由游戏中的话，那么它们就会建构起这些对象。

因此，在审美欣赏中被经验到的愉悦并不先于判断本身。在关于舒适或愉悦的普通主观经验当中，人们首先是有个经验，之后是做出个判断：这个经验的确是令人愉悦的（作为对人们的经验的报告）；而在审美经验中，人们必须做出某物是美的这个反思性的判断——人们自发地留意到他们的理智和想象之间自由和谐的游戏——为的是经验美的愉悦，这种愉悦作为自由和谐的游戏，是愉悦本身（换言之，被经验到的愉悦不是**在**不同于它的和谐自由游戏**中**的愉悦，而是说，和谐自由的游戏就**是**愉悦本身）。实际上，做反思性的判断，这正是人们的经验真正应当做的。因而，与普通经验性的经验类似，关于美的经验也意味着，美的东西只是对于我们而言的，并且从我们这里抽引出判断，我们不可能希望不美的东西是美的；但是，不同于普通经验性的经验的是，它涉及一种自发的**反思性的**判断，而被判断的经验是它本身的本质性构件。

康德看到，这提出了一对明显的问题：我们说这就是经验真正应当进行的方式，根据何在？说鉴赏判断确实应当以康德所主张的方式来分析，必然性何在？这本身又提出另外三个相关且同样关键的论题：鉴赏能力是什么，它是所有“理智的”、理性的行动者都具有的吗？这种鉴赏是否指向某种更重大的意义？理性行动者**应当**发展他们的鉴赏能力，这种说法有什么意义吗？

审美经验的结构因此被澄清了。具有鉴赏能力，就是要有能力反思地回应经验对象，**就好像**这些对象已被设计为要抽引出那种经验。艺术品显示了我们所遇到的美的对象的一个关键特征，自然以同样的方式对我们表 72
现为美的：我们遇到某物（例如，一片美丽的风景或瀑布），在我们看来，它似乎被设计成恰好符合我们的不受束缚的想象与理智之间的自发产生的和谐的结果。此外，在这两种情况中，我们只回应了被经验对象的**形式**特征，因为审美愉悦是在回应如下方式时产生的，在这种方式中，经验中遇到的对象在形式上符合理智与想象的自由游戏的结果（这是在关于那种经验的反思性的判断中被揭示出来的）。

尽管艺术品是被有意地设计成要产生这类审美经验，但康德强调，它绝不会将它的设计摆在明面上。对于我们来说，要将之经验为美的，它必须看起来像我们在自然中发现的美的东西那样，**摆脱**了根据规则生产（production-according-to-rule）的限制。以这种方式，关于自然中美的东西的经验，揭示出了这种审美经验的更多内涵。将自然或自然中的对象经验为美的，这基于一种反思性的判断，这种判断涉及我们周边世界的合目的性以及这个世界如何和谐地适应我们作为自发性存在的本性。在艺术品中，我们发现了我们的艺术家为我们所创造的目的性，这些艺术家绝不允许合目的性的任何质料性内容展现在作品中；然而，在自然的情况中，我们发现，尽管根本没有有意的设计，但自然的作品满足了我们自己的想象和理智力量的要求，**就好像**它们就是按如此方式被设计的。但是，如果我们对康德的第一《批判》有恰当的理解的话，我们也许不会得出结论说，世界**实际上**就是被设计成符合我们的要求的，因为这不仅违背了经验得以可能的概念条件，而且还将要求我们去认识事情自在地是什么样的，而这是不可能的。

因此，用康德话来说，关于美的经验是对“无目的的合目的性”的经验，这指的是，事物根据一种我们不能陈述的目的组合在一起。审美判断的“二律背反”——审美判断是规范性的因此必然是概念性的；审美判断不可能是概念性的，因为鉴赏判断不可能以概念为基础——的解决方案是：审美判断是以“关于现象的超感性基底的不确定的概念”[1]为根据的。但是，这对康德提出了一个相当明显的问题：由于原则上我们根本不
73 可能认识“现象的超感性基底”，那么，我们的审美判断仅仅是一个“好像”（as if）问题，还是有更深层的理由？或者换言之，那些没进行“鉴赏”或没有发展其审美判断能力的人，是缺少了什么吗[2]？

康德相当明确地认为，没有或未能培育鉴赏力的人将是有缺陷的。在一个相当具有启发性的段落（该段是关于自然美相对于艺术美的优先性的），他主张，一位热爱艺术品的人发现自然美是优先的，这使得我们“将以高度的尊敬来看待他的这一选择本身，并预先认定他有一个**美的灵魂**，而这是任何艺术行家和艺术爱好者都不能因为他们对其［艺术］对象所怀有的兴趣而有资格要求的”[3]。“美的灵魂”这一术语在启蒙思想中发挥了关键作用；随着道德的神学论证日益遭受质疑，如下思想开始出现：只有某种**美**才能提供恰当的道德动机，因而“美”和“道德”结合起来了[4]。对许多人来说，美的东西自发地吸引人们去注意它的那种方式，似乎正是过上道德生活的内在动机，这在一个世俗世界中是必需的。

（这一点最为生动地体现在沙夫茨伯里伯爵的著作中。）但是，康德在其道德哲学著作中排除了对这种动机的诉诸：道德不是由任何先天兴趣所推动的，类似地，审美欣赏也是一种**无利害的**（disintersted）欣赏。一个人被道德法则本身所**激励**（被动态）而对道德善怀有兴趣（主动态）；同样地，反思性的判断中对美的东西的欣赏，激励一个人对美的东西**怀有**兴趣。此外，如康德所说，道德与审美是相互联系的，因为"那些对自然美没有任何**情感**"，而只追求单纯享受的人，"我们就把他们的思想境界看作粗俗的和鄙陋的"，并因此，"对自然美怀有兴趣的人，只有当他事先已经很好地建立起了对道德善的兴趣时，才能怀有这种兴趣"[5]。

然而，为何"无目的的合目的性"应当能够激励我们怀有这种兴趣 74
呢？就此而言，为何应当是自然而不是"艺术品"才是优先的？因为我们所找寻的并激励我们怀有这种兴趣的那种"目的"是不能在自然当中遇到的，康德说，"我们当然就在我们自身中寻求，确切地说，在构成我们实存的终极目的的东西中，亦即在道德使命中寻求"[6]，这将是"至善"，是美德与幸福的统一。因而，康德的著作似乎表明，正是"至善"概念要求我们怀有如下自然观，即将自然视为合目的的统一体，它是以同我们自己的认知机能和我们自己的道德愿望相称的方式建构的，但我们不能为这种自然观提供任何理论证明。在审美经验中，我们理解那些我们能够向所有其他理性存在者传达的东西（将之理解为规范性的），我们不能为之提供任何确定的、可用于做判断的概念（规则），此外，对美的东西的共通感，不是一个仅限于个体沉思的问题，而是涉及我们对其他人判断同一个对象的方式的思考[7]。在一个引人注目的段落中，康德谈到了这样一种 *sensus communis*（共通感）：

> 但人们必须把 *sensus communis* 理解为一种共同的感觉的理念，也就是一种评判能力的理念，这种评判能力在自己的反思中（先天地）考虑到每个别人在思维中的表象方式，以便把自己的判断仿佛依凭着全部人类理性，并由此避开那将会从主观私人条件中对判断产生不利影响的幻觉，这些私人条件有可能会被轻易看作客观的。……我们把自己的判断依凭着别人的虽不是现实的却毋宁只是可能的判断，并通

过我们只是从那些偶然与我们自己的评判相联系的局限性中摆脱出来，而置身于每个别人的地位。[8]

因此，我们根据对其他自发的行动者**理想状况下**将会（而非实际上）如何反思地回应同一对象的定位，来调整我们关于自然之合目的性的判
75 断。诸如“目的王国”这类东西似乎是在审美判断中起作用的，只不过，“目的王国”涉及概念的运用（有道德规则和合理的道德论证），而审美经验并不涉及概念。

尊重道德法则的**情感**和尊重审美愉悦的**情感**，都是我们理智生活的经验特征，它们的确不能在我们遇到道德法则和美的东西（特别是自然中的美）之前就被发生；我们被这些相遇所激励而怀有兴趣，这种兴趣产生了我们自己的主观状态。尽管不能为这些情感之必然性提供理论理由——因为它们与我们必须**理解**物理世界的方式是不一致的——但我们必须假设，在世界上有某种东西使所有这一切得以可能，如康德所说，它“既非自然，亦非自由，但却与自由的根据即超感性之物相联”。审美经验是由“关于现象的超感性基底的不确定的概念”引导的，关于它理解那种非确定性的方式，我们在原则上是不能以概念方式表达出来的，但是，如果我们要实现成为自律的道德存在这一“至高使命”，那么这种方式就是绝对必需的[9]。“艺术品”的问题在于，它太具“概念性”了：它总是或好或坏、或多或少地展示出艺术家生产这件或这类作品的意图——简言之，展示出艺术品的概念性背景。然而，自然美没有展示出这种概念性背景：美丽的日落不是某种自然的流派（除了在最具比喻性的意义上之外），并因此更适于表达甚至揭示被康德视为对于审美经验具有本质性意义的那些机能之间的自发自由的游戏，此外，它还（以非概念的方式，因此是以不可思议的方式）暗示出了“超感性基底”中具有奠基性的秩序感，而这正是我们在欣赏艺术时所争论的——因此，只有那些懂得自然美优先于艺术美的人，才真正具有“美的灵魂”。（这也促使康德提出了“天才”观念在艺术品中的重要性；“天才”指的是这种人，他给予艺术以规则，而他自己则不必遵循其他人已经制定好的规则；“天才”实际上是用一种立法活动、以几乎无法说明的方式解决了“康德悖论”，这种立法活动在

某种程度上并不受惠于先在的理由即概念。这对早期浪漫派成员产生了不小的影响，他们中的一些人出于同样的理由提出了“道德天才”的理念。）

规范性与目的论的判断 76

康德相当明确地认识到，他所得出的关于审美判断之本性的那些进一步的结论，要求他对目的论的判断进行讨论，因为审美判断的力量依赖于将自然视为一个合目的的、与我们的活动相适应的统一体。

首先，康德注意到，目的论的判断至少在表面看来是必需的。例如，要将某个东西归类为“器官”（或一般意义上“有机的”），我们需要根据它所服务的目的来判断它。例如，要将某个东西看作眼睛，我们就要根据它服务于观看这一目的来理解它。一位研究者在发现新的昆虫类型或螃蟹类型时，可能会谈及这个动物的某种特征，“这是它的眼睛”。在做出这一判断时，观察者是根据他认为的这一特征所服务的关键目的，即根据这一特征的**功能**，做出了一个反思性的判断。（关于动物的某个特征，如下说法是没什么意义的：它是眼睛，但它与看没关系，甚至它是退化了的。）

因此，目的论的判断也是反思性的判断，因为这种判断显然超出了以单纯物理属性为根据的判断。一个遭到损害或不起作用的器官并不会违反自然规律，受损的眼睛与健康的眼睛一样遵守着物理规律。例如，说一双眼睛是受损的，这是将某些它再也不能执行的功能归于它，而不是说它违反了自然规律。或者换言之，判断一双眼睛是受损的，就是根据它应当服务的目的做出判断说，它不是以它**应当**所是的方式存在的。

显然，这种目的论的反思性的判断提出了如下问题：这是否只是一种“好像”（as if）的判断，因为目的似乎是由我们归于对象的，而不是我们在自然本身当中遇到的。我们是必须就“器官”做出判断，“好像”它们是为了某一目的而被设计的，还是我们出于其他理由必须判断它们是具有目的性的？一方面，康德认为，我们不可能将目的论解释从生物学当中排除出去；如果没有目的论解释（或者用一种相当过时的说法，如果没有我们所称的“功能性的”解释），那么我们就不可能将器官**当作**器官来谈论。我们要根据器官所服务的目的来对其做判断，不过，似乎同样必要的是，要看到那些次要目的所服务的目的；这要求我们将自然视为合目的的整体。另一方面，尽管我们**在主观上**会将自然整个地视为根据目的组织
77 起来的——例如，我们会随口说出，某某特征出现在一个动物种类中，是为了帮助这些动物生存——但我们**在客观上**不能认为自然是一个目的系统。当我们对自然进行经验研究时，如康德所说，自然似乎更像是一片“混沌状态”，它是以一种机械的、粗野的方式运动着，没有展示出任何意向性的设计[10]。将自然视为合目的的整体，这是没有经验上好的或先天的理论理由来支撑的。无论是生物学还是地球科学（如地质学、海洋研究等），都没有因将目的纳入自身而获得额外的力量。此外，对人性的经验研究只是揭示出更多同样的情况，按照自然主义的观点，人只是自然链条众多环节中的一环，这种研究对人类没有乐观主义的期待，因为它明确揭示出在人的个性中发挥作用的各种毁灭性的自然力量，它们与人性中更为舒适的一面一样都是人性的一部分。

不过，从道德的观点来看，我们一定要将人性判断为自在目的，根据其他东西都是它的手段这一点将之判断为终极目的。康德的结论是，如此一来，我们必然认为，世界自身是有目的的，为的是实现作为道德存在的人的实存。的确，将一个人看作道德存在已经是将某种合目的性归于他了；这不是从自然角度来描绘或解释他——最邪恶的人与最伟大的圣徒都遵循着同样的自然规律——而是从规范的角度来评价他。这是对他的尊重，也就是说，将他看作“目的王国”的一员，认为他能够给出和寻求理由，也能够根据他对那些理由所提出的要求的理解来决定自己的行动。

以《实践理性批判》中早已提出的论证为基础，康德主张，这样一种对人性的**道德**理解，要求我们将整个世界看作合目的地建构起来的，这种建构是为了使人能够实现作为美德与幸福之统一体的“至善”，并且，这种理解还要求我们设想一位道德性的创立者（*Urheber*），他以道德的方式设计了这个世界。康德相当明确地说，他并没有扭转道德和宗教的优先地位，这些论证“并不是想说：假定上帝的实存，正如承认道德律的有效性那样是同样地必要的”[11]。而只是说，如果没有这样一种假设，我们不可能理性地认为我们是以至善为目标的，因为仅凭我们自己是无法实现至善的。

由此，我们必须将人类历史本身也理解为一个整体，就好像它是由内 78
在于本性当中的某种目的所引导的，为的是创造出作为“伦理联邦”的目的王国。这一道德任务提出了一个特殊的问题、主题，关于此，康德在第三《批判》中只是做了些暗示，而更为深入的探索是在一些独立的文章中做出的。考虑到我们的经验本性，我们发现我们自己充满了进入社会的自然欲望，不过，我们也发现，我们固有的利己主义（这在道德领域中表现为“根本恶”）在我们自身当中产生出一种“非社会的社会性”。我们希望与其他人在一起，同时我们又希望保持我们自己的排他性的私人主权领域。这些张力和冲突都是源于如下这点：“非社会的社会性”——如康德所说，源于“不合群性、竞相猜忌的虚荣心，贪得无厌的占有欲和统治欲”[12]——为整个人类种族从野蛮发展到文明提供了经验动机。但是，考虑到人的“非社会的社会性”以及将道德律扭曲为他自己的优势的自然倾向，“伦理联邦”的产生——这是历史在理想状况下（好像）指向的目标——也要求人类有个主人，他能够打破人类的意志并强迫人类遵守普遍有效的意志，而他自己则是完美公正的，并且不屈从于根本恶。因而，这一任务的完全解决是不可能的，用康德的那句名言来说就是：“**从造就成人类的那么曲折的材料里，是凿不出来什么彻底笔直的东西的**。”[13]

不过，虽然解决是不可能的，并且没有什么乌托邦计划可以解决这个无解之题，但是，我们**必须**将人类历史看作一个整体，就好像它是趋向于那个目的的，因为如果不这么做，我们的道德动机能力就将遭受严重破坏。一方面，这样一种观点给我们提供了不断完善的理想；另一方面，它不仅仅是一个理想，它还是一种实践**要求**。为了根据道德律行动并尝试改善人类命运，我们必须拥有一些实践信念：如果这样做，事情将会有所不同；我们现在播下的种子并非徒劳无功的；自然不会密谋反对我们的最高理想。如果我们不这样做，那么我们最终就不得不如康德所说，将全部历史以及人性在历史中的角色看作一场“滑稽剧”——康德补充道：“而且纵使演员们乐此不疲，因为他们都是些蠢人；可是观众却会疲倦的，他看过这一幕或那一幕也就够了，假如他从其中有理由可以推断，这场永不终
止的演出是永远同一个样的。”[14]但是，康德继续说道：“在……人类自身 79

彼此之间所造成的灾难这一可悲景象的面前，我们的心灵乃是通过人类未来有可能变得更好的这一展望而被激发起来的；而且还得具备大公无私的好意，假如我们会是早就进了坟墓而收获不到我们自己所曾部分地播过种的那些果实的话。”[15]不过，由于我们不能过度期望人们会具有“大公无私的好意”，毕竟，我们是由“曲折的材料”造就成的，因此我们就必须拥有如下实践信念：历史是以某种方式根据未知的规律运行的，这些规律与规范性的道德律是相契合的，并且使我们缓慢地走向我们理想的结果。

我们用以理解从古希腊到古罗马再到蛮族统治（“日耳曼国家”）的历史演替以及现代“文明”与“文化”对蛮族统治的取代的理想工具，要求我们得出如下结论：“我们这个大陆上的政治制度当前是有一个合规律的进步历程的（这或许有一天会给其他一切大陆提供法则吧）。”[16]最终，权利在欧洲的胜利将会对所有人性（“或许”——康德谨慎地限定了他的表述）具有立法意义；权利的理想、法治、公共领域与私人领域的明确分离，以及现代欧洲自由的、有产的、代议制的国家的一整套现代组织机构（它们的原则是由科学与理性的理想建立起来的），对于所有人类来说都是命中注定的，它们“好像”是被一双我们无法认识的、不可见的手引导着；康德的三大《批判》可以说是一幅蓝图，它所要展现的是理性能为新兴的现代欧洲秩序带来什么。

注释：

［1］Immanuel Kant，*Critique of Judgment*（trans. Werner S. Pluhar）（Indianapolis：Hackett Publishing Company，1987），§57.［康德：《判断力批判》，邓晓芒译，杨祖陶校，北京：人民出版社，2002 年，§57“鉴赏的二律背反的解决”，187 页。——译者注］

［2］参见 Pippin，“Avoiding German Idealism，” in *Idealism as Modernism*；以及“The Significance of Taste：Kant，Aesthetic and Reflective Judgment，” *Journal of the History of Philosophy*，34（Oct. 1996），549－569。皮平提出这一论题，并以之作为理解第三《批判》的结构和意义的关键之一。

［3］*Critique of Judgment*，§42.［《判断力批判》，§42“对美的智性的兴趣”，142 页。——译者注］

［4］参见 Robert E. Norton，*The Beautiful Soul：Aesthetic Morality in the Eighteenth Century*（Ithaca，N. Y.：Cornell University Press，1995）。

［5］*Critique of Judgment*，§42. ［《判断力批判》，§42“对美的智性的兴趣”，143 页。——译者注］

［6］Ibid，§42. ［同上书，143－144 页。——译者注］

［7］这一解释与保罗·盖耶尔所提供的关于至善与审美判断之间关联的解释的一致之处是，认为这一关联涉及合目的性观念；但是，与盖耶尔不同的是，这一解释将“对赞同的期待”问题视为一种规范性关切，而不是关于人们实际上将会如何反应的预言。参见 Paul Guyer，*Kant and the Experience of Freedom*（Cambridge University Press，1996）。我的解释和盖耶尔的解释的主要差异在于，盖耶尔希望将康德“自然主义化”，而我则是以如下方式来理解康德思想的不朽遗产：他试图实现一种非自然主义的，但同时也是非二元论和非还原论的人类行动者概念。参见 Paul Guyer，“Naturalizing Kant，” in Dieter Schönecker and Thomas Zwenger（eds.），*Kant Verstehen/Understanding Kant*（Darmstadt：Wissenschaftliche Buchgesellschaft，2001），pp. 59－84。

［8］*Critique of Judgment*，§40. ［《判断力批判》，§40“鉴赏作为共通感的一种”，135－136 页。——译者注］

［9］Ibid.，§59. ［《判断力批判》，§59“美作为德性的象征”，198－202 页。——译者注］

［10］Ibid.，§83. ［《判断力批判》，§83“作为一个目的论系统的自然的最后目的”，280－285 页。——译者注］

［11］Ibid.，§87. ［《判断力批判》，§87“上帝存有的道德证明”，308 页。——译者注］

［12］Immanuel Kant，“Idea for a Universal History with a Cosmopolitan Purpose，” in *Kant's Political Writings*，p. 45. ［康德：《世界公民观点下的普遍历史观念》，《历史理性批判文集》，8 页。——译者注］

［13］Ibid.，p. 46. ［同上书，10 页。——译者注］

［14］Immanuel Kant，“On the Common Saying：‘This May Be True in Theory，but It Does Not Apply in Practice，’” in *Kant's Political Writings*，

p. 88. ［康德：《论通常的说法：这在理论上可能是正确的，但在实践上是行不通的》，《历史理性批判文集》，204 页。——译者注］

［15］ Immanuel Kant，Ibid.，p. 89；*KW*，xi，p. 168（A276）. ［同上书，205 页。——译者注］

［16］ Immanuel Kant，“Idea for a Universal History with a Cosmopolitan Purpose，” p. 52. ［康德：《世界公民观点下的普遍历史观念》，《历史理性批判文集》，19 页。——译者注］

第二部分　继续的革命：后康德派

导言：观念论与法国大革命的现实

我们有必要再次提及康德早期著作的日期：第一《批判》发表于1781年，某些地方做了根本修正的新版发表于1787年。1785年，他出版了《道德形而上学的奠基》，之后是1788年的《实践理性批判》。当康德以其著作激励着德意志的广大读者（他们多少有些不安地跟从着在柯尼斯堡发生的每一次新的知识爆炸）时，另一重大事件发生了，它对于康德思想的接受和后康德哲学（这是当时各个大学和期刊中流行的思潮）的发展来说都是重要的，这就是1789年法国大革命。 82

在某种程度上，康德自己的哲学有助于人们以某种方式来接受大革命。康德重新表述了大革命前许多具有反思精神的德意志人所特有的二元意识，并且令人相当吃惊的是，他的表述方式使得哲学成为《维特》所释放出的能量的继承者。在康德自己关于现象世界和自在之物世界之间的区分中，以及在关于作为被自然与社会所摆布的我们和作为本体的自律的行动者的我们的区分中，人们既发现了对他们境况的解释，也发现了摆脱这种境况的暗示（这是《维特》未能给出的）。在《什么是启蒙运动?》中，康德将这种二元意识解释为理性自我和经验自我之间的关系，剩下的问题就只是去**实现**我们的自律，这只需我们鼓起勇气去自己思考，进而只要求意志的行动；并且，对于许多人来说，大革命已经证明，在现代，这种意志的行动总的来说是可能的。至少乍看之下，大革命所承诺的自由似乎就是康德所阐明的那种自律的实现，甚至更胜一筹的是，康德的思想似乎提出了如下希望：德意志人无需经历法国人所经历的流血与剧变，就能撼动过往的锁链。以前，理性是古老秩序的奴仆，而现在，理性似乎正在 83
以不流血的方式为德意志人的生活建立新秩序。

对于年轻一代来说，大革命是一次重大事件。发生大革命的这个国家，对于绝大部分受过教育的欧洲人来说，是世界上最发达、最开化的国家，这只是增强了它对人们思想观念的影响，许多德意志人开始将之视为一场新的“宗教改革运动”，它注定是德意志人生活的新秩序的先驱。康德自己是支持大革命的（尽管他几乎没有为大革命做过充满激情的辩护），并且，他自己关于自发性与自律的思想同大革命中发生的事件的可能关联，很快就由年轻一代的思想家而非由作者自己阐发出来。摩西·门德尔松称康德是“摧毁一切的人”，因为他推翻了传统形而上学及其所附属的一切；亨利希·海涅在康德去世后很久，还将康德描述为哲学上的雅克宾派，因为他所引发的革命冷酷无情（这典型表现在法国的革命恐怖中）地“处死”了哲学和宗教的过去。显而易见的是，无论康德如何认为他的哲学最终是要让形而上学走向科学的道路，他的思想被他同时代的年轻人以一种更为热情和投入的方式所采纳，他们并未将之视为纯然“科学的”理论。

在人们的观念中，18 世纪末的风云激荡只凝结为大革命的重要性。1791 年，奥地利和普鲁士公然宣称要捍卫君主政体原则，以对抗法国式革命的威胁。至 1792 年，德意志各邦同革命的新法国政府之间的关系不断恶化以至公开宣战。由布伦瑞克公爵（他被视为那个时代的卓越军事家）领导的德军开进法国境内，试图一举终结所有的革命剧变，但最终却在 9 月 20 日于巴黎附近的瓦尔密遭遇惨败。这场战役之所以闻名，是因为它造成了大屠杀，以及歌德作为观察者亲历了战争，并且（据说当他看到双方展开了令人难以置信的屠杀时）注意到，那些亲历者见证了世界历史开启了一个新的时代。令传统主义者更为惊恐的是，新选出的法国国民公会在瓦尔密大捷之后第二天就废除了法国的君主政体。随着大革命的发展，国王被公开审讯、判刑并处死。随着“恐怖”（其十分重要的象征就是旨在处决大革命的一切“敌人”的断头台）成为拥有“美德”
84 的新政体生活中的常态，许多最初热情拥护大革命的人开始惊恐地后退，而另一部分人则为大革命的胜利而欢呼，并且，仍然有很多人或多或少地屏住呼吸，静待事情的变化。

尽管如此，还是有很多人注意到大革命同康德自由哲学之间的概念联系。在某些方面，有人明确地将康德同法国革命思想家和几个世纪前的宗教改革伟人相比较——例如，西里西亚的德意志人康拉德·恩格尔贝特·厄斯纳，他在德文杂志《密涅瓦》（*Minerva*）上发表的关于巴黎的大革命的报道中说："加尔文和路德，西耶斯和康德，一个法兰西人和一个德意志人，改变了这个世界。"[1]

在大革命的余波中，所发生的事情是前所未有的。哲学突然变成了一整代德意志知识分子的聚焦点，随着康德著作在18世纪80、90年代逐渐出版，他们全都开始阅读康德的著作，他们不仅将之视为学术著作，而且还将之视为一种新秩序的先兆。康德的批判哲学和政治革命的爆破性结合（通过宗教改革后的德意志经验的阐释，这种结合已经改变了教会，而社会冲突却可悲地、原封不动地遗留下来），为思考受过教育的德意志人中产生的二元意识的和解提供了新动力。这对新一代的冲击尤其明显，他们是在康德著作首次出版时成长起来的；大革命激励了一大批年轻人去想象一种与往日不同的生活，激励他们期望在有生之年能够实现一个新的世界和新的政治、道德与宗教秩序。关于新哲学和革命剧变之间的结合，他们不仅将之视为政治或社会**事件**，而且视为一个新的**时代**的先声。康德的后继者，即德意志观念论者首次明确地将他们的思想与大革命相结合（其中，费希特是相当著名和明确的）。在18世纪80、90年代，后康德思想发展的时间线追循着大革命的时间线，并且不仅仅是一场对于参与其中的戏剧演员或广大读者来说似乎正处于紧要关头的学术运动。现代世界的整 85
个形态正在起作用并且是触手可及的，卷入这场运动的年轻人诉诸康德思想，它的余波使得他们理解了这个世界并开始思索这个世界的可能面貌。

然而，有其他一些事情插入到争辩中来。从1785年开始，弗里德里希·海因里希·雅可比作为康德之竞争者而声名日隆，因为他先是一般性地公开攻击启蒙运动，而后明确地反对康德。雅可比指控启蒙运动（以及康德哲学本身），在毁灭一切的同时没有在废墟上建立起任何新东西，并伪称不受束缚的理性实际上能够创造出现代世界来取代现在正在遭受抨击的旧秩序。此外，随着大革命开始陷入最为暴力的"恐怖"阶段，随着断头台夜以继日的工作，许多人，甚至那些最初同情大革命的人，开始猜测雅可比也许是正确的；他们开始怀疑，承诺自由的新世界是否如它最初（就在短短几年前）看起来那样是迫在眉睫的，大革命转向暴力这一点是否清晰地展现了，对一个自由的、合理的世界的学术期望，一旦进入现实世界，是如何只产生出了雅可比所暗示的毁灭性结果；对于那些曾经认为雅可比可能是正确的人来说，“恐怖”只是增强了他们的恐惧；对于他们来说，康德关于“无形教会”（它以美德之名团结了一切）的哲学，并没有成为新时代的新指南，相反，其一旦诉诸实践，就开始变得比人们之前所预想的更为危险。

甚至当康德还在写作时，赌注——社会的、宗教的、政治的和哲学的——突然变得相当高了。尽管雅可比的攻击早于大革命，但在 1789 年诸多事件之后，这些攻击确实充分展现了它们的力量；我们在阅读康德晚年的著作（最终结束在历史哲学当中）时，必须以这些著作出版的时间为根据，因为在 1789 年之后，康德所做的和已经做了的一切事情，都开始具有新的意义，赌注也被再次增加。

注释：

［1］转引自 Otto Pöggeler，*Hegels Idee einer Phänomenologie des Geistes*（Munich：Karl Alber，1993），p. 32。西耶斯神父因其革命性作品《何谓第三等级?》而闻名，这是法国大革命的关键文献之一。

第四章　18 世纪 80 年代：直接的后康德反应：雅可比与莱因霍尔德

康德的地位和耶拿的崛起 87

康德哲学成就的伟大和显著的效果之一是，他对哲学史做了最有影响和最持久的重述。一时之间，康德使得他的读者相信，全部哲学史是由两种在处理人类知识和行动方面只是取得部分成功（并且最终必然是不令人满意）的方案组成的：一方面是理性主义者，他们主张，除了通过纯粹理性和逻辑所发现的东西之外，我们对于自在之物是一无所知的；另一方面是经验主义者，他们说，除了我们从我们关于自在之物的经验中获得的东西之外，我们对于自在之物是一无所知的。康德的解决方案认为，这两个阵营都既有正确之处，也有错误之点，而他的"批判的"哲学则是对二者的恰当综合。它不仅仅是提供一种更好的理论，而且解释了，在康德哲学提出之前，理性主义和经验主义之间为何只有拉锯和僵持。

康德关于理性自律的主张（即认为理性不仅有能力为自身设定标准，而且也能为其他一切设定标准）具有一些清晰的和直接的实践内涵。在康德的时代，神学系支配着其他系科，特别是哲学。神学教授也是哲学教授，反之亦然；哲学课程上所用的著作必须经过神学系批准（当然，反之则不然）。哲学是无用的下属这种形象——如康德的讽喻所呈现的那样："呈现出这种可笑的景象，即一个人在挤公山羊的奶，另一个人拿筛子去接。"[1]——被康德最终所建立起来的作为**科学**的哲学所取代，它是与其他已经出现并建立起来的科学并存的。康德在一部关于大学之本质的 88
著作（《系科之争》，1798 年出版，这是他最后出版的著作）中指出，在现代，哲学系最终已经发展到不再需要仅仅被视为对其他学科（特别是神学）的预备性研究；由于它已经成为一门自律的系科（它反映了理性的自律），它甚至能够要求成为一所现代大学中的核心系科。通过他在哲学中实现的彻底革命，康德也特别呼吁在高等教育中掀起一场革命，这是要推翻德意志大学体系中长久以来的权威结构。

然而，在康德公开提出这些主张之前，他的结论就已经被他的一些追随者提前使用了。1784年，耶拿大学的系科就已开始了康德所提的规划，这要比康德就大学教育中哲学地位问题明确提出其观点几乎早了13年。耶拿，一座相当小的工匠城镇和一所重要大学的所在地，突然作为哲学和德意志知识生活中新的革命中心出现了。这很大程度上要归功于魏玛公国的新首相——约翰·沃尔夫冈·冯·歌德；歌德使耶拿成为一个自由进行学术研究的中心，有些东西几乎是那个时代的德意志闻所未闻的，耶拿大学很快成为一所革新的甚至是“康德式”的大学。耶拿的崛起与当时的时代风气紧密相关：在德意志（以及欧洲其他地区）占统治地位的看法是，大学是过时的、老式的机构，任职的教授们教给学生的都是无用的知识，大学中醉酒学生狂欢的传统对于学生的道德健康是有害的；人们普遍认为，更好的做法是取消大学并代之以更具前瞻性的学院和研究所，后者将培养学生更有用的技能。（在1789年大革命之后的一段时期内，法国确实是这样做的。）与这种趋势相反，耶拿贡献出了将教学与研究整合在一个机构当中的方案，这是这样一种观念：让敏而好学的学生与当时最优秀的学者一起致力于最新的思想，甚至更令人震惊的是，整个机构的关键部分是哲学系而非神学系。实际上，关于康德哲学的第一次公开讲座
89 （除了康德自己的讲座外）就是于1784年和1785年在耶拿举行的，在那里创办并编辑的文学杂志——《文学总汇报》（*Allgemeine Literatur Zeitung*）——成为当时德意志受众最广的知识界杂志，它服务于进一步宣传新的康德观念。

在《文学总汇报》这类杂志的读者中，康德的讨论热度不逊于小说和更流行的文学。康德的流行，与德意志知识场景中的张力是有一定关系的。除了思维模式僵化、趣味索然的沃尔夫主义者，和一小群受法国启蒙运动的唯物论影响的人，相当多的一部分人是大众哲学家（*Popularphilos* ophen），他们以一种受过教育的普通公众能够理解的方式来讨论哲学问题，并且他们通常是以文学写作来谋生的（或者至少有一部分人是这样）。此外，德意志的"大众哲学家"倾向于拥护苏格兰启蒙运动，特别是苏格兰"常识"哲学学派及其相应的认识实在论和道德实在论（乃至于其在神学问题上的实在论）。（不过，可以肯定的是，许多"大众哲学家"都拥护卢梭关于"自然"和美德的观念；甚至可以说，如果低估卢梭此时对德意志思想的影响，那么就会歪曲这整个时期。）

然而，随着大批虔信派信徒成长起来，坚信《圣经》之字面真理的老式福音派信仰者以及保守的神学家愈发反对引入启蒙运动观念，特别是反对这些观念应用于圣经学；在遍览苏格兰常识哲学后，大卫·休谟的形象凸显出来，他总是被解释为一位危险的怀疑论者，因为他肆意地质疑世界及其宗教基础。为了反对休谟，"大众哲学家"喜欢调用如托马斯·里德这类思想家的常识实在论，以为反启蒙运动的宗教对现代性的回应提供恰当的解毒剂。然而，反启蒙运动的哲学家，如 J. G. 哈曼（1730—1788）总是调用休谟来证明，整个启蒙运动要求实际上只是一种自负①；这种观点背后的讽刺——休谟骄傲地自称是启蒙运动的一员——再明显不过了。（哈曼最初与年轻教授康德是朋友，但由于在休谟问题上的争执，二人最终失和了。这个故事本身是思想文化史上一个有趣的片段[2]。）在"大众 90
哲学家"中，康德被视为对休谟的腐蚀性的怀疑论的回答，因此，早期的许多讨论都聚焦于，康德是否确实令人满意地"驳倒"了休谟（以及这意味着什么）。

然而，在 18 世纪 80 年代中期，康德（以及耶拿学派）必须应对来自 F. H. 雅可比的猛烈攻击，这些攻击，耶拿系科的崛起以及 1789 年的大革命，构成了一个极为易燃的混合体。为解决德意志广大读者矛盾的自我理解，康德提供了初看起来似乎正确的方案。人们能够意识到，对日常生活的日益减弱的盲从（1765 年至 1775 年出生的一代人越发觉得日常生活是无法忍受的、无关痛痒的），只不过是对一种更为彻底的、非经验的自由的遮蔽，这种自由与信仰达成了和解，但却潜在地要求重组教会生活和神

① 这里的"要求"和"自负"均为 pretension。

学教育。因此，康德主义的命运似乎与德意志的改革的可能性的命运捆绑在一起了，这种改革将在某种程度上规避发生在法国的无序和混乱（外在地看的话似乎是这样的）。

指向康德的理性批判：雅可比

用休谟来驳斥启蒙运动之自负的关键人物之一，是弗里德里希·海因里希·雅可比（1753—1819），1785 年，他作为“泛神论之争”的重要参与者突然出现在文坛上，这场争论在当时备受关注。尽管这场争论一开始并未涉及康德思想本身，但它显然适用于康德主义，而这最终使得康德本人也卷入了这场争论当中，而在最初的争论告一段落之后，雅可比开始将他的批判天赋转向康德本人。

雅可比出生在一个商人家庭，并且他自己经商也是相当成功的，但他的心思从来都没有真正放在这上面，一当他的财产状况有条不紊，他就会从商业活动中抽身出来。根据雅可比自己的描述，自幼以来他的兴趣就在宗教问题上（并不是完全为让他的父母开心），他还出资在潘佩尔多夫（邻近杜塞多夫）建了一座庄园，在那里，他可以吸引如歌德和狄德罗这
91 些杰出人物来做客。（他与贝蒂·冯·克莱蒙特在此结婚，她本人是一位富商的女儿，她与雅可比有着共同的学术兴趣，并且带来了相当可观的嫁妆。）人们都说，雅可比是一个雅致可亲的人。

尽管在我们这个时代，雅可比的声望就像是德国思想史上的一个黑影，被认为是德国理性主义的重要研究者之一，这种观点更多的是一种讽刺，而不是对他思想的公正态度[3]。实际上，他属于如下这类思想家：他们怀疑理性能够为自己提供辩护；他们认为推动理性去解释一切的动力本身就是虚构的怪物；他们像帕斯卡尔（他是这类思想家中另一位主要代表人物）那样，认为理性最终是从“内心”而非它自己的认知活动当中获得它的第一原则的[4]。雅可比并非全然蔑视理性；他只是认为，对理性能够解决一切生活问题的信仰是错位的，并且他热切地为此观点做论证。雅可比的思想实际上是反对和拒斥如“纯然理性界限内的”宗教之类的观念，特别是反对如下理念，即一个理性的哲学“体系”足以掌控

对于人类生存来说紧要的东西。然而，雅可比自己的思想也总是受到当时情感主义的不良影响。帕斯卡尔倾向于更具“存在主义”色彩的思路；而雅可比则总是倾向于情感主义。

1785年，雅可比出版了《论斯宾诺莎学说，与摩西·门德尔松的通信》，凭借此书，他成为德国思想史上的杰出人物。该书的安排与对斯宾诺莎哲学的讨论有关，尽管这一讨论并非完全公开的。康德在第一《批 92
判》的导言中谈及，“人类知识有两大主干，它们也许来自某种共同的，但不为我们所知的根基，这就是**感性**和**知性**”[5]；在《判断力批判》中，他再次谈及现象的不确定的超感性基底，它是既某种“非自然，亦非自由，但却与自由的根据……相联的东西”[6]。对于许多人来说，这当然是提出了如下问题，即康德是否主张，现象和自在之物、感性和知性，甚至自然和自由可能只是某种基础性的、“绝对的”实在的不同**方面**。的确，康德本人也似乎这样说过[7]。如果是这样的话，那么这就说明，康德和斯宾诺莎并没有多大区别，因为斯宾诺莎认为，世界中的实体会向我们展示出不同的方面——例如，展示为思维和广延。斯宾诺莎相当明确地持有一种“一元论”立场：只存在唯一的基础性实在，而它是以两种不同的方式向我们表现出来的。

斯宾诺莎主张，通过纯粹思维能够掌握这唯一的实体，这被康德斥为“先验幻相”，因为斯宾诺莎的认知主张显然超出了可能经验的界限，因此在康德看来是没有任何意义的。然而，许多人发现，康德自己关于现象和自在之物的严格区分实在是令人难以容忍，因此，他们在解释康德时，既保持康德关于知识、自律和道德义务诸学说的关键，又不容忍康德关于自在之物的整套形而上学——就像今天大批康德研究者所做的那样。在这一背景下，一种斯宾诺莎式的“中立一元论”，看起来不仅是完成这一任务最有希望的方式，而且也是康德本人的第三《批判》中关于“超感性基底”的思考所提供的。

然而，在18世纪末期的德意志，援引斯宾诺莎实际上是在惹麻烦。
对于斯宾诺莎来说，与世界之实体同一的上帝，遍布各处，身处万物，那 93
么显而易见的是，这种观点与任何人格化上帝学说都是不相容的，因而也是与整个基督教不相容的。实际上，斯宾诺莎主义与正统基督教的这种不相容使得许多人相当明确地将斯宾诺莎的“泛神论”等同于无神论。

雅可比是在德意志开始讨论斯宾诺莎主义时进入争论的，因而与围绕康德展开的讨论并无关系，虽然如此，他自己对这场争论的贡献，最终改变了讨论康德的方式。雅可比的那部著作的背景与他同摩西·门德尔松（他是当时理所当然备受尊敬的哲学家）之间的通信有关。在戈特霍尔德·埃夫莱姆·莱辛去世后，他的老朋友门德尔松正计划为他写一篇赞美辞。听到这一消息后，雅可比致信门德尔松，说他曾和莱辛做过一次谈话，在这次谈话中，莱辛承认自己是斯宾诺莎主义者。门德尔松被这个消息震惊了，他就这个问题同雅可比进行了一系列通信。之后，雅可比将他同莱辛的谈话、他关于自由意志和知识的一些其他思想，以及他写给门德尔松的信整理成著作的形式，并在 1785 年出版了；接下来发生的“泛神论之争”震撼了德意志知识界。曾被禁止的斯宾诺莎主义开始被公开谈论了，而这正是因为如莱辛这样的文化伟人据说也被表明是斯宾诺莎主义者。

然而，这没有辱没莱辛的声望，相反只是提升了斯宾诺莎的声望。这并没有使雅可比感到不安，他认为自己至少是阐明了关键问题；他将他的观点概括为如下命题：“斯宾诺莎主义是无神论”、“每条论证大道都最终通向了宿命论”，以及“每一证据都以被证明了的东西为前提，其原则是**关系**”，因此，“信仰是人类一切认知和行动的要素”[8]。为了表明这一点，雅可比求助于旧观点：任何论证都需要某些其由之出发而被证明的原则，这就需要一个停止点，即一系列本身不能被证明的第一原则（或一条第一原则）。雅可比认为，这些第一原则只能在某种“直接确定性”中被赐予[9]。通过利用 *Glauben*（信仰）这个词作为世俗信念和宗教信仰的
94 双重含义，雅可比得出结论说，我们的**一切**知识都必须依赖于某种信仰：“通过信仰，我们知道，我们有一个身体，并且在我们之外还有其他的身体和思维着的存在者。一种真正而又奇妙的启示！”[10]并且，如果我们相信我们的身体，相信一个机械的、自然的世界最终奠基于“信仰”（或“直接的确定性”），那么为何还不彻底相信一位人格化上帝是实存着的呢？与为这类知识提供根据有关的一切问题——是相信物理对象还是相信上帝——只能通过“飞跃”来解决，如雅可比所说，这是 *salto mortale*

（字面意思是“致命的腾跃”），并且只有在这种“飞跃”中，我们才能确信我们自己的根本自由，确信存在着能够要求我们效忠的持久价值[11]。

雅可比的论证依赖于一种“推理主义”（inferentialist）的预设，而这种预设本身又是基于一种“后退”论证，这也是这期间直到19世纪的许多作家们所假定的，但在同一时期，在围绕康德主义的争论和对康德观点的所谓“后康德”发展中，这种论证本身遭到了抨击。这种后退论证（它所说的是，在我们进行辩护时，我们必须终止于某处而不能再后退）依赖于如下原则：一切“认知上的”依附性（这指的是与为某种关于知识的主张“奠基”或辩护相关的依附关系）都是“推理上的”依附性。基本理念是，如果一个人相信某个东西，那么他必须能够为这一信念做辩护，而做到这一点的必要条件是，他能够表明，这一信念是能够按照逻辑从其他真实信念或前提中得出来的；这种观点的逻辑冷酷地驱使人们得出如下结论：必然存在着这样一种东西，我们**无需**知道他物就能知道它，必然存在着某种或一系列人们无需将之从别的东西中推演出来就能**知道**的前提。这是由“内心”“感觉”给予我们的，因为它显然不能由“理性”给予我们（理性首先设定的是向运动的倒退）。早期浪漫派思想家（在雅可比以其关于斯宾诺莎的著作震惊学界几年之后他们就开始写作了，并且深受雅可比的影响）有效地质疑了这一预设。尽管他们没有十分明确表达这一点，但他们有效地挑战了这一基本预设，因为他们认为，支持一个主张的证据，也必须与支持这一证据之被视为证据的所有其他要素之间是有区别的；因而他们主张，如果我们要想知道什么，我们就必须具有大量 95
的前反思知识，原则上来说，我们甚至是不能清晰地表达这种知识的。这种前反思知识当然不是支持普通认知主张的“证据”，但如果我们要想能够有效地兑现这些主张，那么它必然是会起作用的。这种推测和它那不令人满意的方式导致了大量的后续争论。

尽管如此，在1787年，雅可比以一部著作来继续他的讨论，这部著作有个引人注目的名字：《大卫·休谟论信仰；或观念论与实在论：一篇对话》。不过，它事实上与休谟或休谟的学说并无关系。在某种程度上，这部著作真正的攻击焦点是康德本人，这一点在该书最后的“增补”——“论先验观念论”——中清晰表现出来了；它对康德的主要指责是很简单的：康德认为，自在之物引起了我们的感觉（之后它被整合为直观）；但是，因果性是经验的先验条件，而不是自在之物的属性；因而，即便是伟大的康德也是自相矛盾的。雅可比主张，我们由此必须得出结论说，康德实际上并未驳倒休谟（他被解释为一位怀疑论者），对休谟的彻底怀疑论的唯一恰当回应是“致命的腾跃”。为此目的，在该书开头部分，雅可比从休谟的《人类理智新论》中引用了一大段文字，特别是别有深意地引用了下面这段话：“在哲学中，我们至多能够断言，**信念**是理智感觉到的东西，它将判断的理念同想象的虚构区分开。”令人奇怪的是，通过以一种和休谟本人几乎没有关系的方式援引休谟（康德宣称他已经被驳倒了），雅可比试图为帕斯卡尔针对理性的怀疑论做辩护，以反对康德的“理性主义”批判哲学的那些主张。

在《大卫·休谟论信仰；或观念论与实在论：一篇对话》（以及在他所有著述）中，雅可比所论证的是，唯一明智的立场是普通实在论的立场（这种立场相信，对象是独立于我们关于它们的经验而实存着的），与之相契合的，是“信仰”世界向我们“启示”出自身的方式的必然性和对哲学中任何“体系”需要的回避。（在此，雅可比使用了充满宗教意味的术语“启示”[*Offenbarung*]。）生活是关于经验的，而不是关于纯粹理性的，任何只依赖理性的企图都只能给“生活”带来灾难性后果。欧洲人的生活方式发生了笛卡尔式转向，并认定有必要证明对象是独立于我们关于它们的经验而实存着的，这样一来，如雅可比所说，“他们所剩下的
96 就是单纯的主观性、**感觉**。因此他们发现了观念论”——更糟糕的是，欧洲人使宗教服从于科学的、理性的证明的要求，这样一来，“他们所剩下的就是纯粹逻辑的幻影。就这样，他们发现了虚无主义”[12]。如雅可比所证明的，这场争论的代价是相当高的。

在《论斯宾诺莎学说，与摩西·门德尔松的通信》的第二版即1789年版中，雅可比扩展了他的批判，并将他的立场表达得更为清晰。康德曾提出，理性因其本性必然会试图找寻“无条件者”，尽管在这方面它从来都不能满足自己；相反，雅可比则主张，当我们选择进行“致命的腾跃”时，我们只能意识到无条件者。对自然本身的科学理解包含在一系列的前提和结论中，而每一个前提本身又是其他前提的结论。因此，如雅可比所

说："一当我们能够做概念理解，我们就停留在受限的条件序列之内。在这一序列终止之处，我们的概念理解也就终止了，我们称为自然的那个复合体也就终止了……［因此］无条件者必须在自然之外，在与它的一切自然联系之外……因而这种无条件者必须被称为超自然者。"[13] 战线已经拉开：一方选择启蒙的理性主义，与之相伴随的是怀疑论和随之而来的虚无主义；一方支持信仰，它只能包含在"致命的腾跃"中。因声称先前的理性主义的和经验主义的形而上学是失败的，康德主义已经遭受了保守派的攻击；现在，雅可比又大大提高了赌注。

莱因霍尔德、"新大学"与对康德主义的捍卫

在这样的背景下，继雅可比的著作之后，在1786年，一系列捍卫康德观点的文章发表出来了（并于1790年以著作形式出版，即《关于康德哲学的通信》）；并不奇怪的是，这出现在耶拿，"新大学"的诞生地，作者是卡尔·莱昂哈德·莱因霍尔德。在18世纪90年代和19世纪早期，他暂时占据了德国哲学的最高点，为后康德思想的快速发展做好了准备。莱因霍尔德1758年生于奥地利约瑟夫二世（他是当时著名的开明君主）治下的维也纳。1772年，他成为耶稣会见习修道士。1773年耶稣会被解 97
散后，他继续修习教士之业并于1780年被授予神职。然而，由于某种原因，1782年左右，莱因霍尔德经历了一次宗教危机，并开始疏离天主教，认为它只依赖盲目的信仰和教条。由于他也是共济会成员，所以他于1783年的一个深夜逃离维也纳，先是去了莱比锡，后来到了耶拿。一到耶拿，他就改宗新教。同时，他结识了克里斯托弗·马丁·魏兰德，娶了魏兰德的女儿，并帮助编辑魏兰德创办的一份当时颇有影响的文学杂志。

在这份杂志上，莱因霍尔德发表了他最初的《关于康德哲学的通信》。该书的语调是一位大众哲学家的语调，甚至康德本人都热情地称赞其陈述是清晰公正的。显而易见的是，莱因霍尔德在康德那里发现了他自己在宗教和理性方面的难题的答案。在莱因霍尔德所讲的故事中，康德已经回答了雅可比的挑战，因为康德证明了，理性和信仰是处理现实之不同方面的。的确，康德哲学表明，不可能运用理论理性来获得关于上帝的知

识（因此，原则上来说，康德既赞同雅可比的思想也赞同宗教怀疑论者的思想），但它也证明了，我们必然有理由既为人类自由也为人格化上帝的实存假定实践根据。因此，一个人可以承认现代科学理性的所有主张，同时又坚定地（至少作为新教徒）信仰上帝。通过莱因霍尔德，康德作为一位双面理论家的形象更加巩固了。

不过，在莱因霍尔德进行上述写作时，雅可比已经提高了赌注，他指责康德主义中的自在之物观念是内在不一致的，他针锋相对地主张，"无条件者"只能是一种"直接必然性"的对象，它本身要求"致命的腾跃"。尽管雅可比的挑战只是用来加强莱因霍尔德捍卫康德体系的解决方案，但莱因霍尔德自己的背景使他走向了一个与康德相当不同的方向。尽管康德本人曾深受莱布尼茨及其追随者的影响，但是，苏格兰哲学家对他的影响同样深刻，甚至可能是更深刻的。（康德十分迷恋苏格兰人，以至于他相信，他的祖先就是苏格兰人。当然，我们现在知道这是错的。）而莱因霍尔德是奥地利人，他最初是受经验哲学的熏染，他对苏格兰哲学家，特别是苏格兰的"常识"哲学家的迷恋程度远低于康德，对于他来
98 说，在驳斥休谟怀疑论这个问题上，他们全都彻底失败了，因为他们总是诉诸"常识"和"感觉"[14]。因此，雅可比的挑战使得莱因霍尔德得出如下结论：如果要拯救康德做出的调解信仰与理性的宏伟工程，那么我们就必须不仅仅将康德主义展示为众多观点之一者，更是要展示为占据统治地位的观点；为了做到这一点，我们就必须证明，康德主义理论知识的严格整体，是一门"科学"（*Wissenschaft*）。在第一《批判》中，康德本人已经阐明他的意图，就是要使形而上学"走上科学的康庄大道"，但莱因霍尔德认定，根据雅可比的主张，康德主义依然只是走在通往**成为**一门科学的路上，而它所需要的正是**作为**一门科学而存在。只有作为一门科学，哲学才具有其所需要的权威。

1787 年，莱因霍尔德成为耶拿大学哲学系的"编外教授"。（这一头衔意味着他的报酬不是来自大学基金——该基金是用来资助"编内教授"的——而是来自萨克森 - 魏玛的卡尔·奥古斯杜公爵拨款设立的特别资助。）受此鼓舞，莱因霍尔德开始为康德主义提供他认为其所缺乏的科学形式，并且，为了有利于一种教授式的"科学家"立场而放弃了作为一

名大众哲学家的立场。为此目的，他区分了康德哲学的“精神”和“字面”，并明确表示，他现在无意对康德的立场做历史性疏理，而是要重构康德的论证。他认为，只有这种方式才是与作为“科学”的哲学相一致的，因而对于一所经过改革的大学来说是一门适当的、专业化的科目。如哲学史上他之后的许多人所做的那样，莱因霍尔德明确表明，他所关心的，不是康德**实际**说了什么，而是康德如果要得出某某结论**应当**说出什么。他的兴趣在于“论证”，而不是偶然的、哲学上无关紧要的细节。这对于他之后的哲学发展影响颇大。

莱因霍尔德也开始将他的新方法称为“要素哲学”（*Elementarphilosophie*），在这样做时，他也就将康德主义转向了另一方向[15]。像雅可比那样，莱因霍尔德受到了“后退”论证的影响。他认为，如果康德主义要被置于严格的、科学的形式当中，那么它就需要一个稳当的**基础**。雅可比 99
所论证的是，所有知识都依赖于某种我们凭借“必然性”所知道的东西，并且我们是以非推理的或“直接的”（费希特、谢林和黑格尔等哲学家也选择了这一术语）方式知道的；在回应这一论证时，莱因霍尔德论证道，回应雅可比挑战的唯一恰当方式，就是让哲学奠基于一种基础原则（Grundsatz）之上，它本身是“必然的”并且是可以被“直接地”知道的。康德主义因此具有了一种基础主义的特征，这被视为回应怀疑论的唯一恰当形式，莱因霍尔德的著作中充满了关于基于稳固基础的建筑和结构的隐喻。

发现这种基础原则的关键是认识到，所有意识中最基础的要素是表象观念。康德已经论证过，对于有意识的知识来说，存在着两种不同且相互独立的茎干：直观与概念。不过，这二者都是表象，因此，对于意识的主观要素来说，**表象**世界中的某物（甚或表象我们的意识生命之流中的东西，如疼痛感）也就是在其自身内将一个关于独立于表象的某物的主张具体化，这将可能是正确的，也可能是错误的；意识的这种表象特征是其最基础的要素，因此构成了“要素哲学”的基础性、核心性要素。（为了把这一观点讲透彻，莱因霍尔德甚至说这些“表象”是对象的“再现”[16]。）莱因霍尔德将表达了表象之基本本性的原则称为“意识的原则”（*Satz des Bewußtseins*）：“在意识中，主体将表象同主体和对象区分开，同时又将之与二者相联系。”[17]因此，莱茵霍尔德主张，这一原则是“要素性的”，因为它不是从任何其他前提当中得出的结论，而是从对一种基础性的、不可解释的意识的**事实**的反思中得出的。如他所说：“意识的原则是由这种反思决定的，它直接就是它所表达的东西，即是说，自行阐明的意识的事实不能被进一步分析，也不允许被还原到那些比它所指示
100 出的特征更为简单的特征。”[18]如莱因霍尔德所强调的，这一原则只要求“对语词意义（*Bedeutung*）的单纯反思，它本身为它所表达的事实规定了这种意义”[19]。这种不可证明的意识的事实（它是在“意识的原则”中表达出来的）构成了所有知识的基础性的、底层性的结构或“要素”：一个主体，一个对象，一个关于对象的表象，以及将这表象作为自身主观状态而归于自身的主体，同时，这个主体又将这主观状态视为一个不同于且独立于该状态的对象的表象。

在康德哲学的接受史上，莱因霍尔德阐释康德的策略的构成要件屡次发挥作用。根据这一策略所展示出的争论内容，康德应当回应的核心问题是认识论上的怀疑论问题，解决这种怀疑论问题的方法应当是证明或发现怀疑论者不能质疑的真理。为此，这样一种真理既要具有“必然性”又要是我们可以直接知晓的东西。因为在感觉上我们不能否认我们是有意识的，并且对意识的“事实”的密切关注揭示出了“意识的原则”的要素，对“主体”、“对象”和“表象”之意谓的详尽**分析**应当足以使哲学立于科学的基础上，给予哲学家所应当具有的权威，并且一劳永逸地回答怀疑论者提出的全部质疑。莱因霍尔德的结论是，这就是康德应当回答但却没有回答的问题的答案。莱因霍尔德认为，如此看来，康德自己的整个批判事业应当被视为他的要素哲学的一种大定理。

不过，由于阐释某一观点的“精神”而非“字面”总是危险的，莱因霍尔德似乎没有注意或没有考虑到，他已悄悄地将康德哲学转入一个只能是有意贴上康德标签的方向。康德并未想让他的范畴“演绎”变成从绝对必然的第一前提中推演出结论；康德对“演绎”这个术语的使用是与其法律用法一致的，而不是从前提推出结论这一逻辑用法；范畴“演绎”是要证明这些范畴的规范性，即它们在我们就世界做出判断时的约束力（恰如 18 世纪的法律“演绎”是要证明一条法律原则在一系列案件

中具有同等约束力）[20]。不过，对于具有耶稣会和奥地利背景的莱因霍尔德来说，“演绎”首先意味着从不可撼动的第一原则出发进行推演。因而，他没有试图去发现类似于康德的“先验论证”之类的东西，这种论证的大意是，由于怀疑论者必须将他明确否认的某种经验特征预设为经验条件，所以怀疑论者总是（可能是不知不觉地）同他自己所许诺的力量相矛盾。相反，莱因霍尔德相信，他必须像笛卡尔那样，去发现一条绝对**必然的**甚至怀疑论者都不能否认的原则。因此，莱因霍尔德提供了一种阐释康德的方式，人们一次又一次地回到这种方式（虽然在很多情况下他们不知道莱因霍尔德是如何开辟这种方式的）：康德范畴——这些范畴的特征在于，如果我们要想理解事物，它们就决定着我们应当或“必须”如何判断事物——的规范性力量必须是从某种基础性的、本身不可推演的**事实**中推演出来的，问题依然是，这种事实如何能够作为一般规范性要求的基础。 101

从“意识的原则”（它被理解为不可否认的意识的事实）出发，从“表象”是意识理论之最基础性的概念这一结论出发，莱因霍尔德主张，要素哲学必须是关于我们人类表象能力（或“机能”[*Vermögen*]）的一种一般先天理论，就此，他又写作了一部冗长而又相当缜密的著作，即《关于人类表象能力的理论新探》，该书出版于1789年，并且是献给康德和魏兰德的[21]。莱因霍尔德严格区分了知识条件的“内在的”（因而是在概念上可以分析的）形式和“外在的”（因而大体上来说只是经验上可以发现的）形式[22]，由此，他就将这种新形式的哲学“科学”与其他关于我们表象能力的更为平凡的解释区分开了，这种“科学”作为一门科学，理所当然地要在新生的现代大学中占据一席之地，而这是大众哲学家所不能要求的。“一种对红色的感觉”也许是经验的（尽管依然是内省的）心理学要研究的问题，而一个关于红色对象的**表象，作为一种表象**，则是哲学“科学家”的先天哲学研究的课题，因为它涉及的不是细节，而是若干“形式的”特征，它们将一种单纯主观的理智状态转换为一种认知上有意义的、对客观事态的表象。所以，莱因霍尔德以一种暧昧的康德方式对之做出了解释：主体自发地将一种表象“形式”授予“质料”（*Stoff*），这之所以发生，是因为主体受到了独立于它的对象的影响；并 102

且，在做出这一区分时，莱因霍尔德竭尽全力确认，对象独立于我们关于它们的表象而实存（即它们是自在地实存着的）。在《关于人类表象能力的理论新探》中，莱因霍尔德试图进一步思考，表象的“质料”是如何与影响我们的对象的实际构造相联系的：“在每一表象那里，都有一种内在条件，被表象者（即对象，它不同于意识的表象）是与它一致的；我将之称为表象的质料”，莱因霍尔德对它的解释是，被表象的对象**引发**表象的“质料”呈现在我们的意识当中，尽管“质料”作为外在事态之“图像”起作用的方式依赖于主体接受它并赋予其“形式”的方式[23]。（至于莱因霍尔德是否完全弄清了这一概念则是另一问题了。）莱因霍尔德苦心罗列了他认为先前哲学所未能注意到的语词（例如，表象的“质料”）当中关键的模糊之处，并且他几乎总是以大量运用“就……而言”和“在……范围内”来限制自己的断言。他认为，只有这样一种艰难的
103 分析和清晰的思考，才有可能使哲学成为它所必须是的科学。

莱因霍尔德成为德意志苍穹上的一颗明星，在耶拿，他吸引了400名学生来听他的讲座（这在当时是空前的）；凭借莱因霍尔德的名望，以及作为《文学总汇报》和《德意志信使》（*Teutscher Merkur*，魏兰德和莱因霍尔德编辑的杂志）的出版地，耶拿成为“新哲学”的理智中心，在这种氛围下，其他同样著名的杂志也很快在耶拿编辑出版了。莱因霍尔德自己的人格有助于巩固他对学生的吸引力。对身边的所有人，他都是有耐心的、和蔼可亲的（几乎是以一种牧师的方式），并告诉他们，他的体系是一个不断进行的工作，而不是——尽管它要求是科学——一件已经完成的、只需通过讲台来宣讲的作品。的确，使得莱因霍尔德对学生们具有这样大的吸引力的原因之一，就是他所表达出的那种清醒意识：他无意将**他**自己的观点散播成他已获得的真理，获得真理并正确理解它，不仅仅是他自己的事，而且更是他周围那新生的现代世界的事。在所有关于他的人格描写中，几乎只有赞扬之词，并且，在始终忠于自己的主张同时，他也一直在修正他的观点。毫无疑问，大批学生之所以来到耶拿聆听莱因霍尔德的讲座，是因为他们相信：在康德和现在莱因霍尔德的手上，哲学再次焕发生机，并且它**正是**最深刻地关注着那些对人类来说终极重要的东西的思考方式。

莱因霍尔德自己的著述，充满了如下慷慨激昂的要求，即必须承认哲学是一门科学，充满了他如下清晰的意识，即如果不能实现这一点那所有重要的事情就将会是悬而未决的。如莱因霍尔德直率地指出的，这种严谨的、以普遍性为基础的哲学正是“人类所必需的”[24]。他为哲学在文化中的影响大幅度减弱（与此同时却日益声名狼藉）而惋惜，因为他注意到，在他自己的时代，“特别是对于神学和法学来说，哲学不过是一个老女佣”[25]，因此，他将自己的哲学视为对这种堕落的阻止。那个时代的学生们认为，他们正经历着史无前例的生活，因而不能指望他们父母那一代的生活作为指导。伴随这种看法的，是莱因霍尔德的听众的如下感觉：新的 104
东西正在流传，它为莱因霍尔德对哲学基础和作为一门专业科学的哲学的充满激情的追寻提供了情感背景。使得人们热情接受莱因霍尔德的探究的那种经验核心，是那种被强烈感受到但却只是勉强表达出来的观念：如果不弄清楚基础，那么我们将永远不能弄清楚应当从这些基础中得出的其他东西；由于过去的指导方针已经不再能够指引我们，因而如果我们要想使我们未来的生活有一个清晰的方向，那么最为重要的就是正确理解这一切。随着德意志知识分子为了摆脱神学正统——在19世纪之前，涉及大学教授的争论几乎总是与对某种神学正统的所谓违犯有关——之束缚而不断奋斗，“哲学”大学的耶拿模式越来越具有吸引力。那些知识分子所深刻经历的“无家可归”，使得莱因霍尔德的努力——在一所现代化大学中，为他们开创一个具有稳固“基础的”新“家园”——被广为接受，并吸引他们继续向更深层面扩展，而不是停留在单纯哲学学说层面。莱因霍尔德自己的生活方式和他“重建自己”的方式——从一个耶稣会修道士和天主教神父，变成一位已婚的新教教授和哲学“科学家”——对于那些对自己的生活和未来尚不确定的人们来说就是一个典范。莱因霍尔德努力为德意志知识界提供一个具有稳固基础的新“家园”，这至少在最初是得到了热烈的回应的。

注释：

［1］参见 *Critique of Pure Reason*，A58 = B83。［《纯粹理性批判》，56页。——译者注］

［2］在英语学界，在思考哈曼和康德之间关系上被公认为优秀的，见 Frederick C. Beiser，*The Fate of Reason*：*German Philosophy from Kant to Fichte*（Cambridge，Mass.：Harvard University Press，1987），ch. 1。

［3］雅可比之所以声望不佳，根源在于海因里希·海涅和以赛亚·伯林。众所周知，海涅是这样评价雅可比的："这些斯宾诺莎的反对者中最猖狂的一个是弗里德里希·海因里希·雅可比，人们有时对他表示尊敬，称他为一名德国哲学家。其实他无非一个爱吵架的伪君子，他伪装在哲学的外衣里，偷偷地混进哲学家的行列，先向这些哲学家倾诉他的爱和柔软的心肠，然后便对准理性大肆进行诽谤。" Heinrich Heine，"Concerning the History of Religion and Philosophy in Germany，" in Heinrich Heine，*The Romantic School and Other Essays*（eds. Jost Hermand and Robert C. Holub）（New York：Continuum Books，1985），p. 181.［海因里希·海涅：《论德国宗教和哲学的历史》，《海涅全集》（第 8 卷），孙坤荣译，石家庄：河北教育出版社，2003 年，248 页。——译者注］以赛亚·伯林提出了与海涅相同的观点，见他那篇著名文章："Hume and the Sources of German Anti-Rationalism，" Isaiah Berlin，*Against the Current*：*Essays in the History of Ideas*（New York：Viking Press，1979），pp. 162－187。乔治·迪·乔瓦尼和拜泽尔的观点更为适度，参见"Introduction：The Unfinished Philosophy of Friedrich Heinrich Jacobi，" in George di Giovanni（ed. and trans.），F. H. Jacobi，*The Main Philosophical Writings and the Novel Allwill*（Montreal：Mc Gill-Queen's University Press，1994），pp. 3－167；Beiser，*The Fate of Reason*，chs. 2，4；and Beiser，*Enlightenment*，*Revolution*，*and Romanticism* ch. 6。

［4］帕斯卡尔是这样说的："我们知道，真理不仅依凭我们的理性，而且也依凭我们的内心。正是通过后者，我们才知道了那些第一原则，而理性则是与此无关的，它徒然地企图驳倒这些原则。" Pascal，*Pensées*，trans. A. J. Krailsheimer（Baltimore：Penguin Books，1966），p. 58（No. 110，Lafuma edition）.

［5］*Critique of Pure Reason*，A15＝B29.［《纯粹理性批判》，导言，21－22 页。——译者注］

［6］参见 *Critique of Judgment*，§59.［《判断力批判》，§59："美作为德性的象征"，201 页。——译者注］

［7］《纯粹理性批判》中经常被引用的那段文字支持了康德的这种一体两面的解释："但如果这个批判没有弄错的话，它在这里教我们从**两种不同的意义**（*Bedeutung*）来设想对象，也就是或者设想为现象，或者设想为自在之物本身；如果对它的这些知性概念的演绎是正确的……那么，这同一个意志就被设想为在现象中（在可见的行动中）必然遵循自然规律，因而是**不自由的**，然而另一方面又被设想为属于自在之物，并不服从自然规律，因而是**自由的**，在这里不会发生矛盾。"（Bxxviii）［《纯粹理性批判》，第二版序，21 页。——译者注］

［8］参见 Friedrich Heinrich Jacobi，"Concerning the Doctrine of Spinoza," in F. H. Jacobi，*The Main Philosophical Writings and the Novel "Allwill"*（ed. and trans. George di Giovanni），pp. 233－234；*Briefe*，pp. 171－172。

［9］*The Main Philosophical Writings and the Novel "Allwill,"* p. 230；*Briefe*，p. 162.

［10］*The Main Philosophical Writings and the Novel "Allwill,"* p. 231；*Briefe*，p. 163.

［11］*The Main Philosophical Writings and the Novel "Allwill,"* p. 189；*Briefe*，p. 17.

［12］*The Main Philosophical Writings and the Novel "Allwill,"* p. 583；*David Hume*（1815 edition），p. 108.

［13］*The Main Philosophical Writings and the Novel "Allwill,"* p. 376；*Briefe*，p. 425.

［14］参见 Karl Leonhard Reinhold，*Über das Fundament des Philosophischen Wissens*（ed. Wolfgang H. Schrader）（Hamburg：Felix Meiner，1978；1791 年耶拿版的影印本），pp. 52－55。

［15］以下这些作者对莱因霍尔德的观点做了很好的概述，参见拜泽尔在 *The Fate of Reason* 中论莱因霍尔德的一章；Daniel Breazcalc，"Between Kant and Fichte：Karl Leonhard Reinhold's 'Elementary Philosophy,'" *Review of Metaphysics*，35（June 1982），785－821；Marcelo Stamm，"Das

Programmdes methodologischen Monismus：subjekttheoretische und methodologische Aspekte der Elementarphilosophie K. L. Reinholds," *Neue Hefte für Philosophie*, 35（1995）, 18－31；Manfred Frank, *Unendliche Annäherung*（Frankfurt am Main：Suhrkamp, 1997）, chs. 7－15, 18。

［16］Reinhold, *Über das Fundament des Philosophischen Wissens*, p. 61.

［17］莱因霍尔德在不同地方陈述过这一点；这里的引用见 *Über das Fundament des Philosophischen Wissens*, p. 78。

［18］Ibid., p. 83.

［19］Karl Leonhard Reinhold, *Über die Möglichkeit der Philosophie als strenge Wissenschaft*（ed. Wolfgang H. Schrader）（Hamburg：Felix Meiner, 1978；1790 年版本的照相制版重印，Mauke, Jena）, p. 336（重印版，p. 158）.

［20］对康德"演绎"用法与法律理论之关系的经典分析是迪特·亨利希做出的，参见 Dieter Henrich, "Kant's Notion of a Deduction and the Methodological Background of the First Critique," in Eckart Förster（ed.）, *Kant's Transcendental Deductions：The Three Critiques and the Opus Postumum*（Stanford University Press, 1989）。

［21］Karl Leonhard Reinhold, *Versuch einer neuen Theorie des menschlichen Vorstellungsvermögens*（Prague and Jena：Widtmann and Mauke, 1789；影印版：Darmstadt：Wissenschaftliche Buchgesellschaft, 1963）.

［22］Karl Ameriks, "Kant, Fichte, and Short Arguments to Idealism," *Archiv für die Geschichte der Philosophie*, 72（1990）, 63－85. 众所周知，阿默里克斯指责说，这涉及对观念论的"不充分论证"（short argument），它"作为对单纯表象观念的反思，或对作为表象中涉及的被动性或主动性的一般特征的反思，是要表明，知识是受限于自在之物的规定的"（p. 63）。然而，康德对观念论做了"充分论证"（long argument）（这涉及关于时空之观念性，并将知识限于可能经验），莱因霍尔德（以及之后的费希特）似乎认为，我们知识的观念性在于它是表象这一事实。阿默里克斯显然正确地认识到，莱因霍尔德忽视了康德为观念论进行论证的复杂方式，不过，"不充分论证"这一指责对于莱因霍尔德自己的程序来说

是相当不公正的；尽管莱因霍尔德的确说，“表象”是最基础的范畴，因而对它的反思应当用于为观念论“奠基”，他也阐明了，这种对“表象”的反思用到了他关于“意识的原则”的论证上，并因此与我们理解如下问题的复杂方式有关：“主体”如何将某种形式特征施加于经验上以便将主观状态转化为“表象”。之所以走向观念论，不仅仅是因为反思到表象不同于被表象的对象这一点，而且还因为反思到这一点在主体的主体性中是如何起作用的。另一方面，阿默里克斯指责莱因霍尔德，认为他强调开创一种基础主义版本的康德主义，这是对康德自己观点（own views）的误读，这一指责的确是很到位的。

［23］Reinhold, *Versuch einer neuen Theorie des menschlichen Vorstellungsvermögens*, p. 230.

［24］Reinhold, *Über die Möglichkeit der Philosophie als strenge Wissenschaft*, p. 365. 也可参见 *Über das Fundament des Philosophischen Wissens* 的“前言”，p. xvi。

［25］Reinhold, *Über die Möglichkeit der Philosophie als strenge Wissenschaft*, p. 369.

第五章　18 世纪 90 年代：费希特

105 18 世纪末期，在耶拿的温室环境（这是莱因霍尔德所帮助开创的）中，莱因霍尔德的星光如其快速升起那样很快就沉落了。尽管到了 1790 年，他已经是继康德之后德国哲学的领军人物，但到 1800 年前后，他似乎大体上被遗忘了。应当记住的是，尽管莱因霍尔德获得了最初的、转瞬即逝的成功，但德意志知识界中并非每个人都欣然接受他将德国哲学所带向的那种后康德方向。对于许多人来说，“先验观念论”本身的整套建构似乎是一种牵强附会，尽管这使康德获得了新的威望，但在德意志思想界中，到处都能听到针对它的反对声音。

随着 1792 年一篇匿名文章的发表——人们主要是知道这篇文章的简称：《埃奈西德穆》（“Aenesidemus”）[1]，反对之声达到了新高潮。最初，这位作者是匿名的，尽管他的身份很快就被披露出来了：舒尔茨，黑尔姆施塔特的哲学教授。这篇文章以文学幻想的笔法，描述了埃奈西德穆（古希腊公元前 1 世纪的怀疑论者，这也是舒尔茨自己的笔名）与一位所谓的康德主义者赫米亚斯之间的一场对话，以使埃奈西德穆-舒尔茨能够证明康德立场的破产。《埃奈西德穆》对康德主义，特别是对莱因霍尔德进行了一场所谓“休谟式”的攻击，并证明这对于莱因霍尔德的事业是毁灭性的打击。尽管这篇文章包含很多论据，但它的批判大体可以归结为如下三点：（1）莱因霍尔德和康德都将自在之物观念作为表象或感觉的
106 原因引入思维主体当中，而这一主张违犯了康德和莱因霍尔德理论的限制；（2）莱因霍尔德所谓的“意识的事实”不过就是这么一个“事实”，某种心智状态，如疼痛感，其根本不适用于“主体/表象/对象”模式；（3）在莱因霍尔德关于自我意识的思考中有大量的不一致之处，因为莱

因霍尔德要求所有的意识都涉及表象，一个具有自我意识的主体因而必须拥有关于自身的表象，这就要求一个主体将关于主体的表象与自身关联起来，这暗示着一种无限后退。《埃奈西德穆》所强调的是将康德观念论主要解释为一种反驳怀疑论的努力；在回应时，它主张，实际上，康德不仅没有驳倒怀疑论者，而且康德本人只是一位“现象论者”，他相信，我们将我们关于物理对象的理念建构为用来解释我们自己的感觉的原理。它的结论是：休谟（再次被阐释为一位怀疑论者）是正确的，我们并不能真正认识事物，而只能认识我们的主观状态。

尽管《埃奈西德穆》在某种程度上给予了莱因霍尔德的“要素哲学”以致命一击，但它也成了他的后继者约翰·戈特利布·费希特的始发点。费希特生于萨克森，是一位织带工之子，他本来是没有机会上学的，但当地的一位贵族被时年 8 岁的费希特重述教堂布道内容的能力所吸引，并相信如果让这个年轻男孩接受合适的教育的话会更好。费希特离开了祖居之地（他后来回忆说，这里是一个情感冷漠的地方），最后被送到了一所文科中学（*Gymnasium*，大学预科），在那里，他总是强烈地感受到自己因社会地位而低人一等。尽管费希特很快就能进入大学，但因经济困难，他放弃了。在随意地从事了几项工作（包括做牧师）之后，费希特结束了旅行，并去柯尼斯堡拜会了康德，在那里，为了给这位大师留下印象，他写作了一篇短文《试评一切天启》（1791 年）。这引来了出乎意料的好运，由于这篇文章（在康德的帮助下）出版时，出版者——不清楚是无意地还是有意地——漏掉了费希特的名字和费希特的前言，并且由于这篇文章是对整个康德体系的周密评论，所以人们都认为作者只能是康德本人。当人们得知作者实际上是费希特时，费希特声名鹊起。另一颗新星已经出现在知识苍穹中。

他因文章而获得的名声给了他所需要的机会，当莱因霍尔德 1794 年 107
从耶拿辞职去基尔接受一个收入更好的职位时，费希特被指定去接替他，莱因霍尔德离开后不久费希特就来到了耶拿。（这两个人从来没有见过面，尽管他们通过信。）《文学总汇报》委托刚刚出名的费希特写一篇关于《埃奈西德穆》的（它最后是在 1794 年初发表）评论；这篇评论只是用来进一步抬高他自己的地位，不过不经意间也降低了莱因霍尔德的地位，因为在这篇评论中，他承认了舒尔茨提出的反对莱因霍尔德观点的论点。然而，他扭转了舒尔茨和莱因霍尔德之间的局势；可以肯定的是，如费希特向《埃奈西德穆》所做出的退让那样，莱因霍尔德的“关于意识的命题”只表达了一个“事实”，并且可以肯定的是，它不能兑现康德思想中的基本要求。不过，如费希特所论证的，我们为何应当假定，我们必须从**某种**“事实”开始？由于哲学“科学”的基础性的第一原则（莱因霍尔德一直为此奋斗）本身的特征是规范性的而非“事实性的”，因此这种第一原则不可能是一个“事实”（在德语中是“*Tatsache*”）而应当是一种“规范引导的行动”（一种“*Tathandlung*”，字面意思是“产生行动的行动”），一种**做**某事的基础模式，这是其他规范的基础。从根据规范性规则展开的基础性综合行动的角度来看，而不是从某种基础性“事实”出发进行推演的角度来看，莱因霍尔德哲学中的主体所做的“区分”与“联系”，应当遵从更为真实的康德路线来构想。

以此观点为基础，费希特论证说，舒尔茨对莱因霍尔德和康德的主要批评本身就是误入歧途，这一批评的内容是，在他们提出自在之物作为我们关于它们的感觉的根据时，他们是内在不一致的。舒尔茨的结论是，我们不能确定无疑地知道关于自在之物的任何事情；我们只能确定无疑地知道我们自己心智状态的内容。费希特论证说，尽管如此，更有意义的是承认，整个自在之物观念（舒尔茨和莱因霍尔德所共有的），如他所说，只是“奇怪想法、白日做梦和痴心妄想”[2]。

对自在之物的这种拒斥和费希特在他自己的最初哲学体系中对此的详尽阐述，是他在耶拿最初教授的课程中给出的，这些课程内容在 1794
108 年出版，题为《全部知识学的基础》（简称《知识学》）[3]①。费希特的著述具有高度原创性，甚至连这个题目都是很难翻译的。费希特决定将他的体系称为 *Wissenschaftslehre*，字面意思是“科学学说”，但这一术语的寓意与它是关于一切知识形式的学说这一点有关。（它有时被译为“知识科学”，也可以被说成是“知识理论”或“科学知识理论”，但在英语学界

---

① 该书德文标题是 *Grundlage der gesamten Wisenschaftslehre*。本书译文遵从国内学界惯例，仍将 Wissenschaftslehre 译为“知识学”。

文献中，通常是用这个术语的德文原文“*Wissenschaftslehre*”。)

费希特也认为他的体系是一个需要不断推进、不断修正的工作，一般来说，在使用了新的术语，使用了呈现基本理念的新模式时，费希特认为，无需特别地向读者解释他在何处以及为何改换了他的呈现方式。这使阐释费希特变得异常艰难；在他的著作集中，有 16 种不同版本的《知识学》，每种版本都各不相同，并且几乎人们关于整个知识学的任何说法，都会遭到其中一个版本中某个相反段落的反驳。此外，如费希特所解释的，1794 年版本身只是分发给学生以使他们免于记笔记的（因而费希特可以通过口头解释使他们更容易理解），所以从来没想过要经受学者们（以及费希特的同时代人）的仔细研读。

不过，尽管费希特一再坚持说，他的体系从未完成，它的每一次细化只是不断尝试充分表达理想的、完成了的体系（如果实际上完成了）将是什么样的——尽管费希特强调，所有读者因此应当认真对待这项不断推进的工作，但如果我们记住，我们关于它所说的几乎一切都必须有所限制，那么我们依然有可能总结出这一体系的关键论点和论证。

对于费希特来说，在完成体系过程中需要解决的（康德已经开始着手解决的）关键难题是自我授权（self-authorization）问题，也就是我们所称的“康德二律背反”问题（看起来，这一二律背反的核心是：我们只服从那些我们能视为我们自己创立的规范）。费希特完成康德体系并“解决”自我授权问题这一努力的根基的核心洞见，与康德体系的根基中的
基础性二分法有关。如康德所表明的，在我们所经验的世界中，在就对象 109
（在时空中的、在因果意义上互动的实体）做出判断时，我们是作为主体（经验、“观点”的统一体）相遇的，这些判断如果是真的话，那么它们就是符合那些使它们为真的对象。然而，如费希特所说，这种二分法本身——主客之间的核心区分——本就是**主观地**建立起来的；它是“主体”本身所建立的一种规范性区分[4]。如费希特所看到的，康德已经表明，我们所遇到的，不是客体就是主体；但是，康德自己思想的动力应当表明，这种区分本身是主观地建立起来的。

为了详尽阐明这一观念，费希特利用了另外两个关键理念并将之整合进一个完整概念当中：首先，他修订了传统理性主义的一个洞见。其次，

他创造性地接受了康德的自律观念，用以解释这个理性主义洞见。

根据费希特自己的回忆，这个最初的理性主义洞见是他突然意识到的，并且涉及对自在之物和对自在之物的思维之间关系的理解，即“真理包含在思维和对象的统一当中”[5]。也就是说，费希特相信，唯一可考虑的辩护就是，将理智视为掌握现实的某种必然的、先天的特征的能力，这是通过他所称的“智性直观”（这一术语是康德的，尽管他同样会将之称为“理性的洞见”）活动实现的[6]。在这种智性直观中，我们掌握或理
110 解了一个可用来为其他某种主张辩护的必然真理[7]。关于这种智性直观，费希特自己举出的范例是几何学中的直观（类似于柏拉图的“noesis”概念）：如果我们有三角形的两条边并被告知需要补上那缺失的边，我们马上就会“看到”，**必然**只有一条边能够完成这个三角形，这是关于三角形本身的必然真理；它不是对我们理解三角形的方式的陈述，也不是对我们如何使用语词的陈述，毋宁说，它是对事物本身之必然结构的洞见。智性直观的另一种情况（这不是费希特所举的例子）是对如下真理的理解：没有任何对象可以通身既是红色的又是绿色的；根据费希特的看法，这也不是对我们如何使用“红色”和“绿色”这些语词的陈述，也不是可以定义为真的东西，毋宁说，这是关于现实本身的真理，它与可在空间中延展的平面的本性有关。也就是说，在智性直观中，我们并没有掌握我们理解现实的**模式**或我们使用**语词**的方式；我们理解的是现实本身的必然结构。因此，在智性直观中，我们对现实的思维与现实本身的必然结构是同一的，这不是因为我们主观地“编造”或“创作”出现实世界，而是因为智性直观使我们能够洞察世界必然所是的方式（例如，时空中具有广延的物体不可能通身既是红色的又是绿色的）。

几乎在他的全部著述中，费希特都在澄清如下这点：所有真正“科学”的基础性第一原则，只能在这样一种智性直观中被给出，因而不能对此做进一步辩护，而且也没必要寻找这种辩护。在1801年就体系所做的通俗阐述——它有个呆板和有些滑稽的标题：《就最新哲学的真正本质向广大读者所作的明如白昼的报道：一项迫使读者们理解的尝试》——中，费希特强调了这一点：我们关于第一原则的知识只能发生在“幸运的偶然想法中；然而，这个想法一旦被找到，就不需要任何进一步的证

明，或者说，不能有任何进一步的证明，而是直接由自己阐明自己的”， 111 并且“根本不需要任何证明。它是直接明晰的”。——这就是“理性靠其自身进行的绝对直观”[8]。在智性直观中，我们对自在之物的思维切中了它们的要害而没有任何遗漏[9]。

不过，尽管这种智性直观的结果是必然的且绝对确定的，但要是误以为一种真正的智性直观只不过看起来是智性直观的话，我们作为认识者就必须承认我们犯错了；也就是说，我们可以**认为**，我们拥有一种智性直观，我们甚至对此是绝对有**把握的**，但我们依然可能会犯错[10]。类似地，一种智性直观的结果使得我们洞察到现实的必然结构，这并不意味着表达出这种结构的命题本身不能从其他前提中推论出来，毋宁说，在一种智性直观中被理解到的必然真理，并不**要求**它是从我们用来掌握其必然性的其他前提中得出的。面对所有批评者（当时有很多人，现在也依然有。他们认为，这样一种智性直观是令人失望的、模糊不清的，或是神秘的、难以置信的），费希特也许会回答说，只有一个边能够完成我们已经给出另外两条边的三角形（或者某物通身不可能既是红色的又是绿色的），没有什么比这更清晰、更不神秘的了；我们可以理解这一“事实”并将之**看作**必然的。费希特接着说，看着你自己的内心并问问你自己，是否没有什 112 么东西能够比这类直观**更**明晰，并且你将看到，这些直观确实没有比普通的感知判断更“神秘”。

然而，这些直观的必然性（费希特同时希望承认关于它们的可错性）只是提出了一个更为基础的问题：是否存在某种东西，它是基础的、必然的，以至于对它的智性直观将可用于辩护其他命题，尽管我们将这些命题**看作**必然的，但却也许是依赖于我们理解中的错误？费希特的回答——在他自己对康德“理性的事实”观念做的大胆重述中——被证明是他真正的创新之处。传统理性主义对该问题的解决方案是，找到某种契合于这种理性洞见的**对象**（例如柏拉图的形式、数学结构、拥有不朽本性的上帝，等等）。不过，康德的解决方案已经表明，不可能找到这样一种对象；其实，这是莱因霍尔德的错误——寻找某种（关于意识或别的东西的）事实**充当**为我们的规范性义务做辩护的先天的、必然的基础。相反，没有什么比我们自己的自发性、我们的自律更适合充当这样一种基础；这种基础性的自律，以非形而上学的方式被建构为表达某种绝对基础的**规范**——就其必然性而言，这种规范本身只能通过一种理性洞见活动、智性直观活动被掌握[11]——而不是被建构为表达关于某种超感性对象的基础层面的形而上学事实。也就是说，我们必须通过一种“智性直观”活动掌握如下这点：我们的思维只能服从于那些能够被视为我们思维所创立的规范。在许多方面，费希特哲学的其余内容就是在不断测试，哪种方式能够最好地表达这种规范，同时又避免其最矛盾的方面。

费希特首先模糊地表达了这样一种基础性规范：“我 = 我”。在《全部知识学的基础》的最初版本中，他试图表明，这样一种规范如何比“A = A”这样一种同一性陈述更基础。要理解费希特的论证，重要的是要注意到，他将“A = A”建构为一个有条件陈述——用他自己的话来说就是，“如果 A 被设定了，那么 A 就被设定了”。也就是说，同一性陈述更像是我们今天所称的推理许可（inference license），它（在规范的意义
113 上）使行动者有权进行某种操作（在此就是进行推理）[12]。这些推理许可涉及规范状态，即那些使我们**有权做**（在此就是从“A”中推出“A”）某事的规范状态。然而，这些规范状态不是在自然中被发现的：在物理世界中发现它们，这将是费希特所称的“独断论”的一种表现。从物理的角度来看，说“A = A”就是通过空气传播的声波；只有从规范的角度来看，它才能被视为**意味着**什么。（在支票上签名，击出一个本垒打，做一个断言，购买特价商品，这些全都是规范活动的例子，这些活动不能在一种关于它们的纯粹物理的或“自然主义”的描述中来把握。）因而，这些状态必须是**被创立的**，而不是在世界当中被发现的。如此，它们不可能是普通意义上的“事实”[13]。

同一性陈述（当它在一种智性直观活动中被掌握时，它的必然性似乎最初是自明的）实际上是从一种先天的推理许可（“如果 A，那么 A”）中获得其必然性的；如果是这样，那么，如费希特所证明的，**发布**（issuing）许可的观念就比同一性陈述更基础。这种许可涉及批准一种推理——“如果 A，那么 A”这种推理是必然的——这种推理的必然性似乎是来自批准本身；但是，如费希特清晰看到的，这只是提出了如下新问题：什么（以及如何）获得创立这样一种许可的权威。（费希特主张，

A = A 的被直观到的必然性，来自其他更基础的东西被直观到的必然性。）

由于推理许可（再强调一次，这不是费希特自己的术语）只能由——转回到费希特自己的术语——本原行动（*Tathandiung*）而非事实（*Tatsache*）来创立，由于自然之物不能被说成是行动（在任何规范性意义上都是如此），**创立**许可的**主体**本身必须是一种“行动”，这种行动在某种程度上**创立**了许可，同时也**授权**自己去创立这样一种许可[14]。这将 114
是统觉的**自我**，这表达在“我 = 我”这一必然命题中，并且，这种创立许可并授权自己去创立这种许可的**行动**的必然性，只能在一种智性直观行动中被理解，这种必然性本身“是不可证明的，或者说是不可规定的”[15]。也就是说，这种自我不是一个自然之“物”，而是一种**规范状态**，并且，它只能通过一种将之归于自身的活动而获得这种状态。（如我们将看到的，费希特在他关于政治哲学和之后关于知识学的陈述中解释了这一点。）毫不夸张地说，除了它自身的许可、状态归因和做出承诺的活动之外，思维着的自我**什么都不是**。除了这种自身设定活动之外，自我再也没有进一步的根据。关于主体将资格归于自身及归于其他命题这一基础性规范活动，人们不能给出一个因果性的或其他非规范性的解释。（这就是为何费希特也将“我”等同于“理性”，因为作为“理性”，“我”收取自己创立这些规范状态；可以说，作为“康德二律背反”的这种基础性的规范性事实，如费希特所论证的，根本就不是一个“事实”，而是一种状态，它是由一种行动即“本原行动”所创立的。）

令费希特的读者感到意外但费希特自己却自豪地断言的是，这种主体当其行动时它才开始实存；在创立规范的行动之前，根本就没有什么“自我”，没有资格的主体，不能说为它的言论负责，不能在经验研究中“发现”或“遇到”。的确有很多装配有头脑的身体，但直到“我”将规范状态进行归因时，这些状态才存在。当然，如费希特明确看到的，这提出了新问题：归因这些状态的标准是否处于“我”的“设定”之外，或者说，“我”是否能够设定一切？费希特的回答是：除了这种设定的必然 115
性所首先需要的那种标准，不可能有适用于设定的终极标准，这是维持一种关于我们自己的规范概念所必需的。

经过了一系列相当紧密的论证，费希特得出了下述结论。一个人接受规范立场，就是让自己必然承担起否定的责任，即断言非 A 的责任。由于规范性涉及正确地或错误地做某事，因而必然存在着否定或肯定一个断言之正确性的可能性。（如费希特所说，这涉及“内在正确性”观念，这是对关于我设定自身的相关讨论的初级水平的抽象，并且必然“总是成问题的”[16]。）因此，对于一个主体、一个“我”来说，要想发出推理许可，就必须既能容纳“A”也能容纳“非 A”。否则，它将永远不可能做出任何特定的推理许可。否定，就像一般规范性那样，不是自然世界的一部分，而是主体创立某种规范状态的结果，并且，这种否定行动，就像第一原则“我 = 我”那样，“是一种全然可能的、不存在于任何条件下的、不以任何更高根据为基础的行动”[17]。由于“我”首先将一种规范状态归（“设定”）于自身——甚至可以说，归于它自身的只**是**一种规范状态——因而它必须能够容纳“非我”是存在的这种观念，而“非我”的规范状态不在于它是由“我”归因的。因而，费希特认为，这意味着“我的”自我授权行动必须被设想为受限的，而限制它的不是其自我授权的结果（否则，它就能授权任何东西，包括“我授权 X 同时又不授权 X”）。因此，我们有资格做的最基础性的推理是连接（conjunction）：“我凭借设定自身而存在，**并且**存在其规范状态不由我设定的东西。”

这显然是有矛盾的。费希特认为这一矛盾含义是：“所有规范状态都是由‘我’创立的，并且，‘我’必须（至少可能）创立了某种东西，而它并不具有‘我’所创立的那些规范状态。”这种明显的矛盾如何调解？费希特所谓的第三原则假设了一项“无限任务”，即直面理解如下问题的必要性：为何某些“设定”——也就是包括如下内容的复合体：有资格断言这个或那个、遵守某些规范、将权威或责任或资格归于其他人——是
116 必然的，而有些则不是。更直截了当地说，这是一项“无限任务”：分别挑选出真正必然的命题——这种命题也许可以作为智性直观之对象来掌握——和只是**看起来像**是必然的命题。费希特认为，做到这一点的唯一方法是借助他所称的“知识学”这一基础主义计划：最终，涉及必然真理的一切东西——甚至是数学和逻辑学——都应当表明，它们是从断言和否定所涉及的更为基础的原则中得出的，并且这部分应当明确地与非必然的

经验真理区分开[18]。此外，断言和否定的活动本身，必须是从如下必然性中得出的：一个具有自我意识的主体必然能够认为自己具有一种绝对的规范状态，这种规范状态是主体自己授予自己的——在这里，“绝对的”含义是，它只能自己将这种状态授予自己。

在1794年《知识学》的余下部分，费希特继续论证，这种自我意识活动（它规范地设定自身，并授权自身将这些设定归于自身）如何是“我”据以将自身建构为一个认知的、思维的自我的方式——它通过承担一系列辩护责任来建构自身，这些责任涉及的是一个人所做的各种断言[19]。特别是，他论证说，我们关于一个“既定的”世界的普通经验， 117
并不能摧毁先验观念论关于事物的图景。让我们举一个非费希特的例子来说明这个观点：例如，在普通感知中，我们看到一棵树，并且任何意志行为都不能改变如下事实，即这棵树将自身向我们呈现出来，并使我们产生出一个信念（“这里有棵树”）；所以看起来，我们什么都没做。实际上，世界似乎以经验素材的形式向我们贡献出一系列这种“障碍”（check）或“刺激”（Anstöße），这种素材的状态**不是**我们设定的。费希特指出，当我们将某物**当作素材接受**时，它能够作为一段“既定的”素材起作用，即它可以具有某种认知潜力：他相当简洁地说道，“没有自我的活动，没有障碍”[20]。费希特的观点是，任何东西，只要被说成是实存的——古希腊诸神、自然对象、感觉、君主国——就可以被视为一种“设定”，我们最终认为实存着的东西与如下问题有关，为了最大限度地理解在我们的意识中发现的“障碍”，哪类推理是必需的[21]。

然而，费希特很快就不再对知识学的这种呈现方式抱有幻想了，并几 118
乎马上开始修正它。特别是两类误解出现了。有些人认为他所说的是，“我”通过“设定”**创造**了经验世界；当然，他的语言和表达方式容易让人觉得这就是他所要说的。另一些人则认为他所主张的是，一个人能够从同一和否定的单纯概念中，“推论”出关于知识、行动和经验对象的所有先天概念。（1799年，康德发表了致费希特的公开信，就是指责他这一点，并抱怨说，费希特的《知识学》由此违犯了《纯粹理性批判》中所建立的一切基本原则；这深深地刺痛了费希特，因为在耶拿时他总是宣称，他的体系只不过是康德批判观念论的纯化和提炼。）为了避免这些误解，至 1797 年，费希特放弃了他早期展现其基本原则的方式，在新出版的系列介绍和新的第一章中，他回避了他早期关于断言和否定的讨论，而是聚焦于思维和行动主体如何是一种规范状态，而这种规范状态正是在主体设定自身及其他者的行动中建立起来的。他试图澄清，对“我”的日常用法不应当与先验的“我”相混淆。在其日常用法中，某人内省自身以看到其真实所想或所感，这一点是非常有意义的；然而，一个人是不能内省并发现自己处于这种原初设定活动——许可规范以及授权自己去执行这种许可——当中的，因为这种“设定”是意识本身的所有行为（包括作为自省的自我意识）的前提。意识的意向性——它的特征是“关于”某物，这包括它自身和自然世界中的对象——源于自我授权的自我引导（self-bootstrapping）行为，如果没有这种行为，就将不会有对内省的意识（或者内省行为本身）。（费希特自己所说的是“最初的意识”而非“最初的意向性”[22]。）通过这样直接聚焦自我意识，费希特试图让他的读者理解康德-费希特的基本观点：“先验自我”不是一个可以经验到的“事物”（item），而是一种使意识和自我意识的经验得以可能的规范状态，因而是不能在任何内省行为中被发现的。（这就是休谟错误的根源。休谟注
119 意到，无论他何时内省，他都只能发现“一束感觉”，而不能发现他能称之为“自我”的东西。）

在之后关于知识学的介绍中，费希特强调，他的主要观点是：“只有在我也意识到我自己是能意识的主体的条件下，每个对象才得到意识。这个元理论是不可争辩的。”[23] 他现在主张，这种自我意识是“返回自身的活动”（*in sich zurückgehende Tätigkeit*）的一个例子，是“直接意识”的一种形式，是一种智性直观行动[24]。由此，费希特所要证明的，不是我们直接地意识到了我们的内在心智状态，而是要证明，一种智性直观活动可以把握这种许可和自我授权的必然性。它是“直接的”（非推理的），因为任何进行推理的可能性，都要依赖于这种将自身建构为思维和活动主体的原初行动；成为这样一种“主体”的可能性本身，必须不受任何自然对象的限制，因为只有从我们的能力——能够假设这样一种规范状态——出发，我们才能意识到这些对象。因此，所有意识的前提是我们获得进行推理的**能力**，而进行推理的能力的前提是我们的自我授权，即我们自由地

与我们自身之间建立起一种关联，并且这种自身关联的必然性和本质只能在一种智性直观活动中被把握。

1796 年和 1797 年，费希特出版了两卷本的《以知识学为原则的自然法权基础》。在该书中，他详尽阐述和证明了他在“自我绝对地设定自身”这一主张中所要说的东西。他给出一个新说法：自我意识要求设定**其他**具有自我意识的实体[25]。世界的实存是独立于我们的意识活动的，而关于世界的经验本身却是自我意识的一个条件，因而是思维主体所要做的那种必然“设定”的一个条件[26]。然而，世界必须影响（*Einwirkung*） 120 并敦促（*Aufforderung*）主体，以使主体认识到，自己是一个能够在世界中造成某种效果（*Wirksamkeit*）的自由行动者。（在法律意义上，*Aufforderung* 也是指“挑衅”。）如费希特在《以知识学为原则的伦理学体系》（1798）中说，“自由是自动性（*Selbsttätigkeit*）的感性表象”[27]，换言之，自由是行动者通过按照规范承诺所要求的那些方式来行动而有效地回应这些承诺的能力。

不过，至关重要的是，费希特主张（尽管我们总是很难跟得上他关于这一主张的论证），这只有在其他自由行动者做出这种敦促时才会发生[28]。因而，认知与实践之间的关系，如费希特所描述的，是“循环的”，借此他所要说的是，我们的（经验的或相反的）规范承诺的本质导致了某种行为（在经验的情况中做出断言，在更明显是实践的情况中行动或改变世界），并且，将某个东西刻画为行为，这要求我们已经先天地理解，什么使我们能够将某个东西刻画为**那种**行为[29]。这种循环表现为：我们不能将某个承诺（例如一个信念）归于某个人，除非基于那种使它适于分配这种承诺的行为；但是，我们不能将某个东西理解为一种行为（例如一个断言），除非通过将先天的承诺（例如信念）归于行动者。因 121 此，对费希特所说的有效自由——既能形成规范承诺又能根据这些承诺做出恰当的行动的能力——的敦促，如费希特所解释的，“就是人们所说的教育”，也就是说，它是一种社会能动性，在这种能动性中，其他行动者“敦促”一个行动者去实现这种自由。因此，费希特主张，“一切个人都必须经教育而成为人，否则，他们就不能成为人（*Menschen*）”[30]。在《知识学》中，费希特写道：“人们将选择哪一种哲学，这就要看他是哪一种人……一个天性软弱的人……将永远达不到观念论的高度"[31]。尽管"我"是一个自我授权的实体，不过，它要成为这种实体，只能通过相互的（社会）承认和教育，而不能通过不知打哪冒出来的、不可思议的自我设定行动。然而，费希特认为，哲学对性格的依赖性，并不能破坏他自己的后康德观念论的"绝对"真理；它只与人们是否能够承认这种真理有关[32]。

因而，费希特认为，同其他理性的、具体的行动者的联系，绝不能被建构为一种因果联系，它本身是一种规范联系，是承认（*Anerkennung*）联系。（在这一点上，英语中的recognition一词是模糊不清的；在费希特及其之后受他影响的黑格尔的用法中，*Anerkennung*的含义应当是，将一种规范地位归于或授予某个人或某个东西，例如，当两个国家在外交上相互承认时，或者，当一个人因其服务被认可而被授予奖章时。）通过承认和教育，其他人类有机体授予某个人类有机体以规范地位，反过来，后者从自身出发，敦促他那"设定自身"的天然人类能力去承担和分配承诺，
122 并基于他的承诺而行动。根据费希特的说法可以推论说，一个人作为自由行动者的地位，不可能是一个**个体**自我授权（将这种自由归于自己）的问题，如他最初所说的，这是一个**社会**授权的问题。费希特这样表述他的原则："只有我把一个确定的理性存在者作为一个自由的行动者加以看待，我才能要求这个存在者承认我是一个自由行动者。"[33]（当然，费希特相当缜密的论证实际上是否支持这样一种主张，这是另外一个问题；但是，这一主张本身至少是相对清晰的。）在这一语境中，费希特谈论的是，每一个行动者"强迫"（*nötigen*）其他行动者做出这种承认，行动者相互"约束"以服从于这种承认，每一个行动者不能仅在私下里而只能通过公共行动授予这种承认，这些都强有力地支持了如下观点：自由对于行动者来说——或更一般地，对于能动性本身来说——是一种规范地位，它只能借助于某种相互认可来维持[34]。费希特明确说，对承认的这种相互期待，是自我意识本身的条件，它甚至是人的个体性概念本身的前提[35]。费希特是从规范承诺的相互归属的角度来解释相互承认的，这些承诺本身被视为共同"裁决"（*richten*）行动，在其中，我们一直是从那种我们认为我们每个人都应当遵守的规范承诺的角度出发来相互考量

的[36]。如果没有这种相互性，就根本不会有“自我”（selves）；那种最基础的意向性被证明不是一种个体的“我的”自我授权，而是类似于社会授权的东西；如果没有这种相互授权，就不会有任何一方的“我”去拒绝或接受这种授权[37]。因此规范性约束——它既是“我”设定的，又不是“我”设定的（这是1794年《知识学》的触发性问题）——的必然性，被重新表述为关于相互承认和认可、关于每一个行动者约束其他行动者之承诺内容的学说。费希特是以一种双向方式来考虑这些的，即认为两个行动者相互承认，以至于每一个行动者都能变成其他行动者的规范性“非我”，这种“非我”是用来限制和约束其他行动者所承担的规范性承诺的。

这种能动性概念和我们是必然具体的行动者的事实，产生出了一条基本的“权利”（*Recht*）原则，费希特将之表述为，“限制你的自由以使你周边的其他人也能是自由的”。进而，这一原则导致了一种“原始权利”（*Urrecht*）——费希特所用的这一术语可能会被误认为是“自然权利”观念（尽管他的书名是这样的），这反过来又赋予人们制裁其他人违犯“原始权利”（及从中得出的东西）的行为的资格。有趣的是，“原始权利”不是指财产权，而是自由的一种特定形式，它被表达为一种能力，即作为周边东西发生的“原因”，而不是其他人行动的“结果”[38]。因此，他主张，一个人可以由此得出某种基础性的财产权、制裁他人行为的权利（当他们违犯了你的权利时），等等。 123

因而，费希特认为，由上得出的是，国家应当被建构为这样一种公共机构，它体现了共同意志，因而处于一个恰当的位置，能够“裁决”所有公民并相应地对他们施以制裁。国家起到是一种“客观”视角作用，它是由公民的各种主观视角沉淀而成的，同时这些主观视角又得以保留。因此，费希特认为，问题在于，在国家中，谁将处于一个做出这些裁决的位置，因为允许作为共同意志的国家在它同某些个体公民的意志相冲突的案件中成为法官，这是违背最基本的正义原则的，即任何人不能审判自己的案件。因而，除了行政权和立法权，还必须有第三种公正的评价权，费希特将之称为民选监察官（*Ephorat*）[39]。国家的民选监察官应当观察国家和政府的各个部门的活动，以评判它们是否与基本的“权利”原则和

国家法律相一致；然而，他们不是普通司法意义上的法官，他们“必须
124 只关心促进共同目的，除此之外，绝不能有其他兴趣”[40]。由于他们实际上不能发布任何司法制裁，所以他们只拥有将他们发现的滥用“权利”的情况公之于众的权力，并且，在最极端的情况中，他们可以发布一项“国家禁令”（例如费希特所说的教会禁令），这实际上就是宣布官员已经偏离了基本权利的真正教义。在此时，“人民”（*das Volk*）必须被召集起来讨论问题，他们要做出选择，是忽视禁令（因此表明他们认为一切都是井然有序的）还是发动起义。费希特认为，这而且，只有这才能确保现代国家中按照权利建立起来的法律秩序。

费希特并未完全一贯地坚持这种激进的规范性立场。举一个例子就够了。他提到了女性权利问题，他说，围绕着它的种种争论，构成了“现在……迫切的需要”，因为有越来越多的人提出了这个问题，并且他们通过为赋予女性以完全的政治权利的必要性做论证而胜出了[41]。（特别是在当时，有一批杰出的女性知识分子生活在耶拿。）费希特赞同，不能简单地因为女性体力薄弱就拒绝她们拥有这些权利，认为她们在文化上不适于权利的论据很容易被如下显而易见的观察情况驳倒：即便对女性的这一指责是真实的，那也仅仅因为男性强力阻止女性获得更高的教育。费希特主张，尽管有种种相反的论据，但的确有充分的理由不这样做。他的推理是简洁果断的：女性是女儿（费希特所说的是处女），因而受她们父亲的支配；或者，她们是妻子，因而受她们丈夫的支配（如费希特所说，她们**只有**在作为合格的妻子时才拥有她们“自己的尊严”）。因此，赋予女性同等权利的论题是没必要讨论的。妻子顺从丈夫是一个必要的特征，因为妻子“顺从自己的丈夫是由于她持续的、必要的和她的道德的愿望使然”[42]。当然，这并不意味着妻子是没有权利的；她的丈夫在国家事务中代表她，他与她讨论他关于这些事务的决定，这是一项道德义务，因此，她实际上是通过他得以表现在国家层面上。此外，在这样一种安排中，“丈夫的柔情必然给了她一切补偿，而且给她补偿的比她失去的还多”[43]，
125 因此她也没有理由抱怨。至于那些通过努力成为作家和画家从而求取“名声”的女性，她们是“堕落的”[44]。所有这一切的基础是，“两者［男性和女性］的智力生来就有完全不同的特点”[45]。面对无父单身女性

（寡妇、离异妇女、从未结过婚的女性）这种显而易见的相反例子，费希特不得不注意到，这些女性必须有资格拥有平等的政治表达权，尽管他认为，选择使用这些权利的女性的人数总是很少的，因为只要是心智健全的女性，实际上都不会将自己置于这样一种处境；但是，他马上做出限制说，原则上，没有任何公共机构会对女性开放，因为女性能够在公共机构中服务的“唯一条件”是“绝不结婚的诺言”，“但是，没有任何一位女性会以合理的方式作出这种允诺”，因为“她们命中注定了就是要爱……而完全不以她们的自由意志为转移”[46]。因此，费希特认为，他已经一劳永逸地解决了关于女性权利的争论。

在青年时代，费希特曾因自己的才智而被重视——尽管他的父母放弃了他，以至于他没能接受教育——那些经历给他后来的生活留下了很深的烙印。在他自己的观念中，对他来说有价值的，就是对真理和敏锐思维的爱，这塑造了他争强好胜的性格，这对于 18 世纪 90 年代的年轻人来说是很有吸引力的。在 18 世纪德意志风俗的背景下，费希特使人耳目一新；对于他来说，做一名哲学教授不是要去讲授正统；它甚至不是一项工作——它是一项天职，是真正的召唤。费希特显然不是那种老式的奉承者，他也无意成为这种人；在费希特身上，没有矫揉造作，没有虚伪，只有坚定的诚实和专笃的意志。在当时刻板的社会环境中，费希特以一种专注的、有目共睹的激情投身于课程之中，这使得他的听众们深受感染。因此，费希特本人——特立独行的人、有魄力的演说家、有力量的思想家、法国大革命的著名拥护者——成为耶拿颇负盛名的教授。人们会踩着梯子登上他的讲堂的窗台（讲堂往往是座无虚席）聆听他关于哲学的演讲。他和莱因霍尔德之间的差别只是增强了这种吸引力：莱因霍尔德总是温和 126
的、有耐心的，像一位牧师，不过，他不能容忍被反驳；相反，费希特在招致反对意见时，他总是确信自己是唯一正确的，但他能够当面并且成功地反驳任何指向他的攻击。遗憾的是，费希特对于所有那些以书面形式公开反对他的思想的人，总是傲慢的、非难的，就像进行道德说教似的；他认为，只有怠惰或恶意才能解释那些人是如何偏离了他的观点，他的结论是，那些攻击他的观点的人，只是被卑贱的动机所激发的，例如爱慕虚荣、渴求地位或者就是单纯怨恨（而他认为自己不是被激发的，而是出于对真理的纯粹的爱）。

费希特的拒不妥协，他的责难语调，他的诚挚的道德主义和随时准备将最坏方面归于他的对手的意愿，的确使很多人不喜欢他，这也最终使他丢掉了教职（并使得他的思想备受误解）。这一切在 1798—1799 年达到了高潮，当时费希特被他的对手指控为“无神论”。在这场争论中，出现了无数相互对立的小册子和文件，甚至雅可比也加入了争论，发表了一封《致费希特的公开信》，在信中，他指责说（这也是他的一贯立场），所有这样的理性主义和对最终证据的要求，只能导致无神论和虚无主义。无神论指控显然是捏造的，其目的就是要打倒费希特；不过，费希特不仅仅是傲慢地置之不理；在为自己辩护时，他设法疏远了几乎所有与大学有关的有权势的人，甚至告知相关的公爵政府官员，对他的任何形式的责难都将必然迫使他辞职。歌德——他不得不关心费希特所谓的无神论——已经受够了费希特的固执，并拒绝为他辩护；不巧的是，公爵将他说的话当真了，对他提出了温和的指责，之后马上接受了他的辞呈。由此，费希特在耶拿的短暂而耀眼的职业生涯突然就结束了。费希特——他要求世界以他自己的方式来理解他——突然发现，他的世界已经铁了心地不接纳他。

此后，费希特移居柏林，在那里，他以出版著述为生，并开设关于知识学的私人课程（其中包括富商），直到他被推选为 1809 年新建立的柏
127 林大学的第一位哲学教授；1811 年，他成为校长，他很快就开始疏离几乎全体教员，而当教员们拒绝在一次纪律事件上支持他之后，他愤而辞职。（如果考虑当时的情况，人们应当站在费希特的一边：一个犹太人学生被其他非犹太人学生攻击了，那些非犹太人学生希望把那个犹太人学生惹到决斗，这样他们就可以杀死他；费希特坚持严厉地惩罚攻击者，不料，那些有影响力的大学教员们认为此次事件只不过是“小孩子不懂事”而不必处理。）

当费希特进行新版修订时，《知识学》中的根本张力开始出现了。由于对他所认为的他被误解的方式仍然耿耿于怀，他从未以精致的形式出版这些新版本（尽管有几次中途流产的出版计划）。毫无疑问，在回应因“无神论之争”（当费希特还在耶拿经受折磨时，人们就以此来称呼这场争论）而使他丢掉教职这件事的伤痛时，费希特也开始越来越对如何将

宗教哲学纳入他的框架感兴趣，并且，当他开始在他的私人写作和课程中修订《知识学》时，内在于康德观点中的张力（这些张力也出现在莱因霍尔德对康德观点的改编中，出现在费希特自己的观点中），与之前的康德–斯宾诺莎之争一起，在那些未出版的著作中再度出现。我们描绘我们自己和世界的那些不同模式——既是自由的，又是自然主义意义上被决定的——实际上是相互兼容的吗？还是说，它们就是一个奠基性的实在的不同的、互不相容的方面，或者是对一个实在的不同描述？“康德悖论”是否可以通过如下主张来解决，即悖论的每一个方面都只是某种更深层的奠基性统一的一种表现？

此外，还有一个相关且十分重要的问题，即规范性的东西是否具有一种非规范的基础，这是费希特自己首先引入争论当中的。是否如莱因霍尔德所认为的那样，康德所强调的各种规范有一个“事实性的”、实证的基础？早期的知识学由于无法摆脱“康德悖论”，所以对这一问题采取了一种彻底的、全然规范性的立场，这实际上是主张，规范性与事实性（非规范性）之间的差异本身，就是一个关于我们应当如何对待事物的规范性问题。尽管费希特从未完全放弃这种观念，但他还是开始重新思考它。费希特后来的知识学变得日益复杂，特别是在他试图将他自己的宗教思想整合进他的框架中时，知识学甚至出现了内向化趋势。有些事情发生了根本性的变化：在他 1801 年的《就最新哲学的真正本质向广大读者所作的明如白昼的报道》中，他依然着力宣称“知识学”就是**科学**：“虽然它不 128
像以前的某种哲学做的那样，能证明人们的智慧、善良和虔诚；但它知道自己不能这么做，并且不希望自己做自己所不知道的事情。”[47] 然而，在 1810 年于柏林出版的《知识学纲要》中，他得出了一个相当不同的论断：因此“知识学就结束于……智慧学……献身于现实的生命，但这种生命不是盲目的、不理智的冲动在虚无中表现出来的生命，而是应当在我们当中清楚明白的神圣生命”[48]。

在更晚版本的知识学中，费希特也放弃了他早期的语言，并开始试验将我们关于世界理解视为世界的终极实在性的一种“图景”或“图像”（*Bild*）的观念，以及，这种“图像化”如何能够描绘世界本身，以使我们在我们的图像化活动中能够看到这种图像化本身的形式所涉及的必然性[49]。在这一新版本中，观看、视界、不能看到观看本身的观看等这些词汇逐渐占据主导[50]。特别是，费希特越来越关注人类的认识和意志能力（*Vermögen*）观念，关注它如何认为，尽管这种能力依然是从规范性角度来理解的，但它本身还需要从不同于人类“设定”的其他角度来解释。费希特问自己：为何人类有机体最终**必须**采取规范性态度？因为如果这样做的必然性是基于对某种事实性的、既定的欲望的满足，那么它是“全然规范性的”这种观念就崩塌了。如费希特所解释的，为了回答这一问题，我们必须最终掌握如下这点：“这里所述的‘必须’，是包含在这样一种意图中的，即‘应当’会对它变为可见的；因此人们可称它为‘应当’的‘应当’，即它的可见性的‘应当’；因此，这种‘应当’包含在它那种来自上帝的存在原初对能力所作的规定之中。”[51]这种“神圣根
129 据”在经验上向我们表现为“力量”（*Kraft*），它先是引发了我们的冲动，而后又引发了规范性的“应当”，并“成为其更高的、起规定作用的原则”[52]。反过来，我们对这种“应当”的接受，赋予我们一项“无限任务”，即实现我们的应当所是，这反过来指向了作为终极实在的意志，它是“理智活动和直观（或实在）密切渗透的点”[53]。

最后，在世界的这种“图像化”以及世界本身中，“我”逐渐认识到，它只是在它的活动中“看到了”上帝本身的显现[54]。在图像化本身中，自我（the self）也在将上帝描绘为它自己存在的基础。当然，这提出了一系列问题，而由于他在 1814 年突然去世，费希特未能来得及处理这些问题。1814 年，费希特因伤寒感染去世，此时他正在反抗拿破仑的战争中担任德意志军队的牧师。（他的妻子是一位护士并且也罹患伤寒，但活了下来。）在他的早期著作中，费希特追随康德，认为上帝与世界的“道德秩序”是同一的。而他后期关于宗教的著作明显走向了另一个方向。费希特的学说是否就是一种结合了康德先验主义的斯宾诺莎主义？它是否试图在某种程度上将康德的自发性和前康德的形而上学统一起来？或者说，这是否是一种指向神性的形而上学“事实”的方式，它将为我们的规范性承诺奠基并通过将普通理由置于被启示出的上帝的手中来解决“康德悖论”？也就是说，费希特是否提议，康德所说的“既非自然，亦非自由，但却与自由的根据……相联的东西”[55]，实际上就是在我们自己

的活动中被“图像化”的基督教上帝？仅依凭理性打造一个新世界以取代“独断论”的前现代世界的最初理念，似乎因如下担忧而逐渐动摇： 130
只有理性是不够的，现代性的前提，如康德的自发性和自律观念所表达的那样，正在遭受着这样一种焦虑，即理性是否确实一直在从事它为自己设定的以及现代公众为它设定的任务。

注释：

［1］文章的全称是《埃奈西德穆，或论耶拿的莱因霍尔德教授所提供的要素哲学的基础。并捍卫针对理性批判之专横性的怀疑论》，参见 Gottlob Ernst Schulze，*Aenesidemus*，*oder*，*Über die Fundamente der von dem Herrn Professor Reinhold in Jena gelieferten Elementar-Philosophie*：*nebst einer Verteidigung des Skeptizismus gegen die Anmaßungen der Vernunftkritik*（ed. Manfred Frank）（Hamburg：Felix Meiner，1996）。

［2］J. G. Fichte，“Review of *Aenesidemus*，” in Daniel Breazeale（ed. and trans.），*Fichte*：*Early Philosophical Writings*（Ithaca，N. Y.：Cornell University Press，1988），p. 71. ［费希特：《评〈埃奈西德穆〉》，梁志学译，《费希特文集》（第 1 卷），梁志学编译，北京：商务印书馆，2014 年，428 页。——译者注］

［3］关于费希特在耶拿的发展，丹尼尔·布雷蔡勒做出了富有洞见的概述，参见 Daniel Breazeale，“Fichte in Jena，” in Breazeale（ed. and trans.），*Fichte*：*Early Philosophical Writings*。

［4］关于这种以一个区分中的某一个术语来定义区分本身的观念，罗伯特·布兰顿提出类似观念，参见 Robert Brandom，*Tales of the Mighty Dead*：*Historical Essays in the Metaphysics of Intentionality*（Cambridge，Mass.：Harvard University Press，forthcoming 2002）。

［5］这不是费希特的原话，而是由他的一位学生重述的。引自 Breazeale（ed. and trans.），*Fichte*：*Early Philosophical Writings*，“Fichte in Jena，” p. 13。

［6］实际上，费希特第一次运用“智性直观”这一术语并不是在《知识学》中，这种基本理念已经包含在相当早的表述当中，并且在《评

〈埃奈西德穆〉》中被清晰地提及了。关于费希特对“智性直观”这一术语的使用和发展，参见 Jürgen Stolzenberg，*Fichtes Begriff der intellektuellen Anschauung：die Entwicklung in den Wissenschaftslehren von 1793/94 bis 1801/02*（Stuttgart：Klett-Cotta，1986）。史陶森贝格呈现出了费希特概念中的建构主义要素。

［7］在《判断力批判》中，康德将这种智性直观思想当作对自然和自由之“超感性基底”的直接意识，尽管他明确表明，在他的体系中，这种智性直观对于人类认识者来说是不可能的。参见 Kant，*Critique of Judgment*，§77。“但由于至少有可能把物质世界当作单纯的现象来考察，而把作为自在之物本身的（不是现象的）某物当作基底来思维，但却为这个基底配以相应的智性直观（即使它不是我们的直观）；那么就会有一种尽管我们无法认识的超感性的实在根据为我们本身也同属于其中的自然界产生出来”（p. 293）［康德：《判断力批判》§77，《使自然目的概念对我们成为可能的那种人类知性特点》，262 页。——译者注］费希特的观点与康德是有区别的，因为他认为智性直观指向的是一种行动——*Tathandlung*，并认为，关于某物之“存在”（我们也许可以称为“实存”）的主张只能通过感性直观来辩护。智性直观只是用来为如下论断辩护，即“纯粹自我”作为自己设定自己的活动而实存：“所有的存在对知识学来说都必然是感性的存在，因为知识学是从感性形式才推演出整个概念的……知识学所谈的智性直观，完全不涉及存在，而是涉及行动，而在康德那里，这种智性直观完全没有用名称表示出来（除非是用‘纯粹统觉’这个术语，如果我们愿意这么做的话）。”J. G. Fichte，“Second Introduction to the *Wissenschaftslehre*，” in J. G. Fichte，*Introductions to the Wissenschaftslehre and Other Writings*（ed. and trans. Daniel Breazeale）（Indianapolis：Hackett Publishing Company，1994），p. 56.［费希特：《知识学新说》，沈真译，《费希特文集》（第 2 卷），696 页。——译者注］

［8］J. G. Fichte，*A Crystal Clear Report to the General Public Concerning the Actual Essence of the Newest Philosophy：An Attempt to Force the Reader to Understand*（trans. John Botterman and William Rasch），in Ernst Behler（ed.），*Philosophy of German Idealism*（New York：Continuum，1987）， pp. 70，73，80. ［费希特：《就最新哲学的真正本质向广大读者所作的明如白昼的报道》，梁志学、杨虹译，《费希特文集》（第 4 卷），179、184、192 页。——译者注］

［9］在费希特研究中，认为我们通过“智性直观”活动掌握自在之物的想法并非没有反对意见。更为传统的见解认为费希特根本上否认了自在之物的存在。关于此见解的精致阐述，见 Wayne M. Martin，*Idealism and Objectivity*：*Understanding Fichte's Jena Project*（Stanford University Press，1997）。马丁论证说：“知识学最好被解释为放弃了关于自在之物之存在的主张（无论是肯定的还是否定的）。这些主张超出了知识学的理论关切自身所设定的限制。”（p. 75）而我所提供的见解显然是主张相反观点。马丁的观点似乎是将悬搁“自然态度”这种更具胡塞尔意味的观念强加给费希特，我认为这严重忽视了费希特理论中的柏拉图主义方面。

［10］至少到 1794 年，费希特已经将这一点阐述得相当清晰了：“但人们绝不能要求绝对正确。知识学所描绘的人类精神体系是绝对确实的和正确的；凡在这体系中得到论证的东西，都是绝对真实的；……如果人们发生了错误，那么这错误并非由于必然东西，而是反思的判断力在其自由活动中造成的，因为它把一个规律同另一个规律混淆了。”J. G. Fichte，“Concerning the Concept of the *Wissenschaftslehre*，” in *Fichte*：*Early Philosophical Writings*，p. 130. ［费希特：《论知识学或所谓哲学的概念》，沈真译，《费希特文集》（第 1 卷），484 页。——译者注］费希特并非总是明确坚持这一点；他也再三主张，智性直观中所理解的真理也是**确然的**；据此，他似乎认为，如果真理被正确地理解了，那么它们就是不可被合理质疑的，因为正是它们的必然性排除了怀疑。这和他的可错论之间的张力是明显的，但对于他的观点来说并不致命。

［11］“这不是‘意识的事实’的领域，它不是经验领域的一部分”，见“［First］Introduction to the *Wissenschaftslehre*，” in Fichte，*Introductions to the Wissenschaftslehre and Other Writings*（ed. and trans. Daniel Breazeale），p. 33。

［12］设定（positing，*Setzen*）是费希特从 18 世纪逻辑学著作中借用来的术语；大体上，它可以被描述为将“that”加到一个命题上。因此就是，有“P”（名词和从句）或有“被断言的 P”。在英语中，这一术语还

有其他含义，例如“假设”或“以供讨论”。

［13］我曾从授权与承担的角度部分地展开过这种理解规范性的方式，参见 Terry Pinkard，*Hegel's Phenomenology*：*The Sociality of Reason*（Cambridge University Press，1994）。不过，罗伯特·布兰顿对这一主题做了最著名也是最好的处理，他的那部重要而有影响力的著作见 *Making It Explicit*：*Reasoning*，*Representing*，*and Discursive Commitment*。在这一章中，我改编了布兰顿关于承担、授权和创立的表述，用以理解费希特的观念论主张。关于布兰顿已经用这些术语来阐明观念论的主题，见 Robert Brandom，“Negotiation and Administration：Hegel's Account of the Structure and Administration of Norms，” *European Journal of Philosophy*，7（2）（August 1999），164－189。

［14］费希特的“本原行动”（*Tathandlung*）观念，也可以从马克·兰斯和乔治·奥利瑞-霍桑关于规范判断的讨论来解释，见 Mark Lance & John O'Leary-Hawthorne，*The Grammar of Meaning*：*Normativity and Semantic Discourse*（Cambridge University Press，1997）。在他们看来，规范判断的语义，是命令判断的语义和陈述判断的语义之间的“中道”。像陈述判断那样，规范判断提出了为所断言内容做辩护的责任；像命令判断那样，规范判断提出了行动的权利。传统的规定主义者（prescriptivists）错误地将规范视为命令，并因此使其免于合理批判；传统的客观主义者（兰斯和奥利瑞-霍桑将之称为“先验主义者”，这是有误导性的）则是将规范视为陈述（因而是描述性的），它具有许可行动这一特殊属性（这使得规范陷入了僵局，并最终促生了关于规范的“差错”理论，这种理论认为规范是以非存在的、形而上学意义上的“奇特的”实体为基础的）。费希特的“本原行动”这一多彩的隐喻，完美地表达了“中道的语义”。

［15］J. G. Fichte，*The Science of Knowledge*（ed. and trans. Peter Heath and John Lachs）（Cambridge University Press，1982），p. 93；*Sämtliche Werke*（ed. Immanuel Hermann Fichte）（Berlin：Walter de Gruyter，1971），I，p. 91（以下简写为 *SW*）.［费希特：《全部知识学的基础》，王玖兴译，《费希特文集》（第 1 卷），500 页。——译者注］

［16］Fichte，*The Science of Knowledge*，p. 102；*SW*，p. 102.［费希

特：《全部知识学的基础》，王玖兴译，《费希特文集》（第 1 卷），511 页。——译者注］

［17］Fichte，*The Science of Knowledge*，p. 103；*SW*，p. 102. ［费希特：《全部知识学的基础》，王玖兴译，《费希特文集》（第 1 卷），512 页。——译者注］

［18］汤姆·洛克莫尔反对将费希特的整个计划描述为“基础主义”，他认为，即便不就字面而是就其精神而言，费希特应当被视为反基础主义者。洛克莫尔在他的许多著作中都表达过这一观点，其中，关于他对他的观点做了很好的总结和辩护的文章，见“Fichte’s Anti-Foundationalism，Intellectual Intuition，and Who One Is，” in Tom Rockmore and Daniel Breazeale. eds.，*New Perspectives on Fichte*，New Jersey：Humanities Press，1996，pp. 79－94。洛克莫尔提出这一主张是基于如下几点理由。首先，“在费希特自己的论证中，在《知识学》的开篇处，我根本就没有看到如下观点：如果一个原则是第一原则，那么它就是不能从其他原则中推导出来的，而且也不能被表明是真的”（p. 81）。我认为，这是在回避问题，因为在洛克莫尔引自费希特的用来支持其主张的段落中，并不包含“而且也不能被表明是真的”这一主张。（费希特的原话是：“我们必须找出人类一切知识的绝对第一的、全然无条件的原理。如果它真是绝对第一的原理，它就是不可证明的，或者说是不可规定的”。见 Fichte，*The Science of Knowledge*，p. 93；*SW*，p. 91。［费希特：《全部知识学的基础》，王玖兴译，《费希特文集》（第 1 卷），500 页。——译者注］显而易见，这里所讨论的问题是，是否有这样一种东西，我们**无需**将之从别的东西中推导出来就能证明它是真的。）其次，他认为，正是费希特对思维主体的“界限”（它受到不由它设定的其他要素的限制）的强调，使得费希特的理论是反基础主义的；但是，与其说这指向的是一种强烈的反基础主义承诺，不如说是指向了费希特自己思想中的一个张力。最后，他认为，“智性直观”这一术语第一次出现是在费希特的“第二阶段”（在此阶段，他承认了“反基础主义”方向上的观点）中，之后，他试图表明，这一点是如何与费希特早期的反基础主义（他说，在此时这一术语并未出现）相匹配的。然而，在《评〈埃奈西德穆〉》中，费希特明确谈到了这种“智性

直观”：“如果智性直观中的自我之所以**存在**，是**因为**它存在着，并且**如实存在着**，那么，它在这个限度内就是**自己设定自己的**和完全独立不依的”。见 Fichte，“Review of *Aenesidemus*，” in Daniel Breazeale（ed. and trans.），*Fichte*：*Early Philosophical Writings*，p. 75。［费希特：《评〈埃奈西德穆〉》，梁志学译，《费希特文集》（第 1 卷），434 页。——译者注］

［19］迪特·亨利希对费希特自我意识理论所做的解读，是最有影响力的解读之一，参见“*Fichtes Ursprüngliche Einsicht*，” in Dieter Henrich and Hans Wagner（eds.），*Subjektivität und Metaphysik*：*Festschrift für Wolfgang Cramer*（Frankfurt am Main：Klostermann，1966）。亨利希认为，费希特看到，所有关于自我意识理论的二元论观点——它们将自我看成是对自我作为意识之对象的意识——都注定是要失败的，因为它们或是在回避问题实质，或是导致了无限后退。众所周知，亨利希的结论是，尽管费希特未能由此得出正确的结论，即我们必须以直接的、非命题的方式知悉（*Vertrautheit*）我们自己，这种知悉否认任何“主体/客体”模式。自我意识是“规范性设定”，这种观念避免了这些困难。无论如何，即使我们的确在某种意义上知悉我们自己，但这种知悉没必要是强意义上“无中介的”（immediate）。我们能够直接地（directly）意识到某物（如在感知中），并且这种直接的（direct）意识在如下意义上是直接的（非推理的）：当我们进行这种意识时，我们并未做推理。（我能将一棵树视为树，而无需就它做任何推理。）然而，如果不是已经完全掌控其他推理能力，我们是不可能有那些直接意识的。因此，实际上，一种“无中介的”（immediate）意识预设了一系列（中介了的）能力。我认为这至少是威尔弗里德·塞拉斯所做的论证的基本要点，参见 Wilfrid Sellars，*Science*，*Perception and Reality*，London：Routledge and Kegan Paul，1963；*Science and Metaphysics*，London：Routledge and Kegan Paul，1968。罗伯特·皮平提出了类似的观点，参见：*Hegel's Idealism*：*The Satisfactions of Self-Consciousness*，Cambridge University Press，1989，ch. 3。

［20］Fichte，*The Science of Knowledge*，p. 191；*SW*，p. 212.［费希特：《全部知识学的基础》，王玖兴译，《费希特文集》（第 1 卷），625 页。——译者注］

［21］君特·策勒在试图澄清和捍卫费希特的这一观点时，展现出了费希特思想中的某种矛盾性：费希特说，“我”“发现”自己是被抑制的，它对“非我”的设定是对它的有限性的“反思”。当然，这是部分正确的，但是，这严重低估了授权和许可的无条件的绝对本性，“抑制”的方式必须不是单纯“被发现的”，而是由“我”自发**设定**的。“设定”“我”也要回应的“非我”和“我”只服从于那些可以被视为我所创立的法则这一要求之间的张力，对于理解费希特解决“康德悖论”的努力来说是本质性的。参见 Günther Zöller，*Fichte's Transcendental Philosophy*：*The Original Duplicity of Intelligence and Will*（Cambridge University Press，1998）。

［22］J. G. Fichte，*An Attempt at a New Presentation of the Wissenschaftslehre*（1797/98），in Fichte，*Introductions to the Wissenschaftslehre and Other Writings*，p. 112；*SW*，p. 526.［费希特：《知识学新说》，沈真译，《费希特文集》（第2卷），749页。——译者注］

［23］J. G. Fichte，*An Attempt at a New Presentation of the Wissenschaftslehre*（1797/ 98），in Fichte，*Introductions to the Wissenschaftslehre and Other Writings*，p. 112；*SW*，pp. 526-527.［同上书，750页。——译者注］

［24］J. G. Fichte，*An Attempt at a New Presentation of the Wissenschaftslehre*（1797/98），in Fichte，*Introductions to the Wissenschaftslehre and Other Writings*，p. 113；*SW*，p. 528.［同上书，751页。——译者注］

［25］费希特明确主张：“如果一个理性存在者不设定它自己为一个个体，不设定它自己为许多理性存在者中的一员……它就不能把自己设定为这样一个具有自我意识的理性存在者。”J. G. Fichte，*Grundlage des Naturrechts nach Prinzipien der Wissenschaftslehre*（*1796*），p. 8；*SW*，III.［费希特：《以知识学为原则的自然法权基础》，谢地坤、程志民译，梁志学校，《费希特文集》（第2卷），262页。——译者注］

［26］以下三段引文能够清晰表明，费希特**并未**主张世界的实存是由我们创造的。例如，费希特用他那高度抽象的术语说道：“借助于这样一种能动性，这里所要求的自我意识就成为可能的。这种能动性是这样一种东西，这种东西在理性存在者本身中有其最终根据，并且作为这样的东西，能借助另一个可能的对立的东西设定起来，而这另一个东西在理性存

在者中并没有自己的根据。”他还说：“世界独立于我们而实存……这种确信被证明为自我意识的条件。……任何理性存在者在原初都是这样做的，毫无疑问，哲学家也是这样做的。”最后，他主张：“世界的实在性——它对我们，也是对一切有限的理性，都是不言而喻的——是自我意识的条件，因为不设定某种在我们之外的东西，我们就不能设定我们自己，我们必须认为这种东西具有我们认为我们自身具有的那种实在性。” J. G. Fichte，*Grundlage des Naturrechts nach Prinzipien der Wissenschaftslehre*（*1796*），pp. 20，24，40.［费希特：《以知识学为原则的自然法权基础》，谢地坤、程志民译，梁志学校，《费希特文集》（第 2 卷），274、279－280、295－296 页。——译者注］当然，这实际上是否就是他想说的，完全还可以再讨论；但是，在关于他认为他应当做的事情的问题上，这的确理清了他的意图。

［27］J. G. Fichte，*Das System der Sittenlehre nach den Prinzipien der Wissenschaftslehre*，*SW*，IV，p. 9.［费希特：《以知识学为原则的伦理学体系》，梁存秀、李理译，《费希特文集》（第 3 卷），12 页。——译者注］

［28］在知识学中，费希特试图解决“康德悖论”，这一点延续到了他的实践哲学当中，这并不奇怪。维奥莱塔 · L. 魏贝尔阐明了费希特实践哲学对于理解其理论哲学的重要性（以及对于理解之后的观念论者接受费希特的方式的重要性），参见 Violetta L. Waibel，*Hölderlin und Fichte*：*1794－1800*（Paderborn：Ferdinand Schönigh，2000）。这也是马丁所主张的，参见 *Idealism and Objectivity*。

［29］如费希特所说：“什么叫**自由的存在**呢？很明显，这就是能够实现我关于他的行动所把握的概念。” J. G. Fichte，*Grundlage des Naturrechts nach Prinzipien der Wissenschaftslehre*（*1796*），*SW*，III，p. 51.［费希特：《以知识学为原则的自然法权基础》，谢地坤、程志民译，梁志学校，《费希特文集》（第 2 卷），307 页。——译者注］

［30］Ibid.，p. 39.［同上书，295 页。——译者注］这里“教育”的德文原词是“*Erziehung*”。

［31］J. G. Fichte，“［First］Introduction to the Wissenschaftslehre，” in Fichte，*Introductions to the Wissenschaftslehre and Other Writings*（ed. and trans. Daniel Breazeale)，p. 20；*SW*，p. 434. [费希特：《知识学新说》，沈真译，《费希特文集》（第 2 卷），661 页。——译者注]

[32] 许多人试图将这一点看作费希特的准存在主义的例证。这种观点的最杰出代表是汤姆·洛克莫尔和君特·策勒。我认为这种观点是错误的。费希特从未认为，一种哲学立场的**真理**，是一个人性格的结果，而只是认为，对哲学的**选择**依赖于一个人的性格，如引文所表明的，“坏的”（或“软弱的”）性格会做出坏的选择，而不仅仅是不同的选择。分别参见汤姆·洛克莫尔和君特·策勒的作品，Tom Rockmore，“Fichte's Anti-Foundationalism，Intellectual Intuition，and Who One Is”；Zöller，*Fichte's Transcendental Philosophy：The Original Duplicity of Intelligence and Will*。洛克莫尔和策勒都强调费希特关于主体性的观点中的“有限”要素，并认为费希特关于“我”的主体间基础的论证，是对其思想中的这种准存在主义的论证。不过，费希特对成为某种人的坚持，对听他讲座或受其作品影响的那群人来说似乎的确是决定性的，这尤其明显地表现在早期浪漫派思想家中，如诺瓦利斯、施莱尔马赫和谢林。

[33] Fichte，*Grundlage des Naturrechts nach Prinzipien der Wissenschaftslehre (1796)*，*SW*，III，p. 44；费希特：《以知识学为原则的自然法权基础》，谢地坤、程志民译，梁志学校，《费希特文集》（第 2 卷），300 页。——译者注]

[34] 例如，可参见 Ibid.，pp. 45，47. [同上书，301-302 页。——译者注]

[35] Ibid.，p. 46. [同上书，301-302 页。——译者注]

[36] Ibid.，p. 50. [同上书，306 页。——译者注]

[37] 费希特相当明确地得出了他关于这一问题的结论：“因此，那种**原初的**关系已经是一种相互作用。但是，在有那种影响以前，**我根本不是自我**；那时，我没有把我设定起来，因为这种设定我自己的活动恰恰受那种影响的制约，而且只有通过那种影响才是可能的。” Ibid.，p. 74. [同上书，332 页。——译者注]

[38] 这一点，以一种典型的费希特方式表达出来了：“因此，原始权利是人在感性世界中只作为**原因**（而绝不作为结果）拥有的绝对权

利。”他还谈道：“他的躯体和感性世界之间有一种持续的相互作用，而感性世界仅仅是由他自由确立的概念规定的，也只能由这个概念加以规定。”Ibid.，pp. 113，118. ［同上书，371、377页。——译者注］

［39］费希特之所以选择*Ephorat*这一术语，是因为：（1）它是古代斯巴达每年选出的五个最高官员的头衔；（2）在德意志，这一头衔被授予各个新教神学院的首脑；（3）在德意志的改革后的教会中，这指的是执事——换言之，这指的是共同体中拥有最高道德和智慧的人。

［40］Fichte，*Grundlage des Naturrechts nach Prinzipien der Wissenschaftslehre*（*1796*），p. 166.

［41］Ibid.，p. 343. ［费希特：《以知识学为原则的自然法权基础》，谢地坤、程志民译，梁志学校，《费希特文集》（第2卷），598页。——译者注］

［42］Ibid.，p. 345. ［同上书，599页。——译者注］

［43］Ibid. ［同上书，600页。——译者注］

［44］Ibid.，p. 347. ［同上书，601页。——译者注］

［45］Ibid.，p. 351. ［同上书，606页。——译者注］

［46］这些离奇的段落，Ibid.，§§35–37，pp. 348–350。［同上书，603–604页。——译者注］

［47］Fichte，*A Crystal Clear Report to the General Public Concerning the Actual Essence of the Newest Philosophy*，p. 97. ［费希特：《就最新哲学的真正本质向广大读者所作的明如白昼的报道》，梁志学、杨虹译，《费希特文集》（第4卷），215页。——译者注］

［48］J. G. Fichte，*Die Wissenschaftslehre in ihrem allgemeinen Umrisse*，*SW*，II，§14，pp. 708–709. ［费希特：《知识学纲要》，李文堂译，《费希特文集》（第5卷），509–510页。——译者注］

［49］与耶拿时期关于知识学的大量工作相比，费希特晚期的著作很少被研究（甚至几乎就没有什么研究）。这一时期他的写作是相当密集的。例如，他在1813年的知识学讲座中说：“在概念与直观的这种绝对同一——绝对的概念是图像的概念，绝对的直观是图像的存在——中，包含着绝对知性（*Verstandes*）本身的最深刻的本质，它不是存在起来的（not come to be），而是以典型的方式实存着，作为显像即作为上帝实存着。”*SW*，X，p. 44.

［50］晚期版本的《知识学》在费希特耶拿时期的最后版本的《知识学》中已经有所预示，其副标题是“新方法”（nova methodo），参见 J. G. Fichte，*Foundations of Transcendental Philosophy*：*Wissenschaftslehre nova methodo*（1796/99）（ed. and trans. Daniel Breazeale）（Ithaca，N. Y.：Cornell University Press，1992）。

［51］Fichte，*Die Wissenschaftslehre in ihrem allgemeinen Umrisse*，*SW*，II，§8，p. 700. ［费希特：《知识学纲要》，李文堂译，《费希特文集》（第5卷），500页。——译者注］

［52］Ibid.，§13，p. 706. ［同上书，508页。——译者注］

［53］Ibid.，§13，p. 708. ［同上书，509页。——译者注］

［54］关于费希特1813年最后一次知识学讲座（这次讲座因不久后的拿破仑战争而中断）的系统性辩护，参见 C. Jeffery Kinlaw，“The Being of Appearance：Absolute，Image，and the Trinitarian Structure of the 1813 *Wissenschaftslehre*，” in Tom Rockmore and Daniel Breazeale（eds.），*New Perspectives on Fichte*，pp. 127－142。不过，在我看来，金劳的辩护并未解决“事实”与“规范”的矛盾问题。金劳注意到，“绝对的自我设定导致如下观点，即在一个人的绝对性中，他有其神学上的基础”（p. 138）。但问题是，“神学上的基础”的本质是什么？它是一个形而上学事实还是本身就是一条规范？部分传统神学可能会回答说，它二者兼备——对上帝的理解，就像柏拉图对善的理解那样，足以激发一个人，因为这个人在注视这个景象时就会爱上它。然而，如康德相当明确地说过那样，这种景象之喻所给出的，只是一种假言命令，而从来不是绝对命令。

［55］参见 *Critique of Judgment*，§59。［《判断力批判》，§59：“美作为德性的象征”，201页。——译者注］

第六章　费希特之后的18世纪90年代：浪漫派对康德的接受（一）：荷尔德林、诺瓦利斯、施莱尔马赫、施莱格尔

131 自我意识问题和后康德浪漫主义

在许多关于浪漫主义的老生常谈中，都没有对它的定义，因为作为一场反叛运动，无论人们对它提出何种定义，它总是会马上起来予以反对，并因此永远使人无法确定它并为之编目。然而，就像所有的老生常谈那样，它恰恰也是老生常谈，因为它充分体现了它的主题的核心真理；并且，尽管它意味着所有关于浪漫主义的一般化都应当包含相当多的限制性条款以至于一般化难以实施，但它并未放弃在运动中找寻某些具有一般性的家族相似。

浪漫主义——这一术语甚至都是在耶拿新造的，最有可能的是弗里德里希·施莱格尔——实际上开始于18世纪晚期的德意志，它最初是在一群青年男女中传播和发展的，他们之间相互熟悉，并且至少有一段时间是比邻而居的（在耶拿或柏林）。之后，它传播到英国、法国和欧洲其他地区（尽管——又有例外需要注意——华兹华斯是德意志浪漫派的同时代人，而非其继承者）。最著名也是经常被重复的关于浪漫主义特征的描述，是黑格尔做出的，在耶拿时，他和浪漫派的那些人私交不错，但他在拒绝他们的方法的同时，又将浪漫主义的很多内容融合进自己的体系当中。根据黑格尔的描述，早期浪漫派那些人将心灵是“美的灵魂”而具有纯粹性这一欧洲和基督教的传统观念，彻底化为对一个人自己的主体性和情感的聚焦，这种聚焦是具有自我破坏性的，因此，他们最终或是成为不能行动的心理不全者，因为他们如果行动的话，那将会丑化他们那无瑕

的灵魂统一体，或是成为不能承诺任何事情的虚伪讽刺家，他们唯一能做的就是自鸣得意地断言自己具有道德和审美上的优越性。与黑格尔所做的 132 相当消极的特征描述一致的，是如下这种传统指责：浪漫派就是对启蒙运动的反叛，其成员企图将自然再度神秘化，并试图推翻牛顿的自然观（将自然视为一架巨大的发条装置），代之以“有机的”自然观，即认为自然充满了各种生命力，并且最终会响应人的愿望和计划[1]。

如果做些限制的话，这两种特征描述的确体现了浪漫派的某些真实情况。然而，被称为德意志“早期浪漫派”的这一群体——它包括18世纪晚期聚集在耶拿的那些人与从事《雅典娜神殿》（*Athenäum*，1798—1800）杂志编辑和出版的那些人——的抱负还有另外一面。这一群体里有：奥古斯特·施莱格尔和弗里德里希·施莱格尔兄弟（他们都是文学批评家），神学家弗里德里希·施莱尔马赫，作家和批评家路德维希·蒂克，哲学家弗里德里希·谢林、卡洛琳·米夏埃利斯·伯梅·施莱格尔·谢林、多罗特娅·门德尔松·法伊特·施莱格尔，诗人弗里德里希·冯·哈登贝格（他的笔名是诺瓦利斯）。其他人，如诗人弗里德里希·荷尔德林在不同时期也与这个群体有联系，并与他们共享某些关键理念（尽管荷尔德林本人不能被视为早期浪漫派成员）。其他的如作家和政治家威廉·冯·洪堡等人，在某段时间也与早期浪漫派有联系，尽管他们不属于这个圈子。几乎所有1770年左右出生的人都与浪漫派有联系（如贝多芬，那一代的另一位关键人物）。

约翰·哥特弗雷德·赫尔德（1744—1803，他实际上是康德的学生，尽管众所周知的是他们后来决裂了）的持续影响和歌德在18世纪60、70年代的巨大影响（早在康德第一《批判》之前，他就已经出版了几部有影响力的作品）部分地塑造了浪漫派的抱负。赫尔德在德国文化中的影响是深远的：他是许多德国思想运动之父，从民俗学研究（这是他与歌德共同进行的，他们收集了阿尔萨斯地区的德意志民歌），到历史哲学、语言学、文化理论等等。赫尔德的作品在浪漫派变革关于自然的主导隐喻过程中起到了十分重要的作用（即从将自然比喻为“机器”转而比喻为“生命”，换言之，将机械论的牛顿世界观转变为浪漫派的有机世界观）。 133
类似地，在将能动性视为“表现主义”而非机械论的这种观点的形成过程中，赫尔德也是十分关键的：如赫尔德所论证的，人类能动性的特殊之处在于表达意义的能力，关于此，语言的使用是关键，自然主义的、机械论的语言观不足以掌握意义的含义。我们借助语词所表达的东西，依赖于语词运用中的一种不可还原的规范含义，而我们对这种规范性本身的掌握，则依赖于我们所浸淫的生活方式（一种“文化”），它的作用是我们更为具体的语言运用的背景。由于意义和意义表达对于理解能动性来说是关键的，并且意义具有不可还原的规范性，因此不能从第三者的、纯粹客观角度出发来理解能动性；人们必须从“内在的”视角出发将行动者的文化以及行动者本身理解为一个个体，而不能从任何外在的、第三者的视角出发来理解[2]。这也使得赫尔德提议，我们应当将人类历史理解为生活方式或“文化”的更替，它们的卓越性和正当性的标准完全是内在于它们本身当中的，是在各有特色的文化语言当中表达出来的；每一种生活方式都代表着一种与众不同的人类可能性和不同的集体与个体的人类卓越性的模式。因而，绝不能以内在于其他文化当中的标准来评判某一种文化；每种文化都应当仅依据其自身情况来看待[3]。此外，一种“文化”或一种人的典型标志是它的语言（这一观念在之后的民族主义运动中，以一种赫尔德未曾预料的方式起到了相当大的作用），例如，诗人的义务
134 就是要提炼这种语言，并创作能够展现这种文化之卓越性的艺术品。

对早期浪漫派有重要影响的另外一位人物是弗里德里希·席勒，他的诗作和批评（以及他关于康德哲学所做的富有影响力的讨论）塑造了整整一代人，特别是他的如下观念：美对于道德生活的教化来说是关键的，因为（在席勒看来）只有美能够塑造或促成感性和理性（即偏好和义务）之间的必要和谐，这为我们过上道德生活提供了关键动机（并且，对于席勒和其他许多人来说，康德关于道德动机的所谓“严格主义”错失了这一点）。美对于自由和道德来说是关键的，这意味着，创作了一件美的作品的艺术家，为人性的形成和教育做出了重要的贡献；将艺术家提升为人性的“教育者”，这无疑有力地影响了早期浪漫派的思想。席勒本人最初是在耶拿，之后移居魏玛（两地只相隔几公里），这也加强了他对早期浪漫派的影响。

不过，除了赫尔德和席勒之外，对这一群体的主要影响是在耶拿发生

的后康德争论，这发生在大学里和期刊（例如《文学总汇报》）上。费希特对这一群体成员的影响是特别重要的，虽然这被夸大了。可以肯定的是，他们的灵感的相当大的一部分是来自费希特的，但他们中的绝大多数人并没有成为费希特主义者；赋予他们共有的抱负和计划以某种共同形式的东西，与他们回应和拒绝（或者至少他们认为自己是拒绝）费希特的思想的两种方式有关。（席勒对费希特的回应及其浪漫主义观点的独立发展，对这一群体成员有着更为明显的影响，但是席勒需要区别对待。）一方面，在疏离了他们的周边世界之后，他们发现，费希特所强调的人类自发性，即除非我们以某种方式赋予某个东西以价值，否则它就是“没有”价值的，恰恰表达了他们远离父辈世界的情感和开启新生活的愿望。另一方面，费希特所讲的自发性又强调，除非我们以某种方式“设定”或“使”某个东西有价值，否则它就是“没有”价值的，他们认为这一观点是片面的；在他们看来，某些东西自身本来就是**有价值的**，从而无需我们**使**它们有价值。

尽管“康德悖论”从来没有在早期浪漫派成员中起到明显作用（它 135
在费希特和黑格尔那里倒是明显的），但这显然是他们的著作和思想的背景，他们著作中的许多理念显然是试图解决它。这表现在两类关切当中：第一类主要关切，与他们试图兼顾康德理论中对立的两个方面的趋势有关。他们从费希特（以及康德的第三《批判》）那里吸取了教训，认为我们不能仅仅通过我们的描绘来反映世界；也就是说，在我们以某种方式描绘或唤起世界时，世界并不是唯一的决定因素。我们描绘或唤起世界的方式，是人的自发行动的结果，甚至是富有想象力的创造行动的结果，因而，早期浪漫派试图将康德关于审美判断的观点一般化为，我们同自身和世界的相遇：我们不是从一系列规则开始而后将这些规则应用到事物上；相反，我们先是遇到了特殊，而后寻找能够将特殊归摄于其下的概念，由此，“寻找”就是由想象所引导的创造性努力。尽管如此，在那些行动中，我们也在**回应**世界，而不仅仅是不顾及世界真实存在的方式而创造我们对它的描绘。特别是，在审美判断（和经验）中，我们已经探查到比我们自己的自发性更深层的东西，用康德的话来说，它是“既非自然，亦非自由，但却与自由的根据……相联的东西”[4]。也就是说，我们既不仅仅将我们自己的“形式”加于世界，也不仅仅接受世界提供给我们的、未经加工的数据；在某种意义上，我们这两方面都在做，我们想象地（因而自由地）创造了描绘模式，尽管如此，它们还要经受关于世界之真实所是的经验的检验，即使这种检验不可能有一个最终决定性的、概念性的表述。在他们看来，费希特自己提出这个问题的方式——依据“自我”设定“非我”——太过于强调经验的“创造性”方面，而没有充分强调“回应性”方面，因为费希特的“绝对自我”是所有许可和授权的起源，甚至是“非我”的起源。浪漫派的抱负和计划的基础部分，是围绕着两个问题形成的：首先，我们如何能够将两种思想——自发的创造和对世界之真实存在方式的回应——结合起来；其次，我们如何能够将关于自发性和回应性的这两种思想的统一，整合进康德自己在《判断力批判》中勉强表达的如下理念当中，即我们总是被一种对自然和我们自己的“整体”
136 的先天的前概念理解所引导，为的是承担我们的真正的人类“天职”。

早期浪漫派的第二类主要关切，与其成员要发展和表达他们的个体性意识的迫切感有关。在当时的德意志社会，无处不在的从众性观念——主要是基于其拼缀物，作为“家乡”的本性、独立经济以及由之而来的地方主义——压抑了个体性；不过，随着人口的增长，期望的上升，这个社会不再能够从它自身出发、以它应当的方式为这些年轻人提供就业机会。他们的宗教和关于个人情感与情绪之重要性的观念（这些是他们从自己所继承的宗教信仰和来自英法的小说、散文中获知的），只是增强了他们如下感觉：德意志生活中无处不在的从众性带来的窒息，为了与当时的形式保持一致而不得不压抑情感（特别是在性爱和热恋的情况中），并且总是被监视着是否违犯了某种过时的、不合道理的社会规则。此外，德意志朝野上下的文化粗糙感，只是增强了他们的异化感。这种个体性意识——它也促使他们探索主观领域——导致他们不满于康德和费希特对主体性的思考，认为其太过刻板、太过干涩，没有充分考虑多彩的、生机勃勃的人类生活特征。现在我们所熟知的、关于“发现”自己和探索自己的感觉以获得真正的自己的许多修辞（其中很多已经成了陈词滥调），就是早期浪漫派成员所创造的词汇，用以表达他们正在试图完成的东西和正在反叛的东西。

不过，将这些东西当作只是因心理上年轻而导致的对父辈权威的反应（虽然它自有其内容），这种观点是错误的。这里是有更深层的哲学议程和目的严肃性在起作用的，尽管这种严肃性自相矛盾地表现为讽刺和游戏。个体性在创造词汇的愿望中发挥了作用，在这种愿望中，个人自己的善发挥着与他生活环境中的“共同善”或“继承的善”同样的作用；这种愿望使得他们重新思考了康德和后康德哲学中的关键哲学论题，并将文学和社会融合为一种理论，在其中，他们的双重观念——关于想象创造性和对世界的回应性，以及在个人生活和共同的社会生活中对个体性进行评 137
估的重要性——得以表达并实现出来[5]。

特别是出现了一种共同的努力（这是从早期浪漫派成员之间的没有记录的讨论中产生出来的），即在自我意识问题上，要给出比康德和费希特所提供的解释更好的解释。（这一点，首先是由迪特·亨利希以及跟随他的曼弗雷德·弗兰克阐述的，甚至可以说是“发现”的[6]。）这是由这些人中的弗里德里希·谢林、弗里德里希·冯·哈登伯格（诺瓦利斯）和弗里德里希·荷尔德林所做的，当时他们正在耶拿听费希特的讲座。在早期浪漫派圈子中，既有对费希特从“我”“设定”出发将一切东西奠基为对于我们来说具有规范性的这一尝试的痴迷，也有对这样一种“我”的过度抽象本性的不满。此派成员对个体性（就其本身而言，它是一个有价值的范畴）的日益增长的兴趣，使得他们越来越怀疑这样一种“我”是不存在的，并且认为，它不是为关于世界的判断“设定”规范或依据世界而行动，而是未能掌握关于“回应”世界（特别是自然）的更为基本的经验。（更具存在主义思维的思想家，如克尔凯郭尔，后来就提出如下这种观点：观念论关于生活的思考不符合我们关于自身和世界的更为基本的经验。）

他们似乎对被哲学家称为“无标准的自我归属”现象感到震惊。在我们对自身的意识中，我们将关于自己的经验归于自己，我们在这样做时并不会引入任何标准，并且正是这将自我意识（至少在这个意义上）与 138
我们对其他东西的意识区别开。例如，当我们意识到站在角落的那个人就是之前在书店的那个人时，我们是在用某种标准（外貌、衣着等等）来确定他就是同一个人；但是，当我意识到我有某种经验（疼痛或快乐等等）时，**我**就意识到这是**我的**经验，而根本无需使用任何标准。这不像说一个人先是注意到有人疼了，之后环顾四周看看是谁疼了；相反，他是直接就将这疼痛归于自己，而无需推理、无需运用任何标准。在从康德那里获得提示的同时，早期浪漫派也得出结论说，这种自我意识形式是所有意识的条件，如果不能执行那些直接自我归属行动，我就不会意识到对象不同于我的经验。（换言之，如果我们不能说某种经验“就是**我的**经验”，那么我是无法在“看起来是”和“真实所是”之间做出区分的。）在将这与他们关于创造性与对自然的回应性的其他兴趣（他们还对表达和维持真正的个体性感兴趣）结合起来时，他们得出结论说，康德和费希特都没有充分考虑这种自我意识，更重要的是，从这种自我意识的优先性中能够看出的内容，比康德和费希特已看出的要多。

在康德和费希特的思想中，那种他们认为在起作用的“反思”模式——“我”为了获得对自身的意识而反思自身——并不符合我们直接意识自身的方式。如果这的确只是一个**反思**问题，只是应用标准的问题，那么作为反思主体的“我”是不能将自己认定为这种反思的对象的。在这种最基本的意义上，我们甚至不能反思，我们和自己是否同一。对于我来说，如果我要意识到自己，我就必须将自己与自己区分开，使我自己成为我的反思“对象”；但是，从某种意义上说，同一个“我”既进行反思又是被反思的，这就预设了一种对“我”的更为直接的熟知，而这本身不是一个反思的问题。耶拿的这个圈子做出这种论证并不是要否定**所有**反思性的自我认识；他们只是想主张，所有这种普通的反思性自我认识，都必须以某种非反思的，甚至前反思的自我认识为基础，我们直接知悉自己的某种方式，不等于通过运用某种标准来将我们进行反思的自身和被反思的自身同一起来。

139 自我意识问题：荷尔德林

有趣的是，这一思路的最基本的发展来自这样两个人，他们后来的声望不是因为哲学成就，而是因为诗文成就：弗里德里希·荷尔德林和弗里德里希·冯·哈登伯格（人们知道的是他的笔名：诺瓦利斯）[7]。由于这一事实以及“早期浪漫派”其他成员大多是文学家，早期“浪漫主义”起初曾被错误地认为仅是一场文学运动[8]。

1795 年，弗里德里希·荷尔德林——他生于 1770 年，同黑格尔和谢林是朋友，他们三人在图宾根新教神学院是室友——就这些思想中的一部分写了一篇两页的草稿（大约在同时，诺瓦利斯也正在他的笔记本中撰写一系列“费希特研究”）。在这篇草稿（直到 1961 年它才被发现，并被他的编者命名为《判断与存在》）中，荷尔德林注意到，我们知悉我们自己的过程中所涉及的那种自我含义，不应混同于一种同一性陈述[9]。（此外，为了弄清荷尔德林和早期浪漫派其他人所试图表达的内容，人们甚至必须尽量避免用“意识到”或“了解到”这类术语，因为它们带来了主客分离，而早期浪漫派则预设了二者更为基本的统一。）在我们反思性地意识到我们自己之前，甚至在我们意识到对象经验（这总是预设了我们将对象与我们关于对象的经验区分开）之前，有一种对“存在”的“智性直观”，这将“存在”看作“是”先于一切同一性陈述的[10]。在所有 140
其他判断行为之前，人类行动者将自己理解为作为个人而**实存着**，并且这种理解，作为一种无标准的自我归属，不仅仅是对他自己的个体实存的理解，而且也是对“存在”（being）一般的理解。因此，这种“理解”原则上不能在任何命题中表述出来，因为所有这种表述都预设了判断行为——荷尔德林利用判断的德语词，将判断称为一种“元区分”，即 *Ur-Teilung*——甚至是任何同一性陈述，如 A = A，都假设了某种命题表述。因此，自我意识所揭示的东西，不同于我们对自我意识的意识，并且不能被还原为这种意识——一个人自己的实存——但这本就不是任何类型的“物”（甚至也不是康德所说的自在之物），并且不能用因果性来解释。例如，各种光束撞击视网膜从而“引起”（或在因果性的意义上有助于造成）对一棵树的感知，这也许部分地解释了人们对树的感知；这棵树是外在于人的意识而实存着的，并且它（或者毋宁说是光束从它那里反弹出来这一点）“引起”了对它本身的意识。然而，一个人自己的实存，无论如何都不会“引起”他对事物的意识；如在意识的直接自我归属中所揭示的那样，这种实存是自我意识的条件，而自我意识本身又是所有关于对象的意识的条件。

由于这种理解，这种“智性直观”本身是不能用判断或命题来表述的，所以只能慎重地使用隐喻来间接地唤起这种理解，而不是直接地表达出来（或者用我们所熟悉的维特根斯坦的一个隐喻来说就是："展示"它而不能"说出"它）。这种间接的指示模式当然是艺术领域。艺术家——并且，对于荷尔德林和诺瓦利斯来说，特别是诗人——依照我们自己在时间中抽出来的实存模式，唤起对世界的"存在"和我们自己在世界中实存的意识。我们所有其他判断活动都是从"一和一切"（one and all）的这种意义中获得其方向的，我们直接发现自己是被放置（而不是我们"放置"或"设定"自己）在这种"一和一切"当中的。就此而言，早期浪漫派以自己的方式回应了关于斯宾诺莎的持续而依然激烈的争论。与谢林和黑格尔一同身处图宾根时，荷尔德林明显玩弄过（如果不是完全
141 赞同的话）某种形式的斯宾诺莎主义。图宾根的这三位好友都使用了 *hen kai pan*（一和一切）这一古希腊短语（根据雅可比、莱辛也可能使用了这一短语来刻画自己的思想）。尽管如此，到 1795 年，他确信"一和一切"不是一种奠基性的一元论实体而是"存在"本身，它以各种各样的方式向我们"揭示"出自身。我们创造性地"回应"存在，并且，在形成我们对它的回应的过程中，我们允许我们被它引导，但是，是想象塑造了那些回应。

在某种关键意义上，荷尔德林和早期浪漫派思想家接受了康德设置的理性限度，接受了他的如下观点，即理性超越可能经验界限的一切企图都是非法的，但是，他们认为，这种限制与自我意识作为对意识之实存根据的非命题直观的本性有关，而与康德所论证的经验的那些更具逻辑指向性的先验条件无关。对于康德来说，我们必须在时空中感知事物，这是我们自己的理智能够"接收"自在之物的唯一方式；理性不能说明事物必须自在地在时空当中。然而，在早期浪漫派思想家的思想中，康德的"自在之物"被转换为"自在存在"。他们拒绝得出如下康德自己的结论：面对理性不能谈论的东西，我们必须完全保持沉默。相反，他们认为自我意识"揭示"（用康德自己的话来反对他）"既非自然，亦非自由，但却与自由的根据……相联的东西"。这种"揭示"更像康德的审美经验观念，它和自然与自由的"不确定的基底"一起，促使我们对它感兴趣，而且更为重要的是，它为我们提供了一种"整体观"，我们能够根据这种"整体观"来确定我们的生活方向，并且最好只是间接地谈论它。这当然使

他们不再将自然视为机械论的牛顿式系统（康德——至少在第一《批判》中——就曾将自然视为这种系统），而是看作一种“有机的”整体，它比康德所赞同的那种自然更具目的论意义，这使得他们重新思考，艺术特别是诗歌可能会实现什么。因此，康德关于自在之物之独立实存的实在论以及他对理性限度的坚持，出现了全新转向。

在《判断与存在》中，荷尔德林对费希特的批判可以归结为如下指责：由于试图根据主体“设定”事物的观念来思考“客观性”，费希特已经暗中支持了一种主观的，甚至是“心理主义的”观念论。主观性与客 142
观性是一同出现的；从一者出发来构建对另一者的思考，这不过是另一种形式的独断论。在费希特自己的情况中，“主观性”是首先出现的，之后他就肩负起展示“客观性”如何从“主观性”中产生出来这一（不可能的）任务。实际上，我们必须总是从我们是“在”世界中（作为“存在”的一部分）的这一前反思观念出发，并且这种观念比任何将我们视为“主体”和“客体”的表述都要基本。我们的主观思想是否与客观事实相符，这种怀疑论担忧完全是从这种“存在”观念中得出的，是从认为我们自己作为世界之一部分而**实存**于世界当中的观念中得出的，这种观念是必然预先假定的，是前反思的。关于什么才是真正对我们来说“有意义”的怀疑论的确出现了，但总是而且只是在一种“存在”观念的背景下出现的，这种“存在”比关于主观性和客观性本身的观念更基本。

荷尔德林用他的诗建构了一种复杂的观念，用以表达我们想象地、创造性地回应我们的自我意识生活中的相互冲突的趋势，它们产生于自我意识的这种基础性本质[11]。由于所有的意识都要求就“存在”的这种前反思统一做出判断性表述，这是对原初尚未区分的东西的“元区分”，所以在我们对世界的意识中，我们直观地意识到这种“存在”的统一，并且它一直存在于我们的意识生活当中，同时坚持着在区分（这些区分毕竟是我们过上自我意识生活的必要条件）之后重新实现统一的承诺。在理解美时，我们对这种统一（它是自然和自由的“超感性”基底）可能是什么样的略知一二，并且，这种对美的理解促使我们感兴趣于那些对我们共同生活来说重要但我们却可能视而不见的东西。当荷尔德林在其最著名的诗作之一《面饼和酒》（1800 年）中提出这一点时，他用了诸神出现在世人之中的比喻（这是按字面意思直译的）：“天神对此尽可能忍耐；但随后他们自己以真相走来，人们慢慢习惯于幸福和白昼，打量那些显露者，那些神祇的面孔，他们早已被称作一和一切，如今使缄默的胸怀饱含自由的满足……人就是这样；当财富在此，一位神亲自以礼物关照他，他
143 却认不得、看不见。”[12]

然而，对于荷尔德林来说，我们在“存在”中与自身相一致——这是在我们关于意识之根据的理解中暗示出来的——只能在一生中断断续续地实现，只能在平衡生活中各种不可避免的冲突的过程中实现，这些冲突是因人类生活中各种基本方向的不可调和而发生的。人们要在这些事情中找到一种平衡，因为我们被拉向了如此多不同的方向，但在一生中是不可能最终解决那些冲突的。我们试图与世界相一致，想在世界中就如“在家中”那样，然而，我们也必须疏离世界，从来不能完全认同我们在世界中的地位。只有这两种经验为我们提供了必要的洞见，使得我们接受生活，实现与自身的统一或和谐，这对于我们这种被分开的行动者来说是可能的[13]。爱从根本上解决了自发性和回应性如何统一的难题，因为在爱中，有对统一和差异的意识与承认，即各个个体在一种相互统一中，相互承认各自的独特性；只有在充分回应他人独立且充分的实在性时，爱才能够存在，这种回应同时也是一种解放，是一种完全自主的感觉。对美的理解——最好由诗人来中介——也会将自然或我们在时间中展开的生活的那些原本只是破碎着的片断统一起来。这种对“一”、对“存在”的意识——这是由自我意识“揭示”出来的——为我们在试图维持生活中相互冲突的趋势之间的平衡与和谐指引了方向，因此荷尔德林认为，这种意识也是宗教冲动中真实内容的基础[14]。

像同时代的其他许多人那样，荷尔德林最初是相当拥护法国大革命的，之后他逐渐相信，现代性，这个新的时代——他希望它是一个实现了精神和政治同时更新的时代——需要一种全新的灵感，以实现对“冲突
144 中的统一”的意识，这是他在自己诗作中试图表达的；为了达到这个目的，他创作了一系列具有高度独创性的隐喻，这结合了古希腊和基督教的宗教意象，并发明了一种虚构的景观，北欧、希腊和中东全都融合在其中。这种令人吃惊的意象是要推进对个体性冲突中可能的、隐含的生命统

一的反思和意识，如他在《追忆》（*Andenken*）的最后所说的："但那永存的，皆由诗人创立"[15]。

自我意识问题：诺瓦利斯

也许并不奇怪的是，除了荷尔德林之外，发展了这种关于自我意识和"存在"的思路的另一位思想家也不是哲学家，而是作为诗人声名卓著：弗里德里希·冯·哈登伯格，人们更熟悉的是他的笔名诺瓦利斯。（他们两个人都是在写作诗歌的同时进行哲学研究。）他们很早就都离开了历史舞台：诺瓦利斯（1772—1801 年）英年早逝，荷尔德林（1770—1843 年）因精神分裂症去世，这一病症实际上使他的文学生涯在 1804—1806 年就结束了（我们没必要去猜想，如果他的文学生涯没有就此斩断，他是否会重回哲学写作）。

诺瓦利斯是一个博学多才的人，他在大学修习的是法律和哲学（他甚至还涉猎过炼金术），之后，他去了弗莱贝格矿业学院修习采矿技术、化学和数学。1799 年，他成了家乡萨克森盐场的一位主管。（诺瓦利斯在自学时，什么都会涉猎一些。）

1795 年，在他深入研究费希特时，他遇到了 12 岁的索菲·冯·库恩，并与之秘密订婚，但仅两年后她就去世了。诺瓦利斯因索菲之死深受打击，他写作了他最著名和最令人难以忘怀的诗集之一《夜颂》，并发表在 1800 年的《雅典娜神殿》上，这些诗都涉及他对她的祭拜和对她的生与死的思考。在这部诗集中，他以抒情诗的方式引发了早期浪漫派关于爱如何实现统一的讨论，这种统一同时又不吞没个体；他用日光之景象引发了（关于光中的不同对象的）意识与关于作为自我意识之基础的"存在"的理解之间的差异（在夜景中，可见之物中的差异被抹除了，这让我们瞥见了"一和一切"）。"夜"也引发了死亡，使人们必须承认人类生活的 145
界限是在"夜"中的，这种界限使我们成为有限的、具有自我意识的行动者。像荷尔德林那样，他将古希腊和基督教的象征主义整合进诗中；但是，与荷尔德林不同的是，在诗中，他所想象的东西类似于基督教对死亡的克服，即对我们神圣家园的最后呼唤。

康德曾说过，“理性”必然会寻找“无条件者”，而这又必然是会失败的。利用这一点，诺瓦利斯说：“我们处处寻找无条件者（*das Unbedingte*），而我们找到的只有物（*Dinge*）”，在这里，他将双关语用到了“条件”和“物”的德语词上[16]。像荷尔德林那样，他认为，自我意识揭示了“无条件者”——我们自己的个体实存本身是对“存在”一般的揭示——只有诗歌，作为一种范例，提供了表达和交流这种揭示的间接方式。

然而，在他自己的诗作和哲学思考中，诺瓦利斯将这一点引向了一个与荷尔德林相当不同的方向；像荷尔德林那样，诺瓦利斯关于自我意识哲学的相关工作也只是零散的研究。像荷尔德林那样，他认为有一种基础形式的自我理解，它不是理性的，相反，它产生出一种理性的自我意识：“自我为了成为自我，必须被划分开——只有成为自我这种冲动才能将自我统一起来——因此，纯粹自我的无条件理想是一般自我的特征。”[17]荷尔德林认为，自我意识的生活必然表现在相互竞争的方向和主张中，而它们只能通过爱和对美的理解来保持微妙的平衡；与之不同，诺瓦利斯认为，在自我意识当中被揭示出来的实存或存在经验，永远是我们力所不及的，因为我们是时间性的生物[18]。我们自己的实存所揭示的关于“存在”的理解，总是在过去而非现在获得的；并且，在当下，我们关于我们自己
146 实存的观念是成问题的，这恰恰是因为我们是时间性的，是由于我们的意识总是在过去、现在和未来之间延展的。由于我们是偶然的、时间性的生物，所以我们就像费希特所做的那样，要为我们的生活——为我们的经验判断、宗教判断、道德判断以及审美判断——寻找一种绝对的基础，只不过，为了寻找这样一种基础，我们不断地远离我们自己。

如早期浪漫派其他成员那样，相较于费希特或谢林那种更为学术化的“科学”展示方式，诺瓦利斯更喜欢格言和收集零散的观察[19]。这也与他自己的如下观点相符，即人类的实存当其实现出来时必然是不完全的：由于我们必然找寻的那种根据总是在不断后撤，总是我们力所不及的（即使我们总是有关于它的暗示），所以我们不断地试图“确定”那偶然的、开放式的实存——他将之称为“争取安定——但只要主体还未成为纯粹自我，这种争取就是无止境的——而只要自我还是自我，这种争取就不会

发生"[20]。因此，哲学对体系和基础的强烈欲求植根于人类行动者本身的偶然的、时间性的本性当中。面对我们生活中无根由的偶然性，通过对作为我们实存之"根据"的"存在"的智性直观，我们在我们自己的生活中发现了一种休息处的图景，这是一个"家"，在其中，关乎我们实存的种种选择已经为我们做好了，无需在我们自己的选择和对事物的坚定中去找寻它们的基础。

因此，诺瓦利斯相信，我们的时间性实存中的核心问题是真实性（authenticity）问题，是我们自己作为开放式的时间性存在者如何是真实的问题，是如下这点如何是真实的问题：我们就我们想成为谁而做出的选择本身是基于完全偶然的事情，这些事情不仅其本身**不是**选择的对象，而且它们的性质必然是模糊的。在大多数情况下，我们只是生活在他所称的"日常生活"当中，这"只包含了一次又一次重现的维持生计的任务"。不真实的生活是庸人所过的生活，他们"只过着一种日常生活。主要手段似乎是他们的唯一目的……他们只有在**必要的**情况下才会将诗歌与这目的混合起来，这正是因为他们习惯于日常习惯的某种中断"[21]。与这样 147
一种机械地重复着日常习惯的庸人相对的，是一种真实的人，这种人生活在"平庸"之外，或者说，这种人主观地将"平庸"转变为具有魔力的东西。（如他所说："我们可能需要如此多的精力和努力来做普通的和常见的事情吗？因为对于一个真实的人来说，没有什么是更不同寻常的——没有什么是比卑怜的普通更常见的。"[22]）

诺瓦利斯认为，哲学体系对"终极根据""第一原则"的追寻，只是这种对"家"的追求的一种征兆，即追求这样一种东西，它可以确定我们的实存，并给予我们方向，而我们无需积极主动地按照它来引导我们自己。因此，哲学中这种对"体系"的渴求，本身就是一种疾病，诺瓦利斯将之称为"逻辑疾病"："哲学本是乡愁、处处为家的欲求。"[23]这样一种寻找只能是非真实性的另一种形式，是在自身或世界当中寻找某种固定点的另一种方式，这应当将内在于人类实存当中的不安定稳定下来。

因而，诺瓦利斯认为，这种"逻辑疾病"只有两种治疗方法：一种是富有想象力的诗歌；另一种就是通过使用片断和格言，特别是通过与他人交谈的哲学研究方法即"同情哲学"（symphilosophy，同情的、共同的哲学研究方法，这一术语是弗里德里希·施莱格尔创造的）来治疗。片断化的“同情哲学”和诗歌一起反对这种非真实性，这二者试图将世界“浪漫化”：“世界必须浪漫化。这样人们会重新发现本真的意义。浪漫化无非一种质的强化。在这个活动中，低级的自我与一种更完善的自我同一化了。好像我们自身就是这样一种质的乘方。这个活动还完全不为人所知。当我给卑贱物一种崇高的意义，给寻常物一副神秘的模样，给已知物
148 以未知物的庄重，给有限物一种无限的表象，我就将它们浪漫化了。”[24]因此，对于诺瓦利斯来说，浪漫化涉及以诗意方式重新描绘世界，以便我们自己的实存——片断的、不完整的、不能充分表达出来的——更好地向我们揭示出来，因而我们能够使我们的生活变得更有意义、更加自主，同时又一直保持对自在世界的回应，所有这一切是通过致力于自然和艺术当中的美来完成的。因此，诺瓦利斯将早期浪漫派理论中的双重承诺，以一种激烈的、高度美学化的方式具体化了：我们必须回应世界（或如他所说的“存在”），但我们的回应必须是创造性的，甚至必须是艺术品本身；如他所说，“生活绝不能是一部被给予我们的小说，而是一部我们自己创作的小说”[25]。

诺瓦利斯在 1798 年再次订婚了，1799 年他开始作为盐矿产业的主管。然而，像当时德意志和英国的浪漫派那一代的许多人一样，诺瓦利斯英年早逝了：他于 1801 年因肺结核病逝，他的婚礼一直未能举行。在《精神现象学》中，黑格尔——他在耶拿时是认识诺瓦利斯的——轻蔑地将他刻画为典型的“美的灵魂”，它“逐渐熄灭，如同一缕烟雾，扩散于空气之中，消逝得无影无踪”[26]。然而，在诺瓦利斯去世后，耶拿圈子的成员们依然长期拥护他的文学工作，甚至这个圈子本身瓦解之后依然如此，尽管身后名望几乎只依赖于他的诗作。他的哲学作品只是最近才开始被理解为原创性作品的，被认为是当时耶拿出现的关于自我意识论证的一部分，但它从未以出版的形式完全表达出来。

施莱尔马赫：浪漫宗教与个体性的不可化约性

除了谢林，柏林/耶拿圈子中最伟大的浪漫派思想家无疑就是弗里德

里希·丹尼尔·施莱尔马赫，他一直是作为一位神学家而富有声望。然而，他1799年出版的《论宗教：对蔑视宗教的有教养者讲话》，对于浪漫派思想发展具有划时代意义，并为如下双重论题提供了最具说服力和最 149
连贯的表达，即个体性的不可化约性和团结在一种思想当中的必要性，还充分表达了如下两种理念，即我们在使用语言时的创造性和对一种独立于我们的现实的回应性，所有这些与一种对于人类经验的“美学”维度（它揭示出某种在生存和哲学意义上对于我们影响深远的东西）的强调混合起来[27]。

虽然施莱尔马赫几乎全部接受了那些使得诺瓦利斯和弗里德里希·施莱格尔等更偏好“片断”而非体系性论述的观点，但他远不像他们那样厌恶体系性论述。尽管如此，他早期的重要作品是以“讲话”或“独白”或“机密信件”的形式写就的，而非冗长的学术著作，甚至可能比诺瓦利斯或施莱格尔的作品更甚，施莱尔马赫的早期作品表达了1770年左右出生的这些人对他们所经历的异化和代际断裂的伤感。在所有早期浪漫派的著作中——在施莱尔马赫的著作中更是如此——弥漫着对德意志新教的强烈不满，认为它只不过是一个松散的、没有生气的教会官僚机构，它对执行教义细节的兴趣，远大于追求真理的兴趣。受到卢梭和雅可比关于**个体**生活中情感重要性的表达的启发，这一代人越来越关注这样一种令人痛苦的疑虑：基督教就其核心而言，是否的确是一种活的宗教，甚至是否可以被改造为一种活的宗教，还是它注定永远只能是正统和官僚机构的“实定”（这是当时的流行术语）宗教。（例如，在完全独立于早期浪漫派圈子的情况下，18世纪90年代的黑格尔，正忙于写作关于“实定性”与基督教“精神”以及对“主观宗教”的需要的论文，这些论文并未公开发表。）

施莱尔马赫本人是在著名的摩拉维亚的主护村（Herrnhut）的虔信派基督徒社区中长大的。虔信派教徒深深地怀疑在神学院中流行的关于基督教的理智表达；对于他们来说，基督教中紧要的是对上帝存在于信仰者心中的纯粹**情感**。在自己内心中朝向上帝，这又会对忠信之人产生了一种变 150
革性影响，而这又导致了一种对外的指向，即通过使社会更加符合基督教理想来变革社会。（虔信派教徒实际上建立了孤儿院、医院并做了其他类似的“善事”。）因此，信仰、情感、变革世界的承诺，而非枯燥的正统和过于理智化的神学，才是虔信派的标志。然而，在其青年时代，施莱尔马赫曾经历过一次信仰危机——与当时的许多青年知识分子一样，他的危机是因阅读康德的作品而引发的——并拒绝虔信派一切有利于理性的主张和论证，只不过在他 20 多岁时，他又重获信仰并开始神学研究。与同时代的绝大多数人一样，他最初找不到合适的工作，因而 1790 年至 1793 年，他不得不在一个富有的家庭做家庭教师，只是后来才获得牧师的工作。1796 年，当他在柏林的慈善医院做牧师时，他与弗里德里希·施莱格尔及浪漫派圈子中的人开始熟悉起来，因为他参加了当时柏林的一些著名的沙龙，它们是由柏林杰出的犹太人家庭举办的。

《论宗教》是他同耶拿/柏林圈子中的人对话并参与其中的结果。在某些方面，施莱尔马赫的思想，就如早期浪漫派中许多人的思想那样，将如下二者作为出发点：一是康德在《判断力批判》中的主张，即审美判断所面向的，是自然和自由的“超感性基底”的理念；二是雅可比的观念，即只有在“情感”中，我们才能接触到康德认为理性只是徒劳寻求的那种“无条件者”。康德是要“悬置**知识**，以便给**信仰**腾出位置”[28]，而施莱尔马赫和他的浪漫派伙伴（在雅可比的影响下）似乎是要悬置（或限制）知识以便给**神秘**、给一种再度神秘化的世界观腾出位置。施莱尔马赫说，宗教既不（像康德和费希特所认为的那样）基于道德，也不（像正统的捍卫者所认为的那样）基于形而上学，而是“在自由本身已经再次成为自然的地方呼吸”[29]。也就是说，它在斯宾诺莎主义兴盛的地方“呼吸”，它在“一和一切”（施莱尔马赫的术语）、“无限的自然总体”被人类行动者“平静顺从”地接受的地方“呼吸”，也就是说，在对“一和一切”（诺瓦利斯和荷尔德林将之称为“存在”）的某种接受和回应中“呼吸”[30]。

151 因此，宗教是在荷尔德林和诺瓦利斯曾谈及的那种自我理解中开始的。宗教对这种“一和一切”的理解模式是“直观”模式；因此，对于施莱尔马赫来说，宗教就是个体从根本上**看待**世界的方式问题，是他所拥有的关于世界的“图像”的问题，或如施莱尔马赫自己所说，是如何“直观”世界的问题。由于这种“直观”是一种“视图”，是一种关于人们在何处做事乃至于在更大的事物格局中**必须**处于何种位置的“图像”，因此，它决定了人们评判信仰、行动或欣赏的最终标准。因而，不能说人们**进入**或**离开**这样一种视图，因为归根结底，这种根本性视图的本质是一个实践问题，甚至是实存问题，它关乎人们**是**哪种人以及**必须是**哪种人，而不是一个人们为了某些结论而可以搜集证据的问题[31]。

因而，人们对“一和一切”的基本“直观”，就其轮廓而言必须是高度个体性的，甚至是独一的，因为它是人们掌握自己的实存的含义的方式，在这种含义中，人的实存只有从“存在”的更大含义的角度来看才是可能的，“存在”形成了人的实存得以被揭示的视域。它是偶然的、处于历史当中的个体理解他对宇宙的基本立场和他在更大的事物格局中的位置的方式。作为这样一种偶然的个体，人们可以“直观”到“无限者”、“一和一切”（即本质上自足且无限的东西），并且，人们自己的直观必然会将一种有限性和限定引入到那种东西当中，它不能与个体对它的掌握方式完全一致，不能与个体在自己的想象中形成的对它的回应方式完全一致。如施莱尔马赫所解释的，由于这是一个逻辑问题，即人们必须区分如下两种方式：一是概念被归摄于其他更为一般的概念之下（例如“狗”“猫”这些概念被归摄于“动物”概念之下）；二是个体举例说明某些概念（例如我们谈到施莱尔马赫这个个体时说，他是一位神学家），施莱尔马赫得出结论说，我们必须承认，通过列举各种描述或“归摄”个体的概念，我们是不能穷尽一个个体的[32]。

另一方面，正统希望给这些直观施加一种学说性标准，以将它们归入 152
业已确定的范畴当中，并排除那些不能被如此归类的直观。然而，归根结底，这些“直观”的本质是个体性的，这使得它们不可能被如此整理。因而，正统实际上不能声称自己是**宗教**——它也许在社会上是有功效的，但它不是**宗教**。鉴于此，施莱尔马赫主张，**为了宗教**，教会和国家（它要求法律的均一性）必须保持分离。实际上，一切宗派主义形式，无论是宗教的还是其他方面的，都是在反对这种意义上的真正的“宗教”。就此而言，甚至所有的体系化的哲学观点都是“宗派的”，归根结底，它们是从不同的原则和对世界的不同“直观”开始的。因而，将一种哲学体系强加给一个人，或者用任何一种哲学体系来为宗教提供“基础”（无论这体系是康德式的、功利主义的、理性主义的还是经验主义的），都必然会引人误入歧途，并且只能篡改宗教经验本身的内在模糊性和独一性。

这种对宇宙的根本性核心的“直观”形成了一种基本背景，在这种背景中，人们塑造了最核心的系列语词和对用以评价自己与他人的权威规范的表述。然而，这不是一个纯粹理智的过程；人们对自己在更大的事物格局中的位置的“直观”或（“视图”），是经由人们的情感导向和人们可能具有的关于它的思想而传达给这个整体的，并且（如莱因霍尔德所说）这些基本导向依赖于某些基本构件。施莱尔马赫坚持认为，“每一种直观就其本性而言，是与一种情感相联系的”，并且，“如果一种确定的宗教不应是从一个事实开始，那它就根本不能开始；因为必须有一种基础，并且这只能是一种主观的基础，由此某种东西才能被产生出来并被置于中心”[33]。然而，这个事实几乎是一种主观“判断”：“为了更大的事物格局，我**必须**坚持住”，一个人其他的生活取向源于对这一基本“事实”的**回应**。

由于不能深入这些核心直观的背后，由于它们形成了一个个体看待他必须面对的世界的独特方式，因而必然也会有多种这样的直观，必然也会有多种**宗教**。施莱尔马赫认为，人们在思考宗教时，所犯的致命的、根本
153 性的错误是，未能意识到多种宗教的必然性，并试图给宗教强加某种齐一性。尽管人们可以从这些基本直观中得出各种逻辑结论，但不能合乎逻辑地从一个基本直观（或基本的评价语言）运动到另一个基本直观；这些基本直观之间没有任何推理关联，也没有任何方式可以在它们之间做比较，因为做比较所用的术语本身植根于独特的基本直观，没有哪种术语可以跨越所有基本直观，一种人们在其中可以公正地建构他人的基本关切和规范的中立框架是没有的。（因而，目前我们可以说，这些“直观”是“不可通约的”。）

之所以会调用其他人的“直观”（或他关于“直观”的表述），只是发现它能更好地表达出自己对在更大的事物格局中必须处于何种位置的理解；或者用施莱尔马赫自己更喜欢的术语来说，“各种对宇宙的直观和情感之间是没有确定的内在联系的……每一种个体的直观和情感都是自为地实存着的，并且可以通过千百次偶然的联系而得出所有其他的直观和

情感”[34]。由于这些直观是单纯偶然的，所以对宗教的真实本质的恰当展示只能是片断式的，任何体系性、理论性的呈现（神学的或哲学的）只会扭曲宗教经验中真正紧要的东西。因而，表达这一点的那种恰当文学方式必须像“朋友”之间坦率的“通信”，甚或“独白”（施莱尔马赫尝试了这两种形式）那样，它要将一个个体深刻感受到的关于事物的“看法”，表达为可传达的，而接收这个“看法”的人已经与这个个体充分共享了这个“看法”，因而能够理解它，或者至少愿意接受它。康德和费希特的批判性论著都不能满足这一点。

像康德的“伦理联邦”（人们只能自由地进入它，它不同于可以强迫人们进入的社会联邦）那样，施莱尔马赫的“真正的教会”就是自由行动者所组成的“宗教共同体”，他们“因他们的共同体而庆祝，因他们的纯粹友谊而庆祝，在此，他们只想展示并交流他们内心最深处的实存，真正说来，实在没有什么共同的财产必须借助某种世俗权力来保护”[35]。对于现代世界中异化了的行动者来说，这样一种信仰者共同体是唯一可能的“家”，关键就在于，保护这个“家”免受试图拓展它并将之强加于他人 154
的这种自然欲望的损害——如施莱尔马赫所说：“推广宗教的热情只是异乡人对家的虔诚渴望，是将故土随身携带并在任一地方创立故土的法则和风俗的努力。”[36]施莱尔马赫（以及早期浪漫派其他成员）认为，“归家”的欲望不应被理解为准许将某种信仰正统强加于那些不能共享一个理想的人们；真正的“家”是在自由的宗教共同体当中的，是在对宗教的必然多元性的承认当中的。（施莱尔马赫应该会完全赞同华兹华斯1805年的《序曲》中的表述：“我们的命运、我们的本性和我们的家是无限的，并且只是在那里。”[37]）

当然，这向施莱尔马赫提出了关于基督教地位的问题（这也是早期浪漫派成员共同面对的问题）。包括施莱尔马赫在内的所有早期浪漫派成员都对基督教有一种矛盾的看法（至少在他们的青年时代是这样的）。像虔信派教徒（早期浪漫派中许多人属于虔信派）那样，他们希望通过在社会和政治上改革他们周遭的世界来完成对基督教会的一次新的改革；但是，他们不信任现有教会，并且玩弄东方宗教的舶来品，甚至想建立一个新的、更具精神性的宗教来取代基督教。施莱尔马赫自己关于宗教的那些具有相对意味的结论——由于每个个体都是独一的，所以必然有多种多样的宗教，而要想压制这种多元性则是错误的——似乎引出了如下明确结论：基督教只是众多宗教中的一种，是观察人们如何面对“无限者”——他们只是模糊地感觉到它——的方式之一。施莱尔马赫自己甚至走得更远，他主张，拥有一部权威《圣经》的整个理念，本身是与真正宗教的精神相悖的。

尽管如此，施莱尔马赫回避了如下想法：基督教只是无限的宗教经验菜单上的众多宗教中的一种。相反，通过借用谢林的一个术语，他认为，基督教是一种处于更高“幂次”（*Potenz*）的宗教，是一种元宗教，是宗教的宗教。他主张，基督教的核心“直观”是如下观点：由于宗教的一般主张必须总是具体体现在有血有肉的人的行动和决定中，因此宗教总是
155 处在堕落和重组的过程当中。偶然的、有着历史局限性的人将总是试图把他们自己关于更大的事物格局的观点解释为唯一可能的观点，试图将那些拥有不同“直观”的人当作异教徒来迫害并滥用教会后来建立起来的官僚机构。因此，对于基督徒来说，根本性的宗教经验是“神圣的哀伤，它伴随着每一次的欢愉和每一次的痛苦”[38]，这伴随着宗教经验和如下领悟：无论其地位如何，它必然深受堕落之害，以至于不能意识到我们全都是“罪人”。（施莱尔马赫关于罪的理解显然是来自康德的根本恶观念，并且将之浪漫化了。）因此，基督教可以要求一种相对于其他宗教更高的地位，与犹太教相比更是如此，施莱尔马赫认为，犹太教很久以前就是一种已死的宗教，它是一种只包含正统并墨守传统的信仰。（这也是当时基督徒中所流行的观点。施莱尔马赫后来成了犹太人公民解放和政治解放的拥护者，并呼吁一种新形式的、改革了的犹太教；但在 1799 年时，他对犹太教依然是有些敌意的，尽管他曾模糊地赞扬它具有“美的、孩童般的品格”[39]。像康德那样，当时他也认为，犹太教和基督教之间没有深厚的联系，犹太教实际上根本就不再是宗教，它已经退化为一系列律法仪轨和伦理约束。）

这些观点最终推动施莱尔马赫更加深入解释和意义的问题。显而易见的是，如果各种“直观”是不可通约的——特别是，如果理解一种宗教直观意味着与拥有这种直观的其他人共享同样的生活形式——那么变得

相当不清楚的是：当人们宣称他们拥有这种或那种宗教观念时，我们应如何去理解他们实际上所**意指**的内容。这使得施莱尔马赫在晚年一直力图将宗教解释学——如何解释《圣经》的理论——一般化为更具包容性的解释理论（就是我们现在所知的“解释学”，只不过它不再具有任何宗教内涵）。施莱尔马赫晚年的解释学的关键内容表达了所谓的“解释学循环”：为了理解一个具体的表达，我必须理解它所处的整体（例如语言和言说者的文化），而为了理解这个整体，我必须理解它的部分（具体的表达）。对于任何理解活动来说，整体和部分之间相互作用的发生是绝对必需的： 156
我们不能通过各部分的累加建立起我们对整体的理解——也就是说，我们不能仅通过言说者所做的所有具体表达的联结来理解言说者的语言，因为只有当我们在某种程度上理解了语言，我们才能够理解那些表达；而我们只有通过掌握构成语言的具体表达，我们才能够理解语言。（对于施莱尔马赫来说，一种“语言”不应被假设为一种独立于言说者的使用而存在的理想实体；施莱尔马赫自己对个体性的不可化约性的强调使得他不会假定，这样一种言说者之间所共享的“语言”，是一种理想的、确定的实体并且明确地固定了表达的意义。）施莱尔马赫的结论是，这种对其他人的表达的意义的“理解”是不能被编纂为一系列规则的，虽然任何语言本身都必须部分地包含规则（例如语法规则）。如果理解是一种应用规则的功能，那么我们就将需要那些规则的应用规则，进而又需要后一类规则的应用规则，等等，以至无穷；由于我们不能被要求去掌握无限多的规则，所以在掌握表达的意义上，必然会有某种其他的、不由规则掌控的方式。

因而，在理解一种表达的意义时，必须依赖于某种本身既非规则又非对规则的解释的东西。在施莱尔马赫看来，在理解他人时，我要利用我全部的实践技能和理智技能，来掌握他在这一特定语境中所意谓的东西；我是从一种关于语法规则（包括句法规则和语义规则）的一般性背景知识（一种“技术性”知识）开始的，我接受了他所说的，形成了关于他所意谓的东西的预感，修正我对他的意义的理解，直到我能够实现某种稳定的理解。因而，他和我共有的东西，不能是一种预先将我们的表达的意义固定了的理想的、确定的语言；相反，我们每个人都必须共有一种关于我们相遇的整体语境的直观的、非推理的掌握，我们只能根据那共有的理解来实现相互理解。

所有这些的主导性前提是，有这样一种“统一体”，它将所有表达整合起来，这些表达是我们最初不能完全掌握的，但对它们的掌握又必须是在开始理解他人的行动中实现的（而不是被找到的）。或者，用施莱尔马赫自己的话来说：“但是，我们只能经由对个体表达的理解而逐渐达到对这种内在统一体的认识，因而，如果这种内在统一体是将被发现的，阐述
157 的方式也是被预设的……人们只能确信如下这点：如果他们能够将所有的用法搜集起来，那么他们就是发现了这种内在统一体。但是，这是不可能完成的；这一任务因而严格来说是无限的，只能是接近于完成。”[40] 关于这种内在统一体可能是什么样的，施莱尔马赫自己给出了相互龃龉的描述：有时，他将之描述为一系列私人的、精神性的事件甚至是图像，这些只有我们的语词才可以表达；然而，有时他又将思想视为对公开演说的模仿，即将之视为一种“内心的言说”[41]。不过，在他关于解释学和辩证法的成熟著作中，他的论点总体上是否定如下观念的：人们可以在理解活动中做出明确的“内/外”区分，即要理解言说者，我们必须将某些信念归于他，并且我们是根据我们对他所说内容的理解将这些信念归于他的。实现那种“统一体”——这是这些理解活动中所预设的——同样涉及创造性和回应性之间的相互作用，而这正是他早先所认为的对宇宙的宗教“直观”的特征。我们必须根据我们自己的背景性认知机能（这可能包含也可能不包含一位正在说着某种语言的言说者）来处理言说者所说的内容，而后我们必须根据只能部分地表达出的背景性假设和技能来解释他自己的个体表达，对那些背景性预设和我们对表达的理解的修正，是一直伴随着我们的。施莱尔马赫坚持认为，关键是要承认，“每个讲话的人都有个体性的风格，这是无处不在的”[42]。

只有两种一般方法可以解决这个问题。“比较法”是有条理的并且利用了解释规则：一个人将既定的解释规则用到某人的表达或作品上，并通过将所意谓的内容（即“个体化风格”）与其他类似的表达类型相比较，而达致其个体性方面。例如，有的人可能会主张，人们应当以如此这般的方式来理解一位 14 世纪的作者所用的特定语词，因为同一时期的其他作者也是如此这般地用它来表达类似内容的；而有的人可以表明，某个作者

表达出了某种与他同时代人所说的“典型”内容略有不同的东西，因为他及其著作是有别于其他人的。施莱尔马赫则描述了另一种方法，即 158
“预测”法：“**预测**法是这样一种方法，用这种方法，人们可以说是将自己转变为另一个人，并尝试直接理解个体性要素。”[43]一个人设身处地为别人着想并尝试从这个人自己的视角出发来看世界；不同于比较法，这种程序是没有什么规则可以遵循的。施莱尔马赫认为，如果不预设这种从他人视角出发来看事物的认知能力，我们甚至是不能使用“比较法”的。用一种不同于自己的视角来看事物，**情况可能会是怎么样的**，对这一问题的共有的或主体间的理解，是所有理解活动的前提；对上述问题的更为一般的掌握本身，可以或多或少地被精细化（如果人们拥有正当的移情能力）为对如下问题的理解，即如果**成为**这另一个人，情况将会如何。不过，这涉及的，与其说是一种更素朴的认知问题，不如说是一种情感技能；或者换言之，在理解活动中，人们不能严格地将认知技能与情感技能区分开。（并不奇怪的是，像同时代的许多人那样，施莱尔马赫将预测法视为“人们知识中的女性力量”，而比较法则是男性的；男人们遵从规则，而女人们则是更直接、更情绪化、更具同感心[44]。）

弗里德里希·施莱格尔：片断化生活的讽刺

在某种程度上，弗里德里希·施莱格尔是耶拿圈子中的“智慧的火花”，虽然他自己对这个圈子的贡献并没有超过其他人。他自己的生活颇具戏剧性。1772 年，他生于汉诺威的一个小康之家，他最初被家里送去接受银行培训，但他发现这项工作是令人讨厌的，因此他在没有完成高中学业的情况下就进入了哥廷根大学，在那里，他修习了古典哲学和法律，之后他又在德累斯顿继续修习法律。1793 年，在卡洛琳·伯梅（她后来嫁给了他的哥哥奥古斯特，但不久之后就离婚了，而后嫁给了谢林）的影响下，他决定尝试以独立撰稿人为职业，在当时的德意志，这条职业道路上鲜有成功者。1796 年，由于受到与这样一种职业选择相伴随的经济 159
问题的困扰，他随他的哥哥奥古斯特·施莱格尔（他是一位文学批评家，此外还是一位杰出的莎士比亚翻译家）一起来到耶拿，但他依然囊中羞涩，1797 年他就从耶拿移居到柏林。在这里，他逐渐同施莱尔马赫和路德维希·蒂克（早期浪漫派的一位主要作者）成为朋友，他们形成了早期浪漫派知识分子的最初圈子之一。

在他逗留柏林期间，他还在沙龙中结识了多罗特娅·门德尔松·法伊特。她生于 1763 年（几乎比施莱格尔大了 10 岁），是哲学家摩西·门德尔松的长女，并且是成长在一个严格遵守犹太教律法和风俗的家庭当中。1778 年，她嫁给了柏林的一位银行家西蒙·法伊特。由于陷在这场无爱的婚姻（她已经育有两个儿子）中，她和弗里德里希·施莱格尔开始了一场众所周知的暧昧热恋，这在当时是公开的丑闻，这也使得她 1798 年离婚了。（在这期间，她的密友亨丽特·赫茨和他们共同的朋友施莱尔马赫都站在他们这一边。）1799 年，施莱格尔回到耶拿，1798 年时他和奥古斯特曾在这里创办并共同编辑《雅典娜神殿》，在这本杂志上，他们打算出版和宣传早期浪漫派的观点。（《雅典娜神殿》在 1800 年停止出版。）多罗特娅几乎是立刻和他一起到了耶拿，并开始在浪漫派圈子中发挥她自己的影响。1799 年，施莱格尔出版了一部小说《露辛德》（*Lucinde*），这是他唯一一次几乎毫不掩饰地以虚构方式描述了他与多罗特娅正在进行着的婚外恋。小说中两个情人之间的性欲和精神满足的联系，以及它对社会婚姻风俗所禁止的爱（因此，在这种爱中，性满足只会变得更为炽烈）的公开颂扬，使得这部小说招致诽谤，但也成了畅销书，同时也使它的作者出名了。这个圈子所拥护的"同情哲学"（这一术语和"浪漫主义"一样，都是施莱格尔自己创造的）使得耶拿在当时的德意志乃至于欧洲，成为前卫的思想生活中心。众所周知，弗里德里希·施莱格尔将大学描述为一部"哲学家的交响乐"。多罗特娅在她写给柏林的朋友（他们依然因她的行为而感到震惊）的信中说道："在这里，我置身于一场由智慧、诗歌、艺术与科学共同出演的不朽音乐会当中，这能够轻易地使人们遗世独
160 立。"[45]然而，这个圈子反复无常的性情从一开始就决定了它的命运，随着 1801 年诺瓦利斯去世，这个圈子最终瓦解了。施莱格尔自己的反叛趋势开始变得更为保守，1804 年，他和多罗特娅在移居巴黎后终于结婚了，并且她已经受洗接受了新教信仰；1808 年，他们在科隆皈依了天主教[46]。1809 年，弗里德里希和多罗特娅移居奥地利，在那里，他成了梅特涅民

族主义运动的宣传者，这场运动旨在反对拿破仑对德意志的影响和控制。1829 年，他在演说途中病逝于德累斯顿。

施莱格尔同施莱尔马赫、诺瓦利斯共享着许多，甚至可能是绝大部分哲学预设，并且像后二者（特别是像诺瓦利斯）那样，他的气质是全然反体系的，他认为，摆脱关于自我意识的思考的唯一恰当方式就是“片断”，他将之转化为一种文学形式（这几乎充满了《雅典娜神殿》）。只有“片断”——关于某个话题的一则格言或片刻沉思——才能充分体现如下观念，即不能在意识当中“表现”出来的东西可以在艺术中“暗示”出来。艺术品超出自身，指向了某种可以“展示”但不可“言说”的东西，因此，关于这种东西，我们只能间接地谈论。与诺瓦利斯相呼应，施莱格尔宣称：“哲学是对全知的共同追寻”，他认为，对文学和诗歌的充分知悉将可以解决这一问题[47]。

讽刺观念是施莱格尔对早期浪漫派思路的主要概念性贡献。一方面，在世界中，我们从来不能完全如在家中那般自在，因为我们是偶然的、自我解释的、时间性的存在者；然而另一方面，作为这样一种存在者，我们根本就不能逃避对我们的基本承诺的反思。当意识到这两方面时，我们就是在面对着我们生活当中最基本的矛盾，施莱格尔以多种方式表达了这一矛盾，但最简洁的莫过于是将这一矛盾表达为人类自我意识当中“最真实的矛盾”，“我们既是有限又是无限的矛盾感觉”[48]。也就是说，我们感觉到，我们是或可以是同如下这种东西有联系，这种东西将能为我们的生活和行动做辩护，并使我们可以说，我们在我们的判断和行动中的确是“做到了正确理解”；然而同时，由于意识到我们是偶然的、时间性的、
有限性的，我们认识到，我们的所有态度都是偶然的、有时限的，并且受 161
制于人类品性的缺陷和我们的自欺能力。唯一恰当的回应就是讽刺，即意识到，作为具有反思性的人，我们从来不可能与我们的所有承诺完全保持一致，因为我们从来不可能为它们提供那种辩护（尽管我们总是预感我们“能够”提供给它们），“除非”我们能够完全表达出诺瓦利斯和施莱尔马赫所说的那种“存在”的意义。换言之：我们总是能感觉到，我们必须将我们自己以及我们的地位的意义置于更大的事物格局当中——这是自我意识的条件之一——但是，作为具有反思性的存在者，我们认识

到，我们自己关于此的“看法”，从来都只是我们理解事物的特定方式的一种偶然的甚至相互矛盾的表达。讽刺既表达了我们必然会投身于某种事业，也表达了我们同时必然会以反思的方式超然于这些东西之外。因此，讽刺是关于既必须投身其中又必须超然于外的感觉的恰当立场。

施莱格尔通过对费希特关于进行自我设定的“我”观念做创造性的误解和彻底化来发展他的讽刺理论。对于费希特来说，“我”既许可它的所有推理，又授权自己发布这些许可。在使之适应于自我意识概念（这是耶拿浪漫派的共同工作）的同时，施莱格尔认为，费希特的自我授权观念意味着，尽管行动者总是沉浸在他的事业中，但作为“自我设定”，他总是能够躲开它们，甚至是从中走出来，他能够既沉浸其中，而又不会与它们完全一致。因此，对于讽刺家来说，两种恰当的体裁是寓言（它总是指向一种超出它自身的、无法言说的意义）或笑话，它如“闪电”（*Blitz*）般击穿那些自我封闭的借口，这些借口几乎总是伴随着有意识的人类生活。（甚至可以说，施莱格尔的寓言概念本身已经是隐喻性的了，因为他对它的使用与“寓言”的更为常见的用法含义是稍有不同的。）看到这一点的是“浪漫派”，并且，施莱格尔认为，莎士比亚是最伟大的浪漫派艺术家，因为他自己的主体性和承诺从来不限于在他的戏剧中所发现的那些东西；“莎士比亚”不仅仅是他的戏剧的作者，在他留下的各种文本的不同外观背后，总是能够发现，他是以戏剧性的方式在场的。

在一则发表在《雅典娜神殿》杂志上的格言中，施莱格尔宣称，浪漫派的诗歌“将如下这点作为它的第一戒律：诗人的自由选择（*Willkür*）
162 不能容忍任何法则高悬于诗歌之上”[49]。这就是施莱格尔自己对自发性和自律论题（这起于康德并由费希特继承）的彻底化。真正自我立法的行动者必然能够自行设定所有规则，甚至包括用于设定规则的规则和那些设定这些规则的规则，即使他们也必须回应他们的周遭世界。因而，如果一切东西真的都是有待确定的，那么——与康德和费希特所想的相反——根本就没有对于一般理性行动者来说必要的规则，因为无论我们用什么标准来证明这样一个结论，这些标准本身都是有待确定的；然而，像所有的早期浪漫派成员那样，施莱格尔主张没有任何规则，但同时也强烈地认为，我们的意志的确是有限的，这种限制不是来自我们自己的自我立法（或理性），而是来自“存在”本身。因而，像早期浪漫派中其他人那样，他的结论是，艺术而非哲学在表达这种根本性张力方面发挥着关键作用。

施莱格尔——也是整个早期浪漫派思想家——的反思的有效效应是使美学变成了一门关键性的哲学学科，发挥了美学在英语哲学中已经丧失了的作用（这种丧失的原因是18世纪早期各种经验主义者和休谟对沙夫茨伯里伯爵的审美主义的攻击）。就此而言，他们只是追随康德，将审美领域当作一个独特的，甚至是自律的领域，它的规范不能被化约为道德、政治、娱乐或经济生产的规范。然而，他们至少试图抵制将艺术变成纯粹自律领域、变成“为艺术而艺术”的领域的诱惑。对于施莱格尔和早期浪漫派中其他人来说，应当从艺术是否给予我们关于人类生活的**真理**的角度来评判它，施莱格尔还主张，只有一种特殊的**浪漫**艺术才能完成这项任务，因为只有这样一种艺术方式才可能掌握人类之有限性的意义以及如下直觉：确实有一种“正确理解”自然和意识的方式。施莱格尔还拒绝如下这样一些观念，即可能有某种方式来决定性地为我们的信仰设定基础（如浪漫派认为莱因霍尔德就曾试图这么做），或者在我们自己的自发的自我设定活动中发现一种基础（如他们认为费希特就曾这样做）[50]。在一则《雅典娜神殿》片段中，施莱格尔宣称：“浪漫主义诗歌是一种进步的、普遍的诗歌……并且，相较于其他诗歌形式，它更能够盘旋在被描绘者和描绘者之间的中点，摆脱所有真实的和不切实际的自利……浪漫主义 163
的诗歌依然处于变的状态中；实际上，这就是它真正的本质：它应当永远在变并且永不会是完美的。任何理论都不能囊括它，而只有一种预见性的批评将敢于尝试刻画它的理想。”[51]并非偶然的是，早期浪漫派迈出的关键一步是，在现代背景下将音乐重估为所有艺术中最主观也许是最深刻的，因为它最纯粹地表达了内在性以及与“存在”的联系，对此，概念性思维至多能够做到模糊和不完全的知悉。在19世纪之前，音乐被认为是艺术中最低的，因为它的真正重要性只在于作为某种圣言经典的背景或作为一种娱乐形式，而在早期浪漫派的影响下，它被重估为“最深刻的”，因为它是所有艺术中最“主观的”。

不过，尽管施莱格尔以幽默诙谐的方式坚持经验和一般人类生活的片断化本质，并（与早期浪漫派中其他人一样）将“情感”视为我们与那种以我们最原始的自我意识形式所揭示出的实存的联系，但施莱格尔的能动性理论是有一定抽象性的，或者至少其中是有一种根本性张力的。施莱格尔的批判性著作指向了关于能动性的“社会地位”观念，而《露辛德》（以及他的某些著作，虽然不是始终如一地）强调了有血有肉的人类存在者的要素可以解决人类经验中不可避免的张力。对于施莱格尔这位批评家来说，“自我”可以被设想为像官员（office-holder）那样，任何“自我”都可以同时拥有多个“办公室”（批评家、情人、革命者等等）。唯一能够导致个体性的自我所能拥有的不同的“办公室”之间发生矛盾的，是那种要在各种“办公室”（或“自我”）之间实现统一的隐含动力，而对由这种要求所导致的矛盾的唯一恰当回应就是讽刺。高踞并超离其各种“办公室”的自我，是讽刺性的、自我立法的自我；它不是《露辛德》中那种充满激情的、耽于肉欲的自我。因此，施莱格尔著作中向“内在性”的转向具有两面性；它既体现了早期浪漫派关于个性之不可化约性的理想，同时也表明了，这样一种概念（如果从另一方面来看的话）如何能
164 够破坏对它而言**重要的**任一真实承诺的主体性观念。由此，施莱格尔不仅预示着之后的浪漫主义，也预示着 20 世纪末期的后现代主义观念。

共和主义的含糊之处

除了共和主义，大概没有哪种政治理念能够充分体现 18 世纪的想象力。在 18 世纪的欧美，无论是反对君主制的人，还是拥护君主制的人，都在高谈共和主义的美德。所有这些讨论和对共和理想的赞许，都汇聚为如下广泛共识：共和国是**自由的**，它的公民是**合乎美德的**。然而，除此之外，关于共和主义究竟是什么，则是鲜有共识。

早期浪漫派思想家亦不例外。像他们那一代的许多人那样，他们最初也是欢迎法国大革命的，并以德意志历史，特别是宗教改革的历史为透镜来解释它。他们倾向于将之视为（可能也希望它成为）从道德和精神上革新那让人备感僵化乏味的德意志社会秩序的先驱。而随着大革命进展到更为暴力的阶段，像许多其他德意志人那样，他们开始对大革命失望进而拒斥它。在拿破仑入侵德意志并导致持续战争和德意志生活的大规模重建

之后，他们开始变得越来越反对革命。

对这一时期的德意志生活（以及早期浪漫派）最持久的误解来自斯塔尔夫人（1766—1817），在其著作《论德意志》（*De l'Allemagne*，1810年）中，她提出了如下观念：德意志是一个盛产诗人与哲学家而非实干家的国度，这是因为德意志人没有什么政治生活，这使得那些可能成为鼓动者和实干家的人从政治世界中退出，转而进入内在的思想世界。（她与早期浪漫派圈子是很熟悉的，1803 年 12 月至 1804 年 4 月她做了一场著名的穿越德意志之旅，自此她与早期浪漫派圈子变得很熟悉；她将奥古斯特·施莱格尔看作自己的朋友，他同时也是她儿子的导师。）与她的书一起，关于非政治甚或无关政治的德意志人的神话诞生了，据说，这种德意志人在政治上是消极的，并且倾向于梦幻般地漫游进思想领域。

实际上，德意志人（无论是否是知识分子都一样）在这一时期绝非消极的。在这一时期，整个德意志社会动荡不安，并且各种政治理论层出不穷。我们很难说康德、费希特以及之后的黑格尔的工作是“无关政治的”，并且，几乎所有后康德思想家都谈及过政治问题。早期浪漫派成员 165
与其他人一样，也会讨论政治问题，但几乎随后所有的文献都将他们刻画为彻头彻尾的保守派或糊里糊涂的空想家，这是不公正的。实际上，他们在努力克服他们时代的政治现实，而他们在表述上之所以有困难，是因为他们持有相当模糊的、具有君主主义色彩的共和主义观念，而非因为政治上的消极或保守复古的倾向。（尽管他们当中有些人随着年龄增长而日益保守，如弗里德里希·施莱格尔，但他早期绝不是保守的。）此外，他们的政治思想受到了弗里德里希·席勒对康德的“严格主义”道德哲学（它要求义务并且只有义务才能提供行为动机）的批判的影响；对于早期浪漫派成员来说，无论他们如何认为康德自己试图舒缓这种指责，但这种道德哲学都阻碍了生活中偶然的、情感的那部分，因为它要求我们抛弃生活中的这些部分并将如义务这类对我们来说重要的东西置于首位。

在这些浪漫派政治理论家中，最引人注目的是诺瓦利斯，因为他的观念是相当大胆的。在某种程度上，诺瓦利斯喜欢摆出既保守又革命的姿态；耶拿圈子中的其他人喜欢震撼德意志生活中古板的市民（*Bürger*），而诺瓦利斯则是喜欢震撼市民和耶拿圈子本身。他最著名的作品是《基督教或欧洲》，然而说来奇怪，这在他生前并未发表。该文在 1799 年 11 月间在耶拿圈子中被阅读，它完全成功达到了激怒他的朋友们的目的。表面看来，在这篇文章中，诺瓦利斯似乎主张，中世纪是一个连续的美与和谐的时代，这完全要归因于天主教会明智地执行着霸权，解决当前革命剧变的唯一方法就是恢复单一的天主教会、旧的等级社会，将统治权完全交给重建的耶稣会，并忘记现代性。然而，诺瓦利斯所想要达到的是与此相当不同的东西，他这篇古怪的小册子暴露出了早期浪漫派关于一般政治生活的观点中的某些关键困难。

诺瓦利斯的文章从一名萨克森下层贵族的立场出发，对德意志所处的
166 低迷状态做了抨击。当时“德意志”——请谨记，这时还没有“德国”，只有一批大小不等的邦国——的主要问题之一是，它没有任何具有重要地位的跨境机构。1648 年《威斯特伐利亚和约》缔结之后，它成了由若干邦国构成的拼凑物，而 1555 年《奥古斯堡宗教和约》（它确立了邦国君主裁决其领土上已有宗教的权利）缔结之后，甚至连新教教会也不再是德意志范围内的跨境机构。虚构的神圣罗马帝国及其相关宫廷（人们只是在理论上可以诉之于它，但这实际上从来没发生过）得以保留，不过，到了 1799 年，它也开始表明，它早已不过是无足轻重的虚构之物罢了。很明显，它对法国大革命根本就毫无抵抗之力，或者说，它根本就不能抵抗看似无敌的法军对德意志领土的入侵。1792 年，虚构的德意志联盟（奥普联军）被法军在瓦尔密击败后很快就分崩离析了，之后，法国人深入德意志领土追赶溃逃的德意志军队。从那时起，法国人基本上能够随心所欲地应对德意志人的抵抗。

结果早已是再清楚不过了。神圣罗马帝国是无力的，而德意志的新教教会变得就像天主教会的最狂热的攻击者所曾想象的天主教会那样墨守成规。更糟糕的是，新教教会是严格地域性的；德意志境内的每一个新教教会都服从于本地的君主，君主通过他自己的红衣主教会议为教会挑选牧师，同时他的大学以恰当的正统来培训这些牧师。因此，新教教会仅仅是（地域性）君权的另一种表现形式。

此外，德意志的经济（在中世纪，德意志曾是一个繁盛的工商业中心，只是因三十年战争才被彻底摧毁了）再也没有重现它之前的荣光。

由于18世纪的德意志的君主们需要资金来维持军队和奢靡的宫廷生活（以及豢养侍臣和举行定期的盛大节日）——这些实际上是法国国王出于礼仪上的需要而做的，这大大地激励了欧洲的君主们——所以，他们越来越需要比先王们更深入地钻研他们的臣民的经济生活，而为了完成这项任务，他们还必须了解他们统治区域内的各种资源以及如何最好地开发利用它们。这使得他们建立各种行政机构（它们可能是以启蒙思想为基础 167 的），以将他们追求不断扩大的野心所必需的收益的产生合理化。因此，行会或贵族本身的传统权利妨碍了这些野心勃勃的君主们，他们的行政团队总是试图从**土地**经济中榨取更多的金钱，而且，随着君主对经济控制的加强，青年人最有可能获得的“中等阶层”工作大部分是由君主的行政部门提供的，如果他们想保有自己的工作或在事业上获得晋升，他们就必须效忠君主。

对于诺瓦利斯来说，所有这一切代表着“欧洲”：一批世俗化的、如机器般的国家，它们旨在使各种形式的经济生活合理化，以便为了君主的野心而从民众那里搜刮更多的资金，在这些国家中，文化本身处在君主控制之下，因而必须服从于同样的经济性评估。为了解决这个问题，他提出了一个替代方案：中世纪的理想化的“基督教王国”，在这个王国中，“家乡”没有被攻击，权利借助于人们所属的行会和协会而受到保护，并且在人们的宗教生活中有一个统一的目的在起作用，它是任何“君主”都不能裁定、颁布的。简言之，有（含蓄地说是应该有）这样一种生活形式，它能够将个人与国家隔绝开，以各种法律的和非法律的形式保护他们躲开君主那无所不入的“凝视”。“欧洲”远不是这样一种理想，而只是主权国家的集合；另一方面，“基督教王国”曾是（或者更重要的是**将会是**）这样一类国家，它们不是借助于国家权力的命令而组合起来的，而是借助于那些与“宗教”有关的东西，早期浪漫派将之称为“无限者”。

在诺瓦利斯讲述他的这个关于中世纪的古怪童话时，这样一种统一的“天主教”——或者他所称的“真正的天主教或真正的基督教时代”[52]正在不可避免地衰落为一个破碎的“新教世界”。他说：“对于这个美妙的王国来说，人类还不够成熟，还没有足够的教养。”[53]不可避免的结果是新教，其次是启蒙文献学（一当将《圣经》作为文本的研究变得比将宗教作为生活形式的研究更为重要时，这种文献学就会产生），并且，启蒙了的有效管理规则立即接管了生活的全部，“把具有无限创造
168 性的宇宙音乐变成了一座庞大的石磨的单调嘎嘎声，这石磨靠偶然之激流推动并漂浮在这激流上，它是一座没有建筑师和磨坊工人的石磨……真正辗磨自身的石磨”[54]。

因此，诺瓦利斯的童话（基于一种新的自我意识和关于世界与自身的知识）重现了基督教关于原初天堂及其不可避免的堕落的神话；因而，对于诺瓦利斯来说，问题在于，是否能够在保留这种自我认识的同时“重回”天堂。诺瓦利斯（以相当讽刺的口吻）说，首先，这看起来好像是耶稣会想要重建那失落的天堂，因为作为“所谓的秘密团体之母”，它们试图“使残酷铲除这些异教（他们是魔鬼的真正战友）的行动成为天主教徒最紧迫的义务”[55]；但是它们也未能“永远持续下去”，因为实际上，作为拥有渊博知识和自我意识的现代经验人造物，它们被教皇本人解散了。

只有一个理想化的“德国”才是唯一真正的希望，在这个国家中，“德意志人竭尽全力把自己培养成一个更高的文化阶段的同盟者”，关于此我们只能简略提及，但是当这实现时，将会产生出一种“普遍的个体性，一种新的历史，一种新的人类，对一个令人感到惊喜的年轻教会和一个有爱的上帝的最甜蜜的拥抱，以及对一个新弥赛亚的真诚接纳”[56]。对于他的读者来说，诺瓦利斯的观点应当是清楚的：新的观念论哲学（它的代表者不是费希特而是谢林）、像他这样的人所写的新诗歌、施莱尔马赫所倡导的新的宗教情感以及耶拿圈子所探索的自身关系新模型，将是真正革命的新世界的先驱，这个世界所产生的，不是旧的天主教会的恢复，也不是现有新教教会的胜利，而是真正的**新生**事物，最终，在一种新的更深层次的宗教回应的指导下，它将确保美德的统治和真正的共和主义。像施莱尔马赫那样，他将这称为“基督教的”，尽管他说这只包含“所有宗教”和“沉思观念”中的“欢愉”。（他指出，旧的基督教模式，即与“对基督、圣母和圣徒的信仰”[57]有关的模式，是旧的天主教信仰，这已经在运行了。）

诺瓦利斯的震撼力是毫无疑问的，在他 1799 年将他的文章在耶拿圈

子中公开后，对它的回应都或多或少表示，难以相信他竟能接受这种主张恢复天主教及旧社会秩序的想法。一方面，无论如何他都不应当惊讶：这 169
篇文章的讽刺意味是微妙的，因而完全会被人们忽视而不能清晰地找到这种意味。另一方面，他的文章还阐明了早期浪漫派成员在回应他们周边极速变化的社会和政治现实时的一个关键模糊之处。康德深受苏格兰道德和政治作品的影响，并明确提出了一个“自由的”政治秩序，而早期浪漫派成员几乎没有受到苏格兰或英国观念的影响。如果说有的话，那就是他们特别倾向于将英国的观点看作粗暴的、俗气的、纯粹商业性的，因而看不到“更高的”真理[58]。此外，他们自己关于新社会秩序的“革命性”观念，深受当前德意志生活中现有的“家乡”结构和对此前未被破坏的德意志的理想化记忆的影响。因此，尽管他们不希望恢复旧社会秩序，但他们仍然将其中的大部分要素作为他们的模式。

康德自己的“伦理联邦”观念显然是他们的灵感，因为它正与当时盛行而又相当模糊的“共和主义”观念相契合。在这种相当模糊的“共和主义”观念中，作为一种自我牺牲形式的古老美德观念被搁置一旁，并且几乎不强调康德关于政治领域所强调的内容，即充满不同利益的社会秩序当中强制性法律的必要性。相反，早期浪漫派成员（与其他许多人一样）将一种更为“有效的”社会生活模式置于前面并作为中心，这种模式将对同胞的爱（至少是与同胞的社会性友谊）作为美德。他们认为，在一个“真正的共和国”中，人们将会是合乎美德的，将会自由地并以一种友善的方式相互合作，并且最重要的是，统治者是拥有美德和学识的男人（对于施莱尔马赫、弗里德里希·施莱格尔、卡洛琳·谢林和多罗特娅·施莱格尔来说，也包括女人），他们凭借自身的伦理和文化优势，将会使领导水平得到显著提升。

1796 年，弗里德里希·施莱格尔发表了对康德前一年出版的《永久和平论》的评论。在这篇评论中，施莱格尔批评了康德的许多立场，包括康德对民主的厌恶。康德认为，恰当的统治秩序——它本身体现了什么是客观上正确的——无需且不应被等同于民主统治；法治的确只能通过免 170
于暴民统治来得以维护。施莱格尔认为，由于在真正的、终极的正确之物，与我们这种有限的存在者所能建立起来的、在我们看来**似乎**是正确的东西之间，总是有一条鸿沟，所以我们最多只能凭借某种“虚构”——它是先天道德意志的经验性替代物——“接近”客观正确性的标准。因而，对于纯粹的客观意志来说，大众的意志应当是替代品、是“虚构”。然而，在这样说时，施莱格尔也展示出了这一时期那些谈及共和主义的人们广为接受的假设：“当然有一种**合法的贵族统治**，有一个**真正的贵族阶级**，它完全不同于不正当的世袭贵族统治，康德已经令人满意地证明了后者的绝对不正义……但是，这只有在一个民主共和国中才是可能的”，并且，“**德治**是国家的**绝对完善**（团结、自由和平等的最大化）的必要条件，甚至是任何更高的政治美德的必要条件”[59]。

这完美地概括了共和主义概念的模糊之处，正是这种模糊使得它吸引了如此多的人。它最终依赖于如下观点：在共和民主制中，“人民”将聚集起来选出他们当中最有学识和最合乎美德的男人和女人来领导他们。共和主义的许多早期支持者并没有想到，“人民”选出的某个人，可能并不属于“合法的贵族阶层”；并不奇怪的是，随着民主统治的法国经验对于他们来说愈发清晰，他们对共和主义本身的热情也相应地开始冷却，他们很快就得出了这样的结论：他们所曾希冀的美德王国，在一个堕落的世界当中是根本行不通的。早期浪漫派强调“爱”，认为它可以解决个体性与差异性问题，这塑造了耶拿圈子的对政治的回应：如果爱以一种既能团结又保留双方个体性的方式使一个个体受到另一个体的束缚，那么，不是强制性的法律，而是像“爱”这类的东西就应当是一个正义秩序中的公民之间的“伦理”纽带。浪漫主义最厌恶的，就是奉行和采取一种以相互竞争的利益之间的平衡为基础的粗鄙的政治秩序。

171 在 1798 年发表的一篇题为《信仰与爱或国王与王后》的短文中，诺瓦利斯简洁地陈述了上述这些观点。如果说他为人熟知的姿态是旧秩序的拥护者，那么诺瓦利斯（一个萨克森人）则是主张，对普鲁士王室的赞赏是普鲁士国家秩序井然的基础，因为如他所说：“国家的运行取决于公众气质。使这些气质变得高贵是国家真正改革的唯一基础。”[60] 对于这样一种国家，在其中，人们之间的联系是每一个公民的高贵气质，唯一的替代办法就是那种“被控制得像工厂一样”的国家，如诺瓦利斯接下来所主张的，自弗里德里希·威廉一世去世之后，普鲁士就已经是这种国家了。在这样一种秩序中，统治原则已经变成了“利己主义”和“自私自利”原则（这构成了“当代革命的肇因”[61]）。只有当国王和王后自己是美德的典范时，美德而非自利才会成为人们之间的纽带，因为“宫廷本是家政的放大。国家的大家政按宫廷构成，较小的家政又按此大家政构成，依此类推”[62]。对于诺瓦利斯及其浪漫派伙伴来说，似乎只有“爱”与“美德”这种个人性纽带（就像家庭那样）才是适当的，而非法律和权利这种无利害关系的纽带（就像“工厂”那样）；对于他们来说，“伦理联邦”比“政治联邦”更吸引人，因为自发性和自由的自身关系的理想只有在“伦理联邦”中才会实现。

现代自由观念在融合进现代制度过程中所产生的不适——的确，随着现代化进程的展开，这种内在张力和各种深深的失望都是必然会出现的——居于这一代人的经验和他们对经验的表达的核心。他们对康德和费希特解决方案的不满是显而易见的；但是，他们同样激烈地拒绝回到老路上去。然而，他们自己试图二者兼得——既强调自发性和回应性，又拓展出一种不可化约的个体性观念——这本身对现代经验的发展产生了深远的影响。

注释：

［1］彼得·格雷将（整个欧洲的）浪漫主义解释为对主观内在性的探索和对自然的再度神秘化，参见 Peter Gay，*The Naked Heart*。

［2］这种将赫尔德的思想理解为对不可还原性的规范性的论证的解读，是由最优秀的赫尔德解释者之一查尔斯·泰勒提出的，参见他的“The Importance of Herder,” in Charles Taylor，*Philosophical Arguments*（Cambridge，Mass.：Harvard University Press，1995），pp. 79－99。赫尔德也被弗里德里克·拜泽尔解释为一位自然主义者（虽然他认为赫尔德拒绝对有机自然和人类能动性做机械论解释），参见 *The Fate of Reason*，ch. 5，pp. 127－164。尽管我认为泰勒的解读的理据更为充分（并且他还考虑到赫尔德对浪漫派成员以及黑格尔的影响），但这也许会让我们误入歧途。公平地说，赫尔德——他在论证过程中并非总是像人们所希望的那样严格——似乎总是想二者兼得，也就是说，他既试图证明规范性的不可

化约性，又试图证明关于精神的自然主义理解，因此为两条解释路向都留下了空间。有人认为，赫尔德对一些人如黑格尔的影响是关键性的。查尔斯·泰勒就是这样主张的，见他的那部影响广泛的著作：Charles Taylor，*Hegel*（Cambridge University Press，1975）。迈克尔·福斯特试图更为着力地强调赫尔德的影响，参见 Michael Forster，*Hegel's Idea of a Phenomenology of Spirit*（University of Chicago Press，1998）。

［3］这对之后的历史学家如利奥波德·冯·兰克和黑格尔有着深远的影响，尽管黑格尔断然拒绝如下观念，即我们应仅限于根据文化自身的标准来判定它，因为黑格尔认为，我们应当将它们全都理解为实现自由的过程中所做的一系列努力。

［4］参见 *Critique of Judgment*，§59。［《判断力批判》，§59："美作为德性的象征"，201 页。——译者注］

［5］在强调早期浪漫派关于想象创造性和对世界的回应性的双重承诺的声音中，理查德·爱尔德里奇、查尔斯·拉莫尔、阿扎德·塞伊汗和曼弗雷德·弗兰克是更有力的。参见 Richard Eldridge，*On Moral Personhood：Philosophy，Literature，Criticism，and Self-Understanding*（University of Chicago Press，1989）；Richard Eldridge，*Leading a Human Life：Wittgenstein，Intentionality，and Romanticism*（University of Chicago Press，1997）；Charles Larmore，*The Romantic Legacy*（New York：Columbia University Press，1996）；Azade Seyhan，*Representation and its Discontents：The Critical Legacy of German Romanticism*（Berkeley：University of California Press，1992）；Manfred Frank，*Unendliche Annäherung*；Manfred Frank，*Einführung in die frühromantische Ästhetik*（Frankfurt am Main：Suhrkamp，1989）。

［6］这种观点已经随处可见，但支持这种观点的代表性著作是：Dieter Henrich，*Der Grund im Bewußtsein：Untersuchungen zu Hölderlins Denken（1794—1795）*（Stuttgart：Klett-Cotta，1992）；Frank，*Unendliche Anäherung* 和 *Selbstbewußtsein und Selbsterkenntnis*（Stuttgart：Reklam，1991）。弗兰克明确而认真地重建了，那些对话必然曾是什么样的，以及在这种争辩中谁影响了谁，见 *Unendliche Annäherung*。

［7］曼弗雷德·弗兰克也着力将谢林归入此类，此外还有著名神学

家施莱尔马赫和批评家弗里德里希·施莱格尔。参见 *Unendliche Annäherung* 和 *Eine Einführung in Schellings Philosophie*（Frankfurt am Main: Suhrkamp, 1985）。

［8］甚至通常总是可靠的弗里德里克·拜泽尔——他是对这一时期颇有研究的最杰出的历史学家之一——也犯了这种错误："德意志浪漫主义是作为一场文学运动开始的。在早期，它的目标主要是美学的，它迫切希望确定好的鉴赏和文学的标准。"参见 Frederick Beiser, *The Early Political Writings of the German Romantics*（Cambridge University Press, 1996），p. xii。对这场运动的哲学根基做了最深入探索的是曼弗雷德·弗兰克，参见 *Einführung in die frühromantische Ästhetik* 和 *Unendliche Annäherung*；而对这场运动的哲学内涵做了最全面探索的，可能是理查德·爱尔德里奇，参见 *On Moral Personhood* 和 *Leading a Human Life*。

［9］"然而自我意识如何可能？通过我与我自身相对峙（*entgegensetze*），我与我自身相分离，却又无视这种分离，将在对立面中的我作为与自身同一的我加以认识（*erkenne*）。然而，在何种程度上同一？我能够，我必须如此发问：因为在另一种视线中它是自相对峙的。那就是说，同一性不是对象和主体最终发生的统一，同一性不等于（=）绝对存在。"Friedrich Hölderlin, "Sein Urteil Möglichkeit," in Friedrich Hölderlin, *Sämtliche Werke*（*Frankfurter Ausgabe*），vol. 17（eds. D. E. Sattler, Michael Franz, and Hans Gerhard Steimer）（Basel: Roter Stern, 1991），pp. 147－156.［荷尔德林：《判断与存在》，《荷尔德林文集》，戴晖译，北京：商务印书馆，2003 年，197 页。——译者注］

［10］Friedrich Hölderlin, "Sein Urteil Möglichkeit."［荷尔德林：《判断与存在》，《荷尔德林文集》，196 页。——译者注］"在主体和对象绝对地（schlechtin）统一而不是部分地统一之处，它们是如此相统一，以致根本不能做任何划分，而不伤害那应被划分者的本质，这里，此外没有任何地方能够绝对地谈论存在，如在智性直观中就是这种情况。"

［11］迪特·亨利希奠定了这种对荷尔德林成熟期诗作的理解路向。参见 Henrich, *Der Grund im Bewußtsein*；以及 Dieter Henrich, *The Course of Remembrance and Other Essays on Hölderlin*（ed. Eckart Förster）（Stanford University Press，1997）。

［12］原文是："Möglichst dulden die Himmlischen dies; dann aber in Wahrheit/Kommen sie selbst，und gewohnt werden die Menschen der Glücks/Und des Tags und zu schaun die Offenbaren，das Antlitz/Derer，welche，schon längst Eines und Alles genannt，/Tief die verschwiegene Brust mit freier Genüge gefüllet，.../So ist der Mensch; wenn da ist das Gut，und es sorget mit Gaben/Selber ein Gott für ihn，kennet und sieht er es nicht."选自 *Hölderlin*（ed.，trans.，and introduced by Michael Hamburger）（Baltimore：Penguin Books，1961），p. 109。［荷尔德林：《追忆》，林克译，成都：四川文艺出版社，2010 年，61 页。——译者注］

［13］当然，荷尔德林所说的爱，源于他与苏泽特·贡塔尔之间热烈奔放、命中注定的风流韵事的经历（荷尔德林被她的丈夫雅克布·贡塔尔聘为孩子们的家庭教师），此外最有可能的还有他与他青年时代的朋友，特别是黑格尔和谢林之间的密切交往。关于荷尔德林的生活和作品的概述，可参见 David Constantine，*Hölderlin*（Oxford：Clarendon Press 1988）。

［14］迪特·亨利希谈及荷尔德林对生命中"相互冲突的趋势"的刻画，他认为，荷尔德林区分了如下三种"趋势"：为生活中的统一和完美而奋斗；认为美能够促进你实现各种形式的意识或行动；对存在的共同根据的理解。参见 Henrich，*Der Grund im Bewußtsein*；*The Course of Remembrance and Other Essays on Hölderlin*。

［15］此句诗的原文是"Was bleibt aber，stiften die Dichter"。选自 *Hölderlin*（ed.，trans.，and introduced by Michael Hamburger），p. 211。［荷尔德林：《追忆》，156 页。——译者注］

［16］参见 Friedrich von Hardenberg，*Werke*，*Tagebücher und Briefe*（以下简写为 *WTB*）（eds. Hans-Joachim Mähl and Richard Samuel）（Munich：Carl Hanser，1978），vol. 2，Novalis：*Das philosophisch-theoretische Werk*，p. 227；*Blütenstaub 1797/98* 严格按照字面意思来说就是："我们到处寻找无条件者（un-thing-ifed），而我们找到的只有物（things）。"

［17］Hardenberg，*WTB*，III，p. 127，转引自 Frank，*Unendliche Annäherung*，p. 849。

［18］关于此，弗兰克有精细且富有洞见的讨论，见 *Unendliche Annäherung*。

［19］在理解诺瓦利斯时，弗兰克（*Unendliche Annäherung*）和让-路易·维亚尔-帕隆（*Hegel et L'Idéalisme Allemand*，Paris：Vrin，1999）的观点之间形成了鲜明的反差。弗兰克的著作（*Unendliche Annäherung*）在哲学上来说是有趣的，它不考虑它的主张是否符合诺瓦利斯。维亚尔－帕隆认为诺瓦利斯是在捍卫关于"图像"的主张，这与黑格尔的"概念"是相对的，他将诺瓦利斯视为一种神秘主义的、着了魔的思想家，这位思想家专心致力于解释，人类经验的微观世界如何在自身内反映宇宙的宏观世界。他解释道："对于人来说，要成为微观世界，就要成为基督，或者更准确地说，要成为宇宙化基督；而成为基督就是要在宇宙中发现他自己的被反映出的图像，就像在镜子中那样。"（*Hegel et L'Idéalisme Allemand*，p. 134）

［20］Hardenberg，*WTB*，III，p. 850.

［21］*Novalis*：*Philosophical Writings*（ed. and trans. Margaret Mahony Stoljar）（Albany：State University of New York Press，1997），no. 76，p. 37；*WTB*，II，p. 262.

［22］Ibid.，no. 12，p. 24；*WTB*，II，p. 230.

［23］Ibid.，no. 45，p. 135，也可对照 no. 33，p. 131。［诺瓦利斯：《诺瓦利斯选集》（卷一），刘小枫编、林克等译，北京：华夏出版社，2007 年，133 页。——译者注］"**哲学病理学**。一种指向完美和完成的绝对驱动力是一种疾病，因为它表明它自身是毁灭性的，并转而走向不完美、未完成。"诺瓦利斯也谈到，那些希望将主观性的偶然性固定在主体或客体当中的人："这二者都是逻辑疾病——都是幻想症，在它们中，理想是以两种方式被揭示的或被反思的。"（pp. 131－132）尼采认为，哲学对非透视视角的追求，是"禁欲主义理想"的一部分，这在本质上是"成为另类、成为他处的肉身性希望……" Friedrich Nietzsche，*On the Genealogy of Morality*（ed. Keith Ansell-Pearson，trans. Carol Diethe）（Cambridge University Press，1994），p. 93.

［24］Hardenberg，*WTB*，II，no. 105，p. 334.［《诺瓦利斯选集》（卷一），134 页。——译者注］

［25］ *Novalis*：*Philosophical Writings*，no. 99，p. 66.

［26］ Hegel，*Phenomenology of Spirit*（trans. A. V. Miller）（Oxford University Press，1977），para. 658，p. 400；*Phänomenologie des Geistes*（eds. Hans Friedrich Wessels and Heinrich Clairmont）（Hamburg：Felix Meiner，1988），pp. 432－433.［黑格尔：《精神现象学》（下卷），贺麟、王玖兴译，北京：商务印书馆，1981年，167页。——译者注］

［27］ F. D. A. Schleiermacher，*On Religion*：*Speeches to its Cultured Despisers*（ed. and trans. Richard Crouter）（Cambridge University Press，1988；*Über die Religion*：*Reden an die Gebildeten unter ihren Verächtern*（Hamburg：Felix Meiner，1958）. 有许多学者就这本书与施莱尔马赫之后在柏林作为神学教授所做的关于基督教信仰的工作之间的关系展开了争论，我在这里回避了这一关系。

［28］ *Critique of Pure Reason*，Bxxx.［《纯粹理性批判》，22页。——译者注］

［29］ *On Religion*，p. 23；*Über die Religion*，p. 29.

［30］ *On Religion*，p. 23；*Über die Religion*，p. 29. 1822年之后，施莱尔马赫将这种服从的情感描述为“纯粹依赖性”的情感。黑格尔后来利用这一点来主张，施莱尔马赫将信仰视为依赖观念，这意味着他不能将信仰的情感和狗从主人那里获得骨头的幸福区分开。参见 See Frank，*Unendliche Annäherung*，pp. 685ff。

［31］ 参见 *On Religion*，p. 23；*Über die Religion*，p. 29：“宗教从人必须是其所是（无论他是否愿意成为这样）的有利位置出发来理解人。”

［32］ *On Religion*，p. 102；*Über die Religion*，p. 142. 施莱尔马赫是利用类别包含和从属关系之间的区别得出这一点的。他写道：“如果我们按照我们想要的方式划分概念，并无限地进行下去，那我们依然是达不到个体的。”

［33］ *On Religion*，pp. 29，110；*Über die Religion*，pp. 37，154.

［34］ *On Religion*，p. 101；*Über die Religion*，p. 140.

［35］ *On Religion*，p. 88；*Über die Religion*，pp. 120－121.

［36］ *On Religion*，p. 78；*Über die Religion*，p. 106.

［37］ William Wordsworth, *The Prelude* (ed. Jonathan Wordsworth) (London: Penguin Books, 1995), p. 240 (6: 538–539).

［38］ *On Religion*, p. 119; *Über die Religion*, p. 167.

［39］ *On Religion*, p. 114; *Über die Religion*, p. 159.

［40］ Friedrich Schleiermacher, *Hermeneutics and Criticism and Other Writings* (ed. and trans. Andrew Bowie) (Cambridge University Press, 1998), p. 235. 鲍伊所做的“导言”特别有助于确定施莱尔马赫的解释学在当代论域中的重要性。

［41］ Ibid., p. 9.

［42］ Ibid., p. 256.

［43］ Ibid., p. 92.

［44］ Ibid., p. 93.

［45］ 施莱格尔的引文来自 Theodore Ziolkowski, *German Romanticism and Its Institutions* (Princeton University Press, 1990), p. 261; 多罗特娅·施莱格尔的评论可见 J. M. Raich (ed.), *Dorothea von Schlegel geb. Mendelssohn und deren Söhne Johannes und Philip Veit, Briefwechsel* (Mainz: Franz Kirchheim, 1881), I, p. 19。转引自 Hans Eichner, *Friedrich Schlegel* (New York: Twayne Publishers, 1970), p. 91。

［46］ 我曾错误地说，在他们居留耶拿期间，多罗特娅就已经是施莱格尔的妻子了，见 *Hegel: A Biography* (Cambridge University Press, 2000)。

［47］ Friedrich Schlegel, *Philosophical Fragments* (trans. Peter Firchow) (Minneapolis: University of Minnesota Press, 1991), no. 344, p. 70.

［48］ Schlegel, *Werke*, XII, p. 334; 引自 Frank, *Einführung in die frühromantische Ästhetik*, p. 304。

［49］ Schlegel, *Philosophical Fragments*, no. 116, p. 32.

［50］ 查尔斯·拉莫尔特别好地强调了这一点，见 *The Romantic Legacy*。

［51］ Schlegel, *Philosophical Fragments*, no. 116, pp. 31–32.

［52］ Novalis, “Christendom or Europe,” in Hardenberg, *Novalis: Philosophical Writings*, p. 139.

［53］ Ibid.

［54］Ibid.，p. 144.

［55］Ibid.，p. 143.

［56］Ibid.，p. 143.

［57］Ibid.，p. 151.

［58］亨利·克雷布·罗宾逊（他是将浪漫派理念引入不列颠的关键人物）曾谈及他在这个时期与谢林及耶拿圈子其他成员的交往，他说他们排斥英国人，因为他们认为英国人是肤浅的商业民族。参见 Edith J. Morley（ed.），*Crabb Robinson in Germany*：*1800－1805*：*Extracts From His Correspondence*（Oxford University Press，1929）。

［59］Friedrich Schlegel，"The Concept of Republicanism，" in Beiser（ed. and trans.），*The Early Political Writings of the German Romantics*（Cambridge University Press，1996），pp. 102，108.

［60］Novalis，"Faith and Love or The King and Queen，" in Hardenberg，*Novalis*：*Philosophical Writings*，p. 91；*WTB*，II，p. 298. 我将原译文中用来表示 *Gesinnung* 的"态度"（attitude）一词换成了"气质"（temperament）；在一个人的品格中，*Gesinnung* 不仅仅意味着一种态度。我也想使同康德自己关于 *Gesinnung* 与道德问题的讨论的联系变得更清晰。

［61］Novalis，"Faith and Love or The King and Queen，" in Hardenberg，*Novalis*：*Philosophical Writings*，p. 93；*WTB*，II，p. 300. ［《诺瓦利斯选集》（卷一），118 页。——译者注］

［62］Novalis，"Faith and Love or The King and Queen，" in Hardenberg，*Novalis*：*Philosophical Writings*，p. 91；*WTB*，II，p. 298. ［同上书，116 页。——译者注］

第七章　1795—1809：浪漫派对康德的接受（二）：谢林

谢林、斯宾诺莎和费希特的思想 172

在现代哲学中，很少有人能如 F. W. J. 谢林那样相当快地获得公众的尊敬并开创一项卓有名望的事业。谢林 1775 年生于德意志南部的符腾堡，他一直是一个早熟的学生；15 岁时，他进入图宾根的新教神学院，在这里，他与另两个学生——G. W. F. 黑格尔和弗里德里希·荷尔德林——共处一室，后来他们成为朋友。（荷尔德林和黑格尔都比谢林大 5 岁。）19 岁时，他发表了他的第一部主要哲学作品，到 29 岁时，他所出版的哲学著作已经比绝大多数人一生出版的都多。1798 年（23 岁时），谢林成为耶拿的“编外”教授和费希特的继任者。每一年（随着每一新的作品问世），谢林的体系似乎都在变化，这使得黑格尔在他后来的柏林讲座中讽刺谢林，说他是公开地进行哲学教育。约西亚·罗伊斯也打趣谢林，说他是“浪漫之王”。黑格尔和罗伊斯是对的；就气质来说，谢林是雄心勃勃的、不断进行尝试的，有时他的论证会有些疏忽大意，他总是不断地改善和试验新的观念，并总是在修正旧的观念。如一部关于谢林思想的优秀作品所言，谢林的工作总是在“变”，而从未完成[1]。因此，任何关于“谢林哲学”的介绍都只能是关于它的某个时间段的介绍，或者只呈现了因谢林去世而中断的思想发展史。

尽管如此，到 1809 年，谢林整个早期都在变化的语料库终于以某些基本方式奠基于一种主旨，这一主旨早在 1795 年 2 月他写给黑格尔的信中就已显现，在这封信中，他自豪地向他的朋友宣布：“此时此刻，我已 173

经成为一个斯宾诺莎主义者!”同时，他还解释说，如他（在费希特的影响下）所理解的那样，康德的观念论体系与“独断论的”观念论体系之间真正的差别，只与它们各自的出发点有关：“前者从绝对自我，也就是还没有被客体所制约的自我出发，后者从绝对客体或非我出发”[2]，而问题的关键在于，必须以某种方式将这两个出发点相互协调起来，这也是同康德所拥护的人类自发性和自律一致的。因此，谢林接受了费希特的提问方式，但他（至少最初）并不认为，出发点的选择仅仅是一个人的性格问题，他也不认为，这两个出发点形成了一种非此即彼的选择；这二者都需要被理解为斯宾诺莎所设想的那种奠基性的“绝对”实在的不同表现形式。此外，这种更新后的斯宾诺莎主义必须这样做，以便能够回答雅可比的质疑，并确保人类自由的实现，如谢林在他1795年的专著《论自我作为哲学的原则或论人类知识中的无条件者》中热切主张的那样：“全部哲学的开端和终点都是自由!”[3]

谢林迅速吸收了费希特对康德的改造，并且他似乎马上就接受了莱因霍尔德和费希特所宣扬的康德哲学“精神”与“字面”之间的差别。如他在早期作品中不断强调的那样，他的兴趣根本就不在注解康德的文本上，他所关心的是为康德的结论提供恰当的论证（在当今的康德解释者中，这种感情仍是普遍存在的）。这一时期，在面对康德思想时，谢林被三个主要问题吸引住了：埃奈西德穆将康德对怀疑论（即休谟的怀疑论）的所谓拒斥这一问题摆了出来并置于核心位置；费希特和埃奈西德穆都质疑自在之物的问题；关于自由在祛魅了的自然中的地位问题的回答，依然被认为是尚未完成的任务。

自在之物问题是特别令人烦恼的，而它又被视为整个问题的关键；康德批判哲学的早期诠释者和批评家所罗门·迈蒙就曾指责康德，认为他在
174 说自在之物引起我们对它们的感觉时就已违背了他自己的原则，因为在康德看来，因果性是一个限于现象的范畴，不能用于自在之物。然而，谢林认为，费希特已经将这种批判推进了一步；康德自己观点中令人困惑的地方，不仅仅是将关于现象的范畴应用于自在之物——说现象的“根据”在自在之物当中，这是一种模糊的说法。“根据”（*Grund*）可能意味着，自在之物**引起**（cause）了我们对它们的感觉；或者这可能意味着，自在

之物是那些感觉所具有的**给予理由**（reason-giving）的力量的来源。谢林认为，费希特主张的是，原因（causes）不能是理由（reasons），因此，即使自在之物的确**引起**了我们的感觉，但这从来不能为我们提供相信的**理由**。因果性涉及事实，判断涉及规范。然而，费希特的观念论在理解作为信念根据的经验和由世界所引起的经验之间的关系时遇到了麻烦，因为它将一切都视为由"我"设定的，甚至"非我"本身也是由"我"设定的。

在《论自我作为哲学的原则》一文——这篇文章发表于 1795 年（当时他 20 岁）——中，谢林相当明确地提出，问题或者处于作为封闭信念之体系的知识与同世界缺乏联系的理由之间，或者作为某种形式的"基础主义"（如莱因霍尔德所认为的那样）。如果信念的唯一理由是其他的信念而非原因，那么我们最有可能拥有的就是"命题的永恒循环，每一命题连续地、相互地流入另一命题，这是一个任何要素都无法相互区分开的混沌"，简言之，只是内在于其自身当中的概念网络的"循环"（*Kreislauf*），而"没有任何实在性"[4]。这似乎意味着某种形式的"基础主义"，即一个人在无需知道其他东西的情况下就必须知道某种基础性的东西[5]。然而，这样一种"基础"要想起作用，那么它就必须是自证的（self-certifying），如费希特所认为的，这只会导致某种形式的"智性直观"，若果真如此，那它就必须是对思维与存在的同一性的直观。

谢林的关键理念是，将他新发现的斯宾诺莎主义，同对他所认为的费希特的关键错误的拒斥结合起来。费希特曾主张，主客之间的基本差别本身，要么是一种主观的差别，要么是一种客观的差别；并且，由于将它归为一种客观差别将只会导致其他形式的、不足凭信的独断论（它将理由与原因合并了），因而差别本身必然是一种主观的差别，它是由"自我"本身设定的，是它自身与"非我"之间的差别。谢林实际上所主张的是，175
主客之间的差别本身，既不是主观的也不是客观的，而是与其他东西有关，这就是"绝对"，因而只能用某种形式的"直观"来获得这种差别，这种"直观"依据如下这点来**看**事物：主观性和客观性如何是从比它们更深层的东西中产生的两种视角。从主客差别开始的哲学所选的起点太过靠后了，后康德哲学的所有问题的产生，包括埃奈西德穆的怀疑论，都是因为认为从主客差别出发是理所当然的。相反，这二者应当被视为共同出现的、地位平等的两种**视角**。

跟随费希特，年轻的谢林认为，主客的统一体必然是一种“绝对自我”，不过，他从斯宾诺莎而非费希特的角度出发将它解释为对某种奠基性的“绝对”实在的表达，这种实在是普通的（“经验的”）“自我”观念和自我试图认识并改造的自然界（“非我”）所共有的。这种“绝对自我”跨越了主观经验与客观世界之间的界域，并且，通过以智性直观来直观“自我”，我们直观到某种基础，正是凭借这种基础，自然界能够在我们的经验中向我们**显示**出来，并给予我们信念的理由。只有这样做，观念论才能摆脱怀疑论，即从一开始就废除怀疑论的基本动机，这种动机认为，凭借主观经验所获得的关于世界的图像，和客观的事实问题领域，这二者完全是两码事。此外，谢林早年曾得出结论说，由于新的图像需要一种“智性直观”，一种新的看问题的方式，由于哲学研究原则上来说不能是“论证”而是“观看”，是接受对事物的一种新观点，这实际上是**消解**问题，而非**驳斥**问题；或者，如谢林所表达的，“因此，这个问题不能被消解，除非像亚历山大消解戈尔迪之结那样，也就是说通过扬弃问题来消解问题。因此，这根本就是无法回答的，因为我们只能以它不再能被提出的方式来回答它”[6]。在一种智性直观活动中，我们必须将我们关于自身的图像从一种视野**转换**到另一种视野；不应将我们自己或我们的经验看作
176 是由一条分界线分为了主观和客观两部分，相反，我们必须“直观”到，在划定这样一条分界线时，我们自己已经站在这条分界线的**两侧**了，是我们自己在划定分界线。这种对“直观”——*Anschauung*，“观察”或“观看”——的强调是谢林一生都在坚持的；这一思想的核心是他的如下信念：对于我们解释世界的基本方式来说，绝没有所谓的终极论证，因为所有的论证形式都预设了一种关于事物终极结构的基本“看法”，而这种“看法”是无法在论证形式本身当中证明的；相反，在理解世界的基本方式的层面上，我们通过学会以一种不同的方式来“观看”或“观察”事物（“直观”事物），即通过学会接受关于事物的另一种基本“图像”，从而解决了基本问题和矛盾。

因此，对“绝对”的“智性直观”就是指，将我们的主观生命看作是与自然过程相统一的，由此，埃奈西德穆式怀疑论就再也不能控制我们

了——不是因为我们已经驳倒了它，而是因为一旦我们接受了关于我们自身的新图像，它对我们就不再有吸引力了。如谢林在1795年时所说：“我们必须是我们在理论上希望我们所是的那样。并且，没有什么可以说服我们是这样的，除非我们自己**努力**达致此。这种努力实现了我们关于自身的知识，因此这种知识成为我们自由的纯粹产物。我们自己必须排除万难，直抵我们想要由之出发的地方。人们不能通过证明他们自己达到了这个地方（*hinaufvernünfteln*）来取得成功，也不能通过其他人来证明他们已经达到了这个地方。”[7]

此外，似乎可以说，这种智性直观本身不可能是概念性知识的一部分，因为概念性知识与世界显现方式的“主观”方面有关；或者，如谢林所说，“因为‘绝对’根本就不能被中介，因此它绝不可能落入可论证的概念领域”[8]。将它置于概念之下，将意味着将它带入推理领域，这将会因它成了概念之间的相互“循环”而威胁整个事业，并且可能与概念之外的现实毫无联系。

不过，为了做到这一点，自发性必须以某种方式与人类知识中的接受性保持一致；谢林的结论是，使概念性论证不再有更多的价值的地方是“一种宗教，在这种宗教中，稳固的基础不是我**发现**的，而必须是我自己**给出**的，为的是我能够坚守这种基础”[9]。这种“稳固的基础”的建构不 177
能是**被给予**我们的，而必须是由我们自由自发地提出的；不过同时，这种自发性绝不能与自然世界分离开。

当谢林提出这一观点的内涵时，他也开始逐渐地、之后更为果断地与他早年的费希特主义决裂。他认为，费希特的方法太过主观了，“非我”仅仅是“自我”为了自己的自我意识而做的一个设定。这样一种观点虽然强调了“自我”的自发性，但从来不能公正对待世界的独立实在性。到1797年，谢林已就这些问题提出了自己的立场。对合理且必然的世界结构的“智性直观”要求哲学反思必须沿着两条“轨道”展开，而它们只能在一种“直观”中、在对整体的洞见或“观察”中交汇起来。这种洞见必须聚合两种不同的视角，而这两种视角对于掌握我们的生命（作为自然界中的自由的、自律的存在者）来说都是必要的。一种视角将我们理解为自然的一部分，而另一种视角则将我们理解为一个自我决定的存在者；然而，这二者共同显示的是一种奠基性实在，即“绝对”。在 1790 年至 1800 年的绝大部分早期作品中，谢林借助莱布尼茨关于理智与自然之间的“前定和谐”观念提出自己的观点，不过，他一直强调，这种和谐不是某种外在命令的结果——因此，如下观念是没有经过深思熟虑的：上帝安排了我们的表象和自在之物，以使它们相匹配——而必然是某种更深层的统一的结果，甚至是斯宾诺莎所设想的思维与存在的同一性的结果。

谢林逐渐认为，关于我们的表象是否与自在之物相匹配的现代怀疑论的根基，来自他（以及那些遵循他的人）所称的“反思”或“反思哲学”[10]。在谢林所说的意义上，“反思”与“分析”是近义词。当我们反思某个东西——例如，我们反思在哪些条件下我们可以对独立于我们的世
178 界有所认识——时，我们必然会将其从原先的相互联系中分离出来，并将之安排在某种秩序当中。因此，我们将“表象”与其所表象的对象分离开，之后我们想知道，应当如何将它们重新拉到一起。这种“反思的”思维模式（**由于**是反思的）必然不能理解的是，除非已经有了思维与存在的**前反思的**统一，否则反思是没有用的，并且，如果不是我们已经与事物“有所接触”，我们是不能开始反思我们据以做出真实断言的诸条件的。然而，这种原初的统一，作为前反思的，本身不能通过反思建立起来；它只能在一种“智性直观”中来理解[11]。

自然哲学

1797 年，谢林出版了《导向自然哲学的诸理念》，这部著作的成功使他所称的自然哲学（*Naturphilosophie*）在 19 世纪上半叶成为德国哲学的主要领域之一。自然哲学不是关于科学的哲学，它与“关于自然的哲学”（philosophy of nature）也相当不同；毋宁说，它是对自然的“理念”的一种先天研究。谢林最初的设想是，它描述了经验科学的发现，以使我们理解，经验的自然科学的结果实际上是如何与我们自己对自然的那种主观的、更具诗意的了解相符的——例如我们的如下这些暗示：某些生活方式是“违背”自然的，或者，某些生活方式相较于其他方式更“符合”我

们的自然倾向，即使牛顿的自然概念没有给这些暗示留下地盘。不过，尽管它与经验科学研究有关，但在谢林看来，这样一种自然哲学绝不是将抽象的哲学原则应用到科学实践或结果当中——谢林说，没有什么比这样一种企图“更可怜、更庸常”——而且，它也必须遵循“绝对承认在物体中没有隐藏着的元素（它是绝不能由经验建立起来的实在）这一基本规 179
则”[12]。因此，如谢林最初所设想的那样，自然哲学是要建构关于自然的先天观点，这种观点实际上是经验研究在其实验过程中所要预设的；然而，随着他的不断推进，它越来越预示着一种特定的——许多人也会说是独特的——哲学方法。（因此，最好是保留 *Naturphilosophie* 这一术语的德文原词，而不是表明它只是一个独特的哲学领域，即“关于自然的哲学”。）

最初，自然科学的兴起似乎是将哲学分为理性主义者和经验主义者两个对立阵营；每个阵营的动机都必须考虑，自然科学的发现如何最初是与人们关于世界的经验中的基本要素相冲突的——对此，理性主义者的观点是，理智可以不借助经验而理解自然的秘密，例如通过数学研究来理解；而经验主义者则认为，自然科学的发现是从我们自己的经验中推断出来的，只不过是经过了方法论上的纯化。谢林的结论是，由于康德最终结束了这两个阵营之间的无休止争斗，由于费希特揭示出了康德观点中的恰当内涵，现在是时候表明，现代哲学中新的对立阵营——“实在论”和“观念论”——本身都只是某种更深层的、作为二者之统一的奠基性世界观的表现形式，而要获得这种世界观，就要将先验哲学和自然哲学的双重发展统一在关于绝对的“智性直观”的学说当中。

此外，自然哲学必须表明，自由如何与自然相兼容，而无需悬搁自然规律或引入自然规律不占支配地位的本体领域。谢林的结论是，这意味着机械论自然观是不正确的。如他所说：“假设我只是机械的一部分。但是，陷于单纯机械当中的东西不能超出机械并发问：所有这些是如何可能的?”[13]在回答这一问题时，谢林的灵感不是来自费希特、斯宾诺莎或莱布尼茨，而是来自康德。在《自然科学的形而上学基础》中，康德批判了他所认为的牛顿运动概念，因为这种概念将依赖于关于绝对空间的假定，而这些假定是被康德自己的先验观念论体系所取消了的[14]。因此， 180
康德将牛顿的绝对空间看作理性的一种“理念”，是一种关于理想终点的概念，基于牛顿体系所做的判断将逐渐趋近于这种理想终点。（这种理想终点将会是整个宇宙的“质心”，它是不能被经验到的[15]。）然而，如果我们不能假定绝对空间概念，相反，它只能在我们研究自然过程中作为范导性理想起作用，那么，如康德所主张的，我们就不能像牛顿曾做过的那样继续将绝对空间当作规定“真实”运动的规律的基础（“真实”运动与“相对”运动或纯粹表面运动相对立，例如，太阳“表面上”是在运动，而地球则“表面上”是静止的）。因此，为了使牛顿的研究得以可能，我们必须用某种方法将真实运动与表面运动区分开，这就要求以关于运动本性的先天预设为基础进行研究——对于康德来说，这相当于承认经验建构的物质概念具有先天确定性。进而，这使得康德认为，在物质中必然先天地有两种不同的力在起作用，即吸引力和排斥力。吸引力是必要的，因为在预设质心时，我们需要一个万有引力概念，即认为某一物质本质上对于所有其他物质具有普遍的吸引力；然而，在这样做时，我们还必须预设与之对抗的排斥力，因为如果只有吸引力的话，所有物质都将会凝聚到一个点上（正如如果只有排斥力的话，所有物质就将会消散为无）。康德的结论是，机械论依赖于由先验哲学所提出的先天确定性[16]。因此，对于康德来说，绝对空间就像共同质心理念那样，是理性的一个**理念**。

不过，对于谢林来说，如果自然纯粹是一个机械系统（如康德在第一《批判》中所论证的那样），如果我们不诉诸自在之物（因而不使用任何先验因果性观念），如果我们必须将我们自己建构为**自由的**、**自然的**存
181 在者，那么我们就留下了一个不可克服的矛盾，除非我们认为，自然（它被视为一个整体）作为“理念”，不是一个机械论体系，而是一系列基本的“力量”和“冲动”，它们在基本层面上所反映的那种决定性，与在自我意识的自由层面上、在我们之中起作用的决定性是相同的。对在自然中起作用的基本力量的先天研究——自然哲学本身——必须建构一种与我们的自由相连续的自然观；它必须使自然“重新具有魔力”，以使我们在其中再次占有一席之地。

要使自然重新具有魔力，就必须从有机的而非纯粹机械论的角度将自然理解为一个整体；康德自己关于反思的判断和目的论的判断的观念指向了这种解决方案。我们必须认为有机物自身具有合目的性，康德在一个脚

注中将之称为“有机体”，“在这样一个整体中每个成员当然都不应当仅仅是手段，而同时也是目的”[17]。有机物是这样的整体。此外，假设它们是某种外在力量（如上帝）的结果，这是没有任何好处的，因为这仅仅赋予它们一种外在的而非内在的目的；同样没有任何好处的是假设某种特殊的“生命力”（谢林认为，无论如何，这都是一个“完全自相矛盾的概念”[18]）。合目的性（它在思考有机物的过程中是必要的）只对进行判断的理智来说才是存在的；由于这种理智不能外在于有机物，所以在某种程度上，合目的性必然是内在于有机物当中的。也就是说，在某种程度上，“理智”必然已经在自然中起作用了（即使是以一种潜在的形式起作用）；从哲学上来说，作为一个整体的自然必须被视为一种康德意义上的“有机体”形式。自然展示出了康德所说的“无目的的合目的性”的含义，因为它的基本倾向（如吸引和排斥）往往趋向于一种不断增长的统一和内在性，而这些在人类共同体——谢林所用的精神（*Geist*）这一术语就包含“共同的”含义——中、在达致自我意识的过程中、在实现对自我的智性直观中达到了顶峰。物质逐渐将自身（很盲目地）组织为各种整体（它们与机械统一体有关，例如行星系，也与客体之间的化学亲和性 182
有关，并最终形成有机物），随着它组织起自身，它倾向于为自身创造一种“内部性”（interiority）；类似地，随着精神，即人类的理智在历史中组织起自身，它倾向于为自身创造一种内在性（inwardness）。这两种趋势是自然中的同一个基本冲动的表现形式，它在具有自我意识的行动者的共同体中达到了顶峰[19]。自组织的自然和自组织的人类共同体是同一枚硬币的两面。

按照谢林最初的设想，自然哲学不应是哲学的一个分支（像“认识论”或“艺术哲学”那样），而应成为一种更为一般的哲学**类型**，尽管如此，在谢林的眼中，它逐渐成为基础性的哲学学科，所有其他学科都应当源于此，它应当与经验科学紧密相关的这种观念也逐渐被抛弃了。从1799年中期到1803年，自然哲学逐渐被设想为一门独立的先天学科，因为它与对自然中的基本“趋势”的直观相关，这些趋势在人类理智中达到了顶峰，谢林认为，在人类精神中，“解释的发生至少与它们在数学中的发生方式一样；它是从某些原则本身出发，没有任何预定的方向指向它，就如同它是从现象出发似的”[20]。自然哲学转换了我们关于自然的一般图像，这使得与因果世界中自由相关的哲学问题乃至于实存问题都不再是问题了。当我们开始以这种方式**观看**自然时，**我们自己**就会变得不同，并且不再感觉我们同自然之间有着不可逾越的异化关系（这种异化关系是作为现代人的我们逐渐感觉到的）。那一代的浪漫派诗人们都表达出了同样的情绪。

随着谢林不断推进他的自然哲学，他的解释也开始变得越来越具有隐喻性。在几年的时间里，它已经变成了关于如下问题的学说：自然沿着一个方向的“无限”生产趋势（这以一条直线表示出来）如何只是被一种相反的“有限”趋势（在有机形式中，这以一条曲线表示出来）[21]所妨
183 碍和阻滞。随着谢林继续发展这些观点，他开始假设自然的各种“幂次”（power/*Potenz*），这是他从数学中借来的一个术语，用以表征，自然中的较低级的自组织形式（如机械系统），如何产生出更高级的自组织形式（如化学组织或有机组织）并最终产生出精神本身。（有机物应当是物质的更高“幂次”，类似于4是2的二次幂。）每一层次的有机体都是两种相反趋势的结果；因此，每一层次的有机体都是由达到一个“无差别点”（在这个点上，它们实现了相互平衡）的趋势构成的。然而，新的组织形式表现出同样根本性的和相互对立的趋势，这进而导致了一种新的平衡或“无差别”点，即一种新的、更高级的组织形式。只有当自然达致神性时，绝对的无差别点才会出现[22]。

自然的那种纯粹的和绝对的生产力只能通过“智性直观”来理解，因为它是无限的，它不是任何一种“对象”，也不具有任何特定的确定性；自然科学只研究这种“无限的生产力”所生产的产品。“自然”既是妨碍自身的无限纯粹生产力，又是它自身产生出来的各个有限的领域。自然哲学中的自然是一种纯粹自组织过程；而自然科学中的自然只是自然本身的确定了的结晶，这种纯粹自组织过程在其持续的变化过程中将这种结晶用于自身。作为纯粹过程，自然就是“同一性”；而就其被分为机械的、化学的、有机的和精神的四类有机体而言，它是“差别性”。“绝对的无差别点”就是宇宙或上帝本身[23]。

先验观念论 184

谢林在1799年至1804年推进他的自然哲学时，当时的科学共同体对这种自然哲学极尽嘲讽；尽管这显然刺痛了谢林的自尊心，但却没有减慢他的脚步。《导向自然哲学的诸理念》（以及谢林在1797年之后发表的其他自然哲学作品）是从“客观的”“自然的”方面阐述如何理解自由的自我意识；“主观的”方面则是出现在谢林1800年的《先验观念论体系》当中，正是在此之后，谢林最终走向了他所称的“同一”哲学，并且这促使他完全重估自然哲学和康德开启的先验哲学的相对优先地位。

在《先验观念论体系》中，谢林进行了一种大胆尝试，即就如下问题进行了体系性阐释：如果根据他自己和费希特对康德工作的推进来重写康德的三大《批判》，那么它们将会是什么样的？尽管谢林承认，“假如我们的全部任务仅仅是说明自然，我们就绝不会从事观念论了”[24]，但建构一种先验观念论体系的最初动机就是人类意识本身的自然（本性），在我们对自然事件采取一种规范性态度时，意识就导致了自身与自然之间的决裂、断裂。作为进行判断的生物，我们是受到“正确理解”这种必要性驱使的；但是，这种必要性却引来了“错误理解”的可能性。因此，对于哲学来说，问题就是要克服自然地诱发的怀疑论，这是借助人类的自我意识生活模式出现的。如谢林所说，“那种认为事物似乎存在于我们之外的……意见……既不以论证为基础，也不以推理为基础，而又未能通过相反的证明所根除”[25]。

《先验观念论体系》更多的篇幅是为谢林早期工作中的基本线索补充必要的细节，并且是根据谢林一以贯之的如下观点展开的：恰当的哲学程序不在于驳斥哲学问题（如怀疑论），而在于消解这些问题。先验观念论的基本任务是要表明，我们如何能够掌控两种显然相互冲突的要求，即既要确认我们具有完全的自发性，同时又要确认“**某种东西**……在知识活动中全然束缚和约束着我们”[26]，而它最初似乎并非是自发性的产物。 185

我们得以确认世界合理地限制了我们的自发性——同时不会陷入如下观念，即存在着某些“被给予的”感官刺激，或者，在自在之物如何影响我们的问题上，我们必须依赖某种因果解释——的方式与我们确认如下一点的方式有关，即我们将什么视为接受来的，这本身是我们在我们的经验中做出的规范性区分。例如，在我们的心智活动的最低“幂次”上，我们认为**感觉**是我们关于世界的经验的要素，“自我”**自发地**承认它是**以接受的方式**显示着世界[27]。类似地，我们可以看到，这样一种自我授权的“原始感觉”本身就创立了处在更高“幂次”上的自我意识，这种自我意识有意识地将感知**活动**与被感知的**对象**划分开[28]。因此，主客之间的区分是规范性的；这涉及我们在如下二者之间隐含地做出的区分，一者是我们自发创立的规范性承诺（谢林将之称为“理想”），另一者是我们将自己视为与自然世界互动的、有血有肉的生物的观点（谢林将之称为“现实”）。因此，自发性（它是理想性的、规范性的）和接受性（我们将之看作“现实”，即我们受自在之物的影响）是两个对立面，它们“是设定在同一主体之内的”[29]，因而被呈现为我们自己的活动的两个不同“方向”（一者是从“自我”当中走出来，另一者则是从客体出发走
186 “进”自我）。主客之间的界限不是形而上学意义上固定的，而是规范意义上确定的，对界限何在的“直观”本身总是“超越了界限，或者说，既在界限之内同时又在界限之外”[30]。

谢林指出，对所有观念论的明显指责是，它最初看似是相当反直观的，甚至是有点疯狂的。“自我”实际上“设定”了外在于自身的世界，或者，时空是在这些活动中被建构的，以上这些观念的确不容易与我们关于事物的更为普通的立场协调起来。如谢林自己所说，过去的确具有一种独立于我们关于它的陈述的实在性[31]。然而，这种对观念论的指责就像广义的怀疑论那样，假设了一种“反思”立场，它将主体置于分水岭的一侧，而将客体置于另一侧。一当人们改变了自己的观念，并开始从不同的角度来“观看”或“直观”问题，那些担心就不会出现了。在将我们的经验理解为关于一个**世界**的经验时，我们所经验到的，不仅仅是在经验当中显现出来的东西；或者如谢林所说，对于我们来说，要想成为“理智”，我们必须进行“综合”（划定规范性的界限），这要求我们将我们的经验既当作关于一个客观的“宇宙一般”的经验，又当作我们“从这个特定的点开始观察宇宙”[32]的方式。也就是说，我们将自己理解为指向一

个**客观**世界的**特殊视角**，在我们关于这个世界的经验中，它只能**部分地**向我们显现出来。由此来看，如谢林所说，观念论只是一种“更高级的”实在论。

根据经验的裁决修正我们的概念群的能力可以被接纳并被提升到更高“幂次”上，以使它们在反思的、先天的思维和“智性直观”活动中实现出来，这些活动与经验的关系并没有那么直接紧密[33]。但是，由于它不是关于一个客观自然世界的经验的可能性条件，因而它只能是一个关于我们以某种方式**存在**的**实践**要求，因此“理论哲学就超过自己的界限，而进入了实践哲学的领域，实践哲学仅仅是用绝对命令来确立的”[34]。在 187
使我们自己的自律成为反思对象时，我们就由此“看到”，在与世界的经验性相遇中起作用的自发性，只是一种“较低的幂次”，是自律的不太充分的实现，自律是在自由行动当中获得更完整的实现的。

在自发性这种“较低的幂次”上，我们“允许”世界对我们原本无限的经验活动施以合理的限制（这表达在谢林关于自我授权的两个方向的隐喻当中）。然而，在完全自律的**意志**这一“较高的幂次”中，意志似乎只受自身的限制，当然，这相当于根本没有限制。谢林认为，只有当人们在行动者和世界的关系上采取一种个体主义观点时，这才看起来是一个问题；如果人们接受了一种更具人际性或主体间性的能动性观点的话，问题本身就消散了。（在这一思路上，他与费希特的关系是明显的。）所有的自我立法都必须从某个特定的地方开始，即从参与到某种前反思、前慎思的规则和原则语境（这**不**是我们自己决定的）开始，因此是从某种其他类型的立法开始的，这种立法**外在于**行动者自己的行动，是加于行动者的。谢林坚持认为，整个责任观念与一种加于我们的、不由我们自己产生的要求有关；使这种要求与自我立法相适应的技巧和解决方法——这是谢林从费希特那里继承来的——是，将那些外在要求理解为行动者相互加于对方的[35]。

然而，由于其他人为我立法，对我原本无限的意志施以合理的限制，所以“就他们所表象的共同世界而论”，首先“必定是存在着一种预定和谐的”，因为否则，“直观一个极其不同的世界的”行动者“彼此之间就绝对不会有共同之处，没有一个共同的接触点，可以在那里会合起来”[36]。

虽然这个共同世界不足以给出具体的行动方向，但只有在这样一个共同世界的背景下，行动者才能通过在显然自由的个体行动中相互展现自身来建
188 立起他们自己在这个“共同世界”当中的个体同一性[37]。此外，这意味着，能动性起源于潜在的行动者首先学会按照**他人**加于他的那些规则来行动；也就是说，他必须首先从其他人为他立法开始，而后才能逐渐地成长为自律的共同立法者。

因此，谢林是要依照一种更具“发展性”的能动性模式，从根本上重述康德和费希特的自律观念：我们之所以成为自律的，是因为我们使自身（同时也被其他人推动着）摆脱“自然”领域——摆脱限制我们信念的自然世界和在共有的共同世界中为我们立法的其他行动者——而成为社会世界中的自律的共同立法者，由此，我们不受关于自然世界的经验中的“给定内容”的限制，而只受其他人的社会“影响”的限制。因此，社会世界是“理智世界”，学会在这个社会世界中自由行动，这是一个长期的、终生的“教育”（*Erziehung*）问题，这意味着“为了在理智世界中不断重新辨定方向，才需要一种绵延不绝的影响”[38]。

按照这种重述方式，“共同世界”本身在哲学上应当被重述为“原本，这种原本与我的表象的符合才是真理”，因为“世界对个体所能有的唯一客观性，就在于世界是由个体之外的理智直观到的”[39]。因此，关于客观世界的实在性或稳固性的表象，依赖于它是相互独立存在的理性行动者的“共同世界”[40]。如果没有共同立法者的社会世界，**自然**世界就不可能作为稳固的“共同世界”向我们显现出来；对于谢林来说，只有当行动者属于**道德**世界时，**事实性的**自然世界才会向他们显现出来。

189 不过，谢林自问，为何我们应当认为我们实际上**是**自由的，而非只是不得不将我们自己**看作**自由的？谢林自己在进行论证时，借助了康德关于自由的实践必要性的理解和他自己的自然哲学。因此，他将“绝对”意志与其经验表现形式即自由选择（*Willkür*）区分开。绝对意志既非自由亦非不自由，因为它不服从任何要求；只有“表现出的”意志（作为自由选择）才服从要求，最明确地说就是服从于康德的绝对命令。绝对意志既非“自由”亦非“不自由”，相反，它遵从“通过绝对东西的本质的内在必然性就成为绝对东西的法则”，并且“远非服从任何一种法则，而

是一切法则的源泉”[41]。也就是说，“绝对”意志是划定一般规范性界限的活动，并且，作为所有这种规范性的源泉，它本身只受自身的那种无限的自发活动的限制。说来奇怪，谢林的“绝对意志”观念似乎就是革命前的绝对主权的形而上学版本；它不服从任何法律，因为它本身就是所有法律的源泉。

如它在具体的“自由选择”中所展现的那样，对于许多行动者来说，“绝对意志”只能作为对私利的追求出现。由此便产生了张力，这使得人的社会性产生出一个“第二自然”，即法治，这不是一种道德要求，而是一种对恣意放纵的私利的破坏性的霍布斯式约束。（谢林解释说：“把法律秩序变为道德秩序的一切企图都会以其特有的那种最可怕的颠倒是非与独断专行之举，表现出令人厌恶的和不可饶恕的直接后果。”[42]）像康德那样，谢林认为，这展现出一种隐藏着的历史必然性，即历史是不断进步的，并且，一个世界性的国家联盟最终将会建立起来。然而，这种历史中的进步运动并非如康德所认为的那样仅仅是一个“范导性理念”，而是历史和自然中的“绝对的主观事物与绝对的客观事物”的“绝对同一性”的展现[43]。因此，对规范性界限的划定——费希特使之成为后康德哲学的主旨——是与一种关于如下问题的形而上学学说一同出现的：一种
“绝对实在”如何在有限的理性行动者的时间中逐渐地显现出来。因此， 190
先验观念论成为“同一哲学”（一个稍有误导性的术语）[44]。

历史、“绝对同一性”和艺术

通过以这种方式尝试调和康德第三个二律背反中存在的对立，谢林有效地将他的自然哲学与关于规范性根源的后康德理论融合起来了。此外，这种“绝对同一性”绝不可能是意识的对象，甚至也不是一种推理知识，因为所有的意识都已预设，我们已经在感知和被感知者、认识和被认识者之间做出了有意的区分，并且，这种“同一性”应当先于所有这些区分[45]。因而，谢林认为，这种“绝对视角”只能被刻画为“毫无差别的普遍同一性”——后来，当他的老朋友黑格尔在1807年的《精神现象学》中讥讽“同一哲学”是“一切牛在黑夜里都是黑的那个黑夜”时，

这种表述又反过来困扰着他[46]。

不过，谢林已经意识到这一陈述将会是惊世骇俗的，并自问："这种直观在没有一种普遍的、公认的客观性时，究竟又何以能客观地，即无可置疑地确立起来，而不使人觉得是以纯粹主观的幻想为依据的呢？"[47]作
191 为相当典型的浪漫主义者，谢林坚持认为，对这种"绝对同一性"的必要直观不能是理智的，而必须是**审美的**。艺术品以一种非推理的方式向我们揭示出"绝对"，这比科学知识甚或哲学知识所曾希望的那样更为真实地忠于现实的终极本性。

康德主张，审美判断暗示出某种"既非自然，亦非自由，但却与自由的根据即超感性之物相联的东西"①。谢林则更进一步：作为主客两种视角之间区别的统一和基础的"绝对"，也是自然与自由的统一，而不是它们之中的某一个；因此，绝对（即康德所称的"关于现象的超感性基底的不确定的概念"）只能以审美的形式精确地呈现，因为无论是从主观的还是从客观的视角来看，它都是"不确定的"。通过证明不可化约为其他类型判断的审美判断必然具有自己独立的判断标准，康德不可避免地将艺术从工艺和娱乐中分离出来，并将之推入其自身的自律领域当中；谢林将这一结论彻底化了，因为他赋予艺术以揭示真理的力量，这种力量超越了所有其他试图探知终极实在的方式。

在从康德出发并走得更远的同时，谢林也主张（没有充分的论证，但在后来却具有很大的历史影响），艺术中美的标准为我们在自然中所发现的美设定了规范，反之则不然。一件艺术品的美之所以比自然中的美更完善、更确定，部分原因在于，不同于自然，艺术是有意识地、有目的地产生的，与之不同，自然体现的是"无目的的合目的性"观念。

由于哲学本身最终所涉及的不是一个论证的问题，而是一个视界——观看、观察、直观——的问题，即一种对我们如何朝向自己和一般世界的"直观"，所以诗人和画家，作为具有这种"视界"的更为优秀的艺术家，最能掌握心智与自然的"绝对同一性"，而不是自然科学家，因为他受限于推理形式。正是关于整个实在、关于心智与自然之"同一性"的审美

① 参见《判断力批判》，§59："美作为德性的象征"，201页。

直观，指导和约束着原本应是不受约束的“绝对意志”。艺术揭示的是，我们自己的自律在其边缘上受到某种东西的限制，而这种东西不是我们自己自主选择的，而只是“看到”的；哲学不能言说的东西，艺术可以展现出来。

重估自由 192

在《先验观念论体系》出版之后不久，谢林就越来越看到，这项工作的结论意味着，他原初的哲学“双轨”体系观念——自然哲学与先验观念论统一在一种对二者之统一体的“直观”当中——同他自己对这两个方面的发展是有矛盾的。因此到1804年，在冗长的《一切哲学与具体自然哲学之体系》（未出版）中，他不再声称存在着“双轨”；相反，只有一种自然哲学体系，它结束于一种关于心智与艺术的理论，这是它最高的“幂次”。

在这一理论反思时期，谢林自己的生活发生了剧变。1801年，他在耶拿创办了一份杂志——《哲学评论杂志》——以宣传他的观点，他邀请他的老朋友黑格尔与他共同编辑这份杂志。（黑格尔自毕业之后就一直无所事事，在当时的德意志知识界，他是一个默默无闻的人。）在这期间，他还爱上了卡洛琳·施莱格尔，当时，她已经嫁给了著名的浪漫派批评家、翻译家和诗人奥古斯特·施莱格尔。卡洛琳本人是哥廷根一位杰出神学家的女儿，她智慧超群、文采斐然，并且她认为，年轻的男女们正在过着一种前所未有的生活。她比谢林大12岁，并且已经过上了一种大胆的生活：在她的首任丈夫（嫁给他的时候她还很年轻）去世后，她加入了美因茨的雅各宾派（在当时，美因茨是革命后的法国的一部分），还与一位年轻的法国官员公开恋爱并怀孕了，而当德意志重新占领了美因茨之后她就被监禁了，之后或多或少是为了自保而嫁给了奥古斯特·施莱格尔。最初，她与首任丈夫所生的女儿同谢林订婚了，但是，在这个女儿罹患重病去世后，她和谢林就开始了恋爱，这导致她离婚了，最终他俩结婚了。这在耶拿是相当严重的丑闻，并且，由于卡洛琳的智慧和独立性搅得她周围的许多男人心烦不安（这还是委婉地说），所以开始有人造谣说卡洛琳为了拥有谢林而杀死了自己的女儿。对于这件事，奥古斯特·施莱格尔一直是平心对待，他同意他们应当像有理性的成年人那样来处理问题；他同意了卡洛琳的离婚要求，甚至为谢林和卡洛琳的所有丑闻做辩解。然
193 而，对于谢林和卡洛琳来说，耶拿显然已不再是一个舒适的地方了。1803年，谢林接受了维尔茨堡（当时是在巴伐利亚的控制之下）一个新成立的大学的职位，以使他和卡洛琳可以避开耶拿的流言蜚语。

然而，在维尔茨堡期间，谢林同时受到了来自天主教（主教们威胁那些上他课的学生，说要将他们革除教籍）和理性主义的新教神学家的沉重打击；然而，这些攻击并未妨碍他的声望不断攀升。不过，当1806年维尔茨堡被划归奥地利之后，谢林（作为一名新教徒）就必须离开了，巴伐利亚政府先后给他提供了科学院和造型艺术学院的职位作为补偿，这两个职位的收入都很丰厚，并且没有教学任务。

他自己的著作日益倾向于变成深暗的隐喻性散文，并且他对生活中的宗教维度越来越感兴趣。在此期间，他再次开始重新思考自己的体系，1809年，他发表了他生前最后一部印刷出版的哲学作品：《对人类自由的本质及其相关对象的哲学研究》。在这部作品中，谢林将他那种已是难懂的风格推向了更加深奥、更加具有隐喻性的方向，但是，这部著作所关注的核心问题依然是所有后康德思想都关注的那个问题，即自然与自由之间的二律背反和自我立法这类东西的可能性。为了掌握这个问题，谢林提出，我们首先要问的是，对于这样一种自我立法的存在者来说，恶是如何可能的。一个人如何会在为自己立法的同时又选择恶？康德体系以一种二元论的方式回答了这个问题。一方面，有一种“理性的事实”，它促使我们按照普遍法则行事，并将所有行动者当作目的本身予以尊重；另一方面，我们的偏好总是会威胁着将道德法则颠覆为私利。康德的解决方法是，我们接受一种根本性的倾向、意向（*Gesinnung*），它使所有偏好动机服从于理性动机。不过，对于谢林而言，这依然是一种不可接受的二元论，而且它也没有解释这种根本性的动机为何要在理性动机和偏好动机之间做出选择（或者就此而言，为何首先要选择一种“道德”倾向）。援引“理性的事实”只是悬置了如下问题：这一事实为何会或为何应当会影响我们？

康德自己为他的二律背反的解决方案还援引了两类因果性：现象世界

中的规范性的经验因果性和本体世界中的“先验自由”。不过，在“先验自由”中，行动者在发起一个行动时，这种发起行为本身无需任何进一 194
步的因果性前提，从谢林的反二元论立场上来看，这种谈论方式只会使事情变得更糟，因为，如他所说，自我决定绝不是“从绝对的不被决定到被决定的过渡”[48]。毋宁说，真正的自我决定是使自己服从一种属于**自己的必然性**（一种“内在的”必然性），也就是说，自己的活动是**由于**自己而发生，而不是由于外在的因素（“外在的”必然性）。从这种观点来看，只有一种表达本质性自我的活动才是一种自我决定的活动，所以整个自我决定问题本身就取决于如下前提问题：什么才是本质性的或核心性的自我？

然而，这种将活动看作“真实的”或“本质性的”自我的“表达”的观点，给自己招来了一系列的反对意见，其中最重要和明显的与责任归属问题有关。如果一个活动由于必然表达了它背后的自我而被认为是自由的，那么在何种意义上可以说某个人对这一活动负责，除非他也是这种自我的基础或原因？谢林拒绝这种提问方式，因为这假设了，选择必须完全是某个人自己做出的，因为他要为之负责，或者说，如果一个人没有选择，那么他就无需负责。然而，一个人做什么取决于他本质上是谁，但是，一个人本质上是谁，这本身不是一个完全自我决定的问题。有一种感觉是一个人的性格是在时间之外的，如谢林所说，这先于一个人是谁并塑造了他将成为谁[49]。因此，谢林总结说，这必然是个体出生前的某种原初活动的结果，但这之所以发生，不是因为上帝已经预定他是善的或是恶的。那么问题就是要理解，我们如何能够从一出生就注定是善的或恶的，以及这对于我们来说如何可以看作一种自由的活动。

所以谢林认为，这一困境的答案在于，不要将我们的注意力集中于意志本身，而是集中于打开超出单纯人类的某种东西，即人类生命中的神圣者。为了解释这一点，谢林援引了他的自然哲学，以隐喻的方式来表达他的思想，这对任何人来说都是相当难以理解的。（有趣的是，尽管这本书 195
使用了同叔本华的《作为意志和表象的世界》和尼采的《悲剧的诞生》相类似的语言，并且似乎预示着这二者，但没有清晰的证据表明谢林的这部短篇专著影响了这两部著作。）谢林主张，在思考所有创造的起源时，我们不能根据上帝突然创造出他周围的一切这一基督教传统观念，而是必须遵从自然哲学，我们必须认为，有一种实在的“原初统一”，可以说，它“是永恒的‘一’感到要将自身生育出来的渴望”[50]，它超出了人的理性理解能力。这种原初的“一”是一种努力将自身生育出来的“意志”，并且这种原初的单一性最好被表达为“无规则者”（*das Regellose*），被表达为“黑暗”原则、混沌原则。上帝，作为“光明”原则，是从这种混沌当中产生出来的，并规整了它，同时将这两种原则——光明（秩序）原则和黑暗（无序）原则——统一在自身之内。人是这两种原则的结果；就像内在于他之中的神圣者那样，他也是从不可理解的“黑暗”和“混沌”中产生的，就像内在于他之中的神圣者那样，他是生活在理性与秩序的“光明”当中的；但是，他并不与这二者中的任何一个直接一致。由于人类的能动性，“黑暗”原则可以与“光明”原则“撕裂开来”，由此，恶的可能性产生了。

“光明”原则和“黑暗”原则并不代表两个实体甚或两种不同的对立力量。相反，“光明”（理性、秩序、可理解）原则是从“黑暗”（混沌、非理性、不可理解）原则当中产生出来的，而真正的善表达了这两种原则的统一。对于个体的实存来说，这二者都是必要的，并且，由于神圣者被认为是一位人格神，所以这二者对于神圣实存来说也是必要的。此外，作为纯粹的“光明”原则，上帝被认为是实存的“中心”，是事物的理想的平衡，作为爱，试图将所有东西都带回到实存的“中心”。秩序与原初混沌之间“中心”的建立，就意味着人格——真正来说是个体性——的出现。因此，试图消灭恶就是要消灭所有个体性，因而就是要消灭一切能动性本身。甚至可以说，试图消灭恶就是试图取消上帝，虽然上帝作为“中心”、作为“纯粹的光明”，自身之中是没有恶的，但他是从将自身揭示为“黑暗”之中的纯粹“光明”这种渴望当中产生的。

恶的诱惑，它对人的想象和行动的掌握，与这种原初混沌的引诱有
196 关，因为“所有的恶都企图退回到混沌”[51]。恶不是单独存在于世界当中的（在某种程度上，这将使得我们有合理的根据去选择它）；毋宁说，在人的本性中有一种趋势，它是分散在“光明”与“黑暗”之间的，为的是将这两种原则统一在人自身之内，为的是成为完全自我决定的，也就是说，为了成为上帝，并且，正是这种趋势和诱惑——要在自身之内完全统

一只有上帝才能统一的东西——本身构成了原罪[52]。从形而上学角度来说，这一基础性诱惑之不能满足，是“蔓延在整个自然之上的沉郁面纱、所有生命都无法消除的深沉忧愁的根源”[53]，并且，人变成恶的，就好像他通过将神圣者的必然喜乐带给自己就可以避开这种形而上学的悲伤似的。因此，做恶这种决定是基于想成为上帝的先天倾向，即想掌控生活和现实的一切；但是，想成为上帝这种愿望，在拒绝爱的可能性并因此拒绝其他人的完全实在性的过程中实现了。因此，防止恶的能力绝不是来自任何意志行为，因为这是不可能的，而是由于向神圣者开放，而一个人的开放程度本身并不完全取决于他的个体**意志**，而是同他与生俱来的“自我”有关。如谢林所说，恶不是一种“本质”，而是一种“非本质”，是一种“非存在”（*Unwesen*）；恶是对上帝的实在性的否定，因为人们试图成为完全自我决定的，成为上帝。因此，人之所以成为恶的，是被非实在的东西推动的，是借助于一种基本行为，该行为最终发生在对完全自我决定的意识和渴望当中[54]。

那么，什么是真正实在的？相较以往，谢林对此问题的回答更具隐喻性和模糊性：“必然有一种本质先于一切基础并先于一切存在着的东西，也就是先于所有的二元性；我们除了将之称为元基础（*Urgrund*）或非基础（*Ungrund*）之外，还能怎么称呼它呢？……它不能被称为二者的同一，而只能被称为二者的绝对的无差异。”[55]这显然避开了理性要掌握它 197
的企图，因为理性总是着眼于根据来思考，而根据和建立在根据之上的东西（它依赖于所有的理性话语）之间的那些区别的前提是，原初根据的无差别性在表达出自身时，已将二元性引入自身了。“无根据者”本身（应当）将自身表达为根据和建立在根据之上的东西。

谢林坚持说，他并不拥护任何新的非理性主义，而只是要以康德的精神指出，理性必须在何处限制自己的理解力量，必须在何处使自己沉湎于那种自身所不能掌握的东西。谢林坚持认为：“但是，只有知性（*Verstand*）能够展示出那些深藏着的、隐藏着的和仅仅潜在的东西，并将之提升为现实的东西。”[56]为了完成这一点，他试图将科学与宗教统一在一种体系当中，并以创作出这样一种体系的承诺结束了这部著作。

在某种意义上来说，谢林并未信守这一承诺。在他发表了这部论善恶的专著后不久，卡洛琳去世了（她在谢林撰写这部著作时就已病重）。谢林完全陷入了生存危机，并且再也没有发表一部实质性的作品（尽管他发表了一篇反对雅可比的短文，并且实际上，他写作并重写了大量实质性的、未发表的作品以详细阐释他所承诺的新体系）。他最终与卡洛琳的一位密友结婚了，养育了几个孩子，并过上了美满的家庭生活。然而，哲学的火花似乎已经消失了，在他生前，谢林就发现自己已不过是又一哲学史人物。他显然因此而痛苦和愤怒，并且不停地向所有愿意倾听的人抱怨说，遮蔽了他在德意志知识界中光芒的那个人——他在哥廷根读大学时的室友黑格尔——剽窃了他的观念并用自己的行话来包装它们。

不过，谢林对这一点的发展，是后康德观念论中具有决定性的主要问题之一。从自发性与自由的问题出发之后，他逐渐怀疑这一问题的中心性，甚至认为它具有潜在的危险性。最初，他是法国大革命及其对自由的
198 现代新世界的承诺的信徒，但现在，他也变得日益保守了（这与他的新学说是相当一致的）。在早期时，他至少已经确定了如下问题：我们真的有能力实现康德所承诺的那种自由吗？就此而言，它是确实有价值的，还是它本身就是一种幻相，甚或是通往一种对现代性本身感到深深失望的形而上学的中转站？

注释：

［1］Xavier Tilliette, *Schelling*: *Une Philosophie en Devenir* (Paris: Vrin, 1970).

［2］G. W. F. Hegel, *Briefe von und an Hegel* (ed. Johannes Hoffmeister) (Hamburg: Felix Meiner Verlag, 1969), vol. I, no. 10. ［黑格尔：《黑格尔通信百封》，苗力田编译，上海：上海人民出版社，1985年，40－41页。——译者注］

［3］F. W. J. Schelling, "Of the I as Principle of Philosophy," *Of the I as the Principle of Philosophy or On the Unconditional in Human Knowledge*, in F. W. J. Schelling, *The Unconditional in Human Knowledge*: *Four Early Essays* (*1794—1796*) (trans. Fritz Marti) (Lewisburg: Bucknell University Press, 1980), p. 67; *Vom Ich als Prinzip der Philosophie oder über das Unbedingte im menschlichen Wissen*，in F. W. J. Schelling，*Ausgewählte Schriften*（ed. Manfred Frank）（Frankfurt am Main：Suhrkamp，1985），I，p. 82.

［4］Schelling，"Of the I，" p. 71；*Vom Ich als Prinzip der Philosophie*，p. 51.

［5］如谢林所说："如果的确有真正的知识的话，那就必须是我借助某种其他知识所不能达致的知识，但仅通过这种知识，所有其他知识就是可能的。" *Vom Ich als Prinzip der Philosophie*，p. 52；"Of the I，" p. 71.

［6］*Philosophische Briefe über Dogmatismus und Kritizismus*，pp. 234－235，in *Schellings Werke*（ed. Manfred Schröter）（Munich：C. H. Beck and Oldenburg，1927），vol. I；*Philosophical Letters on Dogmatism and Criticism*，p. 175.

［7］*Philosophische Briefe über Dogmatismus und Kritizismus*，p. 232；*Philosophical Letters on Dogmatism and Criticism*，p. 173.

［8］*Vom Ich als Prinzip der Philosophie*，p. 74；"Of the I，" p. 87.

［9］*Philosophische Briefe über Dogmatismus und Kritizismus*，p. 311；*Philosophical Letters on Dogmatism and Criticism*，p. 175.

［10］在英语学界，对谢林思想做了最全面的呈现和捍卫的是安德鲁·鲍伊，参见 *Schelling and Modern European Philosophy：An Introduction*（London：Routledge，1993）；鲍伊吸收了曼弗雷德·弗兰克所做的开创性工作，特别见他的 *Eine Einführung in Schellings Philosophie*。

［11］在 1800 年的《先验观念论体系》中，谢林提出，由于意识在所有的意向性中都预设了思维和对象、感知者和被感知者之间的基本差别，"一种从意识出发的哲学是绝不能解释那种［思维和对象的］一致性的，而且离开原始的同一性，这种一致性一般也是不可解释的，原始同一性的原则必然在意识的彼岸"。F. W. J. Schelling，*System of Transcendental Idealism*（trans. Peter Heath）（Charlottesville：University Press of Virginia，1978），p. 135（506）；*Ausgewählte Schriften*，p. 574.［谢林：《先验唯心论体系》，梁志学、石泉译，北京：商务印书馆，1983 年，164 页。——译者注］

［12］F. W. J. Schelling，*Ideas for a Philosophy of Nature*（trans. Errol E. Harris and Peter Heath）（Cambridge University Press，1988），pp. 4－5.

［13］ Ibid.，p. 15.

［14］ Immanuel Kant，*Metaphysical Foundations of Natural Science*（trans. James W. Ellington）（Indianapolis：Hackett Publishing Company，1985）.

［15］ 参见 Michael Friedman，*Kant and the Exact Sciences*。弗里德曼解释说：“牛顿将运动规律呈现为事实，可以说它涉及的是一种先前已明确定义过的真实运动的观念……然而，对于康德来说，并不存在这样一种先前已明确定义过的真实运动的观念，所以运动规律不是事实而是条件，只有在这些条件下，真实运动的观念才具有了客观意义。”（p. 171）

［16］ 我自己关于这些问题的理解深受迈克尔·弗里德曼的影响，参见 *Kant and the Exact Sciences*，ch. 3，“Metaphysical Foundations of Newtonian Science”。

［17］ Kant，*Critique of Judgment*，§65.［康德：《判断力批判》，§65“作为自然目的之物就是有机物”，225页。——译者注］这个注释对于理解谢林的“有机体”观念来说是关键性的，全文如下：“反过来，我们可以通过与上述直接的自然目的的一个类比来理解某种与其说在现实中不如说在理念中也被见到的联结。所以我们在近代从事一种彻底的改造，即把一个伟大的民族改造成一个国家时，就很恰当地频繁使用了**有机体**这个词来建立市政机构等等乃至于整个国体。因为在这样一个整体中每个成员当然都不应当仅仅是手段，而同时也是目的；并由于他参与了去促成这个整体的可能性，他又是按照他的地位和职能而由整体的理念所规定的。”

［18］ Schelling，*Ideas for a Philosophy of Nature*，p. 37.

［19］ 在《先验观念论体系》中，谢林对自己的观点做了总结：“自然只有通过最高和最后的反映，才达到完全变其自身为客体的最高目标，这种反映不是别的，而就是人，或者说得更概括一点，就是我们称之为理性的东西，通过理性自然才破天荒第一次完全回复到自身，从而表明自然同我们在自身之内认作是理智与意识的东西本来就是同一的。”*System of Transcendental Idealism*，p. 6（341）；*Ausgewählte Schriften*，p. 409.［《先验唯心论体系》，8页。——译者注］

［20］ Schelling，*Ideas for a Philosophy of Nature*，p. 53.（“Supplement to the Introduction”)

［21］Schelling, *Über die Weltseele*, in *Schelling's Werke*, II, p. 349:“对于我来说，**有机体**一般来说不过是原因和结果的停滞之流。只有当自然不阻碍它时，它才会向前流（沿着直线）。而当自然阻碍它时，它就转而（沿着曲线）流回自身。”

［22］关于谢林自然哲学思想及其所受的各种（既有哲学的也有自然科学的）影响的深入阐述，可参见 Wolfgang Bonsiepen, *Die Begründung einer Naturphilosophie bei Kant, Schelling, Fries und Hegel: Mathematische versus spekulative Naturphilosophie* (Frankfurt am Main: Vittorio Klostermann, 1997)。

［23］谢林相当隐晦地说：“绝对的无差别点并非存在于某处，而只像是散布在众多个体当中。——从中心向外围形成起来的宇宙试图使外在的自然对立也扬弃自身；而这种扬弃的不可能性确保了宇宙的无限性。” F. W. J. Schelling, *Einleitung zu dem Entwurf eines Systems der Naturphilosophie oder über den Begriff der speculativen Physik und die innere Organisation eines Systems der Philosophie* (1799), in F. W. J. Schelling, *Ausgewählte Schriften*, I, p. 380 (I/3, 312).

［24］Schelling, *System of Transcendental Idealism*, p. 3 (332); *Ausgewählte Schriften*, p. 400.［《先验唯心论体系》，3 页。——译者注］

［25］*System of Transcendental Idealism*, p. 8 (343); *Ausgewählte Schriften*, p. 411.［同上书，10 页。——译者注］

［26］*System of Transcendental Idealism*, p. 16 (362).［同上书，20 页。——译者注］

［27］参见 *System of Transcendental Idealism*, p. 4 (404); *Ausgewählte Schriften*, p. 472。［同上书，68 页。——译者注］“由于表象活动中有自发性在起作用，所以，那种哲学家也就终归不能够断言自我在表象活动中仅仅是在感受，竟会是单纯的感受性，因为，甚至在事物本身之内（就它们被表象的情况来说）也表现着自我活动的不容否认的迹象。因此，那种作用也不是由我们自己表象的事物所引起的，而是由独立于表象的事物所引起的。因此，在表象那里是自发性的东西将被看作是属于自我的，而那里的感受性的东西则将被看作是属于自在之物的。”类似地，谢林也

将他所称的“原始感觉”说成是“自我意识的要素”，“自我于原始有限制状态之内直观自身而没有意识到这种直观活动，或者说，是这一直观活动本身没有再变为自我的对象”。*System of Transcendental Idealism*, p. 61（412）；*Ausgewählte Schriften*, p. 480.［同上书，76 页。——译者注］

［28］参见 *System of Transcendental Idealism*, pp. 61－62。［同上书，77 页。——译者注］谢林谈及这种区分时说：“因而它现在既不存在于自我之内，也不存在于自我之外，而只是自我和它的对立物在其中互相接触的共同的东西（*das Gemeinschaftliche*）。” Ibid., p. 65（417）；*Ausgewählte Schriften*, p. 484.［同上书，81－82 页。——译者注］他还说：“在原始感觉内出现的不过是界限，而在这里出现的是处在界限彼岸的某物，这样，自我就明了界限是怎么回事了。”这就是自在之物观念。*System of Transcendental Idealism*, p. 69（423）.［同上书，86 页。——译者注］

［29］Ibid., p. 80（437）.［同上书，101 页。——译者注］

［30］Ibid., p. 97（459）；*Ausgewählte Schriften*, p. 527.［同上书，120 页。——译者注］由于接受了这种关于主客区分的观念，谢林将康德的不可知的自在之物的概念，重述为关于我们自己建构规范的理想活动的假设。参见 *System of Transcendental Idealism*, p. 99（461）；*Ausgewählte Schriften*, p. 529。［同上书，123 页。——译者注］谢林还以类似方式重述了康德的时空同一性、持存的实体、判断的图式等概念。

［31］参见 *System of Transcendental Idealism*, p. 119（487）；*Ausgewählte Schriften*, p. 555。［同上书，147 页。——译者注］

［32］*System of Transcendental Idealism*, p. 117（484）；*Ausgewählte Schriften*, p. 553.［同上书，144 页。——译者注］

［33］谢林还解释说：“凡是完全没有我的参与而对我产生的知识，都叫做经验知识，这种知识的产生就像我做物理实验，而不能事先知道实验的成效一样。” *System of Transcendental Idealism*, pp. 151－152（528）；*Ausgewählte Schriften*, p. 596.［同上书，184 页。——译者注］

［34］*System of Transcendental Idealism*, p. 149（534）；*Ausgewählte Schriften*, p. 524.［同上书，180 页。——译者注］

［35］参见 *System of Transcendental Idealism*, p. 162（542）；*Ausgewählte*

Schriften，p. 610。［同上书，198 页。——译者注］在这里，谢林说：“只有通过义务概念，才产生出观念的自我与进行创造的自我的对立……在自我中，意志活动可能的条件必然会不受自我的影响而被创造出来。这样，我们终于同时完全看到，理智的同一个行动应该既能得到解释同时又不能得到解释的矛盾，现在得到了解决。解决这个矛盾的中介概念就是要求概念，因为在**行动应该发生**而并不因此就**一定会**发生的情况下，行动是可以通过要求**得到解释**的。”

［36］*System of Transcendental Idealism*，p. 164（543）；*Ausgewählte Schriften*，p. 611.［同上书，198－199 页。——译者注］

［37］支持这一主张的代表性段落是：“借助于这第三种受限制状态则可以把某种被所有其他理智恰好因而否定了的东西设定到每一个体里，正因为如此，其他理智才不能把这种东西直观为自己的行动，因而只能把它直观为不属于自己的行动，即在自己之外的一种理智的行动。”*System of Transcendental Idealism*，p. 165（544）；*Ausgewählte Schriften*，p. 613.［同上书，200 页。——译者注］

［38］*System of Transcendental Idealism*，p. 170（550）；*Ausgewählte Schriften*，p. 619.［同上书，205 页。——译者注］

［39］*System of Transcendental Idealism*，p. 174（556）；*Ausgewählte Schriften*，p. 624.［同上书，210 页。——译者注］

［40］谢林明白无误地提出了这一结论，虽然相关论证可能有些不清楚：“因此，我们也就……得知，一个孤立的理性存在者不仅不能达到对于自由的意识，而且也不能达到对于客观世界本身的意识。”*System of Transcendental Idealism*，p. 174（556）；*Ausgewählte Schriften*，p. 624.［同上书，211 页。——译者注］

［41］*System of Transcendental Idealism*，pp. 190－191（576－577）；*Ausgewählte Schriften*，pp. 644－645.［同上书，229－230 页。——译者注］

［42］*System of Transcendental Idealism*，p. 196（584）；*Ausgewählte Schriften*，p. 652.［同上书，235 页。——译者注］

［43］*System of Transcendental Idealism*，p. 208（600）；*Ausgewählte Schriften*，p. 668.［同上书，250 页。——译者注］

［44］在当时的人看来，谢林哲学中（或者在也使用了这一用法的其他作者那里，如黑格尔），大概没有哪个术语比“同一性”更具误导性了。在谢林和他的同时代人所研究的逻辑学中，命题“S 是 p”中主词和谓词之间的关系被表达为 S 和 p 是具有“同一性”的。然而，这种“同一性”不同于“等同性”（sameness）。谢林自己解释说，混淆“同一性”和“等同性”将会导致谬论：“让一个小孩也同样可以理解的是，按照已被采取的说明，在表述主语和谓语同一性的命题中，不可能有哪个说出了二者是一样的，或者也不可能只是说出了二者的一种无中介的联系。”（例如，他坚持认为，“这个物体是蓝色的”这个命题并未断言，由于这个东西是个物体，所有它也就是蓝色的。）如果表达了 S 和 p 之间的“同一性”的那个判断中的系词，的确表达了“相同性”，那么就会如谢林所讽刺地那样：“例如，我们可以不用军队而只用军队的概念就能打击敌人一样。”F. W. J. Schelling，*Über das Wesen der menschlichen Freiheit*（Frankfurt am Main：Suhrkamp，1975），pp. 38，108note；*Of Human Freedom*（trans. James Gutmann）（Chicago：Open Court，1936），pp. 13，16note.［谢林：《对人类自由的本质及其相关对象的哲学研究》，邓安庆译，北京：商务印书馆，2008 年，52、55 页。——译者注］

［45］*System of Transcendental Idealism*，p. 209（600）；*Ausgewählte Schriften*，p. 668.［《先验唯心论体系》，250 页。——译者注］

［46］*System of Transcendental Idealism*，p. 210（602）；*Ausgewählte Schriften*，p. 670.［同上书，252 页。——译者注］

［47］*System of Transcendental Idealism*，p. 229.［同上书，273 页。——译者注］

［48］Schelling，*Über das Wesen der menschlichen Freiheit*，p. 76；*Of Human Freedom*，p. 62.

［49］谢林说：“某些人，比如为了原谅（自己的）一种不正当的行为，而说，我至今就只这么一次，诚然他自己意识到了，事已至此是因为他的过失造成的，尽管他也很有理由地说，当时要采取别的行为方式，对他是不可能的。”Schelling，*Über das Wesen der menschlichen Freiheit*，p. 79；*Of Human Freedom*，pp. 64-65.［谢林：《对人类自由的本质及其相关对

象的哲学研究》，103 页。——译者注］

［50］Schelling，*Über das Wesen der menschlichen Freiheit*，p. 54；*Of Human Freedom*，p. 34.［同上书，72 页。——译者注］

［51］Schelling，*Über das Wesen der menschlichen Freiheit*，p. 67；*Of Human Freedom*，p. 51.

［52］“没有这样一种条件，连上帝的实存也不可能是人格化的。但上帝在自身之内而非在自身之外拥有这个条件……假如上帝不使这个条件适于他自己，即自身与条件连为一体，成为绝对的人格，那么在上帝之中也将会有一种黑暗的根据。人永远不能将条件置于自己的掌控中，尽管他同时在恶中力图这样。条件只是一种借给他的并与他无关的东西；因此人的人格和个性永远不能提升为完满的现实（*vollkommenen Actus*）。”*Über das Wesen der menschlichen Freiheit*，p. 91；*Of Human Freedom*，p. 79.［谢林：《对人类自由的本质及其相关对象的哲学研究》，117 页。——译者注］

［53］*Über das Wesen der menschlichen Freiheit*，p. 91；*Of Human Freedom*，p. 79.［同上书，118 页。——译者注］

［54］谢林虽然明确并且一早就拒绝了康德关于本体/现象的区分，但他似乎还是接受了康德的如下观点，即本体领域的意志活动发生在时间之外。更宽泛地说，我们可以将如下观念归于谢林：掌控一个人的意向的基本原则本身是“永恒的”，在某种意义上说，它自身并不涉及任何时间，但对任何时间都适用——差别就像是，“总做 X”和“总在周一做 X”。因此，做恶这种基本意向是一个永恒的理由，它表达的是恶人与生俱来的意向，但这不会出现在自由行动当中，因为这种行动表达的是本质自我。然而，这显然不能应对如下异议：恶人不能选择拥有这种意向，因此这不能被称为一种自由行动。

［55］*Über das Wesen der menschlichen Freiheit*，p. 98；*Of Human Freedom*，p. 86.

［56］*Über das Wesen der menschlichen Freiheit*，p. 104；*Of Human Freedom*，pp. 95–96.

第八章　1801—1807：另一位后康德派：雅各布·弗里德里希·弗里斯和非浪漫派的情感主义

199 尽管浪漫主义统治着当时的后康德思想（莱因霍尔德之后），但当时还有另一种具有同等重要性的康德解释路向。到了世纪之交（1800 年），雅可比的影响（在这一时期，他的影响一直是很大的）已经导致了关于康德的一种相当不同的理解，这以雅各布·弗里德里希·弗里斯（1773—1843）为代表。弗里斯与耶拿的其他后康德派（谢林、黑格尔、施莱尔马赫、诺瓦利斯和荷尔德林）差不多处于同一时代，他们在经历了最初的骚动（这围绕着费希特和早期浪漫派成员）之后开始工作，而弗里斯大约是在这十年后才开始表达自己的观点。像他们中的许多人（例如尼特哈默尔、荷尔德林、谢林、黑格尔和施莱尔马赫）那样，他也是首先研究神学，而后才转向了哲学。

他在主护村（摩拉维亚）的一个著名虔信派社区长大并接受教育，之后，他被送到尼斯基的一个虔信派寄宿学校，他在这里度过了他的青少年时代。1795 年，他前往莱比锡修习哲学，在这里，他明显受到了雅可比的影响；1797 年，他在耶拿修习了一年，之后离开了一段时间做了家庭教师，只是在 1800 年底又回到了耶拿（黑格尔也大约是在这个时候来到了耶拿）。1805 年后，他和雅可比成了朋友，自此，雅可比一直是弗里斯工作的赞赏者。

弗里斯自己的事业可谓是历尽波折，而且在耶拿时他和黑格尔就开始相互厌恶，终其一生都是如此，这使得他们无论是在私下场合还是在公开场合，都以各种方式相互谴责对方的整个生活。尽管如此，弗里斯的观点还是后康德争论中的主要选项之一，并且在很多方面，弗里斯、谢林和黑格尔在当时的德意志哲学舞台上脱颖而出。像同时代的许多人那样，弗里斯发现他的学术工作前景是相当黯淡的（尽管最初他远比黑格尔成功），并且痛恨其他人能够获得仅有的几个职位（恰如黑格尔和其他人痛恨弗 200
里斯能够获得仅有的几个职位那样）。

弗里斯是相当勤奋的，大约从1803年开始，他就一卷接一卷地发表展示他自己的后康德思想体系的作品。1803年，凭借着《莱因霍尔德、费希特、谢林》的出版，他完全登上了舞台。在这部作品中，他尖锐地批判了这三位思想家，并提出了他自己的观点，这些观点与当时笼罩着耶拿的各种版本的“观念论”有着很大的不同。[在某种程度上，这部书可以被看作他对黑格尔的第一部著作即1801年的《费希特与谢林哲学体系的差别》（简称《差别》）的回击。] 在同一年，他出版了他的《权利哲学学说及对一切实定法的批判》；在1805年的《知识、信仰与预兆》和1807年的多卷本《新理性批判》（1828年至1831年，他修订并再版了这部著作，并更名为《新的或人类学的理性批判》）中，他第一次完整地呈现了他的体系。不过，随着1803年《莱因霍尔德、费希特、谢林》的出版，他的立场已经初具规模了，而在其他著述中，他很大程度上是在重复[1]。尽管如此，弗里斯通过重写康德体系而发挥着持久的影响力，在进行这种重写时，他将宗教虔诚、对牛顿的数学科学的捍卫和政治观点（这些观点同时是共和主义的、自由主义的和反犹主义的）结合起来。对于许多人来说，弗里斯是那些不能容忍后康德观念论的影响但又不愿回到前康德的形而上学的人的理想的抗衡者。

像当时许多参与争辩的人那样，弗里斯所关心的是，如果抛弃了不可知的自在之物的观念，人们能从康德的成就中拯救出什么；同时，他接受了雅可比的主要观点，认为康德事业的“基础”必然依赖于某种直接的、不可推而知之的“信仰”，这种“信仰”本身只能在“情感”中揭示出来，而不能仅凭理性来揭示。在《莱因霍尔德、费希特、谢林》中，他清晰阐明了这些观点，并用它们来宣称，整个后康德观念论运动是失败的。弗里斯指责这三种后康德体系的建立者在试图“完善”康德的过程中犯下了各种基本逻辑错误（在他后来的著述中，他甚至承认，这些错误中的一部分应当归咎于康德本人）。

弗里斯自己的解决方法容易与康德的相混淆，因为他在耶拿时期所写 201

的作品或多或少只是试图重申康德的观点，不过是清除了康德的许多论证。然而，他从来不是一位纯粹的康德主义者，他将他对康德的接受融入一种经验实在论的混合物中，即对意识做“现象学”考察（这不是黑格尔意义上的“现象学”，而是在某种程度上更接近于埃德蒙德·胡塞尔在 20 世纪提出的现象学），并且在雅可比的启发下诉诸直接性和情感，以为宗教信仰提供基础。弗里斯相信，康德的二律背反学说可能**正是**康德学说中的关键错误，而这又部分地解释了莱因霍尔德、费希特和谢林（以及后来的黑格尔）发现自己所处的那条致命的错误道路。因此弗里斯坚持认为，康德根本没有表明，将理性应用于自在之物会导致不可解决的矛盾。因此，弗里斯率先建议，应当放弃康德的巨著《纯粹理性批判》中的绝大多数内容，相反，应集中全力将《批判》中被贴上“先验分析”标签的论证同《自然科学的形而上学基础》中的论证结合起来。

在弗里斯看来，费希特只是使事情变得更糟，因为他将康德的二律背反学说变成了一种所谓的方法，用来表明“自我”如何设定“非我”以及之后应当如何解决由此造成的矛盾。在费希特的思想中，“通过将差别概念与矛盾概念混同起来，一种错误被引入他的论证当中……每一种综合都应当包含在对矛盾的消解当中……由此……［它］导致的是一种幼稚的语词游戏”[2]，而不是一种真正的论证。因此，弗里斯认为，“［费希特所用的］这些概念，通过分析的和综合的这些语词，如何与康德的概念等同起来”，这个问题是相当“可笑的”[3]。对于弗里斯来说，费希特所谓的“知识学”假装通过诉诸应当是“确定”的但实际上并非如此的原则来终止可能的推理倒退；因此，它只是一次掩人耳目的荒唐尝试，它在根本就没有推演出任何东西的时候伪称“演绎”出了一切。对于弗里斯来说，谢林的唯一贡献就是加剧了费希特的错误。

不过，弗里斯认为，虽然费希特和谢林都没有做出正确的回答，但雅可比所揭示的问题——我们的论证必须终止于某个地方——是真实的。对于弗里斯来说，雅可比的解决方法的错误在于，他认为只有他的“致命
202 的腾跃”——“信仰之跃”——才有可能足以提供所需的停靠点，因此他很快就到达了他所设想的停靠点。雅可比只是相当不经意地描述了**主观**知识的结构：一系列“间接的”（基于推理的）认知，它们最终全都要以

某种“直接的”认知为基础，如康德所看到的，这种认知必须是“直观”。然而，真正的问题是，我们的知识体系（如我们**在**意识**中**对这种结构所做的可能描述那样）是否具有“真理”，它是否与自在之物相符，还是说，知识所依赖的终极“直观”只是一种（幻相的意义上的）“现象”。因此弗里斯总结道，由于康德在处理经验知识时将自己塑造成“经验主义的实证论者”，所以这种对经验知识结构的描述就是康德所要讲的（或至少应当是他所要讲的）。在现象（*Erscheinung*）领域中，我们基于直接的直观而拥有对经验对象的真知识。然而，我们不能由此得出结论说，这种经验知识体系具有“先验真理”（弗里斯语），也就是说，当自在之物独立于它们据以被经验到的条件而存在时，我们不能说这种经验知识体系与自在之物是相匹配的。

当然，对这个问题的回答是，自在之物不可能独立于它们据以被经验到的条件而存在。我们只能在掌控我们关于自在之物的经验的条件下来认识自在之物，并且这些条件不可避免是主观的，是与人类理智结构紧密相关的。解决困境的办法在于进一步推进康德的区分，特别是在康德如下令人震惊的主张中的区分：“悬置**知识**，以便**给信仰**腾出位置。”[4]弗里斯巧妙地处理了这一区分，他将关于对象表象的知识（在他的意义上的 *Wissen*）限定在时空当中，并主张，只有信念、信仰（*Glauben*）才能将我们与自在之物领域联系起来，如他所说，这一领域必须是“永恒的”，为的是将自在之物与我们所必然经验到的处于时间性的有限世界中的事物区分开。（由于完全在作为知识之主观条件的时间之外，所以自在之物是“永恒的”。）弗里斯主张，为了将“自由从自然当中拯救出来”，我们必须认为自由“摆脱了定量性语境的法则，是一种作为非自然法则的实存法则。这只能以自然的单纯现象形式、有限者的形式证明，然而，在这种有限中，永恒出现了，它的原初存在是一种自由的存在”[5]。（他甚至说：“在哲学上应用这种区分时，如果我们从人们通常所做的现象与自在存在之间的区别出发，如教义问答或者最虔诚的著作所做的那样，我们就能够免去很多争论。”[6]）因此，对于弗里斯来说，“康德悖论”并不是一个真 203
正的问题；对于他来说，同自由问题有关的，是对自由和自然的担忧，而非对自我立法的担忧。

以康德提出的实践需要预设自由（这是不能在理论上证明的）这一主张为基础，弗里斯得出结论说，这种“对永恒者以及至善的实在性的信念（信仰），是每一有限理性的原初条件”[7]。我们**必须**相信（或“信仰”，*Glauben*）“永恒者”（自在之物）的实在性，虽然我们不能说“认识”（*Wissen*）它；因此，对自在之物（永恒者）的“信念”是实践理性的一个前提。然而，他扭转了这一结论（而康德从来不会这样做）：在无条件的义务要求和我们的有条件的感性欲望事实之间没有**逻辑**矛盾，而只有一种“目的冲突”，这通过悬设基于“自然的目的性”的上帝和不朽得到了解决[8]。这些是在一种弱康德意义上的“理念”，因为它们是关于“整体”的观点，这种“整体”是不能直观到的；相反，它们是通过我们的“概念”而被给予我们的，它们通过一种 *Ahnung*，即通过一种对自在之物的总体的模糊“猜测”“预示”而与有限的自然世界相关，它本身不是一种认知活动，弗里斯甚至认为，它是一种“摆脱了直观或概念的**情感**”[9]。

弗里斯或多或少是将自然等同于康德对它的描述，即将之视为运动中的物质，是用数学方法解释的东西。因而，任何真正的自然哲学或多或少都会得到康德的认同（至少在第一《批判》和《自然科学的形而上学基础》中是这样——弗里斯自己也提出了一种思辨的自然哲学，它远远超出了康德所说的内容，不过在这里我们不能展开讨论）[10]。弗里斯依然特
204 别厌恶谢林的自然哲学（后来，这种厌恶扩展到了黑格尔的自然哲学，他总是将黑格尔的思想看作更加退化了的谢林思想）。谢林以及那些跟随他的人，都错误地将“有机物”的形象作为他们自然概念的核心，认为如果仅有机械过程是永远不可能产生“生命”的（因为生命是一个自生的、自持的、自导的过程）；相反，弗里斯认为，我们只能以数学和力学的方式理解自然，并且这种对自然的思考表明，“所有的物质力量都可以被追溯到两种基本力量，一种是吸引力，另一种是排斥力”[11]。发生在有机物当中的自持只能被解释（或如弗里斯所说，最终将被预示）为这两种基本力量之间的“平衡”。谢林充其量是混淆了如下两种方式，一是我们必须主观地理解自然的那种方式（这可能涉及我们将“目的”归于自然），二是我们必须设想自然的实在性的那种方式，其拥有一种更具康德

意味的形态[12]。

此外，理智是另一种东西。不可能有一门关于理智的数学（一门关于身体的数学是可能的，因为身体可以被视为自然的一部分）。意识就其本质而言是反对数学化的：弗里斯主张，“我们不能将这种［数学的］解释拓展到感性的单一性质上”[13]。对质的感知——例如对红色的感觉——根本就不能以量的形式呈现出来。对于一个个体来说，这种意识的“内在世界”是他“自己的封闭世界”，只能根据它的必然结构来**描述**它，而不能将它从其他东西中“演绎”出来，正如我们对“永恒者”的“信念”或“信仰”（*Glauben*）只能被“展现”或“展示”，而从来不能从某些本身被证实为真的前提出发来“证明”[14]。因而，为了掌握我们关于世界的理解和概念的必要结构，我们必须寻求一种对意识的描述性解释，它按照意识的必然结构的真正的、本质上**所是**的样子来表达或“展示”它们，而不是依照我们关于心智所可能有的某些其他前提来主张它们**必须**是什么样的。

这样一种关于意识的描述性解释向我们“展示”的是，世界是在感性直观中被“给予”我们的；我们找不到比这种基本信念更深刻或更确定并足以摧毁这种信念的东西，所有的知识和自然科学都必须以这一基本“事实”为前提。因此，弗里斯以一种更具自然主义意味的方式，将康德 205
所呈现的心智图景重新描述为感性直观问题，这种直观用于“激发”理性的“自我活动”（*Selbsttätigkeit*）。理性本身只是一种必要形式，在这种形式下，一般来说，人类心智可以被感性给予物和我们同周边世界的自然交互所激发：“我们仅仅归于理性的东西，与其激发性的形式是相符的。一般来说，知识是理性的激发或生命表达；这种生命表达的形式一般是通过理性本身的本质来决定的”[15]。而“理性的本质”本身是由一种“真理感”（*Wahrheitsgefühl*）决定的，它本身向我们展现了某些基本的理性真理的无法验证的必然性。（像他所厌恶的浪漫派那样，弗里斯也认为，比“接受”“被给予的”感性激发物更为基本的，是对一个人自己的实存的“不确定的情感”，这“伴随着”对一个人心智活动和状态的所有内在直观[16]。）

弗里斯坚决否认，他是根据“心理主义”来解释理智的运作的，也就是根据理智中起作用的思维关联图式或感觉或因果过程来解释精神的规范性特征。（然而，他自己的选择恰恰总是不清楚的，因此直到今天，他一直被指责为“心理主义”。）他将他解释心智的方法称为“内在物理学”，由此，他似乎正在做如下类比：恰如研究运动中的物质的物理学（或“力学”）是一门数学性的因而先天的学科，对理智的必然结构的描述性研究本身也是一门先天的学科（定性的和描述性的，但不是数学性的）。他也将之称为一种“人类学”理论，这意味着所要研究的是**人类**心智的先天结构，而不是一般心智的结构。因此，弗里斯关于理智和知识的哲学是由如下二者混合构成的，一方面是将康德关于自发性和理性的理论自然主义化，另一方面是对意识的必然结构做一种“现象学”解释。（弗里斯并未明确说明，他是否认为“心智”表示的是一种不同于物质的实体或“物”；但是，他对心智和自然的刻画表明这就是他的立场。）

206 在与早期浪漫派中许多人的尖锐对抗中，弗里斯并未试图与自然和解；相反，他捍卫牛顿/康德的自然观，而且在他的体系中，他没有表现出对重新具有魔力的自然的特别偏好。在一个辞藻华丽的段落中，弗里斯写道：“凭借自己，一个人不会知道自己从何处来，将向何处去。他被一个强大的、他自己不能理解的自然引上了路。他身处无生命的形式和有生气的形式的包围之中，这些形式都是在僵死的自然世界当中的，而他发现自己是一个局外人。但是，在这两种永恒者的暗夜之间，借着一缕晨曦，他似乎匆匆瞥见了他的有限存在，这给他留下的是一种纯粹的情感，在这种情感中，他意识到他的有限存在与他的永恒存在是结为一体的。”[17]

另一方面，他和早期浪漫派成员都相信，他们共同渴望的和解不只是“僵死的自然世界当中的无生命的形式和有生气的形式”，并且这种和解不可能在理性中被发现——弗里斯和早期浪漫派成员都认为，康德永远摧毁了这一思路——而是能够在某种超理性或亚理性或非理性的情感状态中被发现。恰如康德认为审美经验揭示了“关于现象的”、既非自然亦非自由的“超感性基底的不确定的概念”那样，弗里斯认为，一种被恰当地提升了的情感状态可以揭示出相同的东西，他还解释说：“在信念（信仰，*Glauben*）中，我们意识到，永恒的事物秩序建立起了目的王国的法则……因此，如果我们应当凭借一种预示（*Ahnung*）感，掌握住内在于自然之界限中的永恒的事物秩序，那么，在自然同目的王国的理念的关联之中，就会实现自然和事物的道德秩序之间的一致。”[18]

因此，对自然的恰当理解就是要抛弃所有关于它的目的论主张，就是要在对整个自然的“预示”感（这是一种必然模糊的情感）中理解一种引起了崇敬感与热爱感的美和崇高。如弗里斯所描述的，这种“虔诚”感只有在自然被以**审美的**方式理解为一个整体时才会出现，这使得“永恒者的温暖和生命渗入到我们整个有限本质当中——这是奉献的氛围”，在这种氛围中，我们只是承认了那些理性不能解决的奥秘[19]。

道德与政治思想：重新定义康德 207

弗里斯的道德—政治哲学同样是由康德主义、情感主义和浪漫主义混合而成的。如他的其他大部分作品那样，在早期的伦理学著述中，他几乎是在用康德的语言来重申康德的学说，但却几乎没有用康德自己关于相关立场的论证。（因此，他调用了每一行动者的“尊严”、绝对命令、共和国的必要性以及康德哲学中所有其他概念。）然而，弗里斯至少是以三种方式与康德决裂了，这三种方式都是1800年之后，即吸收了早期浪漫派的爆炸性影响之后的几年间，对康德做出的典型性反应。第一，他将美德等同于拥有一个“美的灵魂”：他说，美德“就是内在美本身……在艺术的理想中，灵魂之美将对自然美的兴趣和对艺术美的兴趣交织在一起，因而给予艺术美以虔诚。成为美的是我们对一个人的生活表现所做的最高要求——这不是说一个人应当制作美的东西或成为艺术家，而是说应当展现出一种与内在美相符的品格”[20]。第二，他并未将自律等同于自我立法（即自己创立规范并使自己服从这些规范），而是等同于表达出关于自身的一种“内在必然性”。对于弗里斯来说，重要的是法则的源泉；如果它来自一个人自身之“外”，那么这个人就不是自律的；而如果源泉来自一个人自身之“内”，那么法则就可以被认为是自愿接受的。

第三，也是最具决定性的方式，不同于几乎所有的后康德派，弗里斯实际上拒绝了康德道德—政治思想中的**自由**的优先性，转而支持**平等**的优先性，如他所说：“在权利（法律）学说（*Rechtslehre*）中，强调每一个行动者被允许做什么，这将容易导致人们认为——如康德所说的那样——个人自由**而非平等**才是原初的人类权利……自由根本不是权利，而是一种必须预设的属性（property），为的是使某人能够成为一个权利主体。另一方面，个人的政治自由不过是平等的结果。”[21]在当时众多的康德评注者中，弗里斯最先主张，对于康德来说，自由似乎发挥着三种作用：它是一条关于先验自由的形而上学原则，同时是行动者开启一
208 个因果序列的能力，而这一行动无需是任何先行因果序列的结果；它还是一条道德原则，即要求尊重他人之自律；并且它是一条政治原则，即一个人有权根据自己的理解来追求自己的目的和幸福[22]。然而，弗里斯接受了康德式自由（作为另一种形式的因果性）的形而上学地位，但却拒绝将之视为一条规范性原则。对于弗里斯来说，每一个人的“平等尊严”是主张政治自由权利的基础，并且政治自由（无论它在何种程度上实现出来）只有根据对于保持尊重人类平等来说必需的其他东西才是必要的。政治自由不是社会生活本身的基本原则。（在我们当代的讨论中，关于“平等”还是“自由”才是一种“康德式”正义理论的真正基础的争论，依然是一个鲜活的论题[23]。）

因此，对于弗里斯来说，“权利”的基本命令是：“你应当以最合理的方式安排你的一切社会关系，［而且］每个人都应当将他人视为与自己平等的。”[24]“权利”的最高“小前提公式”（formula of subsumption，弗里斯语）是：“在互动时，人们应当相互承认（*anerkennen*）对方为理性的［行动者］。”——这不是康德的如下原则：公开行动，以使一个人的自由选择能够根据普遍法则而与每个人的自由选择和平共存[25]。实际上，正是因为康德使自由而非平等成为政治生活的基本原则，所以弗里斯认为，他也错误地将契约（作为自由个体之间的具有法律约束力的协议）的约束力与承诺的约束力分离开了。康德认为，虽然我们对我们的承诺负有伦理责任，但关于契约，我们只能谈及法律（即可公开执行的）责任，因为没办法知道一个人之所以守信，是出于义务还是出于对惩罚的惧怕；弗里斯主张“契约”就是“承诺”这种更为严格主义的观点，并由此认为，撒谎应当是一种违法行为，而不仅仅是一种应予谴责的伦理过失
209 （对于受康德启发的当代理论家们来说，这还是一个陌生的观点）[26]。

相当有趣的是，弗里斯自己使平等取代自由成为最高原则，这并未促使他去考虑某种财产再分配理论，相反，这使得他认可一种古典自由主义的财产分配理论：“每个人都应当享有他自己的劳动果实。”[27]劳动价值的唯一恰当尺度是市场：“这一点［指劳动价值］的完全实现应当留给自由贸易，在这种自由贸易中，国家不是通过命令和禁令（例如，最大量的确定）而是通过鼓励（例如，鼓励在百货商店中卖东西）来获得”劳动价值[28]。不过，与当时的绝大多数人一样，他以禁止打破如下二者之间的平衡为前提：一方面，这些是市场活动的结果；另一方面，国家提供一种“消费与满足需要的平等”，同时“为每个人”产生出“最大可能的自由以使他可以以他所希望的方式生活和消费”[29]。（弗里斯恰恰没有解释的是，这种平衡如何被打破，甚或它为何要被打破，他只是没有做进一步论证地说，“如果在财产的普遍分配中，财产的某部分的权利没有传递给他，如果他被遗留在无助的贫穷中面对着其他人的富裕，那么就不能强迫他去尊重其他人的财产”[30]。）根据弗里斯，这些自由市场本身所造成的相应财富差异，应着眼于人们是选择喜欢“工作”还是选择喜欢“和平与安宁”来解释。这样一来，“最大可能的自由就可以与最大可能的平等统一于生活当中”，即通过“私营企业和私有财产”实现这种统一[31]。

因此，弗里斯认为，正是这样一种权利哲学学说的结果为涉及所有可能立法的实践推理提供了一条先天的一般原则。（它为立法者在思考颁布具体法律时所要进行的一切三段论推理提供了大前提。）因此，弗里斯甚至进一步主张，整个权利哲学学说应当具有一种大的三段论形式：大前提表述的是立法原则，小前提表述的是政治原则，结论表述的是对“所有实定法”的批判[32]。这种观念明确排除了国家基于“社会契约”的观点，因为为了使这样的契约具有一种责任力量，它必须预设法律本身具有责任特性，并且这种责任不能是一种契约的结果[33]。弗里斯还声称，他的观点与如下理解完全兼容：政治国家中的所有实际权力来自“人民”。 210

在发展自己的政治观点时，弗里斯日益倾向于情感主义的德意志民族主义，其中还混杂着大量的反犹主义。1817 年，学生“兄弟会”（*Burschenschaften*）在瓦特堡为庆祝战胜拿破仑和纪念宗教改革三百周年举行了一次著名集会——整个活动在精神上相当具有民族主义和共和主义意味，“非德意志的”书籍被焚毁，犹太人被批斗为不是真正的德意志人（某些天主教徒也在被批斗之列）——弗里斯向兴奋的人们做了一次演说。1816 年，弗里斯自己出版了一部反犹主义的小册子，在其中，他主张犹太人从来不是真正的德意志国家的成员，“犹太性”本身是德意志生活中的道德腐化力量，并且这种“犹太性”应当从德意志的民族生活中清除出去。1819 年，部分由于他所表达的反犹主义，但最主要的是由于他的民族主义和共和主义观点，弗里斯被卷入了搜捕反叛者（当时他们被称为“危险的”）的镇压运动当中，他丢掉了在耶拿的哲学教授职位，而只被允许讲授物理学和数学。后来，他重获讲授哲学的权利，但同时受到许多条件限制。他对整个事情一直耿耿于怀，并且他总是声称，自己并未反对“犹太人”，而只是反对“犹太性”，而且任何自重的犹太人都将会抛弃这种“犹太性”。他的许多批判者，例如黑格尔，从来都不相信这一区分。

然而，在接下来的几年中，弗里斯的哲学观点成为确定康德遗产的主要选项之一。弗里斯是后康德时代中出类拔萃的反观念论者和反浪漫主义者，不过，他还是将浪漫派和观念论思想中的某些内容整合进了他自己的观点。实际上，更赞同他的观点的，是当时德意志正在出现的自然科学家，他关于一种更具“自然科学”性质的哲学研究模式（在他那里，哲学研究混合了一种情感化的宗教甚或自然崇拜）的观点，更接近唯物主义与自然崇拜的奇异混合形态，这种形态在黑格尔之后曾一度统治德国哲
211 学[34]。可以毫不夸张地说，弗里斯的哲学所提出的后康德议事日程直到今天还依然左右着我们的想象。随着费希特的星光逐渐暗淡，谢林的自然哲学变得更加流行，弗里斯版本的后康德主义本身也在成长，到 1807 年时，关于观念论遗产的争论进行得似乎相当顺利。然而此后，这场争论受到了新的震撼，因为弗里斯最憎恶的一幕出现了：黑格尔主义。

注释：

［1］参见 J. F. Fries，*Reinhold*，*Fichte*，*Schelling*（Leipzig：August Lebrecht Reinicke，1803）；*Philosophische Rechtslehre und Kritik aller positiven Gesetzgebung mit Beleuchtung der gewöhnlichen Fehler in der Bearbeitung des*

Naturrechts（Jena：Mauke，1803；影印版：Leipzig：Felix Meiner，1914）；*Wissen*，*Glaube*，*und Ahnung*（translated as *Knowledge*，*Belief and Aesthetic Sense*（ed. Frederick Gregory，trans. Kent Richter）（Cologne：Jürgen Dinter，1989）。

［2］Fries，*Reinhold*，*Fichte*，*Schelling*，p. 57.

［3］Ibid.，p. 59.

［4］*Critique of Pure Reason*，Bxxx.［《纯粹理性批判》，22 页。——译者注］

［5］Fries，*Reinhold*，*Fichte*，*Schelling*，p. 33.

［6］Fries，*Knowledge*，*Belief and Aesthetic Sense*，p. 21. 为此，弗里斯将康德和雅可比关于这一结论的论证混合了起来，但这种混合是不足凭信的，它涉及如下问题：自在之物之总体的“无条件”本性，如何是与它们据以被给予的条件不相符的；自在之物的世界是无限的，而我们自己的经验所指向的是受限的、被限制在时空当中的事物。

［7］Fries，*Knowledge*，*Belief and Aesthetic Sense*，p. 41.

［8］Ibid.，pp. 47–48.

［9］Ibid.，p. 127.

［10］关于弗里斯自然哲学的细节呈现，见 Bonsiepen，*Die Begründung*…，pp. 326–453。迄今为止，邦斯皮蓬关于弗里斯认识论的研究是最透彻的，当然也是最全面的。

［11］Fries，*Knowledge*，*Belief and Aesthetic Sense*，p. 103.

［12］沃尔夫冈·邦斯皮蓬关于弗里斯对谢林自然哲学的批判的讨论，参见 *Die Begründung*…，pp. 347–353。

［13］Fries，*Knowledge*，*Belief and Aesthetic Sense*，p. 65.

［14］Ibid.

［15］Fries，*Neue oder anthropologische Kritik der Vernunft*，p. 92.

［16］Ibid.，pp. 183–185.

［17］Fries，*Knowledge*，*Belief and Aesthetic Sense*，p. 96.

［18］Ibid.，p. 99.

［19］Ibid.，p. 122.

［20］Ibid.，p. 118.

［21］Fries，*Philosophische Rechtslehre und Kritik aller positiven Gesetzgebung*，p. 24.

［22］如康德所说："没有人能强制我按照他的方式（按照他设想的别人的福祉）而可以幸福，而是每一个人都可以按照自己所认为是美好的途径去追求自己的幸福，只要他不伤害别人也根据可能的普遍法则而能与每个人的自由相共处的那种追逐类似目的的自由（也就是别人的权利）。" Kant，"On the Common Saying：'This May Be True in Theory，but It Does Not Apply in Practice，'" in *Kant's Political Writings*，p. 74. ［康德：《论通常的说法：这在理论上可能是正确的，但在实践上是行不通的》，见《历史理性批判文集》，183 页。——译者注］

［23］在倡导将平等列在由康德所启发的诸观点之首的学者中，最著名的是罗纳德·德沃金。关于他的观点的代表性陈述，参见 Ronald Dworkin，*A Matter of Principle*（Cambridge，Mass.：Harvard University Press，1985）；在 *Law*：*The Moral Reading of the American Constitution*（Cambridge，Mass.：Harvard University Press，1996）中，德沃金将对康德式自由的强调与他对自由的强调结合在一起。

［24］Fries，*Philosophische Rechtslehre und Kritik aller positiven Gesetzgebung*，p. xvii.

［25］Ibid.，p. 39. 参见 Kant，*Metaphysics of Morals*，pp. 56–57。

［26］Fries，*Philosophische Rechtslehre und Kritik aller positiven Gesetzgebung*，pp. 46–47. 关于对契约承诺的责任以道德承诺为基础这一观点的重述，可参见 Charles Fried，*Contract as Promise*：*A Theory of Contractual Obligation*（Cambridge，Mass.：Harvard University Press，1981）。

［27］Fries，*Philosophische Rechtslehre und Kritik aller positiven Gesetzgebung*，p. 123.

［28］Ibid.，p. 127.

［29］Ibid.，p. 122.

［30］Ibid.，p. 135.

［31］Ibid.，p. 128.

［32］Ibid.，p. 19.

［33］Ibid.，pp. 76－80.

［34］关于唯物主义、情感化的宗教与自然崇拜的这种奇异混合，巴罗做了很好的阐释，参见 J. N. Barrow，*The Crisis of Reason*：*European Thought 1848—1914*（New Haven：Yale University Press，2000）。

第三部分　完成的革命？　黑格尔

导言：后革命时代的德意志

到1800年，德意志的景象发生了相当戏剧性的变化。康德在1781年发表了他的第一《批判》，当时的背景是这样一种广泛的感觉（这主要是在受过教育的年轻人中）：事情必须有所改变，并且是为了某种更为满意的生活方式而改变；而另一种感觉是，事情还会像以前那样继续下去。随着康德在18世纪90年代逐渐完成了他的工作，1765年至1775年出生的年轻一代现已成年，当年作为读者的那批人，已经离开大学或正准备离开大学为了所有尚不存在的实践目的而去追寻事业和职位。在这一背景下，阅读的渴望，特别是阅读新东西的渴望，变得强烈了。对于这类人（以及1765—1775年出生的许多有文化的人）来说，那种促成了“阅读俱乐部”（并导致了所谓的“阅读癖”）的书籍的吸引力部分在于，它们可以使他们想象另一种可供选择的生活：对于许多人来说，他们已经（至少在想象中）与他们的长辈或上司的死板的方式决裂了，甚至“下层社会”（例如仆人）现在有时也会幻想或（从统治者的角度来看更糟糕的是）积极地思考与以往生活方式不一致的生活进程。紧随康德革命而来的，是**哲学**在这种气氛中开始对集体和个人所想象的生活发挥一种领导的、雄辩的作用。随着旧的方式丧失了对年轻一代的控制力，他们开始看到某种不同的东西，开始过他们**自己的**而非他们父辈或祖辈的生活，并且，对于这一代中的许多人来说，康德自己对自律与道德之间的内在联系的断言准确地把握了这种感觉：为自己的生活承担责任，而不是为外在于己的力量所推动，这意味着在一个道德上人人平等的世界中采取一种不妥协的道德立场，在这个世界中，一个人根据**自己的**法则行动，而不是根据他被教授的规则行动。由于接受了这些康德观念，年轻人开始认为他们的长辈们也许是怯懦的，他们太害怕同旧的方式决裂，太害怕“自己思考”，他们深深地陷在一个垂死挣扎的社会秩序当中，他们太“老”了并且不足以沉浸于“生活”当中。

但是，到了 1800 年，法国的动荡产生出了一种新情况：作为军官和战略家的拿破仑·波拿巴已经崛起了，进而，他又凭借自身成为一股政治力量，并曾作为三元统治的一部分，直到他与其他人合作发动政变，之后在 1799 年 11 月 9—10 日（根据革命后法国的历法是雾月 18—19 日）他成为法兰西第一执政。他很快在各个方面采取措施，并在短时间内废除了恐怖的“督政府”（Directory）①。正如当时的法国执政府提出的那样：“我们已经讲完了革命的故事：现在我们必须开始它的历史。”[1] 拿破仑立即着手创造这个历史，并使自己卷入了未来德意志诸邦的塑形过程当中（这对于双方来说都是命中注定的）。

为了权力和不可侵犯的统治，德意志的君主们之间的冲突从未结束并且一直在激化着，革命的法国作为目标一再（或许是不可避免地）浮现，因此，拿破仑的法国被卷入德意志，这既是由于事情本身的力量，也是由于拿破仑自己试图统治欧洲的勃勃野心。结果造成了一系列全面的拿破仑战争——实际上是拿破仑入侵德意志，这些战争完全改变了德意志的面貌。在拿破仑征服德意志的大部分时间里，拿破仑治下的法国军队似乎是所向披靡。当普鲁士愚蠢地决定于 1806 年与拿破仑再次会战时，拿破仑将普鲁士人赶出了耶拿镇，并且，在大约半个小时内，自诩强大的普鲁士军队就完全陷入了无序的溃退当中。在此次战役前不久，神圣罗马帝国（这个帝国统治德意志大部分地区长达近九百年）已经瓦解了；拿破仑击败普鲁士就相当于是给它钉上了棺材盖并将之送进了坟墓。现在，拿破仑——他已经开始以一种更有利于法国利益（也有利于当时德意志的许多现代主义者）的方式来重组德意志——开始全面重组德意志诸邦。原来众多的德意志小邦消失了，因为它们或是被忠于拿破仑的新建王国吞并
216 了，或是被那些通过兼并邻国来抵抗拿破仑的干预的新建王国或公国吞并

① 由五名督政官构成，因此又可译作“五人执政团”，于 1795—1799 年统治法国，前承国民公会，后启执政府。

了。许多君主（特别是巴伐利亚和符腾堡的君主们）发现，与拿破仑结盟可以大幅度地扩展统治区域和权力，甚至能够上升到国王的位置上。甚至有一段时间，似乎普鲁士（它惨败于拿破仑）本身都将不再是一个独立的国家，或说是收缩为完全无足轻重的国家。因此，德意志似乎完全不得不学会与法国，特别是拿破仑相处，因为反对这二者中的哪一个都显然是在自杀。

因此，很多后康德时期的哲学争论开始反映各个阶层的德意志人对他们的这片土地的未来的种种担忧。有些人将拿破仑看作打破旧的德意志邦国和“家乡”风俗之羁绊所必需的利器，是德意志生活现代化的必要前提；另一些人则仅仅将他看作一个陌生的暴君；还有一些人将他看作对现代生活中一切丑恶东西的表达，是不太美好的世界的预兆，是对基督教权威的威胁。无论德意志生活中的从众性变得多么小，它仍然持续到拿破仑重构德意志生活时才崩溃。在这种气氛中，关于康德遗产的争论逐渐激烈，并且，在这一背景下，不可能将哲学看作一项纯粹的学术事业。

注释：

［1］转引自 François Furet，*Revolutionary France*：*1770－1880*（trans. Antonia Nevill）（Oxford：Blackwell，1992），p. 220。

第九章　黑格尔的精神现象学：新脉络中的后康德主义

217 黑格尔的旅行

在所有后康德观念论者中，黑格尔可能是最为人所熟悉的，并且最是毁誉参半的。然而，直到他 30 岁时，他还是一个默默无名的失败作者，只是有些可疑的学术成就[1]。不过，1807 年后，随着《精神现象学》的出版，黑格尔成为后康德运动中的伟大人物之一（尽管又过了 9 年他才取得了大学教职），并且，在他声望最高时，他自己设法做几代前的康德所曾做过的事，为此，他设法使学界大部分人相信，哲学史逐渐发展到了他自己的观点，在哲学史上起作用的思想分离趋势最终在他自己的体系中得到了圆满解决。

格奥尔格·威廉·弗里德里希·黑格尔 1770 年生于斯图加特，1831 年病逝于柏林。1788 年进入图宾根新教神学院，他和同室的弗里德里希·荷尔德林以及后来住进来的弗里德里希·谢林（他比他们两个都年轻）成为朋友。从神学院毕业后，他走上了一条漫长而又尴尬的哲学之路。他先后成为两个不同家庭的“家庭教师”，并且在试图成为独立作者时失败了，此后，他来到耶拿，成了无薪的哲学讲师，并与谢林共同编辑《哲学评论杂志》，当它停刊时，黑格尔就只成了耶拿的无薪讲师。当这个职位也丢掉后，他先是成了报纸编辑，而后成了纽伦堡的高中教师（在这里，他与纽伦堡的一位贵族之女结婚了），最后于 1816 年，在他 46 岁时，他获得了海德堡大学的教职，这是他第一份有薪水的学术职位。
218 1818 年，他接受了柏林大学的教授职位，在这里，他迅速成名，“黑格尔”成为人人周知的欧洲现象。

像他那一代的许多人一样，黑格尔早期也卷入了后康德运动。在一封写给谢林的信中（这封信写于 1793 年他从神学院毕业后不久），他评论说：“从康德哲学及其最高完成形态出发，我期待在德意志发生一场革命。这场革命将从原则出发，这些原则是现在就有的，而只需要做一般性的详细阐述，并且适用于迄今一切现有知识”[2]。从他在神学院时起，直到他生命结束，黑格尔一直围绕着符合现代世界的要求可能意味着什么在思考问题。在图宾根时，他受到法国大革命的鼓舞（荷尔德林和谢林也是如此），终其一生，他都坚持认为这场革命对于现代欧洲乃至全球的生活具有重要性。像他这一代的许多人那样，他也将康德视为他身边正在发生的革命事件的哲学上的对应者（甚至是表达者），并认为“完成”康德是大革命成果制度化活动的一部分。

1797 年至 1801 年，黑格尔在法兰克福做家庭教师，这是他的老朋友荷尔德林为他找到的一个职位，在此期间，他受到了荷尔德林发展后康德思想的革命性努力的影响。对于黑格尔来说，荷尔德林已经表明，费希特的后康德思想的发展如何未能理解主客之间达成更深层统一的方式，主客之间的差别本身如何不能是一种主观的或客观的差别，并且，我们对这种差别本身的意识已经预设了某种对它们的更深层统一的意识。然而，在我们关于世界的经验与世界本身之间的断裂之下的，是对真理——荷尔德林将之称为“存在”——的更深层次的理解，这总是被预设在我们相互之间的以及我们同世界的相遇之中，而这些相遇原本是可错的。1801 年，黑格尔带着这些观点离开了法兰克福前往耶拿。他之所以前往耶拿并试图成为一名大学哲学家，一是他父亲留给他的一小笔遗产（他父亲于 1799 年去世），二是他意识到，他已经 30 岁了但还没有自己的事业。

尽管严格来说，黑格尔在 1797 年就已经出版了第一部著作——这是一部匿名出版的翻译和评论作品，内容是对讲德语的伯尔尼贵族阶层的激进批判（此时他作为家庭教师所服务的那个家庭，正是这个贵族阶层的领导者之一），原作是由法语写成的——但他的第一部哲学著作（当然也是第一次署名发表）是他 1801 年的文章《费希特与谢林哲学体系的差别》。他在这篇文章中提出，谢林哲学（直到那时，德意志哲学界还普遍 219

认为谢林哲学不过是费希特思想的一个变种）实际上是发展了费希特哲学。谢林认为，费希特的关键主张——主客视角之间的差别本身必须是一种主观差别，这是“自我”设定的——本身是有缺陷的，因为“自我”和“非我”之间的界限本身不是绝对的。人们能够以某种方式（观念论的或独断论的）得出这种差别和界限，而这取决于这个人的性格倾向于做什么。相反，必须有一种总体性视角，它是这两种视角都必须预设的，谢林将之称为“绝对”，并且，由于它包含了主客两种视角，所以它本身只能被一种“智性直观”所理解。在《差别》中，黑格尔赞同如下思路并做了些补充论证：在这样做时，谢林潜在地阐明了康德三大《批判》的真正结果，即康德在概念与直观之间所做的看似明确的区分，实际上只是从一种更为基本的、单一的经验中抽象出来的，这种经验指向的是我们已经存在于世界上这一点。

在《差别》中，黑格尔详述了如下一点：费希特实际上已将康德的直观要求完全放弃了，而后他被迫将“非我”**仅**理解为“自我”必须自行建构的一种“设定”，并借助于这一点，他得出了片面的结论，即主客之间的差别本身必须是主观地建立起来的差别。黑格尔暗示说，谢林的“绝对”概念已经表明，费希特关于概念与直观之间严格差别的观点和直观的作用随之淡化的观点都是不必要的。并且，在文章的第 1 页，黑格尔说道，“在诸范畴演绎的原则上，康德哲学是真正的观念论”[3]——也就是说，在《批判》中，康德希望表明，不可能有对未经综合的直观的意识，而正是在这一部分，康德本人表明，概念与直观之间的差别本身与一种总体性的背景理解有关，这种理解指向的是我们的认知实践的各种要素
220 所必须发挥也正在发挥**规范性作用**。也就是说，当将某个东西归为“概念”或“直观”时，就已经将之置于给予和寻求理由的实践当中，即置于黑格尔（沿用谢林的用法）所称的“理念”当中，最终，黑格尔将之或多或少地视为“理由空间”[4]（尽管这不是他的术语）。

此外，在《差别》中，黑格尔还向哲学界发出了如下信号：不要将这仅仅看作一个学术问题。他认为，在 1800 年时，这些对立（自然与自由之间的、主体与客体之间的、概念与直观之间的）已经被列入了哲学家的议事日程当中，这只是表明，还有某种更深层的东西是紧要的：“当

联合的力量在人的生命中消失，对立丧失了它们的生动的联系和相互作用，获得独立性时，哲学的需要产生了。”[5] 也就是说，当特定社会历史结构中的行动者生活中的关键问题被打破时，哲学就可以被称为成功的；哲学是通过找寻我们在这种破碎时代再度“治愈”我们自己所必需的东西来做好这些事情的。也就是说，哲学是对人的需要的回应，它的成功与它是否满足这些需要有关。

尽管黑格尔 1801 年才第一次发表（哲学）作品，但此前他在相当长的时间内已经写就了各种不太成功的哲学作品草稿。这些草稿背后几乎都有同样一个主导性问题，这个问题在他还是图宾根新教神学院学生时就困扰着他：一种现代宗教将会是什么样的，是否能有这样一种现代宗教，它是否可以像古典宗教似乎满足了古代人需要那样满足我们的需要？当然，现代宗教被要求去满足的那种需要，是康德或后康德意义上的自由的需要，黑格尔暗中所问的问题是：通过满足哪些需要，人们才能**过**自己的生活，拥有一种**属于自己的**生活，用康德的话来说就是自律的、自我立法的生活？对于青年黑格尔来说，更为明显的是，符腾堡（他的家乡）现有 221
的新教教会无论如何是不能满足这种需要的，而天主教会则根本就不在黑格尔这位符腾堡新教徒的考虑之列。但是，如果这些教会都不合适，那还有什么呢？另一种形式的基督教？另一种宗教？根本不是宗教？

这些问题形成了黑格尔在耶拿时期的核心议题，这一时期，他遭遇了多次变故，并且令他相当不快。他没能取得一个带薪职位；拿破仑战争导致德意志境内物价飞涨，这使得他所剩的遗产几乎每天都在贬值；1803 年，谢林因为和卡洛琳的丑闻而离开了耶拿，在维尔茨堡获得了一个更好的职位，留下黑格尔在正在衰退的耶拿大学中自谋出路。黑格尔一再尝试发展自己的哲学“体系”，在这一过程中，完成了一部分，又去掉了一部分，但最终将它们全都束之高阁了，因为它们根本还不够好。当他最终花光了所有的钱并完全寄希望于获得一个学术性职位时，他着手写作他最伟大的作品，即划时代的《精神现象学》，它于 1806 年完成，并大约是在 1807 年复活节时出版了。当拿破仑带领着他的军队在耶拿展开决战时（在这里，法国人击溃了普鲁士军队并威胁着耶拿镇），他完成了他的工作。（在写作《精神现象学》时，黑格尔还和他的女房东有了一个私生子，并且，尽管这本书是成功的，但他还是很多年都没有取得一个大学教职。）

《精神现象学》

黑格尔在柏林的学生卡尔·米希勒（Karl Michelet）认为，黑格尔将他 1807 年的《精神现象学》描述为他自己的“发现之旅”[6]。现在看来，这是老生常谈了，因为这本书的那些观点，他在余生中或多或少都在坚持着。即便如此，这本书在整个黑格尔体系中的地位一直是有争议的。尽管黑格尔最初将《精神现象学》描述为他即将提出的“体系”的“导言”，
222 但黑格尔借此到底想要说什么，依然是令人困惑的。（他的印刷商将黑格尔想法的不同时期的变化弄混了，这使得该书第一次出版时实际上印上了不同的标题。）在柏林时，他从未讲授过耶拿《精神现象学》，尽管他曾讲授过其中的某些部分并在重写后纳入《哲学科学全书》（简称《全书》）当中，在临终前，他甚至认为它根本就不是他的哲学体系的恰当“导言”，并声称他之后的《全书》现已形成了恰当的导言。（《全书》第一次出版是在 1817 年，经过修正和扩展之后又于 1827 年和 1830 年再版。）但是，他继续向朋友和著名拜访者赠送《精神现象学》的复印本，1831 年，他还签了一份《精神现象学》的修订本出版协议。（在他能够对之做大量修订之前他就去世了，尽管修改的内容很少，但我们当然不会知道黑格尔一旦开始修订，他将会做什么。）

早期的读者也很难理解这本书到底在讲什么。通过快速浏览这本书的内容，人们似乎会发现，黑格尔的重点是哲学和欧洲历史，但它也涉及宗教（它甚至也可能是一部神学著作），它的许多章节的标题是逗弄人的，其所指涉的历史并不是马上就能看清楚的，它最后以简短的一章结束，这章的标题颇有些自负意味：“绝对知识”。毫不奇怪，解释者们总是很难理解这本书，不同的人对它有不同的理解：一部“教养小说”（*Bildungsroman*），一部新版的神曲，一部悲剧，一部悲喜剧，一部认识论著作，一部哲学史，一部基督教神学专著，一则上帝已死的宣言。

黑格尔要使此书满足当时（欧洲的）人们的需要：它为读者们提供了一种教养（*Bildung*）、一种塑造，这使得他们能够理解他们已经成为**谁**

（即一个从个体和集体两方面都可以“被称为”自由的人），他们**为何**成为这样的人，以及这为何是**必然的**。就此而言，《精神现象学》完全是一部后康德作品：它要向读者们表明，为何“过自己的生活”即自我决定对于“我们现代人”来说是必需的，以及这种“自我立法”实际上意味着什么。

意　识

因此，并不奇怪的是，这本书是从对雅可比的反康德主义立场（以及所有形式的后康德主义）的毁灭性、讽刺性批判开始的。雅可比认为， 223
我们拥有一种对世界中的个体对象的“感性确定性”，这不会被任何别的东西破坏，并且这表明，我们关于世界（以及上帝）的经验是有一定“确定性”的，这是哲学不能破坏的。黑格尔将之称为关于“意识”的论题。如果我们从对呈现在我们感觉中的单个对象的意识（“感性确定性”，即一种对事物的意识，它应当先于成熟的判断）开始，并认为实际上是单个对象本身使这些意识为真，那么，我们就是将这些对象看作我们关于它们的判断的“真理创造者”；然而，在将这些对象看作我们关于它们的意识的“真理创造者”时，我们发现，我们对它们的把握消解了（换言之，在它们作为“真理创造者”时，它们本身消解了）。这种消解的动力在于，我们认为它们发挥“真理创造者”作用的方式，正是我们的“认为”本身中涉及的不可消除的张力或矛盾，因而黑格尔认为，在解决这些张力的过程中，我们发现，在使那些关于感性确定性的判断为真的过程中发挥着规范性作用的，不可能是感性确定性的单个对象，而必须是更为发达的、更具中介性的知觉经验的对象。（也就是说，“感性确定性”的对象并未发挥“感性确定性”的拥护者最初认为它们正在发挥的那种规范性作用，而是另外某种东西，即作为个体事物之复合体的、体现着一般属性的知觉对象发挥着这种作用。）或者更辩证地说，认为单个对象使我们关于它们的判断为真的这种观点中所涉及的张力和矛盾**要求**我们承认，必然有某种别的东西在发挥着这种作用（并且，在做出这些判断之初，我们就已经潜在地依赖于这“某种别的东西”了）。

因此，内在于雅可比的“感性确定性”中的辩证法表明，我们需要将关于我们经验到的单个事物之实存的判断的“真理创造者”，看作由具有一般属性的个体事物之更为复杂的统一体所组成的，对于它们，我们只能以“知觉的”方式意识到，而不能“直接地”意识到。也就是说，我们只能通过将单个对象看作具有一般属性的，才能将我们关于单个对象的判断合法化，而这又要求依照我们对**世界**（在其中，这些对象作为知觉对象出现）的观点来将这些判断合法化。（也就是说，在聚焦我们如何能
224 够将感知判断合法化这一问题时，我们需要承认有某种**整体论**在我们的合法化实践中起作用[7]。）这个世界本身是由规律和力构成的，它们本身不能成为直接知觉意识的对象，相反，它们必须是被“知性”能力以更为理智的方式来理解的。所以黑格尔认为，当我们发现这个由“知性”所理解的世界本身又产生了一系列矛盾的、相互冲突的、凭其自身不能接受的结果时，“意识”的辩证法就结束了——甚至**世界**观念本身也不能发挥使我们关于世界中事物的判断为真的规范性作用（如果没有什么东西与之相伴随的话）。因此，黑格尔认为，我们需要看到的是，如下观念本身由于充满着张力和矛盾而是站不住脚的：有某种或某些独立于我们自己的活动的对象（它们甚至被认为是世界本身），它们凭借其自身就能**使**我们关于它们的判断为真——可以说，我们依赖于它们，就可以**使我们**走对路，而不受我们自己看待它们的方式的影响，不受我们“使自己”走对路的方式的影响。找寻某种直接意识的“对象”（这些“对象”将可以使这种意识独立于我们将之“看待”成如此这般而为真）的整个观点充满了张力，因而这要求我们承认，这种意识的一部分是与我们“看待”这些对象的方式有关的。我们必须承认，如康德所说，“我思”必须能够伴随我们对事物的一切意识。因此，“意识”的辩证法要求我们聚焦于，我们如何坚持规范，以及我们如何不能依赖某种独立于我们自己活动的东西使我们自己一直走在那条笔直而狭窄的真理之路上。

自我意识

《精神现象学》开篇章节为黑格尔提供了一种阐述某些康德观点的方

式，因此他认为，不必使自己或是坚持康德关于概念与直观的二元论（这种二元论是令人遗憾的、站不住脚的），或是坚持康德由于接受那种二元论而提出的将概念“强加”给感性的机械论。（也就是说，他不必认 225
为，先是直观提供了中立内容，而后一种有组织的、概念性图式被强加给这种内容）。

在表明规范性要求是由“意识”做出的（即那些掌控着关于对象——这些对象是我们意识到的——判断的规范）时，我们理解到，在认知事业中，我们将对象看作如此这般的方式，与对象本身或关于对象的（我们所称的）直接意识，发挥着同样重要的作用。因而，这本身就提出了一个问题：在哪些条件下，我们关于它们的“看法”（takings）是可能成功的？特别是，我们如何区分如下二者：看起来只是“我们必须看待它们的方式”和“它们真实所是的方式”？

在《精神现象学》的“自我意识”部分中，黑格尔对康德哲学进行了最彻底化的重述，在此，他深受费希特、荷尔德林和谢林的影响，但同时也对这些影响做了一个全新的转向。康德曾说过，在做判断时，我们遵从的“规则”是概念自发地为我们制定的，而这些概念则是由我们自己的理智（“知性”）产生的。他还认为，必然的纯粹“规则”或“知性概念”是由将经验归于一个“普遍的自我意识”（康德自己的术语）的要求——**任何**行动者的“我思”必须伴随他的所有表象——而产生的。黑格尔提出康德问题的方式，与一般能有权威决定什么被视为这样一种共有的“普遍的自我意识”的东西有关。“意识”的辩证法的结果已经表明，它取决于我们如何看待事物，而这又提出了如下问题，即当我们以一种而非另一种方式看待事物时，我们正在试图完成什么。因此，问题就变成了，在我们以一种而非另一种方式看待事物时，哪些目的在发挥规范性作用。

最初，好像是“生命”本身设定了这些目的，判断所必需的规则就将是有机生存和再生产的需要所要求的。然而，实践欲望本身是认知中的感觉；只有当我们赋予它们以一种规范性意义时（或者用康德的话来说，只有当我们将它们整合进我们的准则当中时），它们才具有这种意义。这意味着，行动者从来不是简单地满足欲望；他们正在满足的是一个他们（至少是隐含地）为自己设定的计划，而从这个计划来看，欲望所具有的

意义可能会与他们的渴望度不相符。也就是说，行动者同这些欲望之间有
226 一种“否定性”关系，因此，行动者从来不简单地“是”他自然所是的那样，而只是根据这种同他的潜在的否定性自身关系而“是他所是”——不是“生命本身”，而是**他的**服务于他的生命的（可能是潜在的）计划决定着规范，这些规范是他排列他的欲望的依据[8]。

如果不是生活的目的，那么还有什么可以确保这些计划或基本准则的规范性约束力？这不能简单的是“理由”本身，因为这样会回避理由的运用最适合服务于何种目的的问题（或者，这些目的是否以不回避问题的方式而优先于其他目的，或者，对于谁来说究竟什么才被视为一种理由）。

在以这种方式提问时，黑格尔提出了康德在自己的实践哲学中曾提出的论题，我们将之称为“康德悖论”。康德认为，我们必须以实践的方式将我们自己视为自我决定的，我们作为行动者所“最终从事”的是这种根本意义上的自由（或者，用一种稍非康德的术语来说，如果我们的生活不以某种方式体现这种自由，那我们的生活就将是毫无意义的）。但是，如果意志将这样一种“法则”加于自身，那么它必然是出于某种理由才这样做的（否则就是不守法则的）；然而，一种不守法则的意志是不能被视为一种自由意志的。因此，意志必须出于某种理由将这种法则加于自身，而这种理由本身不能是自己施加的（因为这将要求施加其他理由）。“悖论”是，在创立基本准则时，一方面我们似乎不需要有一种先行的理由，而另一方面我们似乎又需要这样一种理由。康德自己的出路是引入“理性的事实”，在后康德派看来，这更多地是陈述“悖论”而非实际地解决它。

像其他许多人那样，黑格尔也对这种结果不满意。然而，与谢林不同，黑格尔并不认为自然哲学的形而上学将可以令人满意地解决这个问题，因为这种自然哲学最终要依赖于某种“智性直观”（黑格尔在他后来的《哲学史讲演录》中评论说，从根本上来说，这种“智性直观”与求神问卜的价值是一样的）；或者，鉴于康德已经摧毁了前批判的形而上学，谢林的方案不过是回避了它所要回答的一切问题。相反，必须援引与我们对行动者自身本性的理解相关的某种基本性的东西。黑格尔认为
227 “康德悖论”**正是**所有后康德哲学都必须解决的基本问题，这么说并不过

分；解决方法必须直面这一悖论，并且必须看到，我们在依然坚持它的同时，如何使它不致威胁我们对能动性的理解，这就需要将它整合进某种大全式的能动性概念当中，这一概念表明，这种悖论实际上是如何恰当的、可想象的。（依循席勒的先例，黑格尔使用了德文术语“*aufheben*”来表达这一目标，其有三重含义：“取消”、“保留”与“提升”。）

“康德悖论”似乎要求行动者将自身一分为二——为了“我”（me）而向自己提出一个法则，之后“我”（I）就可以用这个理由将这法则用于自己（在《精神现象学》之后的著述中，黑格尔喜欢将“变”称为“自我的他者”（*das Andere seiner selbst*）[9]，他声称这是从柏拉图那得来的术语）。行动者一分为二——用黑格尔的术语来说就是将每一部分都看作是另一部分的“否定者”——并不能解决问题，因为这样一种观点不能裁定，同一个行动者的两个方面究竟何者优先。也就是说，它不能表明，在将我自己一分为二之后，由我的一部分颁定的法则将如何在某种程度上“约束”另一部分，它甚至也不能表明，对于我来说，将如何能够正确地掌握那种我应当使自己服从的规则[10]。

黑格尔对“康德悖论”的解决方案是从社会角度来看待它。由于行动者仅凭自身不能掌握原则的约束力，所以他要求另一行动者承认原则对他们二者都有约束力。每个行动者都要求其他行动者**承认**，他所颁定的“法则”是权威性的（即**正当的**）。用黑格尔的术语来说就是，**另**一行动者必须成为第一个行动者的“否定者”，反之亦然；实际上，黑格尔在这里所说的是自我意识的双重化（*Verdopplung*）[11]。或者换言之，第一个行动者要求另一行动者承认，他有资格实现他已经承担的承诺，反之亦然。这一系列要求导致了为承认而斗争，因为在斗争之初，每个行动者都是不守法则的，只是出于某些理由而强加了一系列的要求，而从其他行动者的立场上来看，这些要求必然看起来是没有担保的。每个行动者只不过是**选择**他自己的准则（有些可能满足了他的欲望，而有些则可能没有）和对另一行动者的要求（要求他授予他一种资格）。然而，这种斗争只有在如下情况中才会自然终止，即至少其中的一位行动者愿意表明，他相当关心这一计划，关心创建法则并做到“正确理解”，以致他准备为这结果赌上自己的性命；当另一行动者并不准备这样做而投降时，斗争似乎就得到了 228

解决（但实际上这种解决是失败的）：一人成了主人（*Herr*），另一人则成了“奴隶”、附庸（*Knecht*）[12]。也就是说，一人成了法则的创立者，而另一人则成了服从法则的行动者。

作为创立者，主人似乎是自成一体的法则；然而，只有当附庸承认主人具有权威（是具有正当性的创立者）时，他的法则才对附庸有约束力。但是，主人有什么理由认为，附庸拥有将这种权威授予他的权威？因为附庸所拥有的权威，只能是作为法则之创立者的主人自己授予的。主人依然陷在“康德悖论”当中而没有真正摆脱出来，为了使他的法令具有那种他声称（甚至是迫切地**欲求**）它们具有的那种规范性权威，他必须能够使他的意志变成“棍棒”，能够将他的意志强加到附庸身上；他试图通过役使附庸为他工作来“证明”他的意志是有约束力的，但这样只会使他更依赖附庸。更为奇怪的是，这使得主人以近乎幼稚的方式依赖于附庸对他的供养，使得他作为主人的资格依赖于那种拥有颁发这种资格的规范性权威的人，而后者只能凭借主人将这种权威授予他之后，他才能颁发这种资格。然而，主人只能通过创立一种法则来授予这种资格，但是，在承认的这一阶段上，他的意志依然是不守法则的，因为他只能根据他是一个由欲望驱使的“自然”个体这一点来主张他有资格享有立法者地位。

另一方面，附庸通过将主人的法则意识内化并认为法则就是正当的，是客观观点本身，因而也通过他为主人工作而不再是一个不守法则的行动者。通过他的工作，附庸学会了**服从**法则的意义是什么，并且由于承认斗争中他的基础被动摇了（由于惧怕死亡），附庸已经学会，为了生存，他
229 只能使自己服从法则。很奇怪的是，通过他自己对法则的服从，附庸学会了成为立法者的意义是什么，并且他开始认识到，主人的法令只是一个偶然形成的个体的命令，而非理性本身的声音。随着他逐渐看到，他自己对主人的承认对于主人法令之作为法令本身的规范性权威来说是至关重要的，他也开始巧妙地破坏他与主人共处其中的那种关系的规范性地位，即使他作为附庸依然无力摆脱这种关系。不过，在这样做时，他也由此看到，他的命运是依靠利益和力量的，而非依靠正当，而当这发生时，关系的规范性“约束”力就消解了，虽然力量关系还未消解。

尽管主人和附庸都不能领悟这一点，但实际上，与发生在意识当中的

自我意识辩证法相同的东西发生了：似乎在对判断的担保中发挥决定性规范作用的东西，原来不是这种观点的支持者所曾认为的那种东西，而完全是别的东西。对于这两个行动者的任何一方的判断来说，无论是单纯主人的意志还是单纯附庸的意志，都不具有规范性。规范性权威应当在于二者的意志，在于每个行动者作为主人和附庸这件事成为一种社会问题，或者康德所描述的如下三种同时发生的情况成为一种社会问题：首先，每个行动者使其他行动者服从于他自己创立的法则；其次，每个行动者使他自己服从于其他行动者创立的法则；最后，每个行动者使自己服从于他也参与创立的法则。如黑格尔指出，这个问题的“真理”是，“我是我们，而我们就是我”，也就是精神（*Geist*），一种社会问题，而非个体的意识、欲望的问题，甚至也不是相互竞争的视角的单纯协调问题。

从征服到服从理性

在自我意识的辩证法之后，黑格尔开始讨论古代的斯多葛哲学和怀疑论哲学，指出它们是对征服与服从关系中所遇到的问题的回应[13]。黑格 230
尔似乎认为，只有一种历史性的解决方法才能克服“康德悖论”这一一般性问题，即从一种不守法则的意志转变为某种自律，这被视为一种历史性的、社会性的成就，而不是一种一直在我们当中运行的形而上学力量的实现（黑格尔显然认为康德的先验自由学说就是采取的后一种观点）。因此，当理性的主张第一次以哲学的方式表达出来时，也就是说，当生活方式开始以反思地设法解决自由的行动者作为理性行动者意味着什么这一问题时，真正的哲学史才曙光初现。

在《精神现象学》中，黑格尔的观点是，对我们做出一种普遍要求的理性的主张本身就是历史性成就，并因此，只有这些主张经历了漫长而有些痛苦的历史发展过程之后，它们才会以其完全的形式出现，而在这一发展过程中，这些主张（以及相反主张）的各种候选者逐步证明自己是不令人满意的——它们的权威的“消解”方式，与意识那假定的“真理制造者”的权威的消解方式是一样的。

古代奴隶社会的政治和道德崩溃使古代世界的人们不得不肯认他们

是自成一体的法则，而无需依赖于奴隶为他们肯认这一点，因为日益清晰的是，奴隶不能起到这一作用。斯多葛主义和怀疑论（既是哲学也是生活方式）都是因这种失败而产生的：一个人要想真正成为自成一体的法则，必须参与到远离“生活”的实践当中，只将在自己的自由思想中能保证的东西当作真的（如斯多葛主义），或者（将这一思路更进一步）对所有假定的真理要求都采取一种完全否定的态度（如怀疑论），并因而更为充分地保留人们对自成一体的法则的理解。斯多葛主义试图通过开创一
231 种在思想乃至在身体中保持自由的实践，使一个人自己成为自我立法的“主人”，而怀疑论则试图通过一种怀疑一切主张的实践来激发思想自由，以此来保护思想自由。

然而，无论是斯多葛主义还是怀疑论都不能维持自身——怀疑论（作为斯多葛主义的“真理”，当一个人试图实现斯多葛派的自由生活企图时，他就会被推入到怀疑论）以消解自身告终，因为它最终不得不怀疑它自己的自由，正如它怀疑其他任何别的东西那样，并且，在这样做时，它暴露出自身不过是某一特定个人的偶然想法的结果。

随着旧神和生活方式开始消失，这种对做到正确理解的绝望笼罩着古代世界的哲学。黑格尔将随这种绝望而来的那种立场称为“苦恼意识”，即意识到，我们不能掌握在我们做出关于我们的计划的判断中真正发挥规范性作用的东西，因而我们全都是一个不可知的主人的“附庸”。古代世界实践的失败使欧洲人准备将这些规范视为来自某种外在的、“不可改变”的真理之源的启示。欧洲历史上长期占统治地位的中世纪时期——黑格尔将之解释为普遍服从处于支配地位的时代，其表现为对某种“更高的”东西的奉献——是将关于一种完全“客观的”（上帝之眼）视角的观点作为它的“真理”（鉴于它正在试图完成的东西，它也将之作为它必须表达的东西），这种视角逐渐被等同于理性自身，因为现代人逐渐相信，他们实际上能够理解上帝的方式。

伽利略和培根的新科学使现代早期的欧洲人放心地用思想的力量把握真理，“普遍的自我意识”的规范逐渐被等同于纯由理性本身的要求而非启示的要求所施加的规范。不过最初将理性应用到人类事务上时并不怎么成功，因为将传统规范置于理性批判之显微镜下，不仅消解了这些规

范，而且也消解了现代早期那些继承自它们并在它们的训练下培养出来的规范。在《精神现象学》的“理性”一章中，黑格尔对现代早期欧洲人建立一种社会科学，即将一个人应当成为自成一体的法则这一要求转化为一种可行的生活方式的尝试，做了一种彻底的（和独特的）解释。因此，作为一种生活方式，成为自成一体的法则这一尝试日益具有个体主义的形式；但是，无论是像浮士德那样追求知识来满足欲望，还是诉诸“心灵 232
的法则”（个体诉诸这种法则来为他们关于社会计划的立场辩护），抑或是一种新斯多葛主义的美德概念（将真正的自利与最伟大的利他等同起来），这些试图成为自成一体的法则的尝试，都不能维持下来。在兑现其承诺时，每一种尝试都发现自己深陷于对自身的更为深重的怀疑当中。当这些承诺——作为行动者相互给出的理由——被转化为实践时，它们的实现要求这些行动者承诺某种东西，而这东西与他们最初认为他们正在做的是相当不同的。

中世纪之后的生活通过诉诸理性不能维持自身，这种失败只是使我们更加需要为我们的推理实践确定某个锚点，它本身是“固定的”，并且不会服从先前概念所服从并击败了它们的偶然性。在这种情况下，18 世纪卢梭（和赫尔德）提出的存在着一种固定的、“真实的”自我的观念，似乎就是满足要求的。这种固定的、“真实的”自我应当是我们的各种计划、事业和欲望的真正原由，并且，尽管它能被或好或坏地“表达”出来，但它本身是不变的。然而，在进行测试时，这种固定的、“真实的”自我由于有很多行动和作品因而可以做许多不同的解释，这些行动和作品应当仅是表达固定的、“真实的”自我的那种行动的偶然“可变”部分。由于实践的压力，由于对它的权威性要求的反思，它也消散了。换言之，试图坚持将“真实的”自我当作我们相互之间原本具有偶然性的交往的固定点的做法，被证明是不可能的，这只是用来表明，在自我中，根本就没有能够发挥这种规范性作用的固定东西。因此，给予和要求理由的背后的事情真相是一系列正在进行的社会谈判，它们以理所当然的意义为基础，而谈判中的一切东西都是有待争取的。

认为在我们的行动表象背后存在着一种固定的、“真实的”自我的这种观念的消解，至少最初看来，是由康德的行动者概念完成的，这种行动者以准则的形式将法则给予自己。也就是说，在一系列进行的、偶然的社会谈判（它们看起来是现代世界的“真理”）中，唯一真正的真理不在于行动者为了确定他们的准则而留心他们的**身份**，而是在于留心去看，这些准则中的哪些是可以被相互地（并最终是普遍地）**创立的**。

233 不过，康德自己的理念似乎因我们所称的“康德悖论”失败了：它要求个体在选择理由之前已经有了理由，以使选择是合理的；同时，它似乎还要求这些先行的理由本身是被选择的。因此，康德的解决方案（它是先前那些方案的失败所要求的）使自身陷入被消解的威胁当中，而这正是因为“悖论”的存在使它只诉诸理性的做法是不可能的。因此，在康德的（因而是现代的）解决方案本身中，关于我们选择哪些规范以及我们被要求“坚信”哪些规范的关键论题似乎是处在危险当中。退回到对康德式道德的纯粹形式主义的解释并未挽救康德的事业，因为不矛盾律并未排除什么实质性的东西；将康德的绝对命令解释为对从其他别的地方获得的准则的单纯程序性“检测”，也不能解决这些准则的起源合理性问题。在这种情况下，现代理性危机和雅可比对迫近的“虚无主义”的指责，似乎是更为重要的、更应考虑的。

因此，黑格尔认为，要想摆脱“康德悖论”，我们就要理解，在相互关系中，我们如何必须每时每刻都既是“主人”又是“奴隶”，以及，某种自我立法形式如何能够与这样一种观念相一致。要回答这些问题，又需要一种“社会空间”的历史，也就是要考虑，我们对彼此提出要求的这种历史，如何需要我们提出一种明确的现代“社会空间”，以使关于理性向我们提出的要求的那种现代康德式解释，将不再被看作纯粹偶然的、可能会自我毁灭的欧洲历史的特征，而是被看作这种“社会空间”或精神（*Geist*）的历史所真正要求的。

现代生活的历史起源

这使得黑格尔在“理性”这一长章之后，以更长的一章来讨论精神本身的历史，这章一开篇并未解释理性个体的康德式现代联系，而是解释了古希腊社会中自发的“伦理和谐”。“精神”章之所以在“理性”章之后，不仅是因为古希腊时代开始从哲学上反思成为一个自由的理性行动者意义为何的问题，而且是因为古希腊的伦理生活的“和谐”（在黑格尔时代的古希腊爱好者中，这以一种理想化的形式盛行着）为如下问题提供了一种基本范式：社会空间中的偶然妥协如何也可以是自由的实现（这是后康德哲学的引路星）。 234 从这种观点来看，古希腊人无非坚信他们所接受的价值观，并且知道这样做时，他们的行动将会是自发和谐的，从而相应的生活方式就形成了一个美的整体。“康德悖论”之所以不是最先在古希腊人中出现，是因为他们已经假定了他们所坚信的法则的内在合理性（甚至是神圣的起源）。因此，古希腊人似乎是将他们的生活方式整合进了一种自由的感觉当中，这种感觉不依赖于他们完全是自成一体的法则，而是依赖于他们坚信已经存在的神圣法则，同时为他们自己的政治生活设置了法则。

由此，黑格尔认为，古希腊**悲剧**（特别是索福克勒斯的《安提戈涅》）更明显地揭示了那种生活方式——它以对基本伦理法则的“坚信”为基础，而不是以完全地“给自己立法为基础”——的意义。在《安提戈涅》中，当克瑞翁因认定安提戈涅的兄长（波吕尼刻斯）是**城邦**的反叛者（在这部剧中，这是一个有争议的主张）而禁止以恰当的方式安葬他时，安提戈涅公然对抗他，她援引作为一名家族成员和妹妹的义务来为她的兄长提供他应得的葬仪。因此，在这部剧中，家庭的“神圣法则”（由安提戈涅代表）与**城邦**的“人的法则”（由克瑞翁代表）发生了直接冲突，无论是克瑞翁还是安提戈涅，都不认为是他们自己**创立**了这些法则，但是，他们都坚持无条件地要求每个人坚信它们[14]。当然，当“法则”相互冲突时，坚信“法则”就完全是另一回事了。安提戈涅是这部剧真正的主角，因为只有她真正理解了这种冲突（不像克瑞翁，在这部剧的大部分时间里，他似乎根本就没有看到冲突，而只看到了安提戈涅的反抗），因此她明白，虽然她必须坚信给予兄长以恰当葬仪这一无条件要求，但她也因违反城邦法则的无条件要求而是有罪的；甚至在这部剧的最后，她知道她是有罪的，但同时她依然坚信自己做了正确的事[15]。

对于安提戈涅来说，难题在于，她必须在两种相互冲突的“无条件 235
的”法则之间做出选择，尽管她自己（至少在最初时）在她的行动中根本就没有看到任何“选择”，因为她必须要做她作为一个妹妹被要求做的事。然而，对于古希腊观众（他们能够明白她实际上承受着相互冲突的要求）来说，安提戈涅依然是一个几乎不可理喻的人物：她是一个女人（女性在古希腊社会中的作用是被明显削弱了的），她似乎也在自己选择决定遵守哪种法则，并因此实际上是将自己置于有效法则的最终“测试者”这一有争议的角色上。歌队告诉她，是她错了，“你的自负已经击垮了你”（或者更严格地按照字面意思来说是，“你自己认识到的愤怒摧毁了你”）；安提戈涅的愤怒，是那种认识到只有自己才是当前问题之权威的人的愤怒[16]。因此，安提戈涅通过自己所表现出的是，依照个人的良知行动这种个体性规范性要求，是如何挣扎着从一种作为这些行为之基础的良知观念并不存在的情境中产生出来的；安提戈涅的困境是指，她经验到与其社会角色（作为妹妹、作为坚信神圣法则的人）的直接同一，而同时，她又经验到这种直接同一既是**不可能的**（并因此已经使这种同一在她自己关于自身的经验中幻灭了），又是**不可避免的**，它就是她所必需的。**我们**现代人可以看出她的良知在起作用，而她只能体验到冲突和内疚。

古希腊人的伦理和谐的自我毁灭，以及在这种生活方式中出现个体性的必然性和不可能性，为罗马帝国将它自己的片断的、“平淡的”生活方式理解为古希腊的继承者奠定了基础。罗马的合法性，即能够借助法则（并且在必要时部署压倒性的军事力量）维持住一个多民族、多宗教的帝国，似乎是古希腊生活中确实正在发生的事情的实现——或者，换句话说：从罗马的角度来看，古希腊生活中真正发挥规范性作用的是力量，而
236 古希腊人之所以失败，是因为他们没有玩好力量游戏。然而，只有当罗马力量通过维持意志和军事力量来加强自己时，它才能够存在下去；随着这两种非常偶然的特征从它这里消失了，帝国本身也就消失了，因为没有更深层的真理之源来维持这个帝国。

在欧洲，那种试图摆脱罗马帝国力量瓦解所导致的混乱的贵族理想的出现，似乎是欧洲人在面对罗马权威崩溃时所必需的。军事贵族和王室（对于他们来说，荣耀是唯一值得考虑的动机）戴上一副“文化”（*Bildung*）面具，以此表明他们优越于那些被更实际的、追逐私利的目标所推动的人（典型的是商人和富有的资本家）。国王和贵族看起来各自是自

成一体的法则，但是，只有当虚构他们是无私的、献身于荣耀（或国王）或一种抽象的“荣耀”价值时，他们的权威才能维持得住，而资本家们据说只是自私自利的，因而不值得自己去统治。然而，不可能有截然不同的标记（除了那些完全伪造的标记，它们脱离了当时新兴的、在现代科学文化中起作用的自然观），贵族和王室借之能够将自己的所谓“高贵”行为与其他人的所谓“低贱”行为区分开（似乎学会正确举起酒杯就能将贵族的“更高的”和“高贵”的价值同普通人的“更低的”和“低贱”的价值区分开）。逐渐清晰的是，贵族和资本家主要关心的都是财富而非荣耀，由此，那种虚构就更为明显了，贵族所颁布的法则看起来是：由一个只对维持其优势和特权感兴趣的群体就利益和力量所做的偶然表达，而不是可以对所有人都适用的理由的一部分。唯一一直体现着成为“自成一体的法则”这一点的是君主，这以太阳王路易十四最为典型，他主持着由进行不动产交易的狡诈贵族所组成的朝廷。因此可以说，君主**就是**国家。

法国大革命结束了这种状况，并（至少在原则上）完成了这一发展过程。面对所有其他形式的权威的崩溃，“人民”（现在他们将自己而非君主描述为“法兰西国家”）宣布，他们自己“作为人民”而是“法则”，并因而致力于实现一种无条件的自由，从规范性上来说，这种自由不受以往的或偶然的人的本性特征的限制，相反，限制这种自由的，只能是出现在如下情况中的必然的东西：为了自由本身而找寻自由、对自由本身的改变着的命令的坚信（除此之外不坚信任何东西）——简言之，实现“绝对”自由的要求。然而，如果不能更为明确地规定这种自我决定 237
的含义，那么“国家”的每一届政府都只能是一个派别、一个有着自己议事日程的团体，它将自己的利益重新命名为“人民”的利益，并将其他反对派说成是对国家的威胁。“绝对自由”的真理就是恐怖：自己给自己立法，摆脱了先于这种立法的合理性的限制，由此它发现它的“真理”就在于断头台的连续使用。

然而，只从这些角度来看问题是片面的，因而是误导性的。黑格尔认为，法国大革命的真正真理是康德和费希特的哲学革命，因为只有它才阐明了在“绝对自由”的要求中真正发挥规范性作用的是什么——大革命的要求中的“真理”不是恐怖，而是康德的目的王国。可以说，恐怖是错误结论，而它之所以必然会从这样一种要求中得出，是因为缺少社会制度的中介作用，这些作用本身体现并实现着目的王国（黑格尔在自己成长时期曾认为目的王国是某种形式的基督新教，这是他自己和康德都信奉的宗教）。

然而，康德和费希特的革命本身，也是一种更大的生活方式，即黑格尔所称的现代“道德世界观”的一部分。法国之所以出现恐怖，是因为它以往的制度是一种中央集权的绝对君主制，这使得“人民”的主张看起来像是绝对自由这一要求的理性体现，而在分裂的德意志，“道德世界观”首先是在宗教而非政治的发展中出现的。正如法国大革命那样，对于这种“道德世界观”来说，首要的关注对象就是自由，但不是从制度角度来考虑（如要求建立一个“绝对自由”的政府），而是要求一个人自己作为个体，独立于所有社会条件来实现自己的根本自由，即既自己给自己立法同时又坚守这种法则。如果对于大革命的拥护者来说，威胁自由的是政府或贵族**专制**，那么对于“道德世界观”来说，威胁自由的就是**本性**（并且特别是自己的欲望和偏好这种“人类”本性）。要想是自由的，就要能够不受任何本性（或社会风俗，尽管这对于“道德世界观”来说不怎么重要）的限制而实现自己给自己立法，而且对于个体来说，这只
238 能通过坚守他自己创立的（但同时也是普遍的）义务来实现。对于“道德世界观”而言，最重要的一点是，人们运用一种独立于本性的特殊力量（如先验自由），人们表达自己的准则以满足可普遍化的要求，并且依照正确的动机行事（为了义务本身而尽义务）。这是个人的问题而非政府的问题。没有哪种制度可以使人实现先验自由，同时也没有哪种制度能够阻止这种自由；没有哪种制度可以决定人的动机，因为只有个人自己才能做到这一点。

“道德世界观”的基本问题与协调如下两种主张有关：一是对（个体的、道德的）自由的主张；另一是以个体为基础、凭借个体自己的感性本性而提出的相互竞争的主张。特别是，它必须问，具体的个人对成为道德的有何种兴趣？当然，在康德看来，没有这种先行的**兴趣**，但康德本人也承认，虽然我们总是能够要求每个人尽义务，但我们不能合理地期望每

个人都成为道德的苦力，即如果道德要求的话，他可以忍受持续的痛苦或令人麻木的迟钝[17]。因此，我们也有义务促进“至善”，即美德和幸福的统一，以使我们对幸福的渴望不会与我们明确承认的道德义务相抵触。为此，康德（以及他之后的许多后康德派）对实践哲学中的各种“悬设”非常感兴趣，这些“悬设”被视为实现至善的必要条件（例如，康德认为，为我们的美德悬设不朽和永恒奖赏的承诺，在实践上是必要的）[18]。

然而，“道德世界观”的真理（当它在实践中将自身实现出来时，它发现自己正在致力于这种真理）是一种虚伪矫饰。一方面，它主张，人 239
们应当为了义务而尽义务；另一方面，它主张，我们在实践中不能将义务的要求与本性的要求分离开，即使义务总是具有规范上的优先性。人们必须努力完成道德（实现至善），也必须在对它的实现没有任何**兴趣**的情况下行动（因为人们的幸福不可作为一种道德动机）。因此，人们有责任在不考虑自己的幸福的情况下行动，并且有责任尽可能努力实现美德和幸福的统一。或者说：人们必须努力塑造自己的性格，以使促进人们行动的是义务动机，而非对提升自己幸福的展望；但与此同时，人们有义务努力实现这种展望，以使自己获得与美德成比例的幸福（从道德角度来说，人们应当获得多少比例的幸福，关键要素在“至善”中）。

因此，黑格尔认为，“道德世界观”致力于不断地掩饰，即假定唯一重要的是依照为义务而尽义务的动机行动，而同时也主张，如果没有幸福，人们所参与的就是一个在实践上没有希望的事业。事实上，“道德世界观”背后的这种基本的掩饰模式，就是假定成败的关键完全是个体的，这与个体是否成功按照道德律的要求生活有关，而与制度和政治生活的历史的某种更为复杂的故事无关（尽管如法国大革命所表明的，这也不可能是事情的全部）。

因而，在“道德世界观”背后的，是对动机**纯粹性**和自我纯粹性的强调，即清理掉行动者身上的所有杂质，以使他能够成为自成一体的法则，并且正是这种对纯粹性的承诺在“道德世界观”中发挥着决定性的规范作用。这样一种承诺最终要求的是，行动者对保持纯洁的承诺，这种承诺是未被污染的，在基督教欧洲的生活方式中，这种对纯洁性的承诺被表达为对个人**良知**的诉诸。虽然黑格尔认为，现代社会在自身之内为良知的要求创造空间是一大成就，但他也认为，创造这种空间的方式必然涉及某些虚假的转向。首先，只有以如下两种方式诉诸良知，才能是前后一贯的：对义务的承诺必须保持纯洁，这排除了任何可能玷污这种纯粹性的行动；或者，一个人要保持纯洁完整性，就要仅从他的信念的深度出发行动，并坚信，无论结果如何，如果行动是出于真诚且深刻的信念，它都是
240 纯粹的因而是善的。（费希特认同的是后一种观点，弗里斯也是如此，当然他在其他方面是看不起费希特的；在进行批判时，黑格尔所想到的可能是弗里斯，他厌恶弗里斯，弗里斯同样也厌恶他。）“纯粹”的个体——他只诉诸他自己良知所允许的东西——是一个“美的灵魂”（这一术语流行于黑格尔的时代，并被弗里斯明确地引入道德语境中）。对于这种“美的灵魂”来说，人们只能通过坚守自己的良知、通过或多或少地以个体方式“表达”人们个人所“是”的那种道德律来避免“康德悖论”。当然，黑格尔可以勉强掩饰他对这种后康德个体主义的自我专注路向的蔑视，但他也将之视为解决“康德悖论”的方式之一，因为它试图实现纯粹道德意志的理想[19]。

面对片断化的现代世界时，为了追求纯粹性，这些美的灵魂将自己分解为如下二者：一是那些出于信念行动的人，他们明白，他们不可能知道一种情境在道德上的所有可能的显著特征，但他们一直坚信，他们的信念的纯粹性延续到了他们的行为当中；二是那些不能容忍被任何同现实世界的妥协所玷污并拒绝合作的人，他们通过不行动来维护他们的内在纯粹性，并谴责所有那些在行动时与世界之恶同流合污的人。由于后康德世界中的恶被认为是使道德法则服从自爱和个人优势，这些美的灵魂中的每一方都必然会将另一方看作是恶的，因为每一方都认为另一方不是真正纯粹的，而只是用他们自己关于事物的个别看法来取代道德法则的真正要求。在另一方看来，判断上的纯粹主义者（他拒绝那种可能会使他的“纯粹”良知妥协的行动，以免弄脏自己的手）是一个伪君子，他假装是善的，但实际上他只关心自己；而在判断上的纯粹主义者看来，根据其良知的纯粹性所告知的内容来行动的人也是一个伪君子，理由同上。每一方都主张自己是自成一体的法则，但由于只受限于对自己良知的抽象诉诸，所以每
241 一方在对方看来只不过是以自己个人的观点来取代普遍“法则”的要求。

一方认为是纯粹凭良知而做的事，在另一方看来则只是呈现了个人野心、对优势的欲望或其他并非纯粹道德动机的东西。

实际上，每种美的灵魂所表达的，都是康德已经预料到了的：道德理想**不能**意味着，义务的要求应当是日常生活中的常态，就好像在日常生活中只要醒着就要用为了义务而尽义务的思想处理事情。相反，这必须意味着，我们要努力创造这样一个世界，在这个世界中，我们以准自然的方式做正确的事，而无需总是考虑我们的义务[20]。美的灵魂应当以如下方式而是“美的”：他自己的个体性和情感生活被认为几乎完全符合理性的要求，以使他自己凭良知做的事就是实现道德律之真正要求的最佳导引[21]。然而，美的灵魂彼此认为对方虚伪的这种指责只表明了，康德的根本恶概念与关于“灵魂之美”的主张相联合时，它就会使那些行动者相互指责对方是恶的和虚伪的。

因此，黑格尔认为，解决这个问题的办法同样出自那种首先诉诸良知的实践，即基督教文化。特别是宽恕实践（基督教认为，在上帝的眼中，我们都是“罪人”）嬗变为一种世俗的宽恕与和解实践，这显示出在诉诸良知时真正发挥规范性作用的东西：这不是诉诸“美的灵魂”，而是诉诸 242
对如下一点的承认，用黑格尔的话来说就是，我们的社会性从根本上使我们相互作为“主人”和“奴隶”——只有当其他人与我们一起为我们共创法则时，我们才是我们自己的法则的创立者[22]。“伦理世界”——“我就是我们，我们就是我”——要想存在，每个人都必须通过使其他人遵守法则而使自己遵守法则，同时，他们使我们遵守法则并使自己也遵守法则。在所有这些情况中，由其他行动者（或用黑格尔的话来说是由“他者”）对一个人所提出的主张，就彻底改变了他的自身关系。因此，“美的灵魂”所寻找的自由，不是在争取**独立性**（这是所有想成为“主人”——他仅创立法则而从不服从于其他人所创立之法则——的企图都有的问题）的过程中发现的，而是在对我们之间重要的相互**依赖性**的承认中发现的[23]。“康德悖论”并未被克服，而只是被扬弃（*aufgehoben*）为一种历史的和社会的能动性概念，其中对理性的诉诸涉及两点：首先，我们参与到一个给予和寻求理由的社会历史实践中，而不是诉诸某种外在于我们的东西（它在我们思考之前就已经为我们将世界做了分类），也不是诉诸任何测试可普遍性的纯粹方法论程序；其次，我们认为自由本身涉及某种自身关系（这种关系包含与一个共同领域中的其他人的关系），而不是将自由理解为对某种先验的、因果性力量的运用。

宗教和绝对知识

因此，《精神现象学》中关于精神历史的最后一章并未像黑格尔所设想的那样以一条固定的结论为结束，这一结论的大意是，现代世界必须为个体及其不可侵犯的良知腾出空间，而同时又不会变得过于个体主义以至不能认识到人类能动性的深层社会性。（也就是说，在黑格尔这里，“个体主义”变成了一种“主体性**权利**”，是关于人们应当如何被对待的**规范性**要求，而不是一种关于人们的形而上学先天事实，这一事实在某种程度上被认为是产生了这样一种要求。）不过，这一结论是通过依靠对一种基
243 督教“生活方式”的背景性理解得出的，这是这些“美的灵魂”实际上已经承担的承诺得以表达出来的基础（或者用黑格尔的话来说就是它们的“真理”），它本身不是只在这些承诺当中发现的，而是必须从它们当中产生出来，并在现代社会实践中，在给予和寻求理由的过程中发挥真正的规范性作用。在这一点上，黑格尔对一种“基督教”生活方式的援引是相当具有目的性的，因为它为他提出了如下明显的问题：基督教本身是一种**合理的**生活方式，还是说仅仅是“我们”（19 世纪早期的欧洲人）做事情的习惯方式？

根据《精神现象学》余下的论证，我们可知，对于黑格尔来说，唯一可以接受的答案将必须是辩证的和历史的。人们将必须表明如下三点：第一，宗教本身是我们必须承诺的；第二，基督教（它本身被视为一种历史实践）也是必然的，而不仅仅是偶然的历史事件；第三，它的必然性本身是合理的，因为它是作为在其他宗教中真正发挥规范性作用的东西出现的。

《精神现象学》中的“宗教”章是并且依然是黑格尔最具争议性的文本之一。（从黑格尔的时代起直到今天，关于黑格尔的宗教立场依然存在着激烈的争论，有的认为他是或多或少正统的路德派有神论者，有的则认

为他是现代无神论者。）显而易见的是，黑格尔认为，宗教是一种涉及对我们的（人类的）最高利益——对我们而言终极重要的东西——进行集体反思的共同实践，至少在此意义上，宗教同艺术和哲学有着共同的关切。在黑格尔的重构中，宗教实践最早是以“自然宗教”的形式产生的，在这种宗教中，神圣者被解释为一种抽象的自然“整体”，它并不必然特别关心人类；这些“自然宗教”又在古埃及的宗教实践中达到顶峰，同时也达到了它们的发展终点，古埃及的宗教实践为克服它们的古希腊宗教奠定了基础，在古希腊宗教中，诸神以一种想象的、审美的方式向我们展现出，自由将会是什么样的，完全“自成一体的法则”将是什么样的。和谐的古希腊伦理生活被罗马帝国的生活所取代，这又激发了对主体内在性的新关注，这种主体内在性已经以一种不可证实的形式出现在古希腊的哲学经验当中。这一发展在如下理念中发现了自己的真理：上帝以人（耶稣）的形式出现，并死去了。（黑格尔喜欢引用一首路德派旧诗来表达“上帝已经死了”的意思[24]。）

黑格尔似乎是说，复活发生在每个基督徒的礼拜当中，在这种活动 244
中，上帝作为理性的、具有自我意识的精神本身出场。（然而，黑格尔并不像之后的某些黑格尔左派追随者那样认为，我们崇拜的只是我们自己；他认为，我们认识到了我们自身中的“神圣原则”。）基督教作为人类共同的而非特定国家的宗教，作为内在性和自由而非专制服从的宗教，是现代生活生根发芽的基础，并能够与自身和解。也就是说，宗教总是与人的意义相关的；已经证明的是，人的意义就在于成为一个自由的行动者，现在在现代生活中对我们来说——“无限地”、终极地——重要的是，我们是自由的，我们要过我们自己的生活。因此，黑格尔认为，基督新教作为自由的宗教，作为一系列既使我们成为自由的又要求我们假设我们的自由的宗教实践，是宗教本身的“真理”。（然而，在《精神现象学》中，黑格尔并没有明确谈及新教与天主教之间的差别，尽管从他的其他著作中可以清楚地看出他所想到的是新教；可能是由于这个原因，相较于黑格尔后来将新教与天主教对立起来的更成问题的做法，《精神现象学》中关于基督教的讨论对基督教有着更广泛的影响。）

然而，即使是改革后的现代新教都不能表达这种关于自身的真理。它至多能够表达它的奉献实践、仪式和符号。为了表达新教对于现代社会的重要性，我们需要“哲学”，需要“绝对知识”，它包含在将关于我们自己的历史化自我理解以概念的方式表达和解释为人类自己历史的必然的、正确的结果。黑格尔说，在基督教中发挥规范性作用的是神学，它以理性形式表达出的，是只能在基督教的仪轨当中才能表达的东西；但是，在**神学**中、在它诉诸理性时发挥规范性作用的则是作为“绝对知识”的**哲学**。

康德的“理性批判”（这散布在三大《批判》和许多其他著作中）强调理性的统治地位和理性拒绝承认任何“不在它自己的计划”当中的
245 东西，这种批判已经达到了顶点，所以黑格尔认为，在哲学以往的胜利中，这种“理性批判”作为关于对我们来说最重要的东西的非宗教的、非审美的反思，是对理性本身的历史化运用，这使我们摆脱了对以往束缚我们的既定物的依赖。在黑格尔的《精神现象学》中，后康德哲学关于文化卓越性的主张，已经相当明确地进入了文化辩论的中心。

注释：

[1] 参见 Pinkard，*Hegel：A Biography*。

[2] G. W. F. Hegel，*Briefe von und an Hegel*，vol. I，no. II；*Hegel：The Letters*（trans. Clark Butler and Christiane Seiler）（Bloomington：University of Indiana Press，1984），p. 35.

[3] G. W. F. Hegel，*Differenz des Fichteschen und Schellingschen Systems der Philosophie*，in G. W. F. Hegel，*Werke in zwanzig Bänden*（eds. Eva Moldenhauer and Karl Markus Michel）（Frankfurt am Main：Suhrkamp，1971），下文简写为 *HeW* 和 volume number，II，p. 9；*The Difference Between Fichte's and Schelling's Systems of Philosophy*（trans. H. S. Harris and Walter Cerf）（Albany：State University of New York Press，1977），p. 79。［黑格尔：《费希特与谢林哲学体系的差别》，宋祖良、程志民译，杨一之校，北京：商务印书馆，1994 年，1 页。——译者注］

[4]“理由空间”这一术语是威尔弗雷德·塞拉斯提出的，它很接近康德-黑格尔的观点。关于它的权威用法，参见 Wilfrid Sellars，“Empiricism and the Philosophy of Mind，” in Wilfrid Sellars，*Science*，*Perception and*

Reality（London：Routledge and Kegan Paul，1963），pp. 127－196（特别参见 p. 169）。

［5］Hegel，*The Difference between Fichte's and Schelling's Systems of Philosophy*，p. 91；*HeW*，II，p. 22. ［《费希特与谢林哲学体系的差别》，10页。——译者注］

［6］Günther Nicolin（ed.），*Hegel in Berichten seiner Zeitgenossen*（Hamburg：Felix Meiner，1970），no. 107，p. 76. 有趣的是，正是 *Geist* 这个术语的翻译是相当有争议的；第一位译者贝利（J. B. Baillie）将黑格尔的这部著作翻译为 *Phenomenology of Mind*，而后来的米勒（A. V. Miller）则译为 *Phenomenology of Spirit*。

［7］关于"感性确定性"和"感知"中的这种整体论图式，参见 Robert Brandom，"Holism and Idealism in Hegel's *Phenomenology*，" in Robert Brandom，*Tales of the Mighty Dead*：*Historical Essays in the Metaphysics of Intentionality*（Cambridge：Harvard University Press，2002）。

［8］关于行动者的"否定性自身关系"的观念，可以参见罗伯特·皮平所做的清晰且富有洞见的讨论："Naturalness and Mindedness：Hegel's Compatibilism，" *Journal of European Philosophy*，7（2）（August 1999），194－212。

［9］这一术语出现在几处，见 G. W. F. Hegel，*Science of Logic*（trans. A. V. Miller）（Oxford University Press，1969），p. 834；*Wissenschaft der Logik*（Hamburg：Felix Meiner，1971），vol. II，p. 494。在 *Enzyklopädie* 中，特别参见 §448，*Zusatz*。它还出现在以下各处，见 *Enzyklopädie*，§81，*Zusatz*；§92，*Zusatz*；§389，*Zusatz*；§426，*Zusatz*。

［10］这一论证同维特根斯坦关于遵守规则和私人语言的论证极为相似。参见 Terry Pinkard，"Analytics，Continentals，and Modern Skepticism，" *The Monist*，82（2）（April 1999），189－217。

［11］G. W. F. Hegel，*Phenomenology of Spirit*，para. 185；*Phänomenologie des Geistes*，p. 129.

［12］附庸必须直面他对生存的渴望和对死亡的恐惧，他的"内在灵魂崩溃了，这彻底地震撼了他，一切固定的东西都已经被动摇了"（G. W. F. Hegel，*Phenomenology of Spirit*，para. 194；*Phänomenologie des*

Geistes，p. 134）。

［13］这一主张提出了一些关键的解释问题，但在这里不能做深入展开。关于我对这一主张的观点，参见 *Hegel's Phenomenology*；*Hegel*：*A Biography*。解释《精神现象学》的结构一直是个问题。这本书第一部分（“意识”）似乎是在与康德第一《批判》同样抽象的层面上展开论证的。在第二部分（“自我意识”）中，黑格尔明显偏离了康德模式但依然保持着一种相当超然和抽象的思路。在这一部分之后，黑格尔跳入了某些相当明显具有历史性的部分，此后这本书的许多内容，或明确具有历史性的，或至少可以说就是历史性的。关于如何看待它，黑格尔研究者们一直是有分歧的。有些人，例如我自己，将第一部分看作历史部分的入门；其他人则是将它全然看作一部历史主义者的著作（包括讨论“意识”和“自我意识”的章节）——对这一思路做出的最好论证，参见 Forster，*Hegel's Idea of a Phenomenology of Spirit*；有些人将它看作一部认识论作品，是纯粹的和简单的——参见 Rockmore，*Cognition*：*An Introduction to Hegel's Phenomenology of Spirit*（Berkeley：University of California Press，1997）；在其最极端的形式（这以克劳斯·哈特曼为代表）中，这本书的历史性部分被看作不过是对书中更为体系的、更具逻辑性的论证的说明——参见 Klaus Hartmann，“Hegel：A Non-Metaphysical View，” in Alasdair Mac Intyre（ed.），*Hegel*：*A Collection of Critical Essays*（Garden City：Doubleday，1972）；Johannes Heinrichs，*Die Logik der* “*Phänomenologie des Geistes*”（Bonn：Bouvier，1974）；Robert Stern，*Hegel's Phenomenology*（London：Routledge，2001）；Richard Dien Winfield，*Overcoming Foundations*：*Studies in Systematic Philosophy*（New York：Columbia University Press，1989）。其他人则将之看作历史性内容和体系性内容的混合——参见 Ludwig Siep，*Der Weg der Phänomenologie des Geistes*（Frankfurt am Main：Suhrkamp，2000）。

［14］艾伦·斯佩特和斯蒂芬·邦吉对黑格尔关于悲剧的观点做了细致的讨论，参见 Allen Speight，*Hegel*，*Literature*，*and the Problem of Agency*（Cambridge University Press，2001）；Stephen Bungay，*Beauty and Truth*（Oxford：Clarendon Press，1984）。

［15］在谈及“坚信”法则时，我对我在 *Hegel's Phenomenology* 中关于古希腊行动者与其“社会角色”的“直接”同一性的讨论方式做了修改。我已发现，“社会角色”这种表达不是揭示而是遮掩了为自己立法并坚信法则这些关键观念，而且听起来好像是说，在黑格尔看来，这个古希腊行动者从未必须反思她被要求做的事情。

［16］参见 Sophocles，*Antigone*（trans. Elizabeth Wycoff），in *Sophocles I*（eds. David Grene and Richard Lattimore）（New York：The Modern Library，1954），p. 219。后一种按照字面意思所做的翻译来自我的同事理查德·克劳特，我受惠于他对悲剧的这一方面的精彩讨论。

［17］我曾在一篇关于康德政治哲学的文章中讨论过这一点，参见“Kant，Citizenship and Freedom”（§41－§52），in Otfried Höffe（ed.），*Klassiker Auslegen*：*Immanuel Kant*，*Metaphysische Anfangsgründe der Rechtslehre*（Berlin：Akademie Verlag，1999），pp. 155－172。在他 1793 年的文章《论通常的说法：这在理论上可能是正确的，但在实践上是行不通的》中，康德说：“当问题是遵守义务时，却不可由此强求一个人应该放弃自己的天赋目的，即幸福，因为正如一般任何有限的理性生物那样，他也是做不到这一点的。而是当义务的诫命出现时，他就必须完全抽除那种考虑；他必须彻头彻尾地使它不能成为遵守理性为他所规定的法则的条件。”*Kant's Political Writings*，p. 64；*Werke*，XI，p. 131.［康德：《论通常的说法：这在理论上可能是正确的，但在实践上是行不通的》，《历史理性批判文集》，170 页。——译者注］德文原文是：“daß dadurch dem Menschen nicht angesonnen werde，er solle，wenn es auf Pflichtbefolgung ankommt，seinem natürlichen Zwecke，der Glückseligkeit，*entsagen*；denn das kann er nicht，so wie kein endliches vernünftiges Wesenüberhaupt；sondern er müsse，wenn das Gebot der Pflicht eintritt，gänzlich von dieser Rücksicht *abstrahieren*；er müsse sie durchaus nicht zur *Bedingung* der Befolgung des ihm durch die Vernunft vorgeschriebenen Gesetzes machen.”

［18］参见 Allison，*Kant's Theory of Freedom*，p. 67。

［19］在他的讨论过程中，黑格尔间接指向了歌德、弗里德里希·施莱格尔、费希特、弗里斯、诺瓦利斯，可能还有卢梭，甚至是荷尔德林。

斯佩特做了颇具启发性的讨论，参见 *Hegel*, *Literature*, *and the Problem of Agency*, pp. 94-121。（在 *Hegel's Phenomenology*：*The Sociality of Reason* 中，我试图基于卢梭的 *La Nouvelle Héloïse* 来解释这一章的文学背景，而斯佩特表明我的这一工作留下了许多尚未回答的问题；斯佩特认为，"宽恕"动机的恰当文学文本是雅可比的小说 *Woldemar*。）有趣的是，古斯塔夫- H. H. 法尔克也列出了这一部分所涉及的文学人物，参见 Gustav-H. H. Falke, *Begriffne Geschichte*：*Das historische Substrat und die systematische Anordnung der Bewußtseinsgestalten in Hegels Phänomenologie des Geistes. Interpretation und Kommentar*（Berlin：Lukas, 1996）。

[20] 以这种方式看康德就是拒绝对他的观点做过度"严格主义"的解释，这种解释认为，只有出于义务行动才有道德价值——这使得席勒做了一首著名的讽刺短诗，大意是，我们在这样做时应当尽量厌恶我的朋友们，以使我向他们做出的善行能够更加光明正大。最近的两部著作大大地驱散了这种观点，而代之以如下观点，即康德是一位"价值"理论家，对于他来说，"尊重人"是应当实现的终极价值，所有其他的义务和道德考量都应当由此出发。参见 Allen Wood, *Kant's Ethical Theory*（Cambridge University Press, 1999）和 Nancy Sherman, *Making a Virtue of Necessity*：*Kant and Aristotle on Virtue*（Cambridge University Press, 1997）。关于使康德成为这样一位"价值"理论家的（哲学与文本）困难，是罗伯特·皮平提出的，参见他的"Kant's Theory of Value：On Allen Wood's *Kant's Ethical Thought*," *Inquiry*, 43（summer, 2000）；"Rigorism and 'the New Kant'," 即将发表于 *Proceedings of the IXth International Kant Congress*。

[21] 最近，有学者试图将康德伦理学解释为对在情境中辨别"道德显著性"的能力的要求，这种尝试与这种"美的灵魂"概念存在着类似之处。在这两种情况中，绝对命令都被认为是只有与进行这种辨别的其他心理能力联系起来，才能正确地发挥作用。南希·谢尔曼在 *Making a Virtue of Necessity* 中、赫尔曼在 *The Practice of Moral Judgment* 中都倾向于做这种解读。在《判断力批判》中，康德本人似乎认为，一种对自然美本身的恰当"情感"显示出了这样一种"美的灵魂"，参见 *Critique of Judgment*, §42。

［22］关于罪与宽恕的重要性，参见 Henry S. Harris，*Hegel's Ladder*（Indianapolis：Hackett Publishing Company，1997），特别是 vol. 2（"The Odyssey of Spirit"），pp. 457－520；Henry S. Harris，*Hegel*：*Phenomenology and System*（Indianapolis：Hackett Publishing Company，1995）。

［23］弗雷德里克·瑙豪斯对这种"结构化的依赖性"观念做了最为清晰的阐释，参见 Frederick Neuhouser，*Foundations of Hegel's Social Theory*：*Actualizing Freedom*（Cambridge，Mass.：Harvard University Press，2000）。

［24］参见 *Phenomenology*，para. 752；*Phänomenologie*，p. 490。［《精神现象学》（下卷），231 页。——译者注］"这痛苦可以用这样一句冷酷的话来表达，即上帝已经死了。"也可参见"Glauben und Wissen oder Reflexionsphilosophie der Subjektivität in der Vollständigkeit ihrer Formen als Kantische，Jacobische und Fichtesche Philosophie，" *Werke*，II，p. 432；*Faith and Knowledge or the Reflective Philosophy of Subjectivity in the Complete Range of Its Forms as Kantian，Jacobian，and Fichtean Philosophy*（trans. Walter Cerf and H. S. Harris）（Albany：State University of New York Press，1977），p. 190。"现代宗教所依赖的情感是：上帝已死。"

第十章　黑格尔对理智和世界的分析：《逻辑学》

246 如黑格尔喜欢向人们讲述的那样，他的《精神现象学》是在耶拿战役当晚完成的。然而，到他1812年发表他的《逻辑学》第一卷时——后两卷是在1813—1816年出版的——他已经失去了教授职位，有了一个私生子，经营了一家报纸，在纽伦堡高中找到了一个教哲学的职位，并与一名纽伦堡贵族女子结了婚（到《逻辑学》完成时，他已经有了一个女儿和另外两个儿子，其中女儿没有活下来）。《精神现象学》到《逻辑学》这段时期所涵盖的是，拿破仑对神圣罗马帝国和普鲁士军队的摧毁，他对俄国的损失惨重的入侵，他的被迫流亡和之后的卷土重来，维也纳会议和滑铁卢战役。《精神现象学》是在大革命的目光下完成的，而《逻辑学》则是在德意志君主们的目光下完成的，他们寻求恢复他们的权力和权威（但是，在拿破仑控制德意志时期所创造的大的王国中，这些君主也拒绝放弃拿破仑实际上已经给予他们的土地或财富）[1]。

在耶拿时，黑格尔一直在为他的“体系”而努力，它要以一种统一的方式来处理自然哲学、理智哲学、伦理学和政治哲学，这是沿着一种“逻辑”展开的，如他所说，这种“逻辑”要成为整个事业的总体性结构[2]。在后康德语境中，黑格尔“体系”的野心是明显的：他试图根据
247 后康德文献中的各种发展，同样重要的是根据当时欧洲急剧变化的社会和政治情境，重写康德的三大《批判》和康德体系中的其他部分（例如康德的自然哲学，它是在康德的科学哲学中发展起来的）。

《精神现象学》是要作为这一“体系”的入门，而接下来的工作（《逻辑学》）则应当是为“体系”提供一个大致轮廓。黑格尔试图将“康德悖论”一般化为关于一般规范性权威的主张，而耶拿《精神现象

学》和纽伦堡《逻辑学》之间的关联就与它们各自如何实现这一点有关。不过，《逻辑学》是将这一问题看作历史的和社会的，而《逻辑学》则更多地是将之看作“思维”本身的问题：黑格尔认为，我们的思维只服从于它所创立的那些规范，在我们必须根据这一后康德主张来思考自己和世界时，是否有一种我们可以服从的“逻辑”，一种规范性结构？“思维”如何能够成为——用《逻辑学》中术语——“自身的他者”，如何既创立法则又服从法则[3]？

在以这种方式重述“康德悖论”时，黑格尔的主要观点之一是，康德哲学的“精神”不仅不需要概念与直观的二元论（已经有许多后康德派发现，这种二元论是相当令人不满的），实际上它还是反对这种二元论的。对于黑格尔来说，正是康德本人表明，这种二元论是站不住脚的，因为他在“先验演绎”中隐含地证明了，概念和直观的规范性权威，同它们在推理（理性）统一体本身中的地位有关。在 1802 年的《信仰与知识》中，黑格尔就已相当明确地提出了这一观点，这篇文章发表在他与谢林共同编辑的杂志上[4]。黑格尔特别感兴趣的是康德的“形象的综合”概念，这种综合将原本不具有规范性意义的感觉，变成了具有规范性意义的直观；正是在形象的综合中，我们产生了纯粹的时空直观（作为关于可能对象的表象），并因此产生了显现着的世界本身的形式[5]。黑格尔认为，这一观点表明，我们不能将概念和直观隔离开，除非是根据它们在某个更大的整体中的规范性作用。黑格尔在《逻辑学》中就是要分析，什么在这个“更大的整体”中发挥规范性作用。 248

费希特认为，康德在主客之间所做的区分本身只是一个主观的区分，黑格尔反对这一观点，为此，在《逻辑学》的第一部分中，他试图“重构”前康德形而上学的关键概念——也就是试图只从“事物”一般的范畴的角度来思考行动者与事物之间的差别。尽管如此，他所要做的并非历史的分析（考虑到之前的《精神现象学》，人们可能会期待他做出这种分析），而是纯粹“逻辑的”分析，即分析以往某些典型的形而上学态度是如何致力于某些立场，使得在这些概念实现于实践和思想体系的过程中真正起作用的东西的“真理”被揭示出来后，竟与最初所论证的东西是完全不同的。也就是说，《逻辑学》要成为以往形而上学的“逻辑”，它将表明，哲学史上所假设的各种立场并不仅仅是随机的冥思，更是有着一种内在的驱动力，它发挥作用的方式是，我们遵从某种世界观，而这不可避免地使我们承认，真正发挥规范性作用的或紧要的是某种别的东西。这样，黑格尔希望表明，以往的哲学立场，与其说是虚假的或虚幻的，不如
249 说是“片面的”，它们试图理解理智和世界，但其方式却与它们在坚持这些观点时试图达成的目标相反。

为此，黑格尔将《逻辑学》分为三部，这三部又可分为黑格尔所称的“客观逻辑”（由前两部构成）和“主观逻辑”。特别是，《逻辑学》的这三部表明，黑格尔明显持有一种明确的后康德哲学观，并且在划分时费希特式的意味是明显的：前两部摆出了前康德形而上学的内在逻辑，即试图使能动性和自然世界之间的差别、主体和客体之间的差别，成为一种客观的差别。（如他所说，“客观逻辑代替了昔日形而上学的地位”[6]。）前康德形而上学的逻辑最终将我们推向了康德，而后，后康德的（即黑格尔的）立场应当推动人们从一种“客观”逻辑走向一种“主观”逻辑——用他在《精神现象学》中的话来说就是从“实体”走向“主体”[7]。根据黑格尔的辩证方法，《逻辑学》中的各种运动导致了如下认识：在我们关于理智和世界的所有思想中真正发挥规范性作用的东西，涉及康德的批判转向，而这又要求一种“理由的空间”概念（后来，在《逻辑学》中，他将之称为“绝对理念”），在康德的批判转向建立过程中，这是首先发挥真正的规范性作用的。如黑格尔所说的：“对于逻辑学说来，重要的东西倒并不在于有一个纯粹直接的东西作开端，而在于科学的整体本身是一个圆圈，在这个圆圈中，最初的也将是最后的东西，最后的也将是最初的东西。”[8]人们是以在关于理智和世界的思想中必然发挥规范性作用的东西为开端的，是以这一承诺的“真理”为终点的，它是真正一直发挥规范性作用的东西。

至少在最初，黑格尔认为他的《逻辑学》要以他的《精神现象学》为前提。根据《精神现象学》，理性的结构是社会性的，因而是一种历史性成就，而非我们的理智学会去反思的一种形而上学的事物结构；而《逻辑学》则是试图“重构”我们对理智和世界的把握，这既以那种成就为前提，又表明它（虽然并非注定的或已经在某种程度上一直存在的）

有着一种内在的发展逻辑，这使得从前康德“实体”形而上学向康德“主体性”理论的发展确实是合乎逻辑的进展，即使这种进展不是任何历史法则所必需的[9]。 250

存在学说：超越荷尔德林

《逻辑学》是从回应荷尔德林的“存在”思想开始的。荷尔德林认为，“存在”表达了我们在世界中对某种“方向”的理解，这种方向先于我们所有其他方向，并因此比任何别的概念（包括“判断”概念）都更基本（因此“存在”是从作为一种“直接的”“原初的”概念的“真理”概念开始的）。黑格尔就此指出“**存在，纯粹存在**，没有任何进一步的规定”[10]。也就是说，《逻辑学》是从这样一种东西开始的，它先于任何“主体”和“客体”的区分，并比这种区分更基本；而后《逻辑学》要表明，在我们坚持那种关于前反思方向（它甚至还不是一个判断）的“思想”的过程中发生的张力和矛盾，是如何更为清晰地表明什么在真正发挥规范性作用。

内在于“纯粹的、无规定的存在”概念中的张力是，这种“纯思”自身当中什么都没有，因而它不能与“无”区别开，可是思想的含义正在于，存在是不同于无的。因此，一当人们试图**表达**所谓关于“纯粹存在”的思想，表达世界正是“是”（即使我们对之不能**言说**什么）的观念时，他也就做出了这样一个判断，即存在和无是一样的。因此，看起来显然为真的东西——用前苏格拉底时期的那位古希腊人巴门尼德的术语来说就是“存在是存在的”和“无是不存在的”——的最终推论结果却是其“反面”；或者，如黑格尔所说：“存在与无是同一的这一命题说出了两个规定的同一性，而实际上又将它们当作有区别者包括进来，这命题便自相矛盾，自己消解。”[11]

命题之所以“自己消解”，是因为它表明，在“存在”和“无”之 251
间的区分中真正发挥规范性作用的，是一种对世界的背景性理解，即认为世界是一个由“正在存在”和“停止存在”（即“无”变成“存在”，“存在”变成“无）所构成的整体[12]。在将存在同无区分开时，我们真正（规范上）在做的，不是根据其属性来**比较**两种不同的“物”（就像我们在区分枫树和橡树、乌龟和兔子时所做的那样）；我们实际上是在规范性的理由空间中**采取行动**，特别是进行一种世界概念所允许的推理，这一概念将世界视为一个正在存在和不再存在的过程，在这一过程中，我们认识到，正在存在和不再存在的不是无，而是**某种东西**；因而，这种对“变”的概念的依赖实际上只是阐明了认识到如下一点的必要性：它是**某种东西**，是这种或那种**确定的东西**，是正在存在或不再存在的东西[13]。或者，用黑格尔自己惯用的语调来说就是，“什么是”和“什么不是”之间的基本区分本身，是对一个更大的整体的“抽象”，是其中的一个“要素”，这个整体就是由正在存在的东西和不再存在的东西所构成的世界。

有限、无限和“观念论”

一方面，《逻辑学》开篇并未确立任何特别有争议的内容：它表明，我们关于“存在”和“无”的判断要求我们将某个东西当作正在存在或不再存在的来谈论，黑格尔本人也承认这些判断只是“肤浅的”[14]。另一
252 方面，“存在学说”的开始部分是用来呈现黑格尔的主要观点的：这看起来像是在两个事物之间进行比较的“反思性的判断”，但实际上根本不是物的比较，而是一种规范性的**资格归属**，并且，为了使这种资格起作用，它表明还必须使别的东西发挥规范性作用（或者，别的东西必须被揭示为已在其中发挥规范性作用）。在某种程度上，这是整个《逻辑学》的观点：说我们知道某个东西，这根本就不是比较两个“物”（例如，就像我们将一张照片和它所照的内容相匹配时所做的那样）；毋宁说，这是做了一种**规范性归属**，即是说，提出主张的这个人有资格提出这个主张。也就是说，我们对知识进行归属不是指主观状态与某种非主观的物的比较，而是指在一个社会空间**内活动**，这个社会空间是由责任、资格、归属和对承诺的承担构成的[15]。

关于正在存在和不再存在的世界，“存在学说”继续发展出了质的差异、量的差异和尺度的差异等概念（这里不必讨论细节）。不过，黑格尔的讨论旨在将他的逻辑观点扩展到他真正关心的问题上：我们在做出这些

“肤浅的”判断时，我们正在一个规范性空间中活动，在其中，当我们从“某个东西”“质上不同的东西”等诸如此类的相当一般和抽象的概念开始时，规范上所要求的比我们最初想象的要多得多。特别是，这些判断是关于有限的事物的，也就是关于任意两个“物”的，这些“物”的特征只能是它们同外在于它们的别的东西的差别。所以，这些关于“有限”的判断看起来也使我们做出了关于无限的判断，因为一个关于某种有限之物 a 的判断，使我们对另一个有限之物 b 做出了判断，而这又要求我们做出另一关于 c 的判断，等等，以至无限。

然而，无限从来不能被设想为一个单一事物（item）。例如，如果我 253
们将“无限”设想为一切有限物的总和，那么我们就总是可以问，是否有别的有限物可以添加到这个列表当中，而这个新的无限总和将总是与之前的无限相对立的。因此，无限就好像是一系列判断的结束，但它本身不可能是我们通过将一系列判断贯彻到底就能够切实达到的终点。也就是说，无限不可能是一个同一切有限物的序列相对照或相伴随的“物”。无限不是某个“吞没”了有限并消除其特殊性的庞然大“物”，它也没有表明有限物的多元化是某种幻相[16]。黑格尔讽刺道：“这种真的无限的规定，不能用……有限和无限的**统一公式**来概括；那种统一是抽象的、不动的自身等同，环节也同样是不动的实存的东西。”[17]

不应将无限看作一个单一的“物”（thing），而是应当将之看作对正在存在和不再存在的物所构成的世界过程之整体的表达。因此，这种正在存在和不再存在的世界过程是一切存在的东西的全体，并且，正是在这样一种“整体”概念中，一切关于有限物的各种判断都是合法的，是可以解释的。被视为一个整体的世界是真正无限的，因为**外在**于世界的，并且作为一个整体的世界可以与之对比或用这个世界来解释的东西是不存在的。因此，作为一个整体的世界显然是在世界本身之内被解释的，而不是根据任何“无限”的、外在于它的、据说将为“有限的”世界奠基的东西（尤其不是根据任何超自然的无限[18]）来解释的。

黑格尔将同样的推理应用到了关于对象的量的特征的判断上，意在表明，这些量的判断不是两个物（例如一个方程式和某些被柏拉图称为实体的数字）的比较，而是我们归属资格的不同方式（例如在数学中，当人们实际上证明了某个东西时，等等)。

“存在学说”的主导观念与将“康德悖论”转变为关于一般规范性权
254 威的论题有关：我们将我们的思想设想为只服从于那些它本身所创立的“法则”(或理由)；这就要求它所由开始的东西，具有它并没有创立的东西的悖论性外观(在此是指关于“存在”的思想)，而这又从它自身产生出如下要求，即我们承认，发挥规范性作用的，不仅仅是我们由以开始的东西——或者，如黑格尔所说，当我们试图坚持那种思想时，张力产生了，这些张力使它“在自身中与自己矛盾，因为它在自身中联合了与自己对立的东西；一个这样的联合，[又]是要自己毁灭的”[19]。

大致上，《逻辑学》中从“存在学说”到“本质学说”的进展与此类似。论“量”的部分旨在表明，微积分中对“无限”的概念性理解如何有效地回答了如下指控(这是康德等人提出的)：如果无限尚未在对它的某种非概念直观中建立起来，我们是不能对它有概念性理解的[20]。因此，量的无限也是理想性的；它不是一个对象——甚至不是如“无限小”这类东西，即一个大于零而小于任一自然数的量，黑格尔以讽刺的方式(暗指达朗贝尔)消解了这种观念，他评论说：“那么，在存在与无之间，并没有所谓**中间状态**，这似乎是再明白不过的了。”[21]量的无限呈现在微分学和积分学的公式中，这些公式表达的是迭代运算而非“无限小”。在黑格尔对问题的后康德重述中，量的无限的价值仅止于这些公式所表达的内容，量的无限是**理想性的**，因为关于事物的具体经验是无法把握它的，
255 而只能在思想中、在微分学和积分学的公式中完全并真正地理解它。然而，在对作为整体的世界进行质的和量的判断并将它们统一在“尺度”的判断(即判断量变何时质变，例如溪流何时变成江河，池塘何时变成湖泊)中时，我们发现，只着眼于个体的正在存在和不再存在来谈论世界的整个方式——换言之，“存在学说”本身——中有着严重的内在的基本张力，这使得这种观念不再能够维持住。总体上来说，论“存在”的部分呈现的观点，使我们得出了如下观念，即世界**似乎**是它本身的质与量的特性所构成的实体，而它本身“自在地”既不是质的也不是量的，因而不同于它被经验到或被思维到的样子。

现代怀疑论和本质的世界

在“本质学说”中，这些充满张力的判断被带到了前台，这一学说关注的是判断的规范性结构，这与我们如何区分世界向我们**显现**的样子和其真实所是的样子有关。因此，这些判断总是假定，“在思维中”可以同时掌握两种可区分开的因素，即**显像**和正在显现的**东西**。区分这两种因素的活动本身使人想起了怀疑论，它体现为如下观念，即我们不能就世界如何独立于我们得以经验它的条件做出真实判断，但这种怀疑论本身是成问题的：如果在思维中没有这样一种对“整体”的理解（即“自在地向我们显现出来的世界”整体的概念），我们甚至都不能开始做我们确实做了的普通怀疑判断（例如我们怀疑某个东西是否真的就是它看起来的那样）。

根据黑格尔的诊断，现代的后笛卡尔怀疑论是在研究那种“整体”的过程中出现的，并且在这一过程中，它将它的构件只是看作知识的一部分，是其中（黑格尔意义上）独立的、“有限的”片段。也就是说，这种怀疑论是因如下诱惑产生的，即将做断言理解为**比较**两个“物”，一个是显像（作为主观经验），另一个是正在显现者（作为自在存在着的某物）。

这种向“比较”的靠近，是“反思性”观点的范例：我们站在“整体”之外，此时我们做出判断并“反思地”（或用约翰·麦克道威尔的比喻来说是从“侧面”）看那些可区分开但仍有内在联系的东西，不过，我 256
们错误地将它们当作两个不同“物”来比较[22]。黑格尔的观点是，**只有**从“有限”和“反思”出发——如我们将我们的判断与这些判断所应当回答的内容区分开，并试图“比较”二者——时，我们才似乎**需要**假设一个不可知的自在之物领域（这是一种怀疑论的实在论），或者需要通过主张显像背后没有别的东西（也就是说，只有我们“看起来的”东西，或者只有我们“谈论的”东西）来避免怀疑论，或者鉴于这两种策略的失败，寻求这两个“物”之间的某种自然主义的因果联系。根据黑格尔的诊断，所有这些实在论的、主观观念论的和自然主义的动机，都来自与这些在一种“反思性的”整体意义中做出的判断相伴随的悖论；在黑格尔看来，它们是因将“有限的”“侧面的”视角当作“绝对的”视角而出现的。

因此，黑格尔认为，这些“反思性的”判断最终推出了这样一种世界概念，即认为世界是**一个实体**，其必然向进行判断的行动者显现为一系列因果联系，这些联系存在于这个实体的各种“偶性”之间——也就是说，**如果**人们拒绝超出“反思性的”观点，那么怀疑论的实在论和主观观念论必然最终屈服于某种形式的自然主义，这是避免那些在这一概念中必然发挥规范性作用的悖论的最后一步。（由此，黑格尔是在表明，从笛卡尔的怀疑论进展到斯宾诺莎主义的内在逻辑，与黑格尔自己时代的从康德回到斯宾诺莎的内在逻辑是一样的——“反思性的”判断以某种方式导致了一种一元论的单一实体概念，这种实体是由各种因果联系结合而成的。）当然，雅可比已使如下问题在康德和后康德时期的德意志成了一个激烈的辩论点：任何理性主义形而上学都必然导致这种一元论的实体主义。黑格尔的回应是要表明，雅可比部分地切中了要害。不过问题是，这是否就是事情的全部。

概念和推理

然而，一旦明确了我们必须以这些方式谈论实体和因果性，那么**反思性的**判断本身所提出的要求就还是超出反思性的判断了（或者，用黑格
257 尔《逻辑学》中的话来说就是超出“本质”自身的领域）。所有这些“反思性的”判断都包含着一个思想中可区分但又不可分离的诸构件，这一点的范例就是关于“显像和在显像中显现的东西”的思想。在得出“实体”是绝对的这一观念——也就是得出如下观念，即自然主义的、因果性的解释必然会在我们关于世界的所有其他判断中发挥规范性作用——时，我们发现，这样一种自然主义世界观念本身，只能通过援引一种非自然主义的规范性和真理含义使自身合法化。为了使自然主义的世界观保持完整，我们必须引入（或者我们意识到我们总是已经引入了）一种关于判断与世界之间关系的更为复杂的图景，即显像（*Schein*）、“显示”“看起来是”和本质（它是在显像背后的）之间的区分本身，是一种单一而复杂的思想，它只能通过理解它的作用才能兑现，即认为它是一个

更全面的推理模式的一部分。也就是说，“反思性的”判断本身只能通过被理解为一种更全面的判断**实践**（它本身被建构为一个**规范性的**判断和推理问题）的一部分来兑现，而不是自然主义建构的世界的一部分。这些判断是在逻辑空间中活动的，而不是在因果关系中活动的。

因此，黑格尔想让他的“概念学说”（《逻辑学》的第三部）成为规范理论，它将表明他的整个主张，即我们对知识的归属不是指任何形式的主观状态与某种非主观的东西的**比较**；它们是**在**一个社会空间**中活动**的，这个社会空间是由责任、资格、归属和对承诺的承担构成的；“康德悖论”将在这一部分中得到表达和解决。黑格尔当然并不认为所有的自然主义解释都是错的；毋宁说，如他所喜欢说的那样，它们是有局限的，是“片面的”，用规范理论（用黑格尔的行话来说就是“概念”理论）来补充它们，并不是说这些判断的对象确实只是“理念”或“概念”或经验模式，而是说，正是为了观察这些自然对象，我们需要一系列概念能力，这些概念能力在“理由的空间”中有其“逻辑”，而这不是“存在”或“本质”的逻辑。甚至，一旦我们拒绝将“有限的”视角等同于“绝对的”视角，那么，如黑格尔所说，我们就能得出结论：“观念论哲学和实在论哲学的对立并无意义”[23]，因为这种对立的动机来自如下这种观点的 258
要求，即认为问题的关键在于主观心理状态与客观事实状态之间的比较。

在论证这一主张时，黑格尔也兑现了他在《精神现象学》中所做的相当大胆的断言：“真理必须不仅被理解为实体而且也必须被理解为主体”，“实体自在地就是主体”[24]。通过表明反思性的判断（“本质”的判断）如何使我们最终得出了斯宾诺莎式“实体”概念，以及这一概念为了兑现自己的主张而又如何要求一种对判断的规范性的理解，黑格尔自信地说，他已经“对斯宾诺莎主义做了唯一的且真实的反驳”，这一反驳相当于表明，为了使斯宾诺莎主义为真，就需要其他规范发挥作用，而这些规范本身不再是由一种一元论的实体概念来解释的[25]。也就是说，我们对自然主义世界观（或用黑格尔时代的简称：斯宾诺莎主义）的**真理**的承诺，只能通过呈现某些判断模式和三段论推理（它们必然将会带给我们一种不完全是自然主义的世界观）的必然性来担保。

在“概念”的前言部分，黑格尔强调并突出了他的理论中的康德遗产，他声称："认识到那构成概念本质的统一，是**统觉**的**原初综合**统一，是'我思'或自我意识的统一：这属于《纯粹理性批判》中最深刻、最正确的见解。"[26]关于对象的判断要具有**客观性**，不在于将判断与对象一一对应起来，而是在于如何将关于对象的**判断**置于一个推理模式当中，决定它的不是对象，而是精神社会地和历史地决定的自身**看待**对象的必然方式。客观性**作为一种**关于世界的**视角**，作为一种对某些类型的判断将兑现什么和不兑现什么表达**态度**的方式，其本身依赖于概念与直观的统一，因此黑格尔认为，在康德理论中，这种统一一直发挥着规范性作用，尽管
259 康德本人经常因谈论心理机制赋形于经验内容而破坏了这一思想。黑格尔这样来表达客观性和对象之间的联系与区别："对象是在概念中而具有这种客观性的，而概念就是**自我意识的统一**，对象就是被纳入这个统一之中的"[27]。

作为使人们理解在康德主义中起作用的概念与直观之统一的方法，黑格尔说："假如康德对一个**直观的知性**的理念还坚持上述的真理定义，那么，他就会对于这个表现了所要求的［判断与对象的］一致的理念，不当作一个想象的事物，而倒是要当作真理来处理了。"[28]一种直观的知性（*anschauender Verstand*）将不会**创造**它所意识到的个体，而是（由于对任何个体的直接的、不经中介的意识是不存在的）将成为这样一种知性，在其中，正是对个体的感知中充满和渗透着规范，而这些规范掌控着关于个体的判断——也就是说，在其中，概念与直观将根据它们在推理和知识归属中的作用而被区分开，而不是根据它们作为表象的所谓固定状态（这就好像是将它们当作两个之后又需要结合起来的"物"）。一种"直观的知性"的判断将永远不会遇到任何纯粹"既定的"、不经中介的东西；当这种知性与特殊相遇时，它将总是根据指向一种规范性整体的先天方向对这些特殊进行判断。也就是说，这种"直观的知性"是一个具体主体的直观，这个主体是在确定的社会历史条件下**看世界**的（有时看得好，有时看得不好）；这样一个具体主体不是被锁闭在自身主观经验之内的实体，而是被迫怀疑，他的经验是否在某种程度上与事物本身独立于我们据以经验它们的条件而存在的方式相匹配[29]。在黑格尔看来，康德的更加深思熟虑的观点的规范性力量在于表明，直观和概念不是被视为相互分离

的存在者、某种内在的心智实体；它们全都是规范性状态，它们是在给予和要求理由的规范性实践整体中取得其地位的。由于它们被**当作**表象（*Vorstellung*），所以它们必须通过被纳入给予和要求理由的实践中来获得 260
这种地位，而不是由于它们作为心智实体甚或神经实体的内在特征。（因此，黑格尔从来不会说，表象思维的“真理”是在“概念”中找到的，也就是说，他不会说“表象思维”是一种幻相；毋宁说，它的地位是真还是假，取决于它如何被以推理方式建构的给予和要求理由的实践所接纳，他认为，这一点在康德思想中发挥着规范性作用，虽然它在那里的作用并不明确。）

主体、客体和三段论

从《逻辑学》的视角来看，直观和概念作为“要素”所构成的规范性整体，就其结构而言是三段论的，即广义上推论的。（此外，对这种三段论推理的理解，绝不能仅仅是形式的，还必须是实质的[30]。）纯粹“主观的”三段论推理领域要求产生形式推理领域的思维活动去“设定”另一“客观性”领域——也就是说，费希特式的从“自我”到“非我”的逻辑运作，被重述为逻辑空间（它构成“我们看世界”这一观念）自身内的运动，是在概念与直观的统一（康德语）中的运动。

然而，应当在比费希特更强的意义上来理解作为“非我”的客观性：正是关于认识对象的视角（它试图理解“非我”），如黑格尔所说，“没有主观反思的附加”。（黑格尔强调，这一意义也包括道德客观性，也就是说，“客观法则没有主观根源，不能容许随意专断和违反其必然性的处理”[31]。）客观性概念所发挥的规范性作用正是我们的判断所回答的那种作用——它“与概念对立”，“自在自为地”存在着[32]。不过，**客观性**（而非**客体**）是我们的思维的推理结构的一部分，它准许某些资格而不准 261
许别的资格，准许我们“创立”的东西，尽管它的逻辑是要提供一个空间，在其中，我们所谈论的，**正是**我们的判断必须回答的，因为我们要为做出这些判断提供**理由**[33]。

黑格尔用“理念”这个术语来表示我们通过我们的概念和直观能力

来看世界，这些能力之所以是可能的，只是因为它们是规范性的、推论性的“整体”的要素。（黑格尔接受了谢林对“理念”的用法，而谢林则是从康德那里接受这一用法的，并对之进行了改造。）在他看来，理念是“概念和客观性的统一”，并且由于也是“概念与实在的统一”，因此是
262 “真的东西”（*das Wahre*）[34]。它至少在如下几个意义上是“真理”。首先，它是对它之前的东西的解释（并因此是先前东西的“真理”）。其次，它也是“真实存在”，而不仅仅是《逻辑学》开篇所谈的“纯粹存在”——也就是说，它在如下意义上是“真实的”：它是存在的概念，为了使我们关于“存在”和“本质”的判断站得住脚（即作为对世界的观察），这种概念必须发挥规范性作用[35]。最后，它是“**真实存在**”，因为它指向如下观念，即我们的判断向**什么是**（what is）负责——主观性向世界负责，它一直是设定自己的标准来评判这种约定的合法形式，因此它必须预先知道什么可能被视为真实的存在一般（就像在实验室中，人们要仅限于经验上可以观察到的事物），并因此以更加平淡的方式运作。

这两种视角（主观的和客观的）的统一构成了黑格尔的观念论；用他自己的话来说就是：“这种同一因此有理由被规定为**主体—客体**，即它既是形式的，或主观的概念，又是作为客体那样的客体”，并且，由于是“从理念发生的”，所以“直接的存在之独立客观性，只是作为概念自身规定的判断的宾词，——那诚然是一个与主体不同的存在，但同时本质上又是建立起来作为概念的环节”[36]。因此，在黑格尔看来，他自己的后康德观念论并不否认心智之外的实体的实在性（他一直强调它这不是主观观念论），也没有像主观观念论那样错误主张，主观理智通过将一种概念图式加于中立的经验内容之上而“构成”了世界。相反，黑格尔认为，《逻辑学》所讨论的是判断规范，以及这些规范本身如何从我们自己的心智得以可能所必需的东西中产生出来，也就是如何从理念本身（作为理由的空间）中产生出来。因此，要想为理念的某种特殊表达做辩护并使之合法化，就必须要证明，这样一种表达是兑现那些先于理念之发展的判
263 断中承担的承诺所必需的[37]。由此，理念作为黑格尔意义上的“真理”，只能出现在“逻辑”的终点；它必须如我们使之发挥作用的那样发展，以兑现我们之前提出的主张。

绝对理念

作为**绝对的**，“理念”的要求是，给予和要求理由的实践是自身合法化的，也就是说，它不依赖于任何外在于自身的“独断的”假设或纯粹的“既定物”，它将自己的形态**给予自身**并因而实现自身。因此，绝对理念必然以某种方式为自身奠基并凭一己之力立身定神。因而，领悟绝对理念的所谓方法不可能是一种“智性直观”活动。相反，认识绝对理念的方法必须是这样的，凭借该方法，它被建立为已经包含在承诺当中的理念，这些承诺是现代理性行动者为了他们加固和维持他们**必然**做出的其他**类型**的判断而必然承担的。黑格尔有些浮夸地总结道：“由此便出现了作为**自知的**、作为既是主观的又是客观的绝对的东西而以自身为对象那样的概念，从而又作为与概念及其实在纯粹相应的东西，作为概念本身就是那样的实存（*Existenz*），这就是方法”[38]。

因此，绝对理念是《逻辑学》中“康德悖论”的黑格尔解决方案的陈述方式。说“思维”只服从于那些它自己创立的法则，就是说思维（因此是精神）将现实性**给予自身**。因此黑格尔认为，陈述这个悖论，实际上就是陈述了能动性和思维全力以赴的是什么。在《逻辑学》中，如 264
黑格尔意识到的，这个悖论及其解决要求一种新的呈现方式，他努力提供的各种隐喻和形象恰恰表明，他正确地陈述出要点是多么困难。正如在开始反思时，不是作为孤立的、自我封闭的个体行动者，而是已经在一种生活方式中活动，并作为看世界且是众多看世界的行动者之一员那样，我们的思维的逻辑也不能随意开始。因此，黑格尔认为，它是从一个基本的、原初的“真理”概念的“正确理解”开始的，他认为这是荷尔德林所说的先于一切判断的“纯粹存在”概念，之后他试图表明，这样一种观点展现了在这一概念实现自身过程中必然发挥作用的其他要素。这本身已经说明了这样一种呈现方式的困难，这是因为：从一个视角来看，由于正在做出的要求，人们正**引入**新的因素来发挥作用；而从另一视角来看，为了使之前的运动得以可能，这些因素似乎已经发挥规范性作用了。黑格尔犹豫的是，这应当称为进步运动还是倒退运动，圆圈的比喻和直线的比喻哪个更好，等等。

因此，《逻辑学》是对概念将现实性“给予自身”这一说法的**意义**的**分析**。不过，由于仅仅是一种分析，它没有也不能在实践中**实现自身**的意义上“将现实性**给予自身**”；只有活生生的、言说的行动者做到这一点。（换言之，《逻辑学》告诉我们的是在给予和要求理由的实践中**意义**为何，但它将现实的人带往给予和要求理由的实践，而不是脱离这些人的“思维”，也不将自身假设为某种独立的“物”或“力量”。）不过，黑格尔认为，《逻辑学》表明，合理性不是“就在那里”的，相反，它本身是一种历史成就，因为“概念将现实性给予自身”的意义体现在判断和推理的实践中。因此，理由的空间——如果仅考虑其自身的话——所需要的，是一种对给予和要求理由的**实践**的解释，即对**精神**本身的解释，尽管它**本身不能给出**这种解释。

黑格尔以另一个比喻结束了他的《逻辑学》，自那时起，这个比喻就一直是有争议的解释的主题。在讨论他的体系中哪部分在《逻辑学》之后，以及它与体系其他部分有何关联时，黑格尔说，“理念是自身目的和动力”，并且，它作为理由的空间“自由地解脱自身”而成为自然[39]。
265 更夸张地是，他甚至说理念是“自然的**创造者**”[40]。然而，他又稍微缓和了他的比喻，明确表明，在从《逻辑学》到“自然哲学”的进展中，从“逻辑”到“自然”的运动是没有“强制力”的。（换言之，没有**逻辑**强制力）——或者如他所说：“在这种自由中，找不到过渡。”[41]也就是说，对拥有概念与直观之统一的结构对于理智和世界**意义**为何的**分析**，并不能确定，“理智”与独立于它的自然的更为具体的相遇**实际上**将会如何进行（就此而言，从分析到实践并不存在纯粹逻辑的“过渡”）。认为一种关于理智和世界的“逻辑”或分析将能够预先确定理由的空间如何实现在**实践中**，这种观点是一个根本错误。黑格尔自己在他的自然哲学的最初几页中已相对清晰地表明了这一点，他说：“哲学与自然经验不仅必须一致，而且哲学科学的产生和发展是以经验物理学为前提和条件。”[42]也许黑格尔本可以表达得更清楚些，但是——不可否认，黑格尔自己文本中的表述做了证明——他的许多解释者认为，他所主张的是，理念确实创造了自然，而这表明黑格尔必然是某种正统的有神论者。

自那时起，这一点是否为真就一直是黑格尔思想中最有争议的问题之一，这也一直决定着人们如何看待黑格尔正在试图完成的“体系”。如我们将看到的那样，这些思考在他的老朋友（而后来成为对手的）谢林向后辈们解释黑格尔的过程中发挥了决定性作用。

注释：

［1］当然，一个人是否认为《逻辑学》是在一个比《精神现象学》更为平淡的环境中完成的，这完全取决于他如何理解浪漫。黑格尔在一封致他的朋友伊曼努尔·尼特哈默尔的信中写道：“在婚后半年就写完一部包含着 30 个印张最深奥内容的书，这可不是一件小事。” *Briefe*，I，no. 198；*Hegel*：*The Letters*（trans. Clark Butler and Christiane Seiler）（Bloomington：University of Indiana Press，1984），p. 261.

［2］黑格尔耶拿时期观点的发展当然比这里所呈现的要更复杂、更曲折，关于此更为完整的解释，可参见 Pinkard，*Hegel*：*A Biography*，ch. 4。

［3］Hegel，*Science of Logic*，p. 834；*Wissenschaft der Logik*，II，p. 494.（这就是以前所标明的立场，依照这一立场，普遍的第一者，就其是自在和自为的来考察，便显露其本身就是作为**自身的他者**。德文原文是：“Dies ist nun selbst der vorhin bezeichnete Standpunkt，nach welchem ein allgemeines Erstes，an und für sich betrachtet，sich als das *Andere seiner selbst* zeigt.）

［4］“先天综合判断何以可能？……只有理性才是这种设定的可能性，因为理性不过是这类异质性要素的同一。人们可以透过范畴演绎的浅表瞥见这一理念。就空间和时间而言，人们也能在范畴演绎中瞥见它，在这里，统觉的本源的综合统一最终展现出来。在此，统觉的本源的综合统一也被认为是形象的综合的原则，即直观形式的原则；空间和时间本身被设想为综合统一体，而自发性、绝对综合的生产性想象活动则被设想为先前仅被刻画为接受性的那种感性的原则。”“Glauben und Wissen，” *Werke*，II，pp. 304－305；*Faith and Knowledge*，pp. 69－70.

［5］Kant，*Critique of Pure Reason*，B151－152.［康德：《纯粹理性批判》，101 页。——译者注］“不过，这种形象的综合如果只是指向统觉的

本源的综合统一，即指向这种在范畴中被思维的先验统一的话，那它就必须与单纯智性的结合不同，而叫作**想象力的先验综合**。**想象力**是把一个对象甚至**当它不在场时**也在直观中表象出来的能力……但毕竟，它的综合是在行使自发性，是进行规定的而不像感官那样只是可规定的，因而是能够依照统觉的统一而根据感官的形式来规定感官的，就此而言想象力是一种先天地规定感性的能力，并且它依照范畴对直观的综合就必须是想象力的先验综合，这是知性对感性的一种作用，知性在我们所可能有的直观的对象上的最初的应用（同时也是其他一切应用的基础）。这种综合作为形象的综合，是不同于没有任何想象力而单靠知性作出的智性综合的。”

［6］*Science of Logic*，p. 63；*Wissenschaft der Logik*，I，p. 46. ［黑格尔：《逻辑学》（上卷），杨一之译，北京：商务印书馆，1982 年，47 页。——译者注］

［7］如黑格尔所说：“逻辑依此首先可以分成作为存在的概念的逻辑和作为概念的概念的逻辑；或者我们用习惯……的名词来说，分为客观的和主观的逻辑。” *Science of Logic*，p. 61；*Wissenschaft der Logik*，I，p. 43；*HeW*，V，p. 58. ［同上书，45 页。——译者注］

［8］*Science of Logic*，p. 71；*Wissenschaft der Logik*，I，p. 56；*HeW*，V，p. 70. ［同上书，56 页。——译者注］

［9］黑格尔在《逻辑学》的“第二版前言”中将之称为“重构”（*Rekonstruktion*），参见 *Science of Logic*，p. 39；*Wissenschaft der Logik*，I，p. 19。他还说：“于是逻辑以显现着的精神的科学为前提，这种科学包含并指明纯粹的知识这种立场的必然性（从而是这种立场的真理的证明）及其一般中介性。……在逻辑中，则以从那种考察所得的结果——作为纯粹的知识的理念——为前提。” *Science of Logic*，p. 69；*Wissenschaft der Logik*，I，p. 53；*HeW*，V，p. 67. ［同上书，53 页。——译者注］

［10］*Science of Logic*，p. 82；*Wissenschaft der Logik*，I，p. 66；*HeW*，V，p. 82. ［同上书，69 页。——译者注］

［11］*Science of Logic*，p. 90；*Wissenschaft der Logik*，I，pp. 75 – 76；*HeW*，V，p. 93. ［同上书，79 页。——译者注］

［12］黑格尔说：“近来的哲学有许多地方，在不熟悉思辨的人看来，

似乎光怪陆离，这大多是由于用简单的判断形式来表现思辨的结果。”*Science of Logic*，p. 91；*Wissenschaft der Logik*，I，p. 76；*HeW*，V，p. 93.［同上书，80 页。——译者注］（不幸的是，这使得那些以“光怪陆离”的眼光来看待他的哲学的人对他的误解进一步加深了，他们认为，他以某种方式赞同非理性主义的如下观点，即“思辨真理”根本就不能用语言来表达，这恰恰与他所试图论证的观点是不一致的，但时至今日，他一直受到这种指责。）

［13］在涉及的“从无得无”这种说法时，黑格尔以相当讽刺的口吻说道：“*Ex nihilo nihil fit*［从无得无］——是形而上学中曾被赋予重大意义的名言之一。从那句话所看到的，或者只是无内涵的同语反复：或者，假如说变在那里要有实在的意义，还不如说既然从无只是得无，那么，在那里变实际上并不存在，因为无在那里仍然是无。”*Science of Logic*，p. 84；*Wissenschaft der Logik*，I，p. 68；*HeW*，V，p. 85.［同上书，71－72 页。——译者注］

［14］“但是某物仍然还是一个很肤浅的规定；和实在及否定一样，确定的存在及其规定性固然不再是空洞的存在和无，但仍然是十分抽象的表达。”*Science of Logic*，p. 115；*Wissenschaft der Logik*，I，p. 103.［同上书，109 页。——译者注］

［15］关于承担承诺和归属承诺的表达，罗伯特·布兰顿做了最好的阐释，参见他的 *Making It Explicit*，“Some Pragmatist Themes in Hegel's Idealism：Negotiation and Administration in Hegel's Account of the Structure and Content of Conceptual Norms，”*European Journal of Philosophy*，7（2）（August 1999），164－189，以及 *Tales of the Mighty Dead*，这对黑格尔的能动性概念做了明确的扩展。关于黑格尔的能动性概念，我提出了类似的观点，即认为这种能动性是在社会空间中的一种立场，参见我的 *Hegel's Phenomenology*。也可参见 Pippin，*Hegel's Idealism：The Satisfactions of Self-Consciousness*。在该书中，皮平对黑格尔关于能动性的观点做了解释，这种解释也借鉴了塞拉斯的观念（这来自布兰顿后期思想的核心）。保罗·雷丁根据当代的哲学关切，特别是推理主义语义学同后康德问题之间的关系，对黑格尔进行了精彩解读，参见 Paul Redding，*Hegel's Hermeneutics*（Ithaca，N. Y.：Cornell University Press，1996）。

［16］用黑格尔特有的方式来说就是："所以这种扬弃不是某物的扬弃。" *Science of Logic*，p. 146；*Wissenschaft der Logik*，I，p. 135；*HeW*，V，p. 160.［同上书，145 页。——译者注］

［17］*Science of Logic*，p. 148；*Wissenschaft der Logik*，I，p. 138；*HeW*，V，pp. 163-164.［同上书，148 页。——译者注］

［18］黑格尔显然是要消除以某种超自然的无限来解释世界的观念的影响——如他所说，这种观念认为，有"两个世界，一个无限的世界和一个有限的世界"。他认为，如果将这种观念的逻辑置于较"明显的形式"中，那么它显然是包含着"矛盾"的。*Science of Logic*，p. 140；*Wissenschaft der Logik*，I，p. 128；*HeW*，V，p. 152［同上书，138 页。——译者注］

［19］*Science of Logic*，p. 106；*Wissenschaft der Logik*，I，p. 93；*HeW*，V，p. 113.［同上书，97 页。——译者注］

［20］迈克尔·弗里德曼在他的 *Kant and the Exact Sciences* 中主张，康德关于时空如何必须是"纯粹直观"而非"概念"的观点，是基于他的如下理解，即传统的一元逻辑学不能产生关于对象之无限性的概念，而现代多元逻辑学凭借其对量词的运用能够做到这一点。尽管现代后弗雷格多元逻辑学允许我们形式地表达一个迭代过程的观念，但一元逻辑学还做不到这一点，并且，由于我们认为空间是无限的，所以康德（正确地）认为，这种空间观念因而不能是一种（一元）逻辑概念。康德所需要的是一种"新逻辑学"以明了他的论证将会如何展开，这恰恰是黑格尔的观点。不过，黑格尔认为，这需要的是他自己的"辩证的"逻辑学；尽管与弗雷格的体系截然不同，但黑格尔的《逻辑学》却与之共有某些灵感。博美尼·施特克勒-瓦伊特霍夫从弗雷格和后弗雷格的形式逻辑学立场出发，对黑格尔的《逻辑学》进行了最广泛的比较和批判，参见 Pirmin Stekeler-Weithofer，*Hegels analytische Philosophie*：*Die Wissenschaft der Logik als kritische Theorie der Bedeutung*（Paderborn：Ferdinand Schönigh，1992）。

［21］*Science of Logic*，p. 254；*Wissenschaft der Logik*，I，p. 255；*HeW*，V，p. 297.［《逻辑学》（上卷），275 页。——译者注］

［22］参见 John McDowell，*Mind and World*（Cambridge，Mass.：Harvard University Press，1994）。麦克道威尔当然不应对我使用他的比喻这件事负责。

［23］*Science of Logic*，p. 155；*Wissenschaft der Logik*，I，p. 145. ［同上书，156 页。——译者注］同样，在他更早期即耶拿时期的《精神现象学》著述中，他也表达过反对（主观）观念论和实在论的观点，特别是在《差别》和《信仰与知识》中。

［24］*Phenomenology of Spirit*，paras. 17，54；*Phänomenologie*，pp. 14，40.

［25］*Wissenschaft der Logik*，II，p. 218；*HeW*，VI，p. 251.

［26］*Science of Logic*，p. 584；*Wissenschaft der Logik*，II，p. 221；*HeW*，VI，p. 254. ［《逻辑学》（下卷），247 页。——译者注］

［27］*Science of Logic*，p. 585；*Wissenschaft der Logik*，II，p. 222；*HeW*，VI，p. 255. ［同上书，249 页。——译者注］在《逻辑学》的发行版中，黑格尔似乎是在用更加拉丁化的术语使他的观点更明晰，即以"*Objektivität*"来取代"*Gegenständlichkeit*"，而后者是他之前给学生讲课时所用的。

［28］*Science of Logic*，p. 593；*Wissenschaft der Logik*，II，p. 232；*HeW*，VI，p. 266. ［同上书，259 页。——译者注］

［29］"看世界"这一短语借自约翰·麦克道威尔，参见 McDowell，*Mind and World*。

［30］在黑格尔的《逻辑学》中，一个核心主张（关于此，我在这里不做论证）是，形式三段论逻辑的重要性本身，不能仅从形式上来理解，而是取决于一种对非形式实质的先天理解，例如主词和谓词在前提中如何"分配"，以防止发生类似如下的三段论："苏格拉底是白色的，白色是一种颜色，所以苏格拉底是一种颜色。"更一般地说，我们要想最充分地理解推理，只能是将我们自己的更实质的（*inhaltlich*）主张总体以推理的方式相互联系起来，我们的形式性主张需要某些实质的（*inhaltlich*）东西作为其内容。

［31］*Science of Logic*，p. 709；*Wissenschaft der Logik*，II，p. 358；*HeW*，VI，p. 408. ［《逻辑学》（下卷），393 页。——译者注］

［32］ *Science of Logic*，p. 709；*Wissenschaft der Logik*，II，p. 358；*HeW*，VI，p. 408.［同上书，394 页。——译者注］

［33］黑格尔显然知道，他的许多读者自然会将这一从三段论的“主观性”到“客观性”的进展，理解为类似于上帝实存之本体论证明的东西——大体而言，这种复杂的证明试图表明，上帝的纯思暗示了他的实存，因为一个并非实存的完美存在的思维将不会是一个**完美**存在的思维，这是由于一个并不实存的完美的存在将不会是完美的。黑格尔知道，这些读者将会十分自然地质疑，他的运作是否因此会遭受康德针对本体论证明所做过的尖锐批判。康德已经表明，“存在”不是一个某物可以有或不能有的谓词；因此，本体论证明中的基本推理（即因为我们必须将“存在”这一谓词归于上帝，因此上帝是必然存在的）本身是无效的，这是因为它建立在对谓词的深深误解上。黑格尔赞同康德，认为“存在”不是一个谓词，至少不是普通意义上的谓词。但是，黑格尔指责康德或多或少没有抓住要领，因为如果要证明类似于上帝实存这类内容，以传统本体论所试图做的那种方式是不可能完成的。如果要证明上帝实存，关键问题是要表明，上帝概念本身是一个更深层的承诺，它对于维持我们所有其他的逻辑承诺来说是必需的，而不是将之理解为对某种实体的必要谓词的演绎。因此，黑格尔提出，尽管“把从**上帝概念**到上帝的**存在**之过渡看作是以前说明过的概念客观化的逻辑过程的一种应用”是吸引人的，但这过渡“并不是一种**应用**的关系，而是那种逻辑过程就是上帝本身规定为存在的直接表现”（*Science of Logic*，p. 707；*Wissenschaft der Logik*，II，pp. 355-356；*HeW*，VI，p. 405）。［同上书，390-391 页。——译者注］因此，尽管康德认为他已经表明上帝概念不可能是认知经验的可能性条件——虽然它可能是道德的实践悬设——黑格尔还是认为，他的这种非正统的上帝概念实际上可以被展现为一种**承诺**，这是人们在思考“存在”一般时所潜在承诺的。对于黑格尔来说，对上帝概念的辩护不是通过表明它是经验的可能性条件来实现的（因此避开了康德的异议），而是通过表明它是一种承诺来实现的，一当人们阐明（设定）做出关于世界的判断的过程中的其他承诺时，这种承诺就变得清晰了。因而，向“客观性”的进展，不是指基于我们对世界的思考来设定某个东西的**实存**（如本体论证明所

做的那样），而是指使我们思考世界的过程中的各种承诺变得更为充分清晰和连贯。因此，它依然是**内在于**思维发展中的，而不是跳出“逻辑”领域到“实存”当中去。

［34］*Science of Logic*, pp. 756, 757; *Wissenschaft der Logik*, II, pp. 408, 409; *HeW*, VI, p. 408. ［《逻辑学》（下卷），449－450 页。——译者注］

［35］*Wissenschaft der Logik*, II, p. 410.

［36］*Science of Logic*, pp. 758, 765; *Wissenschaft der Logik*, II, pp. 411, 418; *HeW*, VI, pp. 466, 475. ［同上书，451、461 页。——译者注］

［37］黑格尔的观点是，行动者在根据“客观逻辑”（存在与本质）和“主观逻辑”做出判断时所承担的承诺本身会要求对一些规范的进一步承诺，这些规范构成了“理念”，因为这些在理念之前的阶段将被证明与精神的兴趣有关。例如，自然概念（即认为自然独立于我们用来描述它的结构而存在）——当自然“被分割为它的概念和它的实在”——“它就不过是一种被思维的形式和一种无形式的质料之主观抽象”（*Wissenschaft der Logik*, II, p. 409; *HeW*, VI, p. 464）。［同上书，450 页。——译者注］黑格尔并不否认自然的实在性，他只是主张，认为自然与关于它的描述无关的观念只是一种“主观抽象”，是“无形式的质料”的表象。另一方面，精神的本质兴趣表达在理念中、表达在主观视角和客观视角的统一中。为支持这一点，黑格尔解释说，客观性（*Objektivität*）“是目的之实现，是一个由目的活动建立起来的客观性，它作为建立起来的存在，仅仅是被它的主体所渗透，才具有其持续存在和形式”（*Wissenschaft der Logik*, II, p. 411; *HeW*, VI, pp. 466－467）。［同上书，452 页。——译者注］客观性所实现的目的，是理念本身的基本目的，即我们在我们的判断活动中共同做到“正确理解”。从对变得具有自我意识、逐步掌握并理解我们自己的精神性（*Geistgkeit*）的兴趣中，我们发展出了用于描述和解释我们自己及世界的结构。因此，作为这些探究的终点，理念表现出的是自身目的和推动力（*Selbstzweck und Trieb*），是给予和要求理由的实践中使理由自洽的推动力，或者说是兑现如下主张的推动

力：一路走下来的正是规范。（*Wissenschaft der Logik*，II，p. 411；*HeW*，VI，p. 466）

[38] *Science of Logic*，p. 826；*Wissenschaft der Logik*，II，p. 486；*HeW*，VI，p. 551. [《逻辑学》（下卷），531 页。——译者注]

[39] *Science of Logic*，pp. 758，843；*Wissenschaft der Logik*，II，pp. 411，505. [同上书，451、553 页。——译者注]

[40] *Science of Logic*，p. 592；*Wissenschaft der Logik*，II，p. 231.

[41] *Science of Logic*，p. 843；*Wissenschaft der Logik*，II，p. 505. [同上书，552 页。——译者注]

[42] G. W. F. Hegel，*Enzyklopädie der philosophischen Wissenschaften*，§246，in *HeW*，vol. 9. [黑格尔：《自然哲学》，梁志学、薛华、钱广华、沈真译，北京：商务印书馆，1986 年，9 页。——译者注]

第十一章　自然与精神：黑格尔的体系

“逻辑”向“自然”的进展出现在黑格尔的《哲学科学全书》（简称《全书》）中，该书第一次出版于1817年，当时他正任海德堡大学教授（这是他的第一个有薪水的教授职位）[1]。《全书》是黑格尔首次以出版形式陈述他期待已久的“体系”，在他生前，该书已发行过多个版本，每次修订和重印时，它的体量和范围都会扩张。它的结构是相当严谨的，共有三部（逻辑学、自然哲学和精神哲学），而每一部（一般来说）都是围绕着三个从属观念建构的。他还单独出版了两本书，以更简单的形式阐述了《全书》中的内容（《逻辑学》和《法哲学》都是《全书》中以较简短形式呈现的内容的较长版本，尽管《逻辑学》实际上是最先出版的）。最初，黑格尔仍是将《精神现象学》视为这一体系的导言，但是，在他去世前不久，他在《逻辑学》的一个新版本的脚注中宣称，《全书》的导言部分今后将被视为真正的“导言”；他并未阐明1807年的《精神现象学》应当具有何种地位（自那时起，评论家们就一直热衷于这种转变）。 266

自　然

在柏林时，黑格尔多次讲授他自己的自然哲学；《全书》中对它的呈现以及编者在他去世后添加的注释（根据他自己的授课笔记和学生的抄本）表明，他非常注意与当时的科学细节保持同步，并且包含了从地质 267
学中的岩层到植物的细胞系统的特征的大篇幅详细讨论。（在这样做时，黑格尔毫无疑问是遵从了他的偶像亚里士多德的引导，众所周知，后者同时从事形而上学和经验研究。）这是他的体系中最长的和最详细的部分；

现在也是人们最少去阅读的部分。

黑格尔复制了谢林所用的“自然”这一术语，并将他关于自然的哲学称为自然哲学（*Naturphilosophie*），尽管他明确表示，他拒绝谢林的方法，因为那过于依赖援引“幂次”的准形而上学力量而不令人满意；为了使谢林向后康德主义的接近得以实现，就需要将谢林的整个计划重新设计成更类似于黑格尔自己的辩证法的东西——即使这个计划具有更多的后康德特性（也就是集中于概念可理解性问题），而少一些前康德的色彩（也就是集中于承担解释任务的准形而上学力量的问题）。在柏林讲座中，黑格尔解释了自己和谢林之间的差别：“一方面是把自然彻底地引导到主体，另一方面是把自我彻底地引导到客体。但是［谢林哲学］真正的实现只能采取逻辑的方式。因为这［实现］包含着纯粹思维。但逻辑的考察却是谢林在［他的体系的］阐述、发挥中所没有达到的。对主客同一的真理性的真正证明毋宁只在于这样进行，即对每一方的自身，就它的逻辑规定亦即它的本质的规定加以考察，从而可以得出这样的结果：主观是这样的东西，它自身必然要向客观转化，而客观是这样的东西，即它不能老停留在客观上面，它必然要使自身成为主观的东西。”[2]

黑格尔说，一种真正的自然哲学应当回答如下问题：什么是自然？对于黑格尔来说，答案不是：自然就是自然科学（物理学、化学、生物学）所说的自然。对于他来说，自然哲学是哲学而非自然科学的一部分，它不是自然科学的竞争者，而是自然科学的“真理”，因为它表明，为了使自然科学的真理拥有其所拥有的地位，何种自然概念必须真正发挥作用（并且该概念本身必须是真的）。如他的辩证法的其余部分那样，黑格尔所寻求的，不是自然科学所“预设”的某种自然概念，而是哪种自然概
268 念是我们必须提出的真实概念，为的是理解，自然科学中产生的自然概念所导致的各种张力如何能够得到解决。此外，这样一种自然哲学的引入，与它将自己的“真理”建立在一种精神概念当中的方式有关，这种概念不是自然主义的，至少不是自然科学意义上的自然主义的。用黑格尔的习语来说就是：自然科学将自己的真理建立在自然哲学当中，但自然哲学将自己的真理建立在精神哲学（*Geistesphilosophie*，the philosophy of mind or spirit）当中。（甚至为黑格尔的观点找到准确的措辞都是困难的；将 *Geist*

呈现为“spirit”或“mind”只会将问题复杂化，黑格尔关于 *Geist* 的观点用“mindedness”这个新词来呈现，可能会比实质性的“mind”或“spirit”更好[3]①。)

同样地，自然哲学研究的是自然的“理念”，也就是必然起作用的、关于自然的总体概念，为的是理由的空间能够在实践中得以实现，不过它与自然科学的发现也是一致的。自然哲学的总体目标是要表明，自然最终不能解释自己，或者更直截了当地说，要想对自然科学的实践（也就是对自然做出科学解释的**实践**）做一种完全自然主义的解释，就需要一种非自然主义的（但亦非二元论的）精神概念起作用，以实现这些实践的目标和主张。在黑格尔自然哲学背后的，是他的如下观念：当我们试图实现某个东西时，我们有目的地理解精神（也就是我们自己），即使在我们的大部分历史上，我们并不知道或并不清楚我们到底正在试图实现什么；如他认为他已在《精神现象学》中表明的那样，我们正在试图实现的东西并非在历史开始时就已存在了，并且在历史过程中，直到 18、19 世纪之前，这一直不是一种明显的意向——我们的“目标”之所以会出现，只是因为我们已经知道了“我们”必须使之起作用的是别的东西，为的是实现在早期生活形式中已更为明确地发挥作用的目的。因此，在自然哲学背后的是如下观念：在构建自然科学意义上的自然观时，我们已经是以获得一幅更为清晰的图景为目标了，这一图景关乎我们是谁以及我们所从事的是什么——并且，同样重要的是，沿着这一道路，我们将“我们”扩展为全体人类。

黑格尔的观点是，在各种自然科学中有一种总体的自然图景在起作 269
用，但这种图景本身是不真实的，因为当在哲学上将它设想为关于自然整体的概念时，它是站不住脚的；但是，由于科学实践要为它们的发现主张真理，所以它们必须看到，这样一种整体自然观——它不同于人们或多或少从各种不相关的科学所持有的特殊观点中抽象出来的那种自然图景——是它们在真正研究自然时所必需的。最终，自然哲学至少在广义上

① 根据国内学界惯例，这里将 *Geist* 以及本书中所用的 mindedness 均译为“精神”。

必须与自然科学的发现相一致，即使它表明，这些发现要在总体上被视为具有它们实际所拥有的真理，就需要有另一种自然概念起作用。

自然哲学所研究的自然的“理念”是自然科学实践本身所要求的（尽管不是其直接预设的），这一假定当然需要某种更为详细的概念，以说明自然科学关于自然究竟在谈论什么。在黑格尔的时代，这一问题比现在更有争议。当时最接近共识的是对牛顿力学的广泛接受，并认为这就是定论（例如康德就持这种观点），但它还是遭到了某些人，特别是浪漫派成员的质疑，他们以鄙夷的态度看待它的“机械论的”世界图景。在化学、生物学和地质学等学科中，关于什么**才是**科学的观点，更是有着相当大的分歧。

如当时的许多人（特别是浪漫派成员）那样，黑格尔本人倾向于接受当时占据统治地位的形态学（它将比较解剖学当作自己的范式）作为科学世界观的典范。特别是，乔治·居维叶（巧合的是，他与黑格尔年龄相仿，并且，在黑格尔入读斯图加特的市立文科中学时，他正在斯图加特的卡罗林大学学习。他是古生物学的创始人和比较解剖学发展过程中的代表人物之一）等人的观点，成为黑格尔自己的自然观的背景。对于居维叶来说，动物世界呈现了一系列固定的物种类型（他也认为上帝同时创造了这一切）；动物器官的形态是由它在与其环境的关系中所拥有的“目的”或“功能”决定的——或者换句话说，动物的“生命”决定了它的器官，而不是相反。由此，居维叶排除了进化论观点（比如他的老同事让·巴蒂斯特·拉马克提出的那些观点），认为这种观点什么都解释
270 不了；理解动物就是理解它的器官在维持整体的过程中发挥了何种功能，并且居维叶认为，每个物种的有机整体是如此发达，以至于这一整体中的任何变化都会使得它的生命变成不可能的；因此，认为一个物种可能是从另一个物种进化而来的观念，是预设了不可能的东西。

黑格尔接受了这一观念并将之扩展到整个自然。他还拒绝了当时最流行，甚至可能是占据主流的一种观点，即传统的神创论观点，该观点认为，上帝（可能是同时地）创造了所有不同的自然形式，以服务于他自己的神圣目的，这使得这些形式本质上构成了自然种类，而不是人为建构起来的分类。（生物学中的相应观点是，动物王国中的所有物种都被创造

为它们现在所是的样子，现在呈现的分类自一开始就是这样的。居维叶持有这种观点。）然而，黑格尔排除了这样一种创造论解释，因为它依赖于一种有缺陷的目的论概念：它假定，目的是外在于正在探究的实体的（因为目的在上帝的理智中，而不在事物自身当中），因而基于创造论模式，它错误地说，自然世界中的任何事物都有内在于其中的目的，正如被木匠做成椅子的木材有“椅子”作为其内在目的。不过，如居维叶等人的论证所表明的，动物有机体至少拥有内在于它们之中的目的；只有理解了动物本质上的功能或目的，才能理解动物的器官，并且康德在第三《批判》中也为这种内在合目的论做了辩护。

不过，同样清楚的是，这种内在合目的论只适用于动物（可能还有植物）有机体，而不适用于整个自然。康德在第一《批判》中已经证明，**必须**根据牛顿力学的决定论的、数学化的物理学来理解自然世界，但之后他又说（不可否认，这是有点令人费解的），作为一种范导性理念，我们也必须将整个自然看成**好像**是被设计成满足人类理性之理解企图的（不过，如果由此推理说自然的确是为这一目的而设计的，则是一种先验幻相）。这两种视角因康德在必须被经验的世界和道德律的实践要求之间做出的二元论区分而得以并存，黑格尔在其早期著作中就已经表示反对这一点。谢林试图将康德分散呈现的内容重新整合起来，他主张，在力学中起作用的幂次创造了各种极性和对立，而这需要一种新的化学平衡的幂次，一直到建立自发的、自我决定的主体；但是，如黑格尔已经证明的，这实 271
际上是以康德对所有形而上学的批判为基础提出了一种前康德的形而上学。

黑格尔自己的“辩证”方案是要避免谈及，不同的自然层面如何借助某种形而上学力量（例如谢林的幂次中的那些力量）相互产生出来。对于黑格尔来说，对自然的恰当理解在于掌握，自然类型的基本分类如何在我们对自然整体的掌握中发挥规范性作用，然后表明，这些联系必须是在一种“逻辑的”而非形而上学或自然的意义上形成的[4]。也就是说，黑格尔并不认为，一种恰当的自然哲学（这里强调的是“哲学”）将表明，“机械论的”系统如何借助某种推动自然前进的形而上学力量或活力论原则产生或进化为非机械论的有机系统，他也不认为如下观点有任何益处：所有自然形式是从其他形式中进化而来的，或是从某种柏拉图的理念中流射出来的（如果模糊点说，这是当时更为流行的浪漫派自然哲学的一个关键观念——尽管黑格尔认为，一种充分的、“合乎逻辑的”自然哲学将掌握这些误入歧途的进化论或流射论中看似合理的东西[5]）。相反，他试图表明的是，有三种基本的自然种类，它们与我们关于自然事物、事件及过程所必然提出的三种基本解释相应，即机械论解释、物理学解释和有机论解释（大体上对应于如下三种解释：关于运动的数学解释；关于如热、光、磁及电等的实验解释，这包括物理学和化学；关于地球的有机论解释，即认为地球本身是一个活的有机体，其中有着各种不同的活的有机体，因而这包括地质学和生物学）。

因而他认为，不同的自然种类是与我们关于自然所需要给出的基本解释（机械论的、物理学的和有机论的）相对应的。因此黑格尔所坚信的是将比较解剖学视为其科学权威的典范的自然模式（它认为所有的自然形式是在自然秩序中发挥其功能的，即使它们不是为了此目的而被创造的），并且承认过渡形式的经验证据和各种关于世界中自然种类的主张中
272 涉及的紊乱。对于黑格尔的自然哲学来说，这有两种含义。首先，在18世纪，人们习惯于以一种线性方式从最简单到最复杂（即人）地来排列物种，居维叶打破了这一成见并主张一种更为合理的、非线性的排序，与之类似，黑格尔在自然哲学也拒绝任何线性排序，他认为这种排序不具有解释价值，用他的话来说：“即使可以把星球、金属或一般化学物体排成系列，把动物和植物排成系列，找到这类系列的某种规律，那也是徒劳的事情，因为自然界并不把它的各个形态这样排成系列和链环，并且概念是按质的规定性分化的，而在这种情况下就一定造成飞跃。”[6]其次，自然是一个偶然性领域，它不会自动满足人类想要清晰分类的欲望，如黑格尔所说，自然“到处通过中间的和不完全的形成物把本质界限混淆起来，这些形成物总是给任何固定的区分带来一些相反的例证”[7]。承认自然的偶然性是自然理念的一部分，这只是强调了，我们不能在**逻辑上**预先确定我们将在经验上遇到的所有东西；自然作为一系列偶然事件，并不完全按照我们为了解释它而提出的概念要求展开。不过，他坚持认为，过渡形式是否存在，恰恰取决于我们是否已经预先清晰地固定了自然种类，“但这

个原型不可能取自经验，因为经验提供给人们的恰恰也是那些所谓畸形产物、畸形状态、中间东西等等。这个原型宁可说是以概念规定的独立性和尊严为前提的”[8]。

将某个东西视作畸形物的这整个观念，已经使“我们”（精神）对做出这种分类的兴趣发挥作用了。从自然的角度来看，不可能有畸形的东西，并且，当径直考虑什么对于我们（对于精神）有意义而什么没有意义时，这仅仅揭示了黑格尔以比喻的方式所说的“自然的无能”。尽管如此，在对自然做一种先天的、重构的解释时，我们正在更为清晰地阐明在自然中发现的基本自然种类，即使自然本身拒绝服从逻辑并坚持它所产生的那些种类。自然科学对自然做的可能是因果解释，自然哲学表达的则是自然理念中涉及的必要分类。

最终，这种对分类的强调使黑格尔的自然哲学注定是早早过时了。他的全部观点都依赖于他将自然种类看作固定的和确定的，而所谓的过渡形 273
式根本就不是过渡形式，而只是本质上“有缺陷的东西”，它所代表的是一种偏离合理范式的东西。达尔文《物种起源》的出版（1859 年，即黑格尔去世 28 年后）标志着这一思路的终结，恰如它完成了拉马克所提出的“进化主义”理论。黑格尔自己对拉马克式进化的否认（居维叶亦是如此）实际上预示了他的整个自然概念中很多内容已是过时的。黑格尔坚持认为，自然哲学必须与自然科学的发现相一致；而讽刺的是，达尔文自己对居维叶和拉马克观点的“扬弃”所确保的是，黑格尔自然哲学的很多内容不得不遭到拒绝，因为这些内容与黑格尔自己所认为的成功标准不一致。

除了强调自然种类的固定性，黑格尔自然哲学中还有很多内容也是相当古怪的。例如，他对牛顿特别有敌意，部分原因是，他认为牛顿理论中所呈现的机械论世界观本身并未穷尽自然。然而，这并不能解释他为何完全不喜欢牛顿，因为如果这就是问题的全部，那他可能恰恰是赞同牛顿力学的，之后他就会进一步主张，机械论解释并非我们对整个世界（包括自然和作为这个世界中的行动者的我们）所必须给出的唯一解释。相反，他捍卫了歌德按虽然有趣但却离奇的色彩理论而反对牛顿的光学理论，并且他对牛顿理论中起作用的数学的许多细节提出了激烈的反对意见（不过不怎么成功）。

然而，如果不考虑黑格尔自身的古怪，在他对牛顿的批评中还有其他重要的问题，这些问题与后康德（或者说，在此是康德本人的）思想的整个指向有关。在第一《批判》中，康德宣称要表明，牛顿理论的真理依赖于先天的自然规律，例如吸引规律和排斥规律（甚至还有物质和惯性的守恒），康德认为，这些规律本身依赖于实体范畴和因果性范畴的先天地位，因此是以康德自己的批判的先验观念论为前提的。黑格尔与康德关于这些观点的争论，绝大部分与他关于概念与直观不可分的论证有关，而与康德对牛顿主义的解释无关。康德已经证明，由于逻辑（也就是思维）不能充分表达数学上的无限，所以无限空间必须是一种纯粹直观形式，而不是一个概念；为了掌握这种无限空间，我们必须直观到其无界
274 性——也就是说，我们必须能够看到，我们可以随时扩展一条线段，或无限切割它，使之成为不断变小的线段。但是，由于这些“直观”直到被概念综合时才起到规范性作用，所以数学命题直到在思维中被建构起来，也就是说被提交给迭代程序时才会是真的。黑格尔认为，如数学家约瑟夫-路易·拉格朗日所表达的那样，微积分实际上是从这种建构的角度出发以概念方式完美表达了数学上的无限；拉格朗日有效表明的是，除了积分学和微分学的公式中所表达的内容之外，我们不需要再假定别的量无限概念，并且，只有在这些建构中，我们才能真正掌握数学上的无限（因而真正掌握时间和空间）。

在黑格尔看来，康德过于看重直观相对于概念规定的独立性，但是，如果康德意识到“先验演绎”中的论证的力量，那么他将会意识到，按照他自己的观点，概念和直观只是理由空间的“要素”，数学规律因此既是直观的**也同样是**逻辑的。这并不是说黑格尔认为数学的直观构件应当从关于数学观念的理论中完全清除掉。他甚至相当明确地说：“时间如同空间一样，也是感性或直观的纯粹形式”[9]。不过，在时间和空间的建构中关键的是，这些概念“要素”和直观“要素”如何共同起作用。如黑格尔所说：“进一步的主张是空间在直观中要符合于纯粹己外存在（self-externality）的思维……不论我把星球的位置定得多么遥远，我总是能够超出它；在任何地方世界都不是用木板钉起来的。这就是空间的完全外在

性。”[10]因此，与康德一样，黑格尔拒绝了牛顿的绝对空间观念，而是认为空间的无限是理想性的，但与康德不一样的是，黑格尔认为，这并不要求我们接受不可为概念所知的纯粹直观，因而并不要求我们接受康德关于时空之先验理想性的学说和自在之物与现象之间的二元区分。实际上，黑格尔的反牛顿观点是对康德的反牛顿观点的赞同（是将之吸收和“扬弃”在黑格尔自己的体系中）。在关于牛顿的争论中，黑格尔同康德的主要分歧在于数学的地位问题：黑格尔认为它是逻辑的一部分，因而最终是由非 275
数学的理性理念所引导的；但康德并不这样认为。如果黑格尔仅止于此，那么他对牛顿观点的批判可能会被更为认真地对待；但是，黑格尔想表明的是，牛顿在许多其他方面也是错误的（如光学），在这一点上，他并不怎么成功。

黑格尔自己更倾向于以当时浪漫派的方式来对待光、热、磁、地质学和生物学，这也是与他的总体计划相符的，即表明，我们对自然的解释如何最终需要走向精神，走向理由的空间，科学实践在其中有自己的位置。由此而知，他在当时这些科学的诸多细节上花了许多功夫，他可能是在效仿亚里士多德，在自然的偶然事件上沉思良久[11]。不过，总而言之，他所看重的几乎都是科学中的错误倾向；但是，作为当时科学文献的一位如饥似渴的读者和解释者，黑格尔打破了一个令人深刻的印象，即他能够预言什么将获胜而什么将退场，他没有做到这么好。甚至可以说，他对华丽的细节和更具浪漫派色彩的修饰的偏好——仅举一例：“如果说泉源对于土的蒸发是肺和分泌管道，那么火山就是土地的肝，因为火山表现了这种在其本身使自己发热的作用。”[12]——只是有助于他对自然哲学做出一般性的、后康德的反思，这些反思似乎与科学的浪漫主义关系更为紧密，他参与其中，但说来奇怪，他也是它的严厉批评者。

精神概念

从“体系”的第二部分（自然哲学）到第三部分（精神哲学）的进展表达了黑格尔真正的关切，这在一定程度上是由他在这些部分中关于自然的整个修辞的转变的方式所指示出来的。因此，在黑格尔体系中起作用

276 的真实的目的论变得更为明显了：我们作为精神性的（minded）行动者，正在试图**完成**某个东西，同时，我们必须根据这些目标的内容以及科学实践在这些目标中的作用来理解科学实践。黑格尔用来表达这一目标的词是相当简单的：自由。（因此，他一直坚持着谢林年轻时的最初宣言："全部哲学的开端和终点都是自由！"[13]）由于自然科学使我们更好地理解了自然，因而它是迈向完成我们真正追求的东西的一步，即更好地理解我们自己，因而更好地将我们自己理解为**自由的**行动者。通过反思那些**正在**起作用且必然**被**启用的规范，我们理解到的是，"自然"和"精神"之间的差别本身是由"精神"设定的，也就是说，这一差别本质上是**规范性的**，而非形而上学的，它是一种社会成就，它关乎的是，就"纯粹"自然的生物和我们这种"精神性的"生物而言，做什么是恰当的，而做什么是不恰当的。

正是对自由的强调，揭示了黑格尔自然哲学中以及他同康德和后康德哲学之关系中真正紧要的方面，因为它揭示的正是黑格尔如何受惠于康德，以及他与康德主义之间的某些断裂如何是根本性的。特别是，自然哲学和精神哲学都是因黑格尔对康德的各种二元论（概念与直观之间、现象自然与先验自由之间、偏好与义务之间，等等）的拒斥而联系和激发起来的，黑格尔认为，这些二元论被康德自己的论证破坏掉了，并且如果严格说来，这些二元论将康德主义推向了黑格尔自己理论的方向。要想看看这是怎么发生的，就有必要回顾黑格尔对康德自然哲学的不满，以及这如何使他就我们的社会"精神"提出了他自己的后康德概念。

在黑格尔看来，康德的自然哲学是由康德自己的各种二元论决定的；康德的自由理论则是由他认为自由与自然不可能实现直接和解（这一主题在许多后康德体系中起着显著的重要作用）这一点决定的。康德认为，自由与自然之间和解的唯一方法就是设定一个本体的、先验的自由领域，它在某种程度上摆脱了自然世界的因果规律。其他各种后康德理论接受了康德那相当模糊的观点，即我们（可能是在审美经验中）获得了一则关
277 于"超感性基底的不确定的概念"的暗示，这一概念是"既非自然，亦非自由，但却与自由的根据即超感性之物相联的东西"[14]，并且试图（在斯宾诺莎主义的激励下）发现或直观到某种一元论意义上的"实体"（或

类似的东西），它将充当这样一种根据。

黑格尔试图开出第三条道路以摆脱后康德困境，为此，他将“康德悖论”一般化为关于一般规范性的论题。如我们所看的那样，黑格尔自己晦涩的和近乎悖论的言说方式，部分源于他试图用正确的语言来表达“康德悖论”，以揭示它的特征，而不是对其中看似有矛盾的方面轻描淡写。他改写了一则妙句来勾画自己那与众不同的后康德立场，这则妙句不是将自然和理智（精神）当作两个世界或两个领域（它们必须被分为经验的和先验的）来谈论。相反，精神（或者，从《逻辑学》更为抽象的角度来说就是理念）只服从于它自己创立的那些理由，因此——为了将《逻辑学》中的术语与《精神现象学》中的术语结合起来，为了与贯穿着主奴辩证法的承认和劳动的动力结合起来——精神必须被视为“自身的他者”。即使是简明扼要地指出这一概念所涉及的内容，也足以揭示黑格尔试图表达的东西的令人困惑的复杂性：在某种生活（精神）方式中的每个行动者都必须认为，自己被这一生活方式中的其他人要求去遵守某种“法则”（这些其他人应被视为这种“法则”的创立者），**并且**，每个行动者还必须同样将自己视为这些法则的创立者，他“迫使”其他人服从这些法则；每个行动者必须将自己视为他自己所服从的那些法则的创立者。简言之：在相互承认的情境中，我们中的每个人都将既是主人，又是他人的奴隶。

由此，在《全书》中，他是这样开始精神部分的讨论的：“**对我们来说**，精神以自然为它的**前提**。而精神则是自然的真理。因而是自然的绝对第一性的东西。”[15]也就是说，自然和精神之间的对立是规范性的，是一个（黑格尔意义上的）真理问题，是一个关于为了调解本就站不住脚的对立而必须被启用的规范的问题——因此，这是一个规范性问题，而**不是**形而上学问题，因为它确然**不**涉及如下问题：自然是否是有广延的物质，而精神是否是没有广延的心智实体？或者如我们已经说过的那样，自然和 278
精神之间的差别本身是一种“精神的”即“规范性的”差别，它是由精神本身设定的[16]。

因而，黑格尔的目标是得出这样一种“精神”概念，它不是自然主义的（用适用于自然主义解释的术语来刻画它的特征将是不充分的），也不受限于任何二元论（例如心物二元论），同时，它又避免了那种更具后康德色彩的强烈欲望，即找到某种单一实体，理智和物质都应当是这种实体的单纯显像。

因而，使黑格尔完成后康德转向的这一特定方式的关键概念，与他的精神概念有关，即将精神视为规范性的，认为它必然在一个社会空间中承担着某些责任——承担承诺、归属资格、就如何规范地回应所有这些相关活动而展开谈判——也与对如下主张的理解有关，即正是自然主义不能解释规范性这一点将精神与自然区分开了，而非精神是某种形而上学实体这一说法实现了这种区分。

黑格尔自己意识到表达这一立场是相当困难的。更容易的是（特别是考虑到我们自己的思想传统，考虑到我们会轻易假设一种“侧面的”“反思的”立场来看待事物，如笛卡尔和他之后的许多人所做的那样），理智和自然之间那被感知到的张力（如果这不是矛盾的话），必须通过将所有东西还原为自然（物质）或反过来将所有东西还原为理智性的东西来解决。黑格尔认为前一种路向是“自然主义”，据此，“物质是真实的，而精神则是物质的产物……精神是某种肤浅的、临时的东西”[17]。而另一种立场则认为“精神是独立的、真实的，而自然不过是精神的显现，不是自在自为的，也不是真正实在的”。黑格尔将这种观点贬称为“精神主义”，因为“否定它的［自然的］实在性是完全愚蠢的”[18]。自然是由精神建构的，因为自然是由个体行动者或他们的群体建构的（由“我们在
279 我们的自由选择中”建构的），这种观念实际上不过是“对奇迹的信仰”，因此他指出（他试图使他自己的选择尽可能变得清晰），如果我们必须在自然主义的解释和否定自然实在性的解释之间做出选择，那么，“为了避免这些奇思妙想，这种野蛮，以及对平静的自然规律过程的分解，我们还不如就停留在唯物主义或不连贯的二元论当中”[19]。

“精神”和自然之间的差别本身是“被设定的”，也就是**规范性的**，而不是一个我们所发现的、关于我们自身的形而上学事实；它更像是一种历史成就，一种我们看待我们自身的方式，而非我们自身的一种总是如此的“特征”。如黑格尔以许多不同方式所努力表达的那样，精神应被说成是“将现实性给予自身”，是“意义本身因而也在解释着自身”[20]，是

"它自己的产物、它自己的目的、它自己的开端"[21]。这种观点内在于"康德悖论"当中，黑格尔甚至承认，听起来像是"谜语"甚至"矛盾"的是，精神"自己决定使自己成为它的自在所是"[22]。然而，他认为，这种**规范性的**"精神"概念是"真理"，借助于其他概念之失败（或者如《精神现象学》中的论证所展开的那样），我们已经被历史地推向了它，并且，当我们面对一种实体主义的、一元论的形而上学不能解释它的解释为何对我们有规范性约束力时（或者如《逻辑学》中的论证所展开的那样），我们就被逻辑地推向了这种"真理"。

当然，这样一种规范性的"精神"概念在黑格尔的《精神现象学》中就已经起作用了。作为"精神性的"、规范性的生物，用查尔斯·泰勒的话来说，我们是自我解释的动物，而不是具有躯体的理智。"精神"的本性与我们如何**看待**我们自己有关，与我们认为对于我们来说具有权威性的规范和理由有关——也就是说，对于我们来说具有决定性的，就是对我们而言终极**重要的**，也就是能够规范我们的——最终就是将满足我们最深切的利益的规范，我们能够以这些规范约束自己，并且最终将会表明，它 280
们所表达的不是单纯的个体力量或利益，而是真正普遍的理由（这些理由能够在给予和要求理由的实践中维持下来）。根据这些思考，结果就是，"我们现代人"必须从根本上将自己视为历史性的、自我解释的存在，我们的命运完全在自己的手中（即使不是在自己的控制之下）。因而，我们的"命运"，我们的"确定性"——黑格尔喜欢利用 *Bestimmung* 这个德语词的双重含义——就是成为**自由的**，成为共同自我决定的。这对于我们来说**意味着**，我们必须意识到，我们总是在某个地方适时地从某些法则开始，它们已经通过我们的传统、我们的过去和我们自己的确定的生活方式而施加**给我们**了，我们实际上别无选择，而是必须对这些法则负责，始终意识到这些法则是脆弱的，需要通过理性来兑现，而当它们不再能合理地兑现时，它们就必须让位。因此，黑格尔认为，只有将对我们自己的情境性和偶然性的认识与对通过理性兑现我们的规范的必要性的承认混合起来，我们才能忍受"康德悖论"，并且，只有"掌握了已分化的东西之统一"（例如，以这种方式，"主观的"和"客观的"都可以表现为理由空间即理念的要素）的"思辨哲学"才能使我们理解那复合性的思维。

自 由

对于黑格尔来说，精神既不能从还原的角度来理解，甚至也不能从发生的角度来理解（就好像它恰恰是从我们的自然力量中发生出来的，是一种潜在的形而上学潜能的某种实现，这与谢林的观点类似）。“精神”应当从规范的角度来理解，因而应当理解为某种实践成就，而不应被理解为一种我们拥有而他者（例如动物）不会拥有的形而上学属性。也就是说，它涉及的是，我们在借助我们的社会化学会回应理由并使我们自己和他人遵守这些理由的过程中成为我们所是的那种动物。黑格尔甚至愿意将各种各样的主观性和心智归于动物。他说，动物拥有“灵魂”（*Seele*），它们甚至拥有某种主观性，但是，“精神一般说来就是思维，人之异于动
281 物就因为他有思维”[23]——这一观点更加引人注目，因为传统认为，人和动物的差别就在于是否拥有灵魂。所有的有机体都显示出一定层面的自身引导，因为它们可以被描述成根据它们对善的理解来寻求它们自己的善。（另一方面，机械系统和化学系统是无善可求的，即使它们能够显示出一种高度自发的组织。）人也寻求他们自己作为有机体的善，但是他们的善的本性随着他们成为自我解释的动物而改变了，这种动物可以被描述成不仅是有机体，而且还是**行动者**。因此，在他的体系的这一部分即“主观精神”哲学中，黑格尔试图表明，儿童要想成为“精神性的”，只能通过学习一种语言（如黑格尔经常说的，通过要求“普遍”），也就是说只能通过熟知理由的空间并因此学会参与到给予和要求理由的实践当中。这预设了一系列自然力量甚至模仿周围成年人的自然欲望，预设了一种训练和社会化，但是，它不涉及任何形而上学能力[24]。

因此，这种将“精神”视为一种社会成就的观点使得黑格尔重新思考后康德哲学一直关心的关键问题，即康德自己在他的三大《批判》中所提出的问题，也就是自然和自由的关系问题。许多后康德派受到康德在第三《批判》中所提出的建议的激励，认为解决方案在于阐明对“既非自然，亦非自由，但却与自由的根据即超感性之物相联的东西”的掌握，

这种东西是先验自由的基础，而康德认为，如果要保持自由的任一意义，这种自由就是必需的。尽管黑格尔保持了自然和自由之间的明确差别，但他将这一差别重新描述为规范性的而非形而上学的，这使得他将自由描述为一个规范性的而非形而上学的问题。自由和自然之间的差别在于是否**回应**理由，而这一点的关键是一种规范性差别，这种差别关乎的是使实体回应一系列理由的意义为何。（因此，他坚持这样一种常识观点，即当根据无限的自由意志而行动的能力开始生效时，从儿童到成人的过程是一个渐进的事情，而不涉及某种神秘要素。） 282

或者换言之，在将后康德方案从对自然和自由的"超感性"基底的找寻上转移开时，他也将之从认为自然因果性威胁着自由（因而极力寻求一种独立于自然因果性的自由因果力量）的观点上转移开，而走向了一种由他人中介的自身关系。也就是说，成为自由的，不应被视为拉起某种摆脱了自然因果性的形而上学"杠杆"的能力，而应被视为对自己、对他人、对世界采取一定立场的能力。成为行动者的关键要素是能够恰当地回应理由、回应"普遍"，而这种回应的方式不是机械的而是规范的，这种方式在很大程度上包含在做出和进行推理的过程中，这些推理既是理论的也是实践的——也就是能够采取一种将自身理解**为**一种立场的立场。

因此，成为行动者，这更像是具有一种**规范性地位**，而不是具有一种形而上学力量的问题。（也就是说，这更像是成为一个合法国家的公民，而不是拥有一种自然的或形而上学的力量。）这种地位中的关键观念类似于责任观念，即自己能够对自己的行为负责。对于康德，就像对于奥古斯丁之后的许多人来说那样，一个人具有为自己行为负责这种状态，意味着他总是能这么做，而且在面对祛魅了的后牛顿自然概念时，这似乎需要某种形而上学力量，它在某种程度上摆脱了自然因果性的限制。不过，在拒绝了康德的各种二元论（他认为它们与康德自己的思想不符）之后，黑格尔自己的方案是论证一种"相容论"的自由概念[25]。事实上，黑格尔自己的思路是要将一种相容论的、亚里士多德的自由概念与他自己的后康德的、规范性的处理方法结合起来——他甚至说："亚里士多德论灵魂的著作及其关于灵魂的各种特殊的方面和状态的讨论，就一直是关于这个对象的具有思辨兴趣的最优秀的甚或惟一的作品。精神哲学的主要目的只能

是把概念重新引入到对精神的认识上去，与此同时也重新揭示上述亚里士
283 多德著作的意义。”[26]

因此，成为自由的，这涉及拥有一种被归于自己的责任状态，这种归属内在地是**社会的**，这不是个体作为一个单一行动者就能做到的。《精神现象学》中的“康德悖论”解决方案构成了黑格尔自由概念的模型和基础：成为自由的就是与另一行动者处于既是“主人”又是“奴隶”的关系中（这另一行动者与自己也处于同样的关系中），因为每个行动者都既是法则的创立者又服从法则。黑格尔将这种状态称为一种“在自己领域中”（*bei sich selbst*）的模式[27]。当一个人能够对自己的行为、思想等采取一种立场即认为这些都是由自己发出的、是“自己的”时，他就是自我决定的，如此，他就不依赖于“他者”。然而，什么被视为“他者”，这本身是一个规范性的因而是一个发展着的问题。人们可能会认为，将自己归摄于“内心的法则”（这是《精神现象学》中所举的一个著名的例子）将会使自己成为自由的；但是，这种“法则”与其说是一种法则，不如说是不能由理由兑现（因为它是如此独特的）因而不是由自己发出的。也就是说，根据“内心的法则”这种规范来决定行动的行动者，实际上不是按照某种出自自己的东西来行动；相反，他是任某种外在于“自己的领域”的东西摆布的。

在此意义上，自由涉及对某种合法地归于自己的东西负责的能力，这取决于他承担这些责任这一点是否**合理**（或者用稍不具黑格尔色彩的语言来说就是，这一点是否公平）；这一问题更像是问一个人是否掌握了技能并将自己发展到已取得某一规范状态的程度（比如在某方面是专业的），而不是问一个人是否具有某种形而上学力量（比如先验自由）。由于某事是否合理这个问题本身也是一个规范性问题（因而也呈现为历史的和社会的），所以这种责任归属具有一个不可避免地发展着的构件，它允许各种辩解和豁免条件（例如，人们由于相信儿童的发展着的状态而使儿童豁免于责任归属，恰如人们不会要求儿童在 8 岁时就成为工程
284 师）。在关于艺术哲学和历史哲学的讲座中，黑格尔相当明确地表示，这些归属具有一种深层的历史性构件，这总是使古希腊人（特别是在文学作品中）接受责任归属的方式和我们现代人做出这些归属的方式形成鲜

明对比。（例如，俄狄浦斯为自己所做的事承担了全部责任，而在现代的理解中，他既不是有意做这些事，也不了解这些事，因而他至多只需承担部分责任[28]。）因此，黑格尔说："现实的自由并不是某种直接在精神里存在着的东西，而是某种通过精神的活动正在产生着的东西。所以我们在哲学里必须把精神看作是它自己的自由的产生者。"[29]从根本上来说，一个行动者（一个"主体"）是处于一个社会空间中的有机体；成为一个行动者就是成为一系列责任（认知的、道德的、社会的、审美的，甚至宗教的责任等）的**发源地**。

因此，对于黑格尔来说，与自由有关的实践和哲学问题就是决定如下做法何时是合理的和公平的，即我使我自己、他人使我以及我使他人承担某些特定的责任和服从其他的一般规范，并且，这不能在对如下问题的历史的和社会的考虑之外来决定：在为这些归属建立规范的共同努力中，哪些已被证明是成功的，而哪些则是部分地失败的。在责任归属过程中（因而在自由中），哪些规范**实际上**发挥作用，取决于那些**曾发挥**作用的规范的历史。因而，黑格尔认为，关键在于思考，实现（*actualize*）这种自由需要什么——为了公平地说我们在何种环境中是自由的或不自由的，哪些发展是必需的。

当然，这是以另一种方式来表达"康德悖论"：我们必须问，在何种发展的和社会的条件下，我们可以被说成是我们所服从的法则的创立 285
者[30]。作为故事的一部分，我们是从如下观念开始的：我们是不自由的，是被某种"异于"我们的东西驱使的。人之作为婴孩的"自然"状态"驱使着"人们，并逐渐灌输一种"奋斗"意识，即克服或整合这种"不自由"的状态，这种并不真正"属于我们"的状态——如他所说，"在这里主要的事情是在他们心里这种觉醒着的感觉，即他们还不是他们应当是的人，和这种生动的愿望，即成为像他们生活在其周围的成年人"[31]。因此，在重述"康德悖论"时，黑格尔说："这个人应当自己将自己产生出来，但是，除了他最初的自在所是，他不能将自己变成别的东西，不能有别的目的。这种他的自在所是，我们将之称为倾向。精神的本性就是产生出它之所是。因而，它的命运就是将自己变成它的自在所是。"[32]

因此，人们自由的**实现**就与其运用自由的社会条件紧密相关；如果自由包含在对规范的社会的、自觉的回应中（也就是说，不是机械地回应这些规范，而是根据人们如何自觉地**采用**它们，而这并不在于对内容的理智掌握，而在于以一种由规范所掌控的方式恰当地“行事”），那么，由于将它们视为来自“我”——是我自己的理由，是对“我”的反映——所以制度和实践（我必须是在这些制度和实践之下被形成的，同时我又形成我自己）本身必须被认为是这样的，即我可以与它们相一致，并将它们所施加的要求理解为不是外在于我的，而正是内在于使我成为我的发展当中的，当然，所有这些都是如下观点的另一种表达：如果超出我自己的过去和我与他人的关系，我是不能理解我是谁的。（黑格尔并不认为，只有某种在狭义上“对我而言是重要的”东西，才能对我施加激发性的拉力。）也就是说，制度和实践本身必须是合理的，如此，它们所构成的规范本身才是可兑现的；它们必须是有生气的，以使它们不仅仅是利益和力量的表达（不仅仅是一个独立的“主人”所创立的规范），而且是
286 我们每个人都认为自己应当去服从的规范，而这恰恰是因为我们将自己看作是这些规范的创立者。这涉及对我们的欲望采取一种立场，并且如亚里士多德已经说过的，我们是作为一个整体而生活着的。我们必须掌握的是，哪些欲望是“我们自己的”，而哪些则是由于某种不可理解的自然能力或其他人的操纵而落到我们头上的。

制度与实现：客观精神

在以这种方式建立起后康德的自由观念时，黑格尔希望在保留康德道德哲学的核心的同时，不必将之归结到康德认为对此核心而言是本质的东西上去，即关于先验自由的形而上学学说，以及义务与日常生活的分离（黑格尔认为康德将此视为本质性的）。在 1820 年的《法哲学》中，黑格尔尝试根据他的后康德的、社会的和发展的方法，重新思考康德在道德—政治哲学中的计划。在黑格尔生前及去世后，这部著作曾被批评成是在为普鲁士专制主义做辩护，甚至被说成是为最保守的政治做的一种古怪的形而上学论证，并且它暗示出，为了迎合普鲁士当局，黑格尔改变了一些他年轻时的、更具共和主义色彩的理想。然而，这种认为该书表明黑格尔向

普鲁士当局屈服了的想法，被如下事实打破了：该书的整个框架在黑格尔1818年到达普鲁士之前就早已相当完善了（事实上，在1806年的耶拿讲座和1808—1816年纽伦堡的文科中学的课程中，体系的基本框架已经给出了，而最终完成的体系是在1817—1818年的海德堡讲座中给出的）[33]。

尽管那种认为黑格尔的这部著作陈述了普鲁士政治中最保守要素的观点早已被否定，但是，认为它是对普鲁士“保守主义”的自觉陈述的观点依然存在。的确，该书的结构暗示着一种保守的阅读方式，因为乍看之下，它像是对当时主流的道德和政治思想的**分析**（就此而言，这类似于《逻辑学》中对“理智与世界”概念的分析），并且对主流的道德思考模式的分析是要挑战这些模式——它至多只是表明，如何使它们更为连贯（或者至少要指出它们的深层的不连贯性）。然而，这种与《逻辑学》的 287 相似性是具有误导性的：《法哲学》以一种世界历史哲学告终，它试图表明，在所有“分析”中真正发挥规范性作用的是对欧洲现代性状况的深刻的历史化认识。实际上，在该书中，黑格尔试图表达的是改革后的现代欧洲国家的理性形式，在普鲁士因拿破仑战争及随后德意志的重组而几近崩溃时，巴伦·冯·斯坦以及之后的哈登贝格亲王试图在普鲁士建立起这种国家[34]。因而，该书更多地是解释了，在现代欧洲世界致力于实现自由的过程中，什么发挥了规范性的作用，并解释了，在这个世界中实现自由所必需的是什么以及精神如何“将现实性给予自身”。

因此，如黑格尔所说，该书旨在表明，“权利体系是实现了的自由的王国，是从精神自身中产生出来的，作为第二自然的那精神的世界”[35]。作为有机体，行动者按照他们对善的理解寻求自己的善；但是，行动者是自觉地将他们的善**看作**是如此这般的，并且这种“看法”总是在修正的。作为规范性的生物，行动者从来不是简单地这样或那样的；他们总是自我解释的，并且他们进行自我解释的条件总是社会的，因此总是摆脱个体之控制的。对于行动者来说，学会以某种方式**过上**自己的生活并指导这些生活，是一种成就，而不是对某种自然力量的运用（除了要运用某些大脑和神经系统的这种微不足道的自然力量之外）。更具体地说：行动者为了成为自由的，他们必须能够实践地思考他们的行为，这要求他们对他们正在试图实现的“善”有一定的理解。黑格尔希望证明的是，所有真正的实践推理都以关于什么是至善和最优的陈述为其大前提，当个体合理地行动时，他的行动基础是关于如下问题的思考（这种思考有时可能是隐含
288 的）：对于他实现他所认为的善和最优来说，什么是必需的。因此，最初，人类有机体满足自然需要（食物、伴侣、繁殖等）的方式只有融入文化和社会环境当中才可以被理解，这种环境给予这些需要作为自然事件时不可能具有的**意义**，但是，这种环境（它被制度化为风俗、习惯、道德倾向和法律体制）使我们能够以准自然的方式寻求这种善，而无需"反思"我们一直在做什么，同时又为这种潜在疏离行动的反思的发生开创了空间，因而不会破坏整体。

对于"我们现代人"来说，这种善必然是"自由"之善，但是，这样说太抽象了，因而几乎无法指导我们去思考实现这种"自由"需要什么。为此，黑格尔认为，在现代世界中，自由的实现必须在三个更确定的领域当中表达出来，即"抽象权利"、"道德"和"伦理生活"（*Sittlichkeit*）①。这三者中的每一个都体现为一种方式，在其中，制度和实践确保与维持着我们的自由得以实现的方式，因为它们中的每一个都为个体提供了关于"善"（自由）的更为具体的、特定的第一前提，以此为基础，个体之后可以理性地思考他们需要做什么；它们中的每一个都赋予人类行动以意义，这种意义是"第二自然"，而不来自任何关于自然秩序或宇宙中的角色的概念。这些"权利领域"中的每一个都形成了黑格尔解决"康德悖论"的复杂尝试。

在"抽象权利"领域中，个体致力于相互承认某些同财产、财产交换和契约相关的基本权利。在一个由有限手段构成的有限世界中，具体行动者处置某些对他们而言重要的因素，以便能够完成他们的任一承诺。由于他们每个人最终都致力于实现自己的自由，因而实际上每个人就必须将这些承诺扩展到其他人身上，因为正是对其他人的主张都是**平等的**这一点的承认——这种平等是通过几个世纪的艰苦斗争赢得的，而不是自然权利的产物——导致了对相互的和抽象的财产权的承诺；这之所以是"抽象

---

① 在《法哲学原理》商务印书馆版的中译本中，这三个概念分别被译为"抽象法"、"道德"和"伦理"。

的”，是因为对于这些现代行动者来说，推理的第一前提是被用来考虑如何获得他们偶然想要的东西，这是在一系列相互承认的权利语境中的，并且无需就他们应当要什么制定更为明确的规范（甚至不需要那些从对于过一种统一生活来说必要的东西中产生出来的规范）。289

由于人类生活和个体理解力是有限的，在这样一种基于这些“抽象”权利的社会“整体”语境中，总是会出现错误。有些错误是源自误解，有些则是由于权利本身的模糊性，但是，有些行动者可能根本就拒绝（或者不能）将自己视为“众人之一者”，因而会忽视其他人追求自己想要的东西的权利。由于他们能够恣意为之，因而整个“权利”结构受到了威胁。为此，就需要某种“惩罚”，根据冒犯者对他人所造成的伤害来对他施以同等程度的处罚；这种惩罚的功能是表达他的行为用到他自己身上的话所具有的规范性力量（也就是表达如下观念：原则上，他应当被剥夺的权利，与他认为他有权从他人那剥夺掉的权利是相当的）。然而，如果只是为了“恢复”权利而对过错人进行惩罚，那么这本身就要求，至少有些人能够以“权利”本身的声音来说话——以理由的声音来说话，这些理由可以由服从“抽象权利”的所有行动者来兑现——并且冒犯者不仅仅是为了满足其他人的欲望（哪怕是报复的欲望）。

但是，将自己的利益和偏好置于一旁并从“权利”本身的立场出发说话和行动的能力，本身不是“抽象权利”的事情，而是一种“道德气质”的事情，是品格的一种特征。因此，“道德”，即权利（作为自由）的实现的第二个领域，关心的是人们因对自由的全面承诺而承担的一般的和无条件的**责任**。相当粗略地说，这些责任就其形式而言是康德式的：人们有责任做正确的事（也就是根据所有人可以共享的理由行事），并且是出于正确动机来做正确的事（因为它是正确的所以才做，而不是因为它满足了某些别的冲动、欲望或社会习俗）。不过，众所周知，黑格尔认为，就其本身而言，这还是一种相对空洞的善；它的作用是作为实践推理的第一前提，但它使我们对如下一点一无所知，即“所有人可以共享的理由”这一概念需要的到底是什么。此外，具体地确定什么实际上被视为一种“无条件的道德责任”这一点的纯粹偶然性，在这些极端危难的情况中显现出来，例如一个绝望的、饥饿的人为了生存或养活他的家人而

290 偷了一块面包。在承认这种“危难权”胜过财产权时，我们也因此承认了，与个体福祉相关的、更为世俗的关切，可以压过一种人们所认为的“无条件的道德责任”。然而，为了使我们理解这一点，如康德所看到的那样，我们必须进一步致力于一种“至善”观念，为的是在这个世界中实现个人满足和幸福的统一，由此，权利和福祉的这些偶然性就不会使我们的道德责任图式遭受质疑（在《精神现象学》中，黑格尔已经表达过这一观点，他认为，**道德**理想**不能**意味着，我们在日常生活中每时每刻都要为了义务而去思考义务，而是说，我们应当努力创造这样一个世界，在其中，我们在做正确的事时，无需不断反思它是否是“我们的义务”）。然而，作为道德（或美德）与个人满足之统一的“至善”，本身不能在任何道德规则中表达出来，因为对于“普遍”（责任）如何适用于“特殊”（个体满足）或与之结合来说，是不可能有任何规则的。因此，发现一种适用于道德的“主规则”（例如康德的“绝对命令”）的企图一定会失败的，即使“道德”如康德所想的那样本身是必然的。

因此，如果我们要想拥有道德推理的具体的第一原则，那么我们就绝不能将它们理解为某些“主规则”的具体化，而是必须理解为一种社会**实践**的要素，即那些我们前反思地学会在社会世界中为自己定位并活动的方式。黑格尔将这一领域称为“伦理生活”。行使其“抽象权利”的“道德”个体需要在这些社会实践中有个定位；这些“伦理”实践本身就体现了关于什么是“终极至好”的确定概念，即个体做到如下这些的方式：行使他们的权利，应对他们的道德责任，并熟悉社会世界，而他们之所以能够做到这些，是因为他们在这些实践中成长并社会化，并由此获得一种“伦理鉴别力”（ethical virtuosity）。因此，伦理生活为我们提供了确定的原则和一种以实践为取向的伦理的“专门技能”。或者，用黑格尔那更具辩证色彩的话来说，要想进行现代的、康德式的道德实践，其他“伦理的”而不仅仅是“道德的”规范必须发挥作用。

在现代世界中，伦理生活有三种制度化形式，每一种都用来给予个体以关于这种至善（美德与满足的统一）的具体规定，而后个体可以根据这些规定进行理性思考。这三种制度化形式分别是现代家庭、市民社会和
291 立宪国家。它们共同形成了一个社会“整体”，个体根据它确定方向，并

且它使个体甘心接受现代社会生活，并使之能够坚信，现代生活虽是不完善的、有限的，但的确是最优的。

黑格尔认为，在现代市民家庭（它以丈夫和妻子的相互自由选择为基础）中，行动者发现了一种善——浪漫的爱情（这另一个人**正是**适合于我的）和将家庭生活视为对公民社会的逃避的理想——它也具体规定了某些责任（如：抚养孩子成为自由的独立的成年人；在婚姻中相互尊重）。家庭中的个体需要感受到这些责任不是外在地强加给他们的（如由“单纯的”社会风俗所强加的），需要体现那些用于维持一种充分的相互承认的规范，如果没有这种承认，自由将是不可能的。现代家庭给予现代**个体**的是一项**共同的**事业。（长期以来遭受批评的一点是，黑格尔所说的这种现代市民家庭，是一种当代意义上的家长制家庭——尽管在早先的意义上当然不是家长制的，因为黑格尔并不相信妻子和孩子是丈夫的财产[36]。）

尽管现代市民家庭是回避生活中种种悲欢离合的情感和教育避难所（而不是像前现代的欧洲家庭那样作为经济生产单位），但是，如果没有围绕着家庭发挥规范性作用的制度和以制度方式体现的原则，这种家庭本身也是不能运行的，这些制度和原则支撑着，甚至在某种意义上来说庇护着这种家庭。这构成了现代“市民社会”，其具有相当现代化的市场制度，在这种社会中，个体拥有追求自己私人利益的社会空间（如在“抽象权利”中那样），并且这种追求是被当作本身就是合法的而充分发挥作用的。然而，使这种市民社会成为“伦理的”（*sittlich*）——使之成为一项共同的事业——首先是市场结构迫使个体考虑其他人的特殊需要和需求的那种方式，这使得个体为了成功追求私人利益而需要一种中介了的相互性形式。

为了进一步论证这一主张，黑格尔赞成，应当继续在法律上承认，旧制度（*ancien régime*）① 的地产和同业公会结构能够发挥进一步的中介作用，为的是在新的市场社会中建立起相互的和平等的承认结构，但是，他通过从纯粹“伦理的”而非“自然的”角度进行解释而更新了这些前现

① 尤指 1789 年法国大革命前的社会及政治制度。

292 代的和现代早期的结构。哪些地产可以被承认，这并不取决于社会中的“自然的”划分，而是取决于现代个体为自己所假定的善的种类和推理类型。如黑格尔所见，在现代生活中，地产被分为三个等级：农民地产，由于它受到土地的束缚，所以它发现，对于它来说，善的和最优的东西同传统和对自然的信任有关；商业地产发现，对于它来说，善的和最优的是关于商品生产过程中最有效的东西的理性的、“反思的”计算；公务员的“普遍”地产的善，指的是整个公民社会的全面繁荣和良好运转。

然而，由于商业地产的善涉及通过应用工具理性来追求私人利益，所以它有着特殊的问题，并且在商业地产内部，应当存在各种围绕着共同利益而聚集的“同业公会”秩序，它们要监管其成员，否则这些成员就将会退回到对自身利益的盲目追求中，并因此破坏将市民社会结合起来的“伦理”纽带。然而，由于不能期望这些“同业公会”完全成功地做到这一点，所以市民社会还需要一整套监管及法律机构来监督其基础设施及日常生活，以使市民社会内部维持必要的平衡并正常运作。黑格尔还清醒地意识到极端贫困和极端富有给现代市民社会带来的问题，因为在这两个极端中，个体失去了他们对“整体”的责任感——一方是因为他们在其中没有获利，而另一方则是因为他们倾向于认为自己可以通过赎买来免除责任。

不过，市民社会本身，无论其如何繁荣，无论其结构多么倾向于检查其他结构的过度，都不能建立起关于“整体”的视角，如果各种法律的、法规的、同业公会的结构要想具有它们必须具有的“伦理”权威，这种视角就是必需的。**政治的**视角体现在“国家”当中，这种视角不关心私人利益，而是关心现代生活所固有的自由这一共同目标的实现。为了实现这一目标，“国家”必须被阐述为一系列恰当的现代**政府**制度，这些制度的合法性原则也是自由原则，而不是效率或满足偏好原则。

黑格尔捍卫的是一种现代国家君主立宪制，不过，他将君主的义务限
293 制为在他的大臣呈交给他的法案上御笔一点，此外无事可做。现代君主的功能在于表达现代国家的无根据的（或者毋宁说是自我奠基的）性质，即在于表达如下理念：现代国家的合法性只取决于建立起“人民”得以自由的条件这一共同目标。君主和他君临的国家一样都是偶然的；他的

“我要这样”的空白决断是对无根据的主权的要素的表达，这区分出了现代国家。在将现代国家合法化时，无需进一步诉诸上帝意志和自然法则；只有“道德法则”和“伦理法则”，作为自由地、共同地建立的，能够有价值，并能够限制现代国家的活动。

与之类似，如果人们真正**认同**这一政治社会的集体目标——如果每个人都将集体目标视为“他自己的”目标，那么就必须确保对基本权利的宪法保护。代议制政府同样是必需的，尽管黑格尔认为民主制和按地理区域投票对于它来说是不恰当的；在民主制中，多数人的议会可能会忽视少数人的利益；以地理为依据选举代表意味着，在选举时不考虑这些人是否代表“整个”社会的基本的和重要的利益。因此，当人们确实认同他们的地产和同业公会时，一种基于地产和同业公会的代表制，将更有可能确保在“国家”层面倾听所有合法的声音。黑格尔还选择了一种两院制立法机关，即包含“上议院”和“众议院”，以此来确保倾听社会的基本利益并维持社会的稳定。（这与英国政府体系——黑格尔对此既有赞赏也有蔑视——的相似之处和不同之处，不是偶然的。）

由于现代国家的合法性既不诉诸上帝也不诉诸自然法则，那么它就必须诉诸对“人民”共同建立起来的合理的东西的理解。当然，这一要求将政治哲学推向了一种历史哲学，因为理性对自身所做的批判（如康德所说，这是理性的最高目标）——如果黑格尔的其他论证是正确的话——只能以历史的方式进行。但是，如黑格尔所说，他自己的哲学已经证明，从早期东方国家中“一个人”（皇帝、法老）是自由的这种模糊的直观开始，世界历史进展到古希腊-罗马的“某些人”是自由的这种政治观念，最终，历史在现代世界对“所有人”是自由的这一原则的承认中结束。黑格尔认为，这是世界历史的**意义**，欧洲已经是其倒数第二个集结地。欧洲的生活形式（其内在地具有“否定性”、自我怀疑和怀疑论的质疑的含义）凭借它所是的那种生活方式，已经逐渐推动自己放弃那些只 294
能部分地通过理性来澄明其可兑现性的制度和实践，直到现代阶段，欧洲的生活方式，它的精神，至少隐含地承认，自由一直是它的集体目标，并且这种自由只能在《法哲学》所勾画的制度设置中**实现**。

因此，《法哲学》是将黑格尔在《精神现象学》中所论述的历史主义与他的如下后康德立场融合起来了：在面对传统理性主义的不自量力的主张和经验主义的相当顺从的、有限的主张的崩溃时，一种理性的政治和道德哲学可以被拯救。这依赖于黑格尔的如下观念：我们可以掌握这些制度的**意义**，即它们为何对于我们来说是重要的，而我们做到这一点，不是依赖于它们恰恰偶然地是“欧洲人”做事的方式，也不依赖于我们恰恰偶然地遵守的规范。相反，这种生活方式依赖于那些实现自由所必需的必然规范，而自由本身之所以是必然的，是因为我们自己的精神在进行一种内在的奋斗，以接受与它真正相关的东西和对它终极重要的东西。

成为人意义为何：绝对精神

黑格尔的相当晦涩的“体系”最终以“绝对精神”部分结束（这在“客观精神”部分之后，《法哲学》正是处于“客观精神”当中的）。黑格尔认为，绝对精神的实践表达了我们决定如下问题的共同努力：什么可以被视为我们的“最高需求”或我们的“最高利益”；或者换言之，绝对精神包含在我们据以反思成为人意义为何的一系列实践当中。人类（行动者、主体）是自我解释的动物；他们从来不会像其他动物那样仅仅是其所“是”，而是如黑格尔认为他已经表明的那样，他们认为自己是在社会和历史的双重意义上发展着的。在政治和其他社会事务中（在“绝对精神”中），人根据制度来定义自己，这些制度是人们共同维持自身所需要的，更为重要的是，它们是实现自由所需要的，而自由对于人们来说是终极——用黑格尔惯用的说法来说就是“无限地”——重要的。

295 这种自我解释的动物思考成为这种生物的意义的三种模式，依次分别是（在黑格尔的成熟思想中）艺术实践、宗教实践和哲学实践。它们按照如上顺序发生，因为黑格尔认为，这在历史和本质的双重意义上代表着我们如何试图理解如下问题：对于我们来说重要的是什么，以及我们作为自我解释的动物所最终从事的是什么（甚至还代表着我们最终如何将自己理解为自我解释的动物而非某种固定的自然存在或某种形而上学行动者）；历史地看，艺术已经逐渐屈服于宗教，后者声称是人类的最高解释者，而最近，宗教又在这方面让位给哲学。（在 1807 年的《精神现象学》

和1817年的《全书》中，他仍是将艺术整合进宗教中。）之所以会走向哲学，是因为，在历史上，艺术和宗教都意识到，在它们自己的领域中，在使用那些被认为是对这两种实践具有本质性意义的资源进行运作时，在它们各自试图实现的目标中发挥规范性作用的东西，不能单凭其自身来实现。也就是说，艺术以及之后的宗教都意识到（不管这种意识是多么初步的），它们不能实现它们一直试图实现的东西，而只有哲学才能实现这些目标。特别是，艺术在经过古希腊艺术的高峰之后意识到，它不能克服以纯粹艺术手段表现神性的问题，因而掌握神性这一目标本身不是一个纯粹美学问题。所以黑格尔认为，这以全然可能的历史形式呈现出来：古代诸神的统治崩溃之后，遗留下一个艺术无法填充的空白，而一种关于天启宗教的主张的胜利，以真正的人（耶稣）的形式将艺术领域排挤掉了。由此来看，艺术之所以服从宗教，是因为宗教提供了关于我们自身的真理。类似地，在18世纪末期和19世纪早期，基督教（最高的和最后的世界宗教）的问题——特别是其内在的二元论——最终使得有教养、有文化的欧洲人意识到，宗教实际上已经被神学取代了，意识到，理解上帝的需要（这在奥古斯丁时代就已经变得清晰了）已经使我们认识到，在宗教中发挥规范性作用的实际上是神学，最后意识到，在神学中发挥规范性作用的实际上是哲学，哲学的实践只诉诸理性，并且除了我们作为理性行动者能够自为决定的东西之外，不再承认任何别的权威。哲学（在黑格 296
尔的手中）已经意识到，它自己的反思和对理性的诉诸必然给它们提供一种深刻的社会和历史方面。

黑格尔自己对艺术的反思比他的许多其他作品更清楚地阐明了，政治的、艺术的、宗教的或哲学的实践如何能够满足或不能满足精神的需要（即人的需要）[37]。对艺术的需要，是人们定义成为人、“生产”自己、给予自己“现实性”意义为何这一需要的一部分；黑格尔从不同的角度出发，将它称为对神圣的、真实的、真正的“最高人类旨趣”的需要的某种“表现”、“展示”或“表达”。或者，用他的话来说，“艺术的普遍而绝对的需要是由于人是一种能思考的意识，这就是说，他由自己出发使自己成为他所是和一般的**自为**所是”，并且，只有当它“成为认识和表现神圣性、人类的最深刻的旨趣以及心灵的最深广的真理的一种方式和手段时，艺术才算尽了它的**最高**职责”[38]。

话虽如此，黑格尔还是有些奇怪地断言，艺术通过创造美的作品来试图做到这一点，他认为美是“理念的感性显现”（*sinnliche Scheinen der Idee*），也就是以经验形式来理解我们对在我们的生活和思想中发挥作用的规范性“整体”的掌握[39]。在向我们展示美的作品时，艺术使我们能够**想象**对我们最重要的东西，并从而将之**经验**为似乎是“我们自己的”。作为理念的“显现”，艺术是**我们**相互提出要求的方式的一部分，并且是一件美的艺术品向我们提出要求的方式——如黑格尔所说，它“在本质上是一个问题，一句向起反应的心弦所说的话，一种向理智和精神所发出的呼吁”[40]。

从而，艺术对我们来说是**重要的**，因为它试图向我们**展现**出对我们来说真正重要的东西；并且，作为自我解释的动物，这是我们的“最高旨趣”，即正确地理解，我们的哪种自我解释、我们看待自己的哪种方式是
297 真实的。因而，艺术的目标是表现“理想”，也就是以美的形式表现对我们来说最重要的东西。因此，在黑格尔看来，“理想”是一个具体的规范。他认为，由于康德以及黑格尔自己的后康德哲学已经证明，对我们来说最重要的是我们自己的自我决定、我们的自由，因此，艺术的目标就是以美的作品的形式向我们展示出自由。（黑格尔认为，自然美并不具有真实的意义，因为它不能向我们展现我们的自由；自然本身是无意义的，即使一种关于它的美学描画可以赋予它一种对于我们而言的意义，这之后将会成为众多相互抵牾的意义之一，因此最终是一个神学或哲学问题。）

黑格尔的主要观点是，艺术**不能**实现这一目标。在现代世界中，我们绝不可能满足于以纯粹审美的即美的方式来表现自由的意义。奇怪的是，在古希腊人那里，这曾经是可能的。古希腊的生活方式依赖于“康德悖论”，但却不能将之表达出来；它知道我们是法则的创立者，但它也坚持认为我们必须忠于法则，索福克勒斯的《安提戈涅》表明了这是如何可能的。特别是，尽管史诗中的古希腊英雄（伊利亚特和奥德赛）因忠于古希腊精神同时又是自成一体的法则（既是法则的创立者又是法则的服从者）而表达了这种自我决定的唯一可能的**美学**表现，然而，古希腊生活的必然失败及平淡的罗马世界对它的取代只表明了，古希腊关于自由的

那种审美的思考模式，从历史上来说是不充分的。此外，古希腊生活的不充分性不能通过审美手段来治愈或解决；这需要以另一种模式来表现对于“欧洲人”来说重要的东西，这就是因古代诸神的丧失而感觉到的痛苦，即基督教，它是对我们生活中、我们的“无限”主观性中真正的东西的“表现”。

如果说古希腊艺术代表着古典时代，那么基督教的、宗教的艺术则代表着黑格尔所称的“罗马”时代，这一时代的焦点是以审美的方式呈现个体及其内心生活。然而，这一焦点很快就将艺术从纯粹宗教领域当中带出来，而进入更为世俗的领域当中，这是因为随着我们专注于自己对事物的主观掌握并且仅仅看重这种掌握，我们的注意力就集中在我们的更为平淡、更为个体化的世界上。最终，这导致了一种完全的**现代**艺术，用黑格尔的话来说就是，这“使人成为它的新神，所谓‘人’就是人类心灵的深刻高尚的品质，在欢乐和哀伤、希求、行动和命运中所见出的普遍人 298
性。从此，艺术家从他自己身上得到他的艺术内容，他变成实际上自己确定自己的人类精神，对自己的情感和情境的无限方面进行观察、思索和表达”[41]。这一举动的关键是摆脱了宗教的、基督教的艺术观念，这种观念认为艺术试图表达不可思议的东西，或者试图描绘事物的更深层的、不可见的神性；相反，艺术所试图表达的是对我们来说“无限”重要的东西，即我们自己的自由。艺术所取得的成就有助于“我们现代人”理解我们正在做什么。

由此，黑格尔得出结论说，“就它的最高职责来说，艺术对于我们现代人已是过去的事了”[42]。尽管这经常（甚至是在黑格尔自己的时代）被解释为一种断言了“艺术的终结”的陈述，但它几乎没有做如此激进的主张，即使它的基本主张的确是激进的。实际上，它所说的是，艺术不能就对于我们来说最重要的东西给出最令人满意的理解，艺术在我们共同生活中的地位因此而改变了。近乎矛盾的是，在自我理解问题上，艺术已使我们来到这样一个时刻，在此时，我们认识到，为了满足艺术最初使我们意识到的那种需要，我们必须走出艺术。美的吸引力“号召”我们去寻求它所承诺的东西，即自由（而非幸福），“我们现代人”发现——又有些矛盾的是，这种发现正是由于现代绘画和文学的成功——如果我们继续在美的领域当中寻求那一目标，那我们就不能实现艺术的承诺。自由的世界——这一世界是在对宪法、市场、市民家庭等所构成的世界的平淡即非审美的满足中制度化的——是外在于美的领域的，而只有社会政治领域加上相应的哲学反思，才能满足我们的“最高旨趣”。

所以，他认为，艺术自身在这方面的缺陷已经被艺术家自己承认了，因为他们已经突破了内在限制，即不再试图以纯粹审美的方式呈现为“精神性的”意义为何这一问题。17 世纪的荷兰静物画（这是黑格尔经常举的伟大的现代绘画的例子）展示了我们的现代生活方式，它描绘了家庭生活的礼仪、热爱生命的农民、日光充足的房间中的生命一瞥，而同时，它也展示了绘制这些作品的艺术家的精湛技艺，向我们表明了可以创
299 造如此辉煌作品的手段（并因此让我们记起它们作为艺术的地位）。反映围绕着我们的市民生活的荷兰静物画，“对看来似是微不足道的只在瞬间出现的事物的爱好”是“艺术所能具有的最高真理”[43]。黑格尔的防备是重要的：艺术所能拥有的最伟大**真理**不是实现了其最高职责的艺术，否则就是以审美的方式呈现整个真理；艺术中的最伟大的真理可能不是由最美的艺术呈现的。荷兰艺术以**审美的**方式呈现现代自由的真理，它根本无法以其完全令人满意的形式呈现自由。

与 18 世纪的大多数前辈（其中最重要的是康德）不同，黑格尔并不关注审美愉悦，也不关注好的鉴赏力的要件，甚至也不怎么关注美的本性（当然也不关注判断某物是否为美的标准）。相反，他关注的是艺术品的**意义**，以及艺术在人类关于自身和对人类而言最重要的东西的意识的形成中的作用。反思艺术的主角，既不是对美学品质细分级别的鉴赏家，也不是执迷于美的事物的丰富经验的审美家，而是哲学家，是“批评家”，他反思的是艺术的意义，并因而对艺术的职责——作为一种关于对我们而言最终重要的东西的理解的构成要素——做出了更多的贡献。黑格尔既不认为艺术已经“结束”，也不认为未来还会需要艺术，甚至不认为艺术已经达到了其最高的完善阶段，以至于未来的艺术将永远不会像现代艺术一样好（尽管从历史上来说，这些论点与黑格尔哲学有关，或者可以归于黑格尔哲学）。他的观点是，艺术不能再像之前那样对我们**重要**。可以肯定的是，黑格尔认为，艺术有时似乎已经超出了自己，似乎暗示着某种神秘

的、超出我们的概念力量的东西（人们可能会想到康德的艺术观，或者之后凡·高和高更的创造一种关于神圣者的“新”艺术的尝试），并且“我们尽管可以希望艺术还会蒸蒸日上，日趋于完善，但是艺术的形式已不复是精神的最高需要了”[44]。

因此，黑格尔关于艺术的著作与后康德哲学中的一条主线决裂了，这一主线来自康德第三《批判》中的反思。对于黑格尔来说，我们再也不能认真对待如下这种艺术观了：艺术宣示、暗示或揭示了我们自己和自然的统一，这种统一是更深层的、不可概念化的、不可思维的。艺术可能会使我们愉悦，甚至以某些在它之外就不可能的方式来推动我们，但是，它
不能向我们呈现任何“神秘的”、超越了概念的东西，它只能描绘这类东 300
西。在某种程度上，黑格尔自己的艺术哲学更符合第一《批判》的精神，而非第三《批判》的模式，特别是他在全部讲座中都坚持认为，自然是“无精神的”，因而其本身是没有意义的。黑格尔的艺术哲学专注于人的自发性和祛魅了的自然，从而专注于一种与自然相对的规范的（而非形而上学的）独立性作为一种艰难历史成就是如何赢得的；它拒绝了自然和自由的超感性基底（它不可被概念化）的观念。

并不奇怪的是，黑格尔的宗教哲学与他的艺术哲学遵循着相同的道路，同时也是他的遗产中最具争议的元素之一。实际上，直至今日，它都可能依然是他的思想中最有争议的部分；甚至在当代文献中，关于黑格尔有着截然相反的解释，这些解释所呈现的黑格尔关于一般宗教以及基督教的种种说法是完全不相容的。这之所以复杂，是因为，至少在他的成熟时期，黑格尔总是将自己刻画成一位基督教哲学家，将自己的思想刻画成基督教的“真理”。（没有一个文本可以让我们认为黑格尔是将自己描绘成“后基督教的”。）不过，黑格尔自己所理解的基督教，以及他认为哲学是宗教的“真理”这一清晰的观点，至少与基督教看待自己的传统方式是相当不同的。

像艺术那样，宗教试图展示对我们而言最重要的东西，即我们作为有意识的生物、作为自我解释的存在者的地位。像艺术那样，宗教在其历史发展中已经达到了这样一个程度，即它所理解的是它试图实现的，而非它实际上能够完成的，在它的实践中真正发挥规范性作用的东西本身，既非

宗教的，亦非神学的，因而最终是哲学的。如黑格尔所描述的，宗教是“主观意识”同上帝的关系，从哲学上来说，这种意识只是“精神”对它自己最终所从事的事情的意识。也就是说，宗教是对神圣者的**表达**，对于黑格尔来说，这是“对我们而言最重要的东西”的另一个名字，而非对神圣者的描绘。在宗教中，**作为宗教**而重要的，不是对上帝的某种（哲学的或审美的）描绘，而是我们与上帝一致这种**经验**，即如黑格尔反复所说的，我们被“提升”到神圣者的地位。宗教仪式的礼仪、符号和表现全都是为了产生和体现这种表达。

然而，宗教表达的发展只能推动宗教远离“自然”宗教，在后者中，
301 神圣者被认为是自然中的某种力量，或一些体现神圣者的自然存在物，因而它们在人类生活中的作用是神秘的，甚至是破坏性的；在自然宗教中，神圣者同我们自己及自然世界的关系，是以准因果的方式被设想的，并且其倾向于关心“魔法”，关心如何操纵神圣世界的神秘的、不可见的力量，以产生更有利的结果。理解什么在宗教信仰中发挥规范性作用，这本身是一个漫长而艰巨的历史过程，这使得人类远离这种“魔法”宗教，并走向了一种使神圣者能够为人所理解的宗教。在他关于这一主题的讲座中，黑格尔充实并阐述了《精神现象学》中所讲的发展故事，为的是表明他关于如下问题的观点：宗教的历史发展如何走向对在表达神圣者和将我们自己“提升”为神圣者的各种尝试中发挥规范性作用的东西的更好的把握。

因此，宗教是经过各种发展阶段的，从一种将神圣者视为相当神秘的、不可言说的、超越经验的这种宗教表达开始，进而如下一点对于我们来说日益清晰，即在人类世界的发展中像神圣者那样起作用的东西，实际上对于人类的关切来说并不那么陌生[45]。特别是，古希腊艺术在我们的精神的形成中起着关键的作用，即促使我们的精神能够理解世界中起作用的神圣者，并且后希腊的（以及黑格尔晚年所称的后犹太的）逻辑使它到了如此地步，即在人类世界的历史中像神圣者那样起作用的东西完全向我们揭示出来了；黑格尔认为，这只会发生并最终发生在基督教当中，而基督教只能由现代新教来完成[46]。特别是，宗教（作为神圣者的显现）**将自身推向**了合理化，“精神只有就它是**为**精神的而言才是精神，正是在

绝对宗教中的绝对精神，它不再显示它的抽象的环节，而是显示自己本身”[47]。这是因为“实体借以成为精神的原则，作为无限的自为存在着的 302
形式是**自我决定着的东西**，它就完全是**显示**”[48]。

在黑格尔将基督教视为最终的、“绝对的”宗教这种相当激进的重新诠释中，上帝，即神圣者，已经通过耶稣向我们完全显露出来了。耶稣的作用是，作为一个个体的人，凭借自身的个体性创立（*urheben*）[49]我们之后所服从的法则，以此来解决“康德悖论”；当然，这种法则正**是**自由本身的法则、神圣的耶稣所发布的命令：我们承担成为自由的这种命运[50]。然而，一旦我们将神圣的“主人”加于我们的自由法则内在化，那么我们就被“号召”成为自由的，承担我们的思维和行动的责任，成为我们所服从的法则的创立者。在黑格尔看来，自由法则的这种原初制度正是神圣者的本质所在——由此，在上帝的在场中，没有任何“超越的”、不可言说的或不可概念化的东西。如黑格尔反复所说的那样，由于基督教，我们能够合理合法地主张，我们能够充分并完全地认识上帝[51]。然而，这导致基督教本身发生了一种转变，即从一种“祭仪”转变为一种神学概
念体系；这就要求那种认为我们在宗教实践中可以充分认识上帝的观念本 303
身，要处理好关于上帝本性的断言中的各种不一致之处，要成为更具反思性的，简言之，要成为哲学的。因此，“我们”（作为基督徒的欧洲人）从“显示”的宗教走向了哲学反思——如果黑格尔是正确的话，这就意味着我们不再能够坚持认为，在世界的背后，还有某种不可言说的、神秘不可知的但却全能的东西。神圣者是自由的、自我决定的精神。

当然，如果到此为止的话，那就是回避了那些自然而然并且必然会出现的问题。黑格尔是否认为，上帝不过是人的精神？或者说，他是否认为，人的“精神”参与到某种其他的神圣生命当中，而这种生命是远远超出人的？黑格尔是否如他的许多后康德前辈那样，致力于某种康德化的斯宾诺莎主义，试图将自由和自然理解成是来自某种共同的但却不确定的基底的不同模式或散发物？除了这些解释上的问题，还有一些关于黑格尔自称的基督教的问题，这些问题在他生前就被提出来了（至今依然存在）。特别是，黑格尔是否认为，基于基督教自己设定的条件，基督教的上帝是否真的是完全可知的。传统上，基督教的上帝既被视为超越的，又

被视为内在的，不过，黑格尔似乎否认上帝具有任何超越性（至少是任何非凡意义上的超越性）。（当然，对于黑格尔来说，基督教的上帝不是一个不可知的神秘者；恰恰相反，他断言上帝是被**完全**揭示出的。）黑格尔一再着重并明确地宣称，自己是基督教哲学家，并断言他的哲学的内容与基督教的教义是一致的。然而，就好像秘密地亮出底牌似的，他以引用（用希腊语）亚里士多德《形而上学》中关于思维与神性之间关系的内容结束了《全书》，而这一内容几乎很难称得上是正统的基督教观念。在以亚里士多德关于哲学沉思和神性之间关系的论点做结时，黑格尔显然是想让他的读者将这看作对亚里士多德观点的赞同。似乎黑格尔就是要以一种故意模糊的陈述来结束他的体系。

无论人们如何回答这些问题，但显而易见的一点是，在黑格尔看来，**宗教**并不是呈现或掌握神圣者的最佳模式，**哲学**才是。但是，这对于传统基督教及其提出的在国家生活中占据优势地位的主张来说意味着什么？黑格尔的基督教可能并不是完全基督教的（正如康德的道德宗教当时被怀
304 疑不是真正基督教的），在当时，有多个权威机构持这种看法，而黑格尔终其一生都在力图使自己免受这种攻击。（如果被贴上无神论者的标签，那么就会使他在柏林乃至整个德意志都找不到工作。）然而，他的思想的内涵使他的许多学生得出结论说，宗教的真正真理是哲学，宗教所试图产生的东西只有在哲学中才能真正完成；在他去世后不久，他的许多学生和思想上的后辈得出结论说，他潜在地赞同通过哲学批判来克服宗教。毕竟，即使在黑格尔看来，艺术仍然是需要的；在意识到艺术不能完全给予我们所需要的东西（即成为一个自我决定的存在者的意义）这一哲学的、批判的真理时，我们依然可以欣赏音乐和绘画[52]。然而，如果我们意识到宗教也不能完全给予我们所需要的东西，那么我们为何还依然需要做奉献服务呢？黑格尔自己对此问题的回答并不完全使人安心："宗教对于一切人都是真理，信仰依赖于精神的见证，这个作为出来作证的精神就是在人里面的精神"[53]，"宗教是为了每个人的。它不是哲学（哲学不是为了每个人的）。宗教是人类存在者借以自为地意识到真理的方式或模式"[54]。因此，根据黑格尔已经阐明的观点，宗教不仅仅是次佳的，也并非如康德所坚持认为的那样只是一种"道德宗教"。然而，对于许多人来说问题犹

在：为何不是呢？

并不是每个人都在这一方向上理解黑格尔的宗教思想。他的另一些学生（包括传说中刻板无趣的 G. A. 加布勒，他是黑格尔在柏林的继任者）认为，他的确表明，哲学以更为学术的程式复制了正统的德意志新教的真理。并不是每个人都相信这一点的，甚至他的妻子在读到他去世后出版的宗教哲学讲座集时都颇感震惊，随后，他的宗教观点在普鲁士引起了轩然大波，这使得后康德主义感到不安，并促使人们走向了新的方向。

注释：

［1］这实际上不是他第一个有报酬的教授职位。在他离开耶拿前不久，歌德设法为他争取到了一个教授职位，报酬是每年一百塔勒。但是，由于即便一个为学术而安于贫困的学者每年至少也需要两百塔勒，这个职位基本上也就不能算是一个“带薪”工作。

［2］Hegel，*Vorlesungen über die Geschichte der Philosophie*，*Werke*，XX，p. 435.［黑格尔：《哲学史讲演录》（第四卷），贺麟、王太庆译，北京：商务印书馆，1983 年，353 页。——译者注］

［3］我（以及其他几个人）正是用这个新词来刻画黑格尔的思想的，这个词是我从乔纳森·李尔那篇关于维特根斯坦的著名文章中借用来的，见 Jonathan Lear，“The Disappearing ‘We,’”in Jonathan Lear，*Open Minded*：*Working Out the Logic of the Soul*（Cambridge，Mass.：Harvard University Press，1998），pp. 282－300。参见 Pinkard，*Hegel's Phenomenology*，*Hegel*：*A Biography*。Pippin，*Hegel's Idealism*；*Idealism as Modernism*；*Hegel's Practical Philosophy*：*Traces of Reason in Ethical Life*.

［4］“自然必须被看作是一种由各个阶段组成的体系，其中一个阶段是从另一阶段必然产生的，是得出它的另一阶段的最切近的真理，但并非这一阶段好像会从另一阶段自然地产生出来，相反地，它是在内在的、构成自然根据的理念里产生出来的。”（*Enzyklopädie*，§249）［《自然哲学》，28 页。——译者注］

［5］Ibid.，§252，*Zusatz*.

［6］Ibid.，§249，*Zusatz*.［同上书，32 页。——译者注］

［7］Ibid.，§250.［同上书，33 页。——译者注］

［8］Ibid.［同上书，34 页。——译者注］

［9］Ibid.，§258，*Anmerkung*.［同上书，47 页。——译者注］

［10］Ibid.，§254，*Zusatz*.［同上书，40－41 页。——译者注］

［11］我曾对黑格尔自然哲学做过粗略的概观，参见 *Hegel*：*A Biography*，ch. 14。对整个黑格尔自然哲学做了最详细考察的是邦斯皮蓬，参见 *Die Begründung einer Naturphilosophie bei Kant*，*Schelling*，*Fries und Hegel*。也可参见 Rolf-Peter Horstmann and Michael J. Petry（eds.），*Hegels Philosophie der Natur*：*Beziehungen zwischen empirischer und spekulativer Naturerkenntnis*（Stuttgart：Ernst Klett，1986）；Michael J. Petry（ed.），*Hegel and Newtonianism*（Dordrecht：Kluwer Academic Publishers，1993）；Michael J. Petry（ed.），*Hegel und die Naturwissenschaften*（Stuttgart-Bad Cannstatt：Frommann-Holzboog，1987）。在所有细节方面极有教益的是迈克尔·佩特里对黑格尔自然哲学的翻译和评论，见 Michael Petry：*Hegel's Philosophy of Nature*（London：Allen & Unwin，1970），这是带有一篇导言和若干解释性注释的编译本。

［12］*Enzyklopädie*，§341，*Zusatz*.［《自然哲学》，407－408 页。——译者注］

［13］Schelling，*Vom Ich als Prinzip der Philosophie*，p. 67；"Of the I，" p. 82.

［14］*Critique of Judgment*，§§57，59.［康德：《判断力批判》，§57"鉴赏的二律背反的解决"；§59"美作为德性的象征"，201 页。——译者注］

［15］*Enzyklopädie*，§381.［黑格尔：《精神哲学》，杨祖陶译，北京：人民出版社，2006 年，10 页。——译者注］

［16］如黑格尔在他的《美学》中所说的那样："因此，我们须把自然理解为自身含有绝对理念的，但是只有在绝对精神把自然设定为它自己的对立面**这个**形式里，自然才是理念。就是在这个意义上，我们才把自然叫做一种产品。但是，自然的真理因此就是那设定者（*das Setzende*）本

身，即作为具有理念性与否定作用的精神。” G. W. F. Hegel，*Aesthetics*：*Lectures on Fine Art*（trans. T. M. Knox）（Oxford：Clarendon Press，1975），p. 92；*HeW*，XIII，p. 128. ［黑格尔：《美学》（第一卷），朱光潜译，北京：商务印书馆，1996 年，118 页。——译者注］

［17］G. W. F. Hegel，*Vorlesungen über die Philosophie des Geistes. Berlin 1827/1828. Nachgeschrieben von Johann Eduard Erdmann und Ferdinand Walter*（eds. Franz Hespe and Burkhard Tuschling）（Hamburg：Felix Meiner，1994），p. 17.

［18］Ibid.，p. 17. 在将之称为“精神主义”时，黑格尔所用的术语是 *Spiritualismus*，而非任何包含 *Geist* 的术语。

［19］*Vorlesungen über die Philosophie des Geistes. Berlin 1827/1828*，p. 18.

［20］*Aesthetics*：*Lectures on Fine Art*，p. 427；*HeW*，XIV，p. 13.

［21］G. W. F. Hegel，*Lectures on the Philosophy of World History*：*Introduction*：*Reason in History*（trans. H. B. Nisbet）（Cambridge University Press，1975），p. 48；*Vorlesungen über die Philosophie der Weltgeschichte*：*Band I*：*Die Vernunft in der Geschichte*（ed. Johannes Hoffmeister）（Hamburg：Felix Meiner，1994），p. 55.

［22］*Vorlesungen über die Philosophie des Geistes. Berlin 1827/1828*，p. 7.

［23］关于动物和灵魂的评论，参见 Ibid.，p. 20；G. W. F. Hegel，*Elements of the Philosophy of Right*（ed. Allen W. Wood，trans. H. B. Nisbet）（Cambridge University Press，1991），§4 *Zusatz*.［黑格尔：《法哲学原理》，范扬、张企泰译，北京：商务印书馆，2016 年，13 页。——译者注］

［24］参见 *Enzyklopädie*，§397，*Zusatz*。

［25］皮平对黑格尔的相容论的自由概念进行了开创性的研究，参见“Naturalness and Mindedness：Hegel's Compatibilism”；皮平最近对这些问题的处理，参见“The Actualization of Freedom”。皮平在另一文本中也讨论过相同的主题，参见 *Henry James and Modern Moral Life*（Cambridge University Press，2000）。迈克尔·沃尔夫对黑格尔在理智哲学方面采取的一般相容论策略的论证是开拓性的，参见 Michael Wolff，*Das Körper-Seele Problem*：*Kommentar zu Hegel*，*Enzyklopädie*（*1830*），§389（Frankfurt am

Main：Vittorio Klostermann，1992）。

［26］*Enzyklopädie*，§378.［《精神哲学》，4 页。——译者注］

［27］关于黑格尔自由理论中"*bei sich*"的各种用法的充分讨论，参见 Allen Wood，*Hegel's Ethical Thought*（Cambridge University Press，1990），pp. 45－49。

［28］黑格尔的观点也可以用现代美国侵权法中关于疏忽责任和严格责任的区分来阐明——后者涉及制造有缺陷的产品或参与异常危险的活动，在此，责任（债务）的归属与责任人的意图、是否留意、是否本来会合理预见后果、在特定情境中让公司承担责任以体现其公平性的想法无关。

［29］*Enzyklopädie*，§382，*Zusatz*.［《精神哲学》，21 页。——译者注］

［30］黑格尔在许多地方都曾明确表达过这种"法则"观念，特别是在他关于"主观精神"的讲座中，例如："据说我们断言自由是精神的基础性本质，自由是从自然的东西中发展出来并在其中的，但是，绝不能将自由理解为任意选择，而是要理解为合乎法则的自由。"G. W. F. Hegel，*Vorlesungen über die Philosophie des Geistes. Berlin 1827/1828*，p. 19.

［31］*Enzyklopädie*，§396，*Zusatz*.［《精神哲学》，80 页。——译者注］

［32］G. W. F. Hegel，*Vorlesungen über die Philosophie des Geistes. Berlin 1827/1828*，pp. 6－7.

［33］关于黑格尔政治思想的非保守特征的解释，参见 Pinkard，*Hegel：A Biography*；Wood，*Hegel's Ethical Thought*。

［34］关于这一点的更多细节，参见 Pinkard，*Hegel：A Biography*。

［35］*Elements of the Philosophy of Right*，§4.［《法哲学原理》，12 页。——译者注］这种将黑格尔哲学看作"自由的实现"的观点，已经在许多地方表达过了。该观点既不将之视为一部保守的政治著作，也不将之看作一种关于我们现实实践如何展开的"社群主义"解释，也不认为它是一种关于精神如何逐渐在历史上实现自身的新柏拉图主义解释。我试图阐明这一观点，参见我的 *Hegel's Phenomenology* and *Hegel：A Biography*。

此外还可参见以下重要著作：Wood，*Hegel's Ethical Thought*；Neuhouser，*Foundations of Hegel's Social Theory*；Pippin，*Idealism as Modernism*。斯蒂芬·霍盖特以一种更具传统形而上学色彩的方式来解读黑格尔，他主张对黑格尔的著作做一种更正统的基督教解释，但他也强调了自由在一系列制度中"实现"意味着什么这一主题，参见 Stephen Houlgate，*Freedom，Truth and History：An Introduction to Hegel's Philosophy*（London：Routledge，1991）。

［36］参见 Patricia Jagentowicz Mills，*Feminist Interpretations of G. W. F. Hegel*（University Park：Pennsylvania State Press，1996）。

［37］当然，需要注意的是，黑格尔自己唯一发表的关于美学主题的"著作"是《全书》中的简短段落；他著名的《美学》（*Aesthetics：Lectures on Fine Art*）是他自己的和学生的讲座笔记汇编，是在他去世后由他之前的一个学生霍托（H. G. Hotho）整理的，并于 1835 年首次出版。

［38］Hegel，*Aesthetics：Lectures on Fine Art*，pp. 31，7；*HeW*，XIII，pp. 50–51，20–21. ［《美学》（第一卷），10 页。——译者注］

［39］Hegel，*Aesthetics*，p. 110；*HeW*，XIII，p. 150.

［40］Hegel，*Aesthetics*，p. 71；*HeW*，XIII，p. 102. ［《美学》（第一卷），89 页。——译者注］

［41］Hegel，*Aesthetics*，p. 607；*HeW*，XIV，pp. 237–238. ［《美学》（第二卷），380 页。——译者注］

［42］Hegel，*Aesthetics*，p. 11；*HeW*，XIII，p. 25. ［《美学》（第一卷），15 页。——译者注］

［43］Hegel，*Aesthetics*，p. 886；*HeW*，XV，p. 129. ［《美学》（第三卷上），325 页。——译者注］

［44］Hegel，*Aesthetics*，p. 103；*HeW*，XIII，p. 142. ［《美学》（第一卷），132 页。——译者注］

［45］黑格尔提到他的《逻辑学》可以用来解释在宗教中起作用的发展故事。特别是，他认为（在《全书》的一个压缩了的段落，即 § 565 中），问题的关键在于，最初可算作"侧面"的观点的那种意识，具有《逻辑学》的"本质"部分中所探讨的规定性的特征。艺术给予我们的，

是关于对我们而言绝对重要的东西的直观（*Anschauung*）；而宗教给予我们的，则是关于对我们而言重要的东西的表象（*Vorstellung*，在这里，更准确地说是一种小写的“理念”），并且，在所有“侧面的”“有限的”表象思维模式中，我们都是在描述一种现象，以及处于现象背后的、其本身没有也不能被这个现象说尽的某个东西。（康德的不可知的自在之物的观念是这种观念的最后发展阶段，斯宾诺莎的一元论的世界实体概念是这种发展路向的逻辑终点。）宗教从表象进展到成为精神的纯粹显现，发展到此，宗教意识到，它不能实现它所欲实现的东西，并且，在它的发展中起规范性作用的是哲学而非神学。

［46］关于黑格尔对犹太教看法的变化，以及他的朋友爱德华·甘斯对这种变化所起到的作用，参见我的 *Hegel*：*A Biography*。

［47］*Enzyklopädie*，§564.［《精神哲学》，378 页。——译者注］

［48］Ibid.［同上。——译者注］

［49］康德关于这一悖论的最初版本援引了我们是法则创立者（*Urheber*）的观念。康德说，行动者是“首先服从法则（它可以把自己看作其创立者）”。在德国哲学中，上帝也被说成是世界的“创造者”，这里所用的也是“*Urheber*”一词。在讨论基督教时，黑格尔毫无疑问利用了这两种含义。

［50］这在黑格尔哲学中是很难理解的。有时，他似乎是说基督教的出现不过是历史中的一个事实，它既不是也不能从它之前的东西中发展出来，一个真实的人即耶稣（他在自身中以一种“范例”的方式体现了自由法则，这与康德认为艺术品是“范例”有些类似）的出现，是现代自由观念的决定性因素。不过，从整体上来说，黑格尔坚持着他最初的观念，即在耶稣提供的这种启示的现象背后，有着一种概念上的必然性。鉴于古希腊和古罗马（以及黑格尔后来承认的犹太）生活中宗教的发展，一位圣人（他要求命令成为自由的，并因此第一次向我们揭示出了精神的本性）的出现不仅仅是一个事实，更像是某种概念必然性。在黑格尔看来，“康德悖论”的**宗教**解决方案必须以人的形式出现，在这种形式中，这个人像神圣者那样**命令**我们只服从我们自己创立的法则。

［51］在他的哲学中，黑格尔反复重申这一观点，试图以此来矫正浪

漫派（受到康德的启发）的那种认为上帝不可知的观念；他对如下观念特别不满：我们必须承认，上帝是什么和做什么，以及在人类世界的历史发展中发挥什么作用，这些都是深不可测的，所有这一切对我们来说都是而且必须一直是全然神秘的，并且我们必须就这样来接受这一切。

［52］在某种程度上，黑格尔的艺术思想最终不经意间预示了 19 世纪后期对艺术的占有上的发展，即如下观点：艺术（或“文化”）实际上可以是宗教的替代品，它使得“所有人”都能够占有那原本仅限于哲学精英的真理。

［53］*Enzyklopädie*， §573. ［《精神哲学》，384 页。——译者注］

［54］G. W. F. Hegel，*Lectures on the Philosophy of Religion*（ed. Peter Hodgson；trans. R. F. Brown， P. C. Hodgson， and J. M. Stewart）（Berkeley：University of California Press，1984），I，p. 180；*Vorlesungen über die Philosophie der Religion*（ed. Walter Jaeschke）（Hamburg：Felix Meiner，1993），I，p. 88.

第四部分　反思中的革命

导言：疲惫与顺从，1830—1855

1831 年 11 月 14 日，黑格尔突然意外去世了，此时正值柏林爆发霍乱疫情。（尽管黑格尔的去世被归因于当时的霍乱，但几乎可以肯定还有其他原因[1]。）柏林知识界震惊了；即使他的批评者也承认，一束具有指引意义的理智之光就此熄灭了。他的朋友和学生在一个月之内就组建了一个致力于出版他全部作品的协会，包括他关于宗教哲学、艺术哲学、历史哲学、哲学史等的系列讲座，以及他的《哲学科学全书》的注解，这些注解是从黑格尔自己的讲座手稿和学生笔记中收集而来的。专门从事这项工作的黑格尔学生遍布德意志、英国、法国、俄罗斯、意大利等地。4 个月后，即 1832 年 3 月 22 日，歌德去世。至少在象征的意义上可以说，德意志思想的一个时代结束了。 306

尽管黑格尔和歌德的去世对于之后发生的事情并非决定性的，但是，他们去世时德意志正在发生着一次转变，这对于 19 世纪 30 年代到 50 年代末后康德哲学的发展来说是关键性的。拿破仑 1813 年兵败莱比锡并于次年退位之后，德意志的统治者们试图重建前拿破仑时代的大部分秩序。然而，1815 年的维也纳会议（这次会议是为了解决后拿破仑时代的秩序的细节而召集的，但它不得不应付拿破仑的逃脱和令人震惊的复辟，只是在他同年兵败滑铁卢之后，与会者们才放下心来）拒绝让德意志版图重回前拿破仑时代的状态。有太多的王国已获利颇多，因此主要的君主们不愿放弃拿破仑重组德意志时给予他们的土地和财富。例如，普鲁士在拿破仑入侵之初时看起来是消失不见了，而现在却变得比以前更强大；符腾堡 307
和巴伐利亚成了王国，它们的版图也扩大了。这当然鼓舞了德意志中最保守的势力，他们试图恢复已被大革命和拿破仑永远摧毁了的世界；与之相对，在拿破仑入侵德意志的动荡时期产生的改革势力并未突然终止和停顿。然而，德意志邦联中某些更保守的势力（其中最为聪明的是奥地利的梅特涅）通过操弄一些相当聪明的手腕，使得许多德意志君主担心境内的“煽动者”（颠覆者）的成长，据说这些人试图在德意志重演法国大革命（此外，还有传闻说他们正在谋划各种暴动，这使得每位君主都忧心忡忡）。对德意志的雅各宾派的秘密联盟（其准备恢复大革命并将之带回到德意志）的恐惧，导致了臭名昭著的 1819 年《卡尔斯巴德决议》，它制定了各种形式的镇压政策（审查制度、解雇大学教授中的“煽动者”，以及要求邦联成员国对其他拒绝遵守镇压措施的成员国施以武力），以试图立即断绝“雅各宾派”。结果是，在 19 世纪 20 年代，出现了一个表面平静的时期，但这只不过是掩盖了德意志社会中实际发生着的严重骚乱。

1830 年，一切都沸腾了。法国发生了一场新的革命，这场革命推翻了查理十世的复辟政权并赞成君主立宪制，之后，当查理十世被迫流亡英国后，他的堂弟奥尔良公爵（他是波旁皇族之子，曾投票赞成将路易十六斩首）登上王位，成了一位“资产阶级的国王”。这次革命的消息传到德意志后不久，德意志就爆发了暴力事件。类似地，意大利也发生了暴力事件，比利时人宣布脱离荷兰而独立，波兰议会则宣布波兰脱离俄罗斯而独立。对于这一时期的许多德意志年轻人来说，他们的时代似乎终于到来了；他们之前的那代人经历了法国大革命，（站在改良主义立场上）只看到大革命令人失望的结果，而现在，一个新的、可能更有成果的革命时代曙光再现（这次还是由法国人领导的）。甚至当时的人们普遍认为，1830
308 年革命遵循的是英国人首先展示出的历史“法则”。在英国，1688 年的“光荣革命”从君主制结束到奥兰治亲王威廉的有限君主制用了四十年；类似地，1789 年的法国大革命（四十年后）似乎遵循着同样的发展路线。一条“法则”似乎在起作用：一个现代国家从导致国王被处死的暴力开始，之后是无政府状态和内战，而这又导致独裁统治，但在君主制王朝改变之后，它最终在君主立宪制政体和代议制政府中达到了逻辑终点。

当然，事情从来不会如此简单，那些希望在德意志发生类似事情的人很快就失望了。统治者们证明自己完全有能力镇压他们所面对的小规模叛乱，并且，在短短几年内，无论什么样的革命威胁似乎都在消退。然而，这种不满情绪并没有消失，19 世纪 30 年代的德意志比 20 年代更加湍流涌动（虽然表面看来一切平静）。

在此期间，有些事情促使德意志的局势更加动荡。开始于 19 世纪 20 年代的德意志工业化，在 30 年代开始迅速蓄积能量，并在 40 年代腾飞而起。19 世纪 30 年代，铁路在德意志出现，普鲁士在 1816 年时就已使用的蒸汽机也变得日益普遍。1833 年，关税同盟建立，它是德意志诸邦之间建立的自由贸易协定，并有助于进一步促进资本的形成和工业化。与此同时，同工业化相关的社会问题开始出现，特别是工业劳动和被称为“社会性问题”的新问题。德意志错失了第一场现代革命（18 世纪后期由美国和法国引领的政治革命），而现在它发现自己正处在第二场现代革命（工业革命）当中，而它的政府们依然试图固守传统的政治模式。

在这个背景下，关于黑格尔遗产的争论（实际上是关于如何继承整个后康德思想的争论）发生了。这场争论对大学的影响是最大的，而在大学这个小世界中，这场争论是在大学自身的“社会性问题”的背景下发生的：对于所有接受过大学教育的年轻人来说，根本就没有足够的就业机会。对于革命时代的那些人（黑格尔自己那代人）来说，情况就是如此，但是，德意志的君主们（特别是普鲁士的君主们）承认，为了保持国家运作，他们需要大学所创造的专门知识，这导致了学术职位的扩充。309
到黑格尔和歌德去世时，就业机会不足的情况已经有效缓解了，年轻一代（看到了 1830 年革命的发端）只是在面对一个没有与他们的受教育相称的就业机会的未来时，才会开始感觉到怨恨。

普鲁士政府和宫廷从来都没有对黑格尔完全满意过，而总是怀疑他可能对大革命抱有过多的同情。（实际上，他们不只是怀疑黑格尔有同情革命的可能，而且有充分依据。）然而，即使在黑格尔生前和他的学术声望空前鼎盛之时，黑格尔主义也绝非唯一的主角；与此同时，有很多反对黑格尔的人在哲学系授课，即使黑格尔自己也不能完全控制住场面。[2] 最终，黑格尔的去世给了当局所需的机会：当局选择加布勒作为他的继任者，他是黑格尔最年长的学生之一（曾跟随黑格尔在耶拿学习过），可以说，他的哲学想象力根本就配不上黑格尔的想象力。

在黑格尔去世前，与他交谈过的最后那些人中，有一位来自图宾根的青年才俊，大卫·弗里德里希·施特劳斯。他向黑格尔做了自我介绍，而后二人闲谈了黑格尔家乡的风物人情。1835 年，施特劳斯发表了《耶稣传》，这后来成了后黑格尔时代极具爆炸性的事件之一。在这部著作中，施特劳斯试图将耶稣当作一位历史人物来对待，试图表明以往关于耶稣的说法中有多少内容只是神话。虽然施特劳斯在书中并未攻击关于耶稣的超自然教义，但他对圣经文献学的巧妙综合、他敏锐的历史感以及他的黑格尔框架，都震撼了德意志主流知识界，施特劳斯也成为这一时期最具争议的人物之一。许多保守人士一直怀疑的是，一般的后康德哲学，特别是黑格尔哲学同基督教教义和基督教会在德意志的权威是不一致的，而施特劳斯的这本有危险的书似乎印证了这种怀疑。

在宗教问题上，黑格尔学派分裂为不同的派别，它们都涉及如何理解黑格尔作品中宗教的含义[3]。施特劳斯曾打趣说，黑格尔学派已分裂为
310 黑格尔“右派”和黑格尔“左派”，后来这竟一语成谶。（众所周知，这是类比于法国大革命国民公会中的座位安排。）黑格尔右派坚持黑格尔基督教的正统性，而黑格尔左派则挑战这一点。实际上，如约翰·特夫斯已经表明的，这是有误导性的，如果人们想继续沿用施特劳斯的说法，那么就应当谈论四种黑格尔主义，即“旧左派”、“新左派”、“中立派”和“右派”[4]。面对 19 世纪 30 年代出现的保守潮流，“旧左派”专注于黑格尔思想的批判性质。这一派是由颇有才华的法学家和哲学家爱德华·甘斯领导的，他对黑格尔的解释所强调的是，我们的规范形成过程中的承认和劳动的要素，以及黑格尔政治思想中更具共和主义色彩的现代主义要素。从这种“旧左派”中产生出了“新左派”，这一派从黑格尔哲学中得出了明显非宗教的结论。而新旧左派又遭到了“旧右派”的挑战，这一派继续根据正统新教范畴来解释黑格尔的观点，并认为“世界精神”已经基本上完成了它需要做的一切。然而，所有这些流派之间的差别逐渐充满了政治情绪，因为黑格尔“新左派”完全占据了大学环境之外的职位；许多人从来就没有获得过任何学术职位，而其他人则是被迫离开。

在 19 世纪 30 年代到 40 年代的沉闷气氛中，这些“新左派”要素逐渐变得更为激进——最为著名的就是卡尔·马克思。马克思自己激进思想的发展，最初受惠于曾是黑格尔学生的路德维希·费尔巴哈，他在 1841

年出版了《基督教的本质》，这是第一部广为人知的、明确站在非有神论立场上的后黑格尔作品。该书出版之后立刻引起了轰动。虽然我们不能对之做简单的总结，但可以说，它的核心观点是，黑格尔哲学要想得到最好的理解，那就需要将它从黑格尔所使用的“观念论”形式转为一种更加“经验的”形式。（众所周知，费尔巴哈将这称为主客的颠倒。）费尔巴哈以各种方式第一次将黑格尔的社会合理性概念转化成更为**社会学的**概念。费尔巴哈标志着后黑格尔主义中从甘斯的“旧左派”观念论立场向“新左派”唯物主义立场的转变。在黑格尔那里曾经是创立和服从法则的问题，被重构为社会事实和社会力量的问题。因此，黑格尔的精神概念被转 311
化为某种更像经验理论的东西，其本身应当具有一种“解放潜力”，它向我们揭秘了我们真正试图实现的是什么。更有争议的是，费尔巴哈解释说，上帝只是人的投射，是“我们”插入到现实当中的一种虚构，为的是弥补现存世界的缺陷；由此，我们可以轻而易举地得出如下结论：如果这些缺陷被消除了，那么就不再需要将上帝投射到这个世界当中。因此，原来为了维持宗教而投入那些能量，就可以被重新定位到它们的真实来源（人类本身）上来，那么结果就将是对人的力量和自由的重新占有，是一种**自我**决定的形式，它将取代由纯粹被投射的他者（上帝）所做的决定。费尔巴哈的影响是广泛的：例如，理查德·瓦格纳 1849 年的论文《未来的艺术品》就是献给费尔巴哈的；1854 年，费尔巴哈的这部著作被译为英文，译者是小说家玛丽·安·伊万斯——更为人所知的是她的笔名乔治·艾略特——就在几年前（1846 年），她已翻译完施特劳斯的《耶稣传》。

仅在几年之后，费尔巴哈的具有决定性意义的转向就被卡尔·马克思接受并做了深入推进。在 1844 年发表的一篇论文中，马克思批评黑格尔的政治哲学未能认识它宣称已经理解了的政治现实。特别是，黑格尔认为有一个公务员构成的“普遍等级”，这些人被培训成要将“国家”（“普遍”、政治整体）的利益，置于他们自己的利益之上，这种观念只表明，黑格尔的“观念论”的社会理论如何忽视了人的行动的社会现实。在甘斯强调劳动与承认和费尔巴哈将黑格尔主义转变为解放的经验的社会理论的基础上，青年马克思更进一步，他在 1844 年提出了一种新唯物主义的后黑格尔理论轮廓。实际上推动人们去行动和思维的主要原因，并不是形成关于自身的充分的自我意识的需要，而是他们的生产能力的物质条件，特别是谁拥有什么，谁设定了其他人运用生产活动所必需的工具的条件。马克思所说的生活的**物质**条件，既包括生命延续的有机要求，也包括组织劳动和分配的事实性社会规范，这些设定了人们进行互动的条件。（对于马克思来说，“物质条件”在某种意义上就是“事实条件”的代名词。）在马克思阐述他的新观点时，他特别强调谁在社会生产力组织中拥
312 有什么，最终他得出如下观点：拥有基本生产资料（即“生产”——无论是严格意义上的经济生产还是智力生产——所需的事实性资料）的阶级，规定了所有其他社会要素参与社会生产活动的条件。因此，马克思是将黑格尔关于承认和历史的理论，转变为关于人类自然力量逐渐实现的发展理论（他认为这种理论是经验的），这种力量原本也是劳动和斗争的成果。当他在尝试开展一场革命的社会主义运动（不仅在欧洲，而且在全世界）的语境中提出这些观念时，马克思认识到，人的意识本身是完全由这些物质事实社会地中介的，这些事实同“生产力”（在特定的经济和社会秩序中可以获得什么样的生产潜力）和“生产关系”（谁拥有什么）有关。在 19 世纪 30 年代，人们普遍认为，有一种历史“法则”，它表明人们如何从革命走向战争、走向独裁、走向君主立宪制，马克思接受了这一观念，并认为的确有这样一种“法则”，但并非是如“自由派”所认为的那样；相反，当生产力和生产关系之间发生不可补救的冲突时，革命就发生了，这种冲突所产生的新阶级的利益使这个阶级反对现行秩序，并根据自己的利益建立起新的社会秩序。众所周知，马克思认为，在现代资本主义世界中，这一阶级就是无产阶级（在 19 世纪 40 年代，这一术语用来指称贫穷的工业劳动者，他们构成了“社会性问题”），在废除内在于资本主义当中的剥削的过程中，他们自己的个人利益就使他们成了真正的“普遍阶级”，这一阶级致力于将人类从可耻的、异化的剥削体系（马克思认为这一体系构成了现代世界）当中解放出来。

当黑格尔“左派”在大学之外烦恼忧闷（他们中的许多人移居法国并一直过着流亡生活，如大诗人海因里希・海涅）时，德意志思想中的非黑格尔主义的保守派发生了相当大的变化。在黑格尔的时代，K. L. 哈勒在其 1816 年的《政治学的复兴》中已大体宣告了德意志生活中最保守

的要素。（黑格尔 1820 年的《法哲学》对它进行了严厉批评。）哈勒认为，自然向我们表明的，不是（现代自然状态契约哲学所说的）平等，而是强者对弱者的不平等，这一点尤其表现在家庭中，在这里，父亲的自 313
然优越性变成家长制权威。反过来，君主就像家庭中的父亲：他们注定要统治那些在他们之下的人，并与其他的君主（他们也统治着那些在他们之下的人）打交道。结果就是对旧社会秩序的辩护（如果值得用这个词的话），即辩护贵族和君主传统特权之间达成的平衡（但与这种平衡相伴随的，是旧社会秩序的其他要素的消失或被降级，例如行会的传统特权等）。在哈勒看来，君主所说的话是有权威的，他只能受到他自己说的话的束缚；君主只需同与他地位对等的人打交道。一种对法治概念更为直接的攻击将是很难想象的。

虽然哈勒的这种相当保守的政治思想模式最初受到普鲁士宫廷的欢迎，但它毕竟不是时代的正确方向。在 19 世纪 30 年代的德意志，随着经济发展日渐重要，并且亟须一批训练有素的公务员来掌控国家对日常生活日渐增多的干预，这就需要一种更加现代化的保守思想，就好像时代在召唤似的，弗里德里希・朱利亚斯・斯塔尔出场了。17 岁时，斯塔尔（他出生时取名朱利亚斯・乔尔森）从犹太教皈依新教（他的祖父曾是慕尼黑犹太人社区的长老），他是一位热忱的反黑格尔主义者，尽管他吸收、借鉴了黑格尔的理论。改宗之后，他在慕尼黑教授法律，在这里，他受到了谢林的影响，而此时的谢林已日渐倾向宗教，并日益保守。1840 年，普鲁士的新国王将他召到柏林（一年后谢林也来了），以从学术上抵御黑格尔左派日渐增长的激进主义和对宗教的敌意。斯塔尔的工作形成了传统天主教保守思想的一个新教变种，这种思想认为宗教和政治是不可分割的，因而是以一种基督教正统形式为基础的。然而，斯塔尔将许多现代主义观念纳入他的君主-基督教权力理论中，他展示出对所有政治制度的历史性的敏锐认识，同时又捍卫一种保守的、君主制的、基督教的国家观。与前几代保守的基督教思想家不同的是，斯塔尔赞成一种宪法框架下的（君主制的、基督教的）社会秩序。（斯塔尔也是各国政府中的一位成功的保守派政治家。）暂且不论其他，斯塔尔促成了如下保守派立场，即 19 世纪 40 年代的基本争论，是政治秩序中宗教的朋友和敌人之间的争论。

314 斯塔尔的声音中也加入了其他历史学学者的要素，他们既是保守的又是热忱的反黑格尔主义者。其中主要的是大历史学家利奥波德·冯·兰克，19 世纪 20 年代时他就已经开始在柏林教学了，此时黑格尔还在世。今天，兰克最为人们铭记的，是他在历史实践中所做的开创性工作，特别是他将文献学实践转变为抽丝剥茧般查阅档案的历史学方法论。在他的第一部著作的前言中，兰克谈到了撰写历史的目标——展示事情原本的样子（*wie sie eigentlich gewesen*）——自那时起，这就成为历史学家的标准，甚至有点老生常谈的是如下命令：要让事实自己说话，并完全避免对历史做理论阐释（特别是黑格尔关于事件“意义”的理论阐释）。然而，他远不是一位实证主义的历史学家；他认为，历史中有一种神圣的存在，但与黑格尔主义不同，他并不认为破解这种存在的方式是对事件的普遍意义进行反思。在兰克看来，所有的黑格尔主义者都是将一种模式强加给历史，而不是让事实自己说话。像那一代的许多人一样，他似乎是将比较解剖学当作他的范式。历史的主要对象是国家，如居维叶认为有机物种类都是独特的那样，每个国家也都是独特的。它就是这样存在着的，人们只能通过留意其绝对的特殊性和独特性来理解它。他说，每个国家都直接与上帝相关。兰克坚持只回应“事实”而不给“事实”强加任何理论，同时，他在政治和文化事务上坚定地秉持保守主义，这些正合保守派之意，因为他们也愿意相信，赋予他们所主张的那种权威的，正是生活的根本事实，而非某种可能会招致黑格尔主义者或康德主义者质疑的更高级的“理论”。兰克作为一名历史学家是伟大的，这是几乎无可置疑的；这种伟大也有助于在学术上加强对黑格尔哲学的影响的制衡，并有助于将历史提升为一个比哲学更有声望的文化权威领域，而在此前的德意志，自康德以来，哲学就一直是这种领域。

所有这一切都在 1848 年达到高潮，这一年，法国又发生了一场革命，而这似乎预示着欧洲革命的开始。面对日渐暗淡的经济前景和王室的日益腐败，法国人民推翻了路易·菲利普国王并建立了法兰西第二共和国。在法国人民起义之前，1848 年 1 月意大利就已经发生过暴力事件；2 月扩展
315 到法国，并在此成功了；2 月底 3 月初，起义和游行席卷德意志。事态在德意志迅速升温，并且在普鲁士军队向游行队伍开枪后，各地的反抗风起

云涌；国王妥协了，到了1848年3月，达成了在法兰克福成立一个德意志国民议会的协议，5月举行了议会选举。此时，革命者和改良者都开始认为（或已经得出结论），德意志的革命不可阻挡。然而，事情发生了令人吃惊的翻转，议会被证明是无效的；到了1849年，普鲁士和奥地利的保守势力已经开始试图恢复。就好像要为马克思如下著名格言——“黑格尔在某个地方说过，一切伟大的世界历史事变和人物，可以说都出现两次。他忘记补充一点：第一次是作为悲剧出现，第二次是作为笑剧出现。”[5]——准备必要材料似的，1851年，路易·波拿巴将1848年第二共和国总统选举中获得的惊人胜利，翻转成一场政变，这使得他成为法国的独裁者，不久之后成为皇帝。普鲁士国王将这看作一个信号，正如1848年的革命者将法国人民起义看作一个信号那样，路易·波拿巴政变后的数星期内，他就废除了1848年革命中自由派所取得的一切成果。

关于德意志1848年革命的失败，有各种各样的（并且是有争议的）解释，对此我们不必深入。然而，失败的原因之一是政治和生活的分离；除了在基本问题上不能达成一致外，许多法兰克福议会的议员显然认为，建立起正确的政治制度（投票程序、出版自由等等）将足以保证他们的计划取得成功。他们似乎已经忘记了黑格尔（和康德）对政治**实践**的坚持，在此，这种实践必须锚定在一种伦理生活当中，这本身不是“以政治的方式”一直走下去的。还有其他的问题，例如法兰克福议会并未代表一个国家，因而它的运行实际上不得不依赖于成员国执行其法令的善意；议员们所代表的利益之间的分歧——这原本可能是一件好事——在反动来临时只会削弱革命，因为议员们发现，他们为了应对王室的专横而实 316
现的团结，只是掩盖了他们之间的真实差别和张力，而这些差别和张力总是存在的，只是现在由于保守派的反击而没有完全凸显出来。使事态更加紧张的是，反动势力分子成功保留了他们的军队，一年之后，当他们意识到他们能够再次掌控全局时，这给予了他们所需的一切力量；所有这一切都化为如下一点：当时没有人对一个“统一”的德意志将是什么样的有明确的看法——例如，它将包括奥地利（大德意志模式），还是一个排除奥地利的、由普鲁士统治的德意志国家（小德意志模式）。

19世纪50年代的恢复几乎不能被看作在重复过去的错误；经济发展

成了口号，并且，关于财产和财富的言辞，开始迅速取代康德/后康德时代关于自由和自我决定的言辞。官僚机构得到加强，技术和（自然）科学教育得到强调，更具实证主义和文献学色彩的方法（我们今天将之称为人文科学）开始崛起，初起的民族主义情感也被整合进这个混合体当中。

无论1848年革命失败的原因是什么（从议员和革命者的角度来看是“失败”，而在保守派看来并非如此），人们最终的感觉是，后康德哲学已经精疲力竭，它的潜力已经彻底用光了。19世纪30年代的口号是“青年德意志”（就像“青年意大利”等那样），这使得“青年”（其与活力、能量、改变相联系）成为当时的主导隐喻，但到了19世纪50年代，人们开始感觉，“德意志”是一种苍老的生活形式[6]。甚至正相反，不是“青年”而是幻灭和顺从成了哲学和一般理智生活开始被大范围放弃的情感背景。“唯物主义”取代“观念论”成为新的座右铭。关于这一时期的特征，俄国作家伊万·屠格涅夫——19世纪40年代时他曾在柏林学习——在他的小说《父与子》中高声说道：“是啊，以前有黑格尔主义者，如今有了虚无主义者。我倒想看看他们在没有空气的真空里怎样生存。现在请你按一下铃，老弟，到我喝可可的时候了。”

注释：

［1］参见Pinkard，*Hegel*：*A Biography*。

［2］参见Volker Gerhardt，Reinhard Mehring，and Jana Rindert，*Berliner Geist*：*Eine Geschichte der Berliner Universitätsphilosophie*（Berlin：Akademie，1999）。

［3］沃伦·布瑞克曼对这一时期宗教与政治之间关系做了比较好的并更具启发性的解释，参见Warren Breckman，*Marx*，*the Young Hegelians*，*and the Origins of Radical Social Theory*：*Dethroning the Self*（Cambridge University Press，1999）。

［4］参见John Edward Toews，“Transformations of Hegelianism：1805—1846，”in Frederick C. Beiser，*The Cambridge Companion to Hegel*（Cambridge University Press，1993），pp. 378－413；*Hegelianism*：*The Path To-*

ward Dialectical Humanism, *1805—1841*（Cambridge University Press, 1980）。

［5］Karl Marx, *The Eighteenth Brumaire of Louis Napoleon*, in Karl Marx and Frederick Engels, *Selected Works in Two Volumes*（Moscow: Foreign Languages Publishing House, 1962）, p. 247.［《马克思恩格斯全集》，中文1版，第8卷，北京：人民出版社，1961年，121页。——译者注］

［6］马克思和其他为了各种事业而活动的积极分子体现了对这种疲惫感的抗衡，他们坚信“历史”是一种势不可挡的进步力量，因此，他们将所有关于疲惫的表达只看作一个更美好的明天的序曲——马克思认为这些表达预示着“资本主义”社会的终结和社会主义社会的开端。

第十二章　谢林的恢复企图：审查中的观念论

317 1841年，谢林被召到柏林，在大学中获得了一个尊贵的教席，并实际上取代了黑格尔，这是哲学史上最著名的复出之一。尽管黑格尔已经去世十年，但一直没有能够与之匹敌的人取代他的地位，并且，19世纪30年代黑格尔学派的分裂（与之伴随的是这一学派中的一部分不断走向激进）使普鲁士的王储感到不安（他发现，即使他将要成为国王，他试图扭转这一趋势的努力也总是不断失败）。然而，在弗里德里希·威廉五世终于在1841年登上王位之后，这位新国王抓紧时间延揽了谢林。震惊于反基督教的、共和主义的和革命的运动在柏林日益高涨，并且自己是浪漫派哲学的热忱拥趸（自维也纳会议以来，浪漫派哲学已经脱离了其起源，逐渐承担起为德意志的保守派做辩护的角色），这位国王希望将那些既在知识界有声望又有政治敏锐性的人召集到柏林，以能够对黑格尔学派进行成功反击。众所周知，负责延揽谢林的那位大臣援引国王的话，希望对谢林的任命将能够踩灭柏林城中“黑格尔泛神论的龙种”[1]。

1841年，当他终于来到柏林并做了就职演讲时，谢林是德意志乃至整个欧洲最著名的哲学家，尽管自1809年以来他没有出版过一部哲学著
318 作[2]。然而，消息已传出多年了——部分是通过学生上课笔记的流转——说谢林已经改变了他早期的部分观点，而相信谢林早期著作的重要性这种信念从未消退[3]。

在黑格尔去世十年后，谢林在柏林向热情的听众们发表了他的就职演讲，当时座无虚席。在这些听众中，有年轻的弗里德里希·恩格斯、索伦·克尔凯郭尔和米哈伊尔·巴枯宁；其他参加了全部系列讲座的包括弗里德里希·冯·萨维尼、雅各布·布克哈特、亨里克·斯蒂芬斯、弗里德

里希·特伦德伦伯格、利奥波德·冯·兰克，以及政府、宫廷和军队的许多高级官员。对谢林所寄予的希望是相当高的，甚至有些荒诞——实际上是希望谢林通过一系列哲学讲座来匡正一切，改变事态的发展。（例如，除了希望他踩灭“黑格尔泛神论的龙种”之外，谢林的任命书还表达了国王的如下愿望：他的教学内容也将会终结“国内纪律消解”的状况，国王显然认为，这种状况在德意志境内是相当普遍的[4]。）可以表明当时人们的热情有多高的是，在柏林，几乎每个人都可以预期，一位纯粹的哲学教授，仅仅通过一系列讲座，就能够完成任何正在接近完成的事情。如果从这些期待来看，谢林必然是失败的。令国王和他的顾问们感到吃惊和不安的是，他们看到，参加谢林柏林讲座的最初热情和兴趣不仅逐渐消逝了，而且开始明显降到这种情况，即如果他继续讲演，那么他只能面对空空如也的大厅。根据任命书，谢林根本没有义务做讲座，因此他适时地停止了讲座，如他所说，为的是以更多的时间来从事他的学术计划和写作。

谢林 1809 年后的发展：中期 319

当然，当谢林 1841 年来到柏林时，他早已放弃了使他年少成名的“同一哲学”。早在 19 世纪初，当他的自然哲学日益占据他的体系中的基础地位时，他就已经开始摆脱同一哲学了。在 1809 年的一篇论人类自由的文章中，他明确地反对他年轻时的体系，并暗示说，康德—费希特关于“主观”和“客观”的说法本身过于有限，因而不能掌握在关于人类自由的本质的讨论中真正紧要的东西。1809 年后，他专注于提出替代性的哲学体系，以图将哲学和一种叙事神话结合起来，而这将实现谢林在 1809 年文章中提出的那些隐喻性主张。然而，到 1833 年时，他不再认为这种做法是有成效的，并开始提出一种新方案，该方案完全否弃了中期“体系”中的“神话”和“叙事”要素[5]。

这个中间阶段因“世界时代”（*Die Weltalter*）而为人所知，这是谢林这一时期所做的部分（而非全部）讲座的标题。作为一项未完成的工作，任何关于它本身的定义性总结都是不可能的，因为它发生了各种变化，而谢林本人也从未就他的这种体系形式做出任何确定的陈述。也正是在此期间，谢林更为清楚地认为，就某些关键的方面而言，整个后康德思想（包括他自己的思想）的发展是个错误。对于谢林来说，这并不意味着哲学因此应当简单地回归到正统的康德主义，而是意味着需要彻底重新思考康德主义，这将在完全规避后康德运动的同时，重新回到那个最初激发后康德运动的原初问题：由于康德自己的观点是有问题的，那么如何才能在精神层面而非在字面上“完成”康德哲学？

三个相关问题似乎正在推动着谢林努力为自己的哲学开启新的一页。首先，“第三个二律背反”问题，即我们实践中所必须预设的根本自由和
320 我们在自然中必须接受的决定论之间显然是有矛盾的。其次，自我立法的“康德悖论”。最后，谢林自己日渐增长的怀疑，即对“体系”本身的强调使后康德派（包括谢林本人）对思维与存在之间不可化约的差别视而不见，而康德本人从来没有犯过这种错误。由于放弃了康德的直观学说或试图从一个原则中推导出康德的全部体系（如谢林所认为的那样），所有的后康德派哲学家实际上都将逻辑和存在相混淆了；他们是在这种幻相下工作的：一种连贯一致的思想体系与世界的存在方式必然是一致的。（后来的哲学家会把这种想法贴上“证实主义”的标签，这种学说认为，没有什么可以被说成是存在的，除非它能够被人为地证实为存在的——例如，断言它存在的命题能够被证明是符合已接受的证据标准的——这种学说似乎是使存在物依赖于人的证实能力。）我们不得不以某种方式**思考**这个世界，但这并不意味着这个世界必须是这样的。这又使谢林怀疑，“理性”并不能要求知道所有这一切。不过，谢林继续拒斥康德在不可知的自在之物同我们经验和思维事物的必然方式之间所做的区分，他对任何滑向非理性主义的做法都持怀疑态度：对于他来说，对理性的统治范围的质疑，并不是彻底消解理性的根据。

谢林似乎是将自己早期的“同一哲学”看作将思维领域和存在领域混为一谈的范例。然而，他也越来越认为，他之前的朋友兼同事黑格尔的体系，在这方面所犯的错误同样不少。在谢林看来，黑格尔的“体系”不过是对“如果我们必须如此这般思考”“那我们必须思考什么”的扩充发展。也就是说，谢林认为，尽管黑格尔的体系只是真正阐述了各种概念的含义之间相互依赖的方式，但它却声称是一个关于世界本身的体系。谢

林怀疑的是，在这种意义上，任何一种单一的体系都是可能的，所有这种体系都预设了思维（或理性）与存在之间的“终极二元论”，它是不能被克服的，因而只能以听起来矛盾的方式来陈述，由此“思维”（或“理性”）必须承认它对它的“他者”的依赖。后康德观念论的错误正是忽视了思维和现实之间的绝对异质性（或认为思维本身能够以某种方式克服这种异质性）。

在某种程度上，谢林认为，费希特的提问方式——“自我”必须设定“非我”——是有些道理的（尽管不是费希特所认为的那样），因此构成了所有思想的基线位置。然而，在谢林看来，“自我”（用费希特的说法）在必须设定它依赖于某种它并未设定的东西时，它也应避免如下主张的诱惑：这种“设定”（“非我”）在某种意义上“只能”被解释为一种设定。不过与此同时，在这样说时，谢林也不想放弃“绝对”。尽管将这放在费希特的术语（是“自我”设定了“非我”）中，听起来也已是太过主观主义了。最终，事情必须是，主观的视角本身受惠于某种不是主观视角本身的东西，而它必须承认它对这种东西的依赖。由于他对宗教生活的兴趣日浓，谢林自然主张，这必须（最终）是上帝，并且在他对这个问题提出自己的想法时，他相信，哲学已经证明了基督启示的必然性。 321

然而，他并没有直接提出这一观点。相反，他陷入到陈述康德遗产意义为何的问题当中，而这份遗产的内容是，我们要服从那些能够被视为由我们自己创立（self-legislated）的理由。在1809年的文章之后，谢林逐渐相信，如果我们遵循这一思路，那么就必须承认，总是有一些本身不是由我们创立的理由，而我们不得不从别处找寻它们的权威性——这意味着问题变成了，我们如何使根本自由与这种对不由我们创立的原则的接受协调一致。他的全部后期工作都是在试图以各种方式来处理对这一问题的理解。

他撰写《世界时代》（直到他放弃这一观念之前，他一直承诺要出版它）的这一时期，可以说是他的写作最晦涩的时期（当然，他的著作从来不是最清晰的）。他的早期著作基于如下观念：哲学中最重要的问题是，如何转变我们关于世界的“图像”；因此，哲学立场的真正基础依赖于“智性直观”，即依赖于如何重新描述我们在世界中存在的方式，以此来消解问题而非反驳问题。而在中期，因受但丁《神曲》的启发，谢林开始寻找一种方式来应对关于自我立法的“康德悖论”，而这种方式可能开辟一种更具文学色彩的、对紧要东西的“直观”方式，因此，他开始创造一种新的“哲学神话学”，他相信，这将带来适合于现代世界的新感
322 性。与许多部分地受到他青年时期著作启发的浪漫主义者不同的是，谢林并未放弃康德的自由理念，并且相信，康德的体系是现代生活方式的催化剂和预兆。

尽管他最终放弃了尝试提出一种新的、直观的、神话—叙事的哲学研究模式的实验，但在此前近 20 年的时间里，他构建了数个“世界时代”的草图。所有这些草图中都有一个占主导地位的主题：正如各种对立（例如“甜还是不甜”）都没有穷尽所有表征事物的方式（例如，这种方式不能恰当地表征数量）那样，谢林认为，关于“事物是这样还是不是这样”的观念本身，并不是表征“绝对”——也就是上帝——的唯一方式，并且，由于我们人类的思维方式需要将对立作为规范性基础，因而对上帝的理解必须是直观的，也就是隐喻的和间接的，而这又要求一种讲“神话”的方式（类似于柏拉图在他的对话中所说的神话），这可以重新调整我们“看”事情的一般方式。

当然，这种思考上帝的方式，是彻底思考一个旧基督教难题的方式之一，这一难题就是，永恒的上帝（因而是无时间性的）和时间性乃至于世界的历史性之间是什么关系（因此这一难题也是，如何将上帝设想为世界的“创造者”）。作为永恒的，“绝对”“自在地说既不是存在的也不是不存在的”[6]。如果世界要想存在，作为一个统一体的这个“一”、这个“绝对”必须“决定”进入实存当中。然而，这个“绝对”不是上帝；它是“原初本质”（*Urwesen*），它先于一切时间性、先于世界。通过利用一系列德语词，谢林试图提出一种柏拉图式神话，其内容是，创造世界的是一个“决定”（*Entscheidung*），其本身是一种切割（*Scheidung*），作为“一和一切”的原初本质对自身进行分割。随着这种永恒的“原初本质”将自身分为永恒和时间两部分（当然，这一活动本身不是在时间中发生的），上帝实际上**出现了**。

正如谢林所看到的那样，问题之一是（这也是《世界时代》的各个

片段所证明的）必须讲清，这个“一”**为何**将自身分为上帝和世界（以
及它是否**必须**这样做）。在一些片段中，谢林似乎认为，我们必须将“原 323
初本质”设想为自在地矛盾着的（或至少是自身中有某种基本的、二元的张力），这样我们就能认为，是这种张力创造了世界；在这个故事的讲述中，必须有“肯定”方面和“否定”方面这两极，这与“原初本质”本身是内在相关的，这最终将这种本质分为两部分（分为永恒的上帝和暂时的世界）。然而，在其他表述中，谢林则认为，更应当设想在“原初本质”中有两种意志在起作用，一种意志不欲求任何东西但却能够成为一切，另一种意志则是为了实存而奋斗。它是“实存的开端”，并且是“对时间的可能性的设定”[7]。（谢林将后一种说法描述成关于永恒和时间的“最精妙、最纯粹的二元论”[8]。）因此，“原初本质”在自身内建构起来的分裂，可以被设想成是通过一种“神圣历史”而被克服的，在这种历史中，“原初本质”将自身分为上帝和世界，而这又以上帝和世界的和解（统一的恢复）告终。然而，我们可以将各种“世界时代”看作这一神圣历史的不同阶段，而后，谢林根据基督教的圣父（作为过去）、圣子（作为当下）和圣灵（作为人神和解的未来）观念对此做了解释。“原初本质”要想摆脱出生与重生、收缩与扩张的无限循环中的孤独，那就必须创造出这个暂时的世界，因为它既努力保持与自身的统一（这样它就不需要任何东西），而又努力使自己成为实存的（这只能借助这种原初破裂来实现）。

谢林试图创造这种新的哲学神话学的目的是，建立一种适合于现代的、更能从哲学角度理解的神话学。他最终放弃了这一尝试，因为他认为这依赖于一个关键的错误，但重要的是要看到它及他的早期作品中的动机的连续性[9]。在其全部著作中，谢林一直在试图实现自由原则。在中期，
他认为，自我立法的悖论必须原样保留。虽然我们不能理性地理解自由， 324
但谢林还是试图证明（不过没有成功），我们能够给自己讲述一种关于自由的神话，这将使得我们能够理解它。就像一些打算步其后尘的存在主义者那样，谢林认为，“不可思议的原初行动（一个人的自由是在这种行动中被第一次决定的）观念”接近于我们对自由的理解，我们也能想象一种神话，它将使我们从叙事的角度出发，将自己的自由看作绝对开端的神

圣历史的一部分，而这些绝对开端又受限于我们自身当中的张力[10]。（谢林认为，在一个人拥有性格这种观念中，同样可以发现“康德悖论”：性格决定了我们做什么，甚至决定了我们愿意接受哪种理由，并且“人们公认的是，没有人会遵循理性或反思来选择他的性格。……类似地，每个人都认为这种性格是自由的产品。……因此，普遍的伦理判断辨识出了一种人人皆备的自由，这种自由以自身为根据，以它的宿命和必然性为根据。……绝对自由……是能够完全成为对立双方中的一者或另一者的能力”[11]。）因而，我们自己的自由能力只能被理解为世界时代的神话般的神圣历史的一部分。谢林解决悖论的方法就是将解决方法推回到神话学。

晚期哲学：谢林的柏林时期和“启示哲学”

在 19 世纪 20 到 30 年代，令谢林自己恼火的是，他关于“世界时代”的想法已经在德意志流行起来；学生们做了笔记（有些是以速记形式做的，而后他们又将之转录为更具可读性的笔记），这些笔记不断被复制和传播。然而，当他到达柏林时，他抛弃了这个创造一种新的神话学的计划，因为他认为这误解了理性本身的局限和功能。此外，谢林还认为，创造一种新的“哲学神话学”的整个观念本身，被误解成要取代对自由（特别是上帝的自由）做充分的哲学解释。尽管如此，他还是坚持认为，那些早期的后康德观念论体系做得太过了，因为它们试图创造一种完全自
325 给自足的观念论。谢林自己深厚的宗教态度（他年轻时曾接受过泛神论，此后他坚定了基督教立场）同他、费希特或（特别是）黑格尔所曾试图呈现的令人满意的后康德观念是完全不一致的。

然而，在谢林思想的整个发展过程中，始终有着这样一个信念，即后康德观念论需要一种关于能动性和世界的彻底的**形而上学**，这种学说所讨论的是，我们如何才能真正成为现代性所要求的那种自由行动者。谢林始终坚持他年轻时的信念，即这种形而上学必须是对超越了主客视角的“绝对”的解释。在他的年轻时期，似乎要求的是一种自然哲学；在他的中期，似乎要求的是一种关于绝对之自我创造的柏拉图式神话；而在他的成熟时期，则要求在他所称的“否定”哲学和“肯定”哲学之间做区分。

尽管如此，由于欧洲的哲学和文化自培根以来（在德意志则是自康德之后）已经逐渐摆脱形而上学，所以关于“肯定”哲学和“否定”哲学的形而上学必须根据培根和康德的成就来建构[12]。

正是提出这种新的形而上学的尝试推动了谢林的柏林讲座。虽然这些讲座没有达到最初的预期目的，但它们深刻地影响了此后对观念论的接受。就像他所有的其他尝试那样，谢林也从未出版这些讲座。他的成熟著作通常被称为《启示哲学》，因为这是他 1843 年出版的一本讲座集的标题，尽管这不是谢林自己起的标题。（年岁相当大的理性主义神学家海因里希·保卢斯在黑格尔和谢林走上哲学事业之初曾与他们有交集，在近 40 年的时间里，他都在鼓动人们厌恶谢林，正是他出版了谢林 1841—1842 年讲座的抄本，因为他认为这将表明谢林的思想都是骗人的谎言；谢林试图阻止出版，并因此控告保卢斯，但他没有赢[13]。）

这些讲座的目标很难说是谦逊的。谢林试图使他的听众们相信，他正在向他们证明的是，“我们现代人”需要一种新的哲学宗教，而他将会就这种新的哲学宗教看起来是什么样的提些入门知识。相当自相矛盾的是， 326
他的导论充满了对“片断化的”现代世界的哀恸——这恰恰是 18 世纪 90 年代和 19 世纪初的后康德哲学曾承诺解决的境况。现在，谢林告诉他的听众们，他最终要通过观念论来兑现早年的承诺。

在柏林讲座中值得注意的，是对康德的赞扬和对黑格尔的批评。同样值得注意的，是谢林在这些讲座中显示出的近乎狂妄的自信。在这些讲座中，谢林赞扬康德，并将自己与这位柯尼斯堡的哲人放在同一阵线上。谢林告诉人们：“康德开启了真正的科学（*Wissenschaft*）以后，我一无所失。特别是，我应当如何放弃我自己早先建立的那种哲学、放弃我年轻时代的那种发明?”[14]他向他的听众们承诺，他所要做的，不是“以另一种哲学来取代它，而是要提出一种新的哲学”，“迄今为止”，这种哲学“一直被认为是不可能的”[15]。

反黑格尔的语调是双重的：既有深深的敬意，也依然有不屑一顾。谢林主张，他自己的同一哲学真正恰当地完成了康德哲学；但是可以说，黑格尔以自己的方式完成了同一哲学，因为他得出了它的逻辑结论，并且在这样做时，显示出了它的局限和不令人满意的地方。之后，谢林提到了黑格尔在哲学史讲座——这些讲座是在黑格尔去世后的 1833 年出版的，并且谢林已经读过它们了——中对谢林的看法，即认为谢林对“智性直观”的诉诸，不过是一种猜想，而不是证明，这更像是诉诸“神谕”[16]。黑格尔在这些讲座中解释说，谢林体系的核心观点——主客之间的差别本身既不是主观的，也不是客观的——本身只能以“逻辑的方式实现……但逻辑的考察却是谢林在［他的体系的］阐述、发挥中所没有达到的”[17]。谢林对黑格尔的批评的回应是，承认黑格尔的确“只保留了他的哲学中的基本思想”，甚至是“完成了”它（虽然他认为黑格尔误解了他所说“智性直观”的含义）[18]。然而，黑格尔的批评虽然在某种意义上是大体
327 正确的，但实际上却完全漏掉了早期后康德观念论的关键错误。作为谢林哲学的完成，黑格尔的体系只是一种关于**思维**的体系，而非关于现实的体系。在谢林看来，黑格尔的体系是一种关于“理性”和“逻辑”的体系，也就是一种由“如果……那么”的命题构成的体系，它表明了概念实质上是如何相互依赖的，而没有告诉我们世界究竟是什么样的。黑格尔混淆了我们“逻辑地”**思考**事物的方式和**现存**世界的体系，而这种混淆是以所有后康德观念论都犯下的错误为基础的。

后康德哲学的所有模式都只是谢林所说的“否定”哲学的不同版本：它们之所以能够批判思维，是因为它们都预设理性拥有执行这一“否定”任务的权威，但实际上，这只是显示了哲学的傲慢，即认为它“仅凭理性”就能批判所有其他的思维方式和生活方式，并能够提供关于世界的“真正”存在方式的最终解释。与这种“否定”哲学相对的将是一种“肯定”哲学，这种哲学从某种它可以自由地承认的形而上学“事实”开始，这种“事实”**不能**被理性本身证明，而后，它阐明从这一“事实”出发的发展，它是用理性来做这件事，但同时承认，从这种“肯定”的开端出发的发展总是由某种超出人类推理的东西来引导的，而这种东西也将引导理性本身；甚至，如果理性回避关于自身权威的问题，那么它就不能建立起自己的“绝对”权威。

在他的讲座中，谢林又一次暗指康德（尽管没有提到他确实牵挂的是什么）：康德对“理性的事实”的诉诸。在他的第二《批判》中，康德曾试图通过诉诸这样一种肯定的“事实”来解决自我立法的悖论，而黑

格尔则是将这一悖论看作关于一般规范性权威的基本观点，而后将他的体系发展成一种对如何“辩证地”处理这一悖论的解释。谢林认为，由于必须诉诸这种“理性的事实”，“否定”哲学崩溃了，因为理性的“事实”就像任何别的事实、某种“肯定”的东西那样，只是被接受的。康德的“理性的事实”实际上表明，如果不回避所有问题，理性本身不能解释它为何优于某种其他的“形而上学事实”，而“悖论”则只表明理性不能阐明自身。黑格尔至多表明，人们可以建构一种闭合的“逻辑”思维体系，但黑格尔不能表明的是，这种逻辑思维体系蕴含着现实世界（谢林认为它是做不到这一点的）。

与黑格尔相反，谢林坚持认为，对于我们的思维来说，必然有一种 328
“最终的二元论”，即我们的思维体系（对于它来说，理性和逻辑是权威）和超越了思维的东西之间的对立，这是一种形而上学的“事实”，它为诉诸理性提供了规范性基础。形成我们的自由的规范性基础的，不是“理性的事实”而是“存在”（最终是上帝），也就是说，“存在”所提供的“理由”，使我们能够选择其他理由作为我们的指导原则。（就像谢林喜欢说的那样，“否定”哲学可以得出那些内在于对理性的诉诸的结论，但不能得出如下一点，即存在着类似于理性这样可以首先诉诸的东西。）在某种程度上，这预示了所有的所谓后现代思想，谢林声称：“一切思维的开端就是不思维”，并且，“先于一切‘幂次’而来的东西，也是先于一切思维的！可以肯定的是，预先为一切‘幂次’做了准备的那种存在，我们也必须将之称为**不可预先思考的**（*unvordenkliche Sein*），它先于一切思维”[19]。

真正的“肯定”哲学始于“否定”哲学的失败，而非始于“否定”哲学自身中的一系列原则。（或者，用谢林的话来说，从否定哲学到肯定哲学并不是一种“辩证的转换”；后者始于前者的失败，但并未接受它的原则。）“肯定”哲学最显著的一点是，“它的开端不能被进一步论证”；它并非如“否定”哲学的拥护者所认为的那样，必须是（谢林所称的）“理性科学”内部的进一步建构[20]。（谢林有些自得地说，在他自己的发展中，他“只是在康德之后找寻可能的东西，这不同于黑格尔所做的，这决然不能被视为整个哲学”[21]。）不同于黑格尔，谢林拒绝将任何“绝

对性”赋予我们的思维，或者拒绝像黑格尔那样主张概念是不受限的
329 (*Uuendlichkeit*)。作为人类思维者，我们总是受限的、有限的、偶然的，是受到我们自己的历史和生活方式限制的。因而，我们将理性当作最终上诉法庭的做法（没有什么东西可以确保这种主张），只能是悖论性的，甚或是适得其反的。摆脱这一悖论的唯一方法就是承认，我们在生活和思维中依赖于某种比我们更高的东西，即依赖于某种“肯定”的形而上学事实。因此，如谢林所认为的，对这种“肯定”的形而上学“事实”的诉诸，为他提供了其1809年论人类自由的文章中曾试图发展的那种论证，这将根据对一种“更高力量”的依赖来解释人的自由和自律，同时避免用宗教语言来表达（尽管谢林显然很快就又回到了哲学形而上学和宗教形而上学的奇异混合当中）。

一种适当的“肯定”哲学将会把基督教的上帝（而非理性）理解成那种可以解释人的自由和思维的“事实”。上帝实存于他的“不可预先思考的存在”当中，并且自由地创造了一个世界，这个世界越过了他并反对他。在创世之前，上帝不过是一种存在可能（*Seinkönnen*）[22]。此外，上帝的意志是要使一切“开放、清晰并确定”，因为“上帝如果不能将他的存在概念化，他就不是真正的上帝。真正的上帝存在于他的概念化当中”[23]。也就是说，上帝作为一系列开放可能性，引发了某种可能性而非其他的可能性。关于上帝为何使某些可能性起作用而不使其他可能性起作用，我们是不能有先天洞见的，恰如“一般来说我们不能先天洞见自由行动”[24]。泛神论的关键错误（也就是谢林年轻时期观点的关键错误）是认为，世界是以某种准逻辑的方式发源于上帝的；泛神论全然误解了上帝的根本自由，因为它未能将上帝理解为“人格”（而是将上帝看作类似于“概念”或“自然”的东西）[25]。那么，上帝为何创造这个世界？谢林的回答是：“对于这一先天的描述过程来说，上帝所意愿的主要目的是他被认识。”[26]也就是说，上帝希望被他者“认识”（*Erkanntwerden*）。因此，他创造了一个可以理解的世界，在这个世界中，人们将借助于他们的理性（这也是他创造的）来认识他。

在讲座中，谢林继续提供了一种神话理论，该理论将神话作为“启示”的历史性前导，也就是将神话解释为人们最初理解他们同“不可预

先思考的存在”之间关系中紧要的东西的方式，而在上帝通过耶稣进行启示之后，这种神话就变得没有必要了。根据谢林，只有三种可能的神话：埃及神话（“对盲目原则的最为暴力的反抗”）、印度神话（“古怪的”）和希腊神话（“神话过程的终结……真实原则的安然而逝，在它的区分过程中，它在它的处所留下了一个美丽的世界”）[27]。通过将这三种可能的神话解释为人们设想上帝之可能存在的三种“幂次”的必要方式，谢林认为，耶稣的历史实存表明了神话最终是被如何克服的。神话所讲的故事并不存在；然而，耶稣是一个真实的人，他有生有死，因此他的实存不是神话。由于他已经表明先前的神话要根据关于诸神圣“幂次”的实现的形而上学来理解，所以谢林认为自己已经表明，基督教不应当被理解成以神话的方式来重写耶稣的生活故事，而应理解成对神圣启示的解释，这一启示表明耶稣是实现和解的弥赛亚。（谢林还认为，他已经“表明”物质主题不足以解释关于耶稣的许多主张；因此，谢林修正后的形而上学主题应当表明，复活等这类事情在不同幂次的历史中是如何可能的。在讲座中，谢林继续自己的演绎，甚至给出了关于基督教会和各种基督教义的历史的不同部分的新说法，在这样做时，他认为自己给出的不是一系列基督教的“教义学”，而是一种新的、哲学的基督教，它最终掌握了自身的真理，并将为欧洲的天主教和新教的重新和解提供基础。） 330

也许不难理解的是，为何随着讲座的进行，谢林的听众们（他们原本希望听到新的黑格尔）发现自己越来越难以置信。在系列讲座的最后，那些留下来的人相信，他们听到的只不过是对当前国家认可的基督教和君主制的权威的辩护。除此之外，谢林同宫廷和普鲁士上流社会的密切联系（以及他个人对巴伐利亚宫廷的友善）使得他愈益怀疑许多来听讲座的年轻人的想法。谢林为逃避巴伐利亚日益增长的保守倾向（在巴黎的七月革命之后，保守派积聚了力量）而来到柏林。当 1848 年暴动开始积聚力量时，谢林自己对“无产阶级”（他认为“无产阶级”从这些暴动中获得了力量）的恐惧和厌恶变得相当明显。在晚年时，谢林变成了一个真正的保守主义者；他并不复古，他不想回到过去。他根本不想让事情有**任何**改变，而这意味着他已完全站到统治阶级一边了。他特别厌恶新生的共产主义理论（并倾向于将 1848 年的共和主义运动等同于共产主义），他甚 331

至愤怒地建议，普鲁士军队应当枪毙所有的暴乱分子[28]。早年间，谢林曾将“限制国家本身以及国家一般即一切国家形式”说成是“我们时代的伟大任务”，而现在他却痛骂对现存社会秩序的一切挑战[29]。他当然认为，共产主义（刚刚作为一种概念和社会力量出现）只不过是一种乌托邦构想，必然是要失败；但是，在普鲁士的绝望地垂死挣扎的君主专制秩序中，他也没看到任何不适的东西。

虽然许多人都不再来听他的讲座，但谢林的影响还在扩散，尽管只是消极的。他试图以自己后观念论的、基督教的奇特形而上学取代黑格尔和所有后康德思想，这种形而上学只是使黑格尔左派中的许多人相信，宗教批判并不是一项辅助工作，而是如马克思在 1844 年发表的《〈黑格尔法哲学批判〉导言》中所说的那样，“对宗教的批判是其他一切批判的前提”。他也许同样可以说：对谢林的批判是一切其他东西的前提。不过，即使对于那些不怎么倾向于黑格尔左派的人来说，谢林作为后康德观念论运动的奠基者之一，已经对观念论提出了关键性的质疑：他指责观念论者（甚至早年的自己）未能理解我们**必须**思考的东西和事物**实际**存在方式之间的差别——也就是未能理解维持思想与事物之间的“终极二元论”的
332 必要性。在谢林之后，某些追随者将此记在心上，并将之解释为在呼吁某种唯物主义（或者我们现在所称的自然主义），也就是这样一种计划，它认为只有对人和自然的自然科学解释才算得上是解释，因而这些解释就其结构而言必然是因果性的；而另一些追随者则是将之当成对后现代哲学的呼唤，即试图说出不可言说的东西，试图超越“纯粹概念”领域，以获得关于事物的更深层次的、更为重要的真理（在许多所谓的后现代思想中依然有他们的回声）；另一些人则认为它提出了一种关于人类境况的存在论解释，因为它表明，生活的真正问题是不能用语言、不能从客观视角出发来表达的，而是需要某种别的东西，即一种将“真理看作主观性”的观点。

注释：

［1］参见“Aus Bunsens Berufungsschreiben an Schelling,” in Schelling, *Philosophie der Offenbarung*：*1841/42*（ed. Manfred Frank）（Frankfurt am

Main：Suhrkamp，1977），p. 486。谢林并未正式接替黑格尔的旧职（当时这一职位正为愚蠢而平庸的黑格尔主义者加布勒占据着），但是他被给予了一个全新的职位，其收入比其他教授要高很多（每年 5 000 塔勒，而当时教授的平均收入为 1 980 塔勒），并且获得了相当大的学术自由，而这对于当时的其他教授来说只能是梦想。

［2］1812 年时，谢林出版了一个小册子，在其中，他严厉地批评了雅可比，但这个小册子几乎难以算得上是一部主要的哲学著作。

［3］唯一与谢林在事业上差不多的是 20 世纪的维特根斯坦。像维特根斯坦那样，谢林因某些具有开创性的哲学著作而年少成名，这些著作又激励了整整一代人去实现他年轻时所勾画出的计划，而之后，他逐渐改变了他的观念，但却拒绝出版这些成果，而是满足于在讲座和未出版手稿中弄清自己的想法，这些手稿是在他去世之后才出版的。不过，维特根斯坦和谢林的相似之处仅止于此。

［4］参见“Aus Bunsens Berufungsschreiben an Schelling，” in Schelling，*Philosophie der Offenbarung*，p. 486。

［5］克里斯汀·伊贝尔对谢林这一时期的著作以及它们同德国观念论中其他潮流的关系做了极好的研究，参见 Christian Iber，*Subjektivität，Vernunft und ihre Kritik：Prager Vorlesungen über den Deutschen Idealismus*（Frankfurt am Main：Suhrkamp，1999）。

［6］F. W. J. Schelling，*The Ages of the World*（*Fragment*）*from the Handwritten Remains：Third Version*（*c. 1815*）（trans. Jason M. Wirth）（Albany：State University of New York Press，2000），p. 23. 同样的话出现在 1811 年的片段中：“成为一切……这种永恒的自由”，是“超越了所有时间的”，见 F. W. J. Schelling，*Die Weltalter：Fragmente. In den Urfassungen von 1811 und 1813*（ed. Manfred Schröter）（Munich：C. H. Beck，1946），pp. 14－15。

［7］Ibid.，pp. 17，18.

［8］Ibid.，p. 89.

［9］并不是所有的谢林解释者都将这看作一个错误；有一批受后现代的海德格尔思想影响的思想家认为，谢林的“世界时代”是具有启发性的，他们远离哲学，走向了某种更具诗意的“思维”模式，因而并不

认为理性是最终的上诉法庭。例如，1815 年手稿的译者杰森·沃思赞扬并热切地捍卫谢林的尝试，他认为这一尝试是一首“宇宙之诗”，是对“不拘一格”思想的庆祝，是要说出不可言说的东西，参见 *The Ages of the World (Fragment) from the Handwritten Remains* 的译者导言。

［10］Ibid.，p. 78.

［11］Ibid.

［12］参见 Schelling，*Philosophie der Offenbarung*，p. 128。

［13］曼弗雷德·弗兰克对这一文本的历史和保卢斯与谢林之间的敌对做了极好的解释，参见他在 *Philosophie der Offenbarung* 中所写的译者导言。

［14］*Philosophie der Offenbarung*，p. 95.

［15］Ibid.

［16］Hegel，*Vorlesungen über die Geschichte der Philosophie*，*HeW*，XX，p. 435.［《哲学史讲演录》（第四卷），353 页。——译者注］

［17］Ibid.［同上。——译者注］

［18］*Philosophie der Offenbarung*，p. 122. 也可参见 p. 126：“如果人们［凭借智性直观］理解了一种与主体—客体的内容相符的直观，那么就可以谈及一种智性直观，不是谈及主体，而是理性本身……在此，理性是进行直观的，也是被直观到的。”

［19］*Philosophie der Offenbarung*，p. 161. 在这里，*unvordenkliche Sein* 这一术语译为“un-thinkable-in-advance Being”。没有什么好的方式来翻译 *unvordenkliche*。严格按照字面意思来说，它的意思是“不可预先思考的”。谢林《世界时代》的译者杰森·沃思选择将之译为“unprethinkable”，其他人则建议译为“preconceptual”。我认为，谢林在这个新词中所试图表达的是，我们在谈论存在之前是不可能有对存在的“思维”（特别是概念）的。换言之，谈论存在物（实体，*Seienden*）的方式已使我们对存在（*Sein*）的理解卷入到一个推理网络当中，而这个网络限制了这种理解。谢林想要说的是，我们不能以非概念的、非命题方式把握存在（这种把握总是超出我们就存在所给出的特定推理表达）。就此而言，谢林相当明显地预示着后来的海德格尔，尽管海德格尔指责谢林将实体和存在同他对

一种哲学**体系**的坚持合并了起来。

［20］*Philosophie der Offenbarung*，p. 138.

［21］Ibid.

［22］海德格尔也用过这一术语。

［23］*Philosophie der Offenbarung*，pp. 168，161.

［24］Ibid.，p. 188.

［25］Ibid.，p. 175.

［26］Ibid.，p. 189.

［27］Ibid.，pp. 221，222，223.

［28］参见 F. W. J. Schelling，*Das Tagebuch 1848*（ed. Jörg Sandkühler）（Hamburg：Felix Meiner，1990），p. 71。

［29］F. W. J. Schelling，*Grundlegung der positiven Philosophie*：*Münchner Vorlesung WS 1832/33 und SS 1833*（ed. Horst Fuhrmans）（Turin：Bottega d'Erasmo，1972），p. 235. 转引自 Jörg Sandkühler，"Einleitung：Positive Philosophie und demokratische Revolution，" in F. W. J. Schelling，*Das Tagebuch 1848*，p. xxxix。

第十三章 “康德悖论”与现代的绝望：叔本华和克尔凯郭尔

333 **叔本华的后康德主义观念论：浪漫的悲观主义**

几乎从所有方面来说，叔本华都应当被看作一位后黑格尔哲学家，尽管按年代来说，他的主要著作《作为意志和表象的世界》与黑格尔的《全书》大约是同时出版的（前者是 1818 年，后者是 1817 年）。然而，只是在 19 世纪 50 年代之后，也就是黑格尔去世近 20 年后，人们才认可叔本华的工作可能提供了另一种后康德哲学，它既不同于费希特和谢林开启的、黑格尔似乎完成了的那种后康德哲学，也不同于弗里斯及其学派的以经验为导向但却坚持宗教情感主义的后康德主义。

叔本华自己的生活与后拿破仑时代的那代人的生活是重叠的：他出生于 1788 年，去世于 1860 年。因为他的父亲是一位富商，所以叔本华一生生活优渥，这使得他能够独立于学术环境而贯彻自己的更为奇特的路向，尽管终其一生，整个德意志学术界一直或多或少都不接受叔本华的工作。例如，海涅在他写给法国人的关于德国哲学状况的书中根本就没有提到他。实际上，直到晚年，在学术界之外的那些人才开始更多地关注他。然而，叔本华经济上的独立使得他全然不受影响；例如，1844 年，他自己补贴，再次出版了《作为意志和表象的世界》，并扩充了内容——第一次出版时应者寥寥，并且在他生命中的大部分时间中没有人要求再次出版，但这些都没有使他却步。

早年间，叔本华也接受了广泛的教育，包括在英国读小学（这使得
334 他余生都能流利地使用英语），在魏玛读中学（在他父亲自杀去世后，他

的母亲移居此处)。在魏玛时，他被介绍给歌德和其他杰出人物，并同他们保持着某种联系（他的母亲同他们的关系也非常好）；1811 年，他到柏林修习哲学，但是，他对反对拿破仑的所谓“解放战争”袖手旁观，而是更喜欢私下做他的博士论文（《论充足理由律的四重根》），并于 1813 年完成了它。（叔本华对围绕着战争的民族主义热情根本不感兴趣，他所关心的不过是，战争期间大学的关闭只是给了他更多空闲时间来学习。）在完成了学位论文之后，他转而写作他的主要著作《作为意志和表象的世界》，该书构成了他之后全部思想的基础。尽管在随后的版本中他增加了一些内容，并做了很大的扩展，但他从未改变其中的基本内容。尽管他曾跟随费希特学习并认识黑格尔，但却深深地鄙视他们。有一个众所周知的事件是，叔本华在柏林做编外讲师时，将自己的讲座安排在与黑格尔的讲座相同的时间内；这一举动激怒了柏林的其他教师，因为一名教授的收入，一部分来自那些前来上课的学生所支付的课程“入门费”，而一名年轻讲师以这种方式挑战一位全职教授的生计是不恰当的。事实证明，黑格尔无需担心；最初只有几个学生来听叔本华的课，到后来一个人都没有了，叔本华不得不在一种有些耻辱的状态中离开柏林。

这当然没有缓和叔本华对黑格尔的厌恶，没有多少争议的是，他可以自称是“黑格尔仇恨者俱乐部”的创始成员之一（叔本华将这扩展到鄙视各种“大学哲学”，可能是因为“大学哲学家”总的来说都忽视了他）。叔本华竭力促成这样一种黑格尔形象：一个江湖术士、一个冒牌哲学家，他以一个厚厚的、密不透风的词汇表来掩盖自己的空洞无知，他给了自己的工作以一种华而不实的深奥表象，以愚弄毫无戒备的、智力有损的公众。尽管叔本华个人的确厌恶黑格尔（以及费希特甚至是谢林），但这也是以后康德这代人之间的竞争为基础的，即看看谁将是康德的继承者，谁将按照康德之精神而非其“字面”来行动，在他的大部分生涯中，叔本华似乎是输掉了这场竞争。然而，尽管他缺乏公众方面的成功（直到晚年才获得了公众的关注），但叔本华始终坚持认为，必须抛弃莱因霍尔德、费希特、谢林和黑格尔（以及弗里斯和所有其他后康德派哲学家）的著作中的后康德哲学要素。在他看来，他们对康德“精神”的扭曲并未推进康德，因此如果人们想要使情况有所变化，就应当回到康德来获取 335

灵感，而不是阅读其他后康德派的语料库。

尽管如此，正如许多第一代后康德派所做的那样，叔本华认为康德思想中的关键要素在于关于不可认识的自在之物和建构**现象**世界的人类理智自发性的学说当中。对于叔本华来说，后康德主义的重大错误（这始于费希特）就在于否认自在之物。不过，像他声称鄙视的那些后康德派那样，叔本华也试图以一种更为适当的方式来表达康德自己的“现象的超感性基底”观念，用康德自己的话来说，这是“既非自然，亦非自由，但却与自由的根据即超感性之物相联的东西”[1]。叔本华认为，为了做到这一点，人们必须忠于康德自己对如下信念的破坏，即传统形而上学已经使理性有能力辨别自在之物的结构，因此，人们必须坚信康德自己对知识的限制，即人只能认识现象，而不能认识自在之物（即使人们如叔本华那样认为，康德自己“扣除”自在之物观念的做法是错误的）。为此，叔本华认为康德三大《批判》所要说的是，关于世界，我们能够以推论的、概念的方式认识的，就是我们通过关于它的**表象**（*Vorstellungen*）所获得的东西。不过，如康德本人所主张的，我们也知道一个实践问题，即我们（或我们的意志）是无条件自由的（尽管我们在理论上不能证明我们是自由的）。因此，我们关于我们是自在行动者（作为本体而非现象）这一点也是有所认识的，这种认识超出了我们的理论认识能力。

当我们**必须表象**世界时，我们或多或少恰恰是在按照康德所描述的那样来看待它：一个由各种根据严格的决定论意义上的因果律相互作用的实体所构成的世界。然而，这个世界就其本身而言不必是如此存在着的。叔本华断言，这种将意志视为自由的、毫无阻碍的努力的知识，就是关于自在之物的知识，并且这种意志能力不仅仅是对“我们”的自在所是的刻画，而且还是对**世界**的自在所是的刻画。叔本华自己对如何达致作为自然和自由之共同基础的“超感性基底”的理解，与谢林在其自然哲学中提出的策略是不同的。谢林试图在一种自然的“理念”中找到某种方法来调和牛顿自然观和自由的实践要求，这种理念是先于这二者的，而叔本华则是接受了我们对自然的认识（“作为表象的世界”）与世界之本体现实之间的不相容性（他认为这是康德所指责的）。谢林所主张的那种主客“统一”并不存在，因此也不可能有对将会建立这种统一的“绝对”的

"智性直观"。因此，叔本华说，谢林（及黑格尔）试图在一个"统一的"概念中来解释能动性和自然，这种企图不过是"可怕的并且是最无聊的瞎吹牛"[2]。

因此，关于自然的经验得以可能的条件包含着"主客之间不可分的相互依赖性，以及不能取消的主客之间的对立"[3]，因而，如果我们要想找到世界的"内在根据"，即现象的超感性基底，我们就必须指望某种不同于**表象**本身结构的东西。叔本华的结论是，人们不可能到主客对立的后面去找到某种更深层的、能够统一它们的东西；人们必须放弃表象的立场，这种立场首先要求的就是主客的根本对立[4]。

我们对自身的最基本认识，是通过对我们在世界中的具体在场的把握实现的。这种把握有两个方面：首先，我们将身体表象为某种物质实体，它根据因果规律来与物质世界中的其他实体相互作用；其次，我们又意识
到身体是对我们的**意志**的表达[5]。这两种理解是相当不同的，叔本华诉 337
诸我们关于这一点的经验感觉来论述他的观点，即我们对自己身体的理解，完全不同于我们对其他物质对象的掌握。其他的对象是惰性的，但我们认为我们自己推动自己在世界中活动（而不是"被推动着"在世界中活动）。在以这种方式将我们的身体理解为我们的意志的**表达**时，我们是将自己**当作**自在之物来理解的，即理解为一种不处于因果序列当中的"意志"，尽管它能够开启自己的因果关系序列（从行动到结果）。

基于此，叔本华提出，我们因此将自在之物的本质理解成"意志"的本质（或者至少是与意志类似的）。也就是说，我们只能通过自己的实践意识来掌握自在之物，即意识到我们能够推动自己在世界当中活动，同时相对独立于世界中其他东西的控制；尽管我们不能通过诉诸理性来认识自在之物的本质（如康德已经表明的，当我们将纯粹理性的要求应用到自在之物上时，这种认识自在之物的方法将只会使我们陷入不可解决的冲突——二律背反——当中），我们还是可以通过类比来假定，无论自在之物是什么样的，它们都拥有"意志"的结构。通过利用我们自己意志的直接经验，我们能够以类比的方式确定，自在世界就是"意志"、是无根据的努力的一种情况，它拥有各种不同的经验表现形式[6]。康德的重大错误就在于断言，我们根本无法认识自在之物的本性，而这种观点与他忽

视了如下一点有关：我们的反思性理解可以摆脱对经验中被给予东西的依赖，并通过运用类推概念来掌握这种经验的“根据”。（叔本华坦率地承认，他理解自在之物的本性的路线是与康德不同的，而且他还认为自己的更为优越[7]。）

由于意志是一种自在之物，所以不能诉诸充足理由律来解释，如叔本华所看到的，这意味着，原则上不能解释，为何我们会意愿一个东西而非另一个东西，尽管从理论视角（现象的视角）出发，我们必须假定每一个行动都是被严格决定的。身体就是意志的经验现象，那些适用于运动中
338 的身体的解释（无论是通过牛顿的方法还是诉诸动机），当它们应用到作为现象的身体上时，它们就能取得好的效果，但是，如果应用到身体所表达的东西，即应用到意志上时，它们就突然失灵了。作为经验现象——作为有血有肉的、生活在自然世界（“表象”世界）中的人类——我们完全是被决定的；作为意志，我们又是独立于自然因果秩序的。

如叔本华清楚认识到的，困难在于说，“我们”或“我”自在地是“意志”，因为作为自在之物，意志“站在时间和空间之外了，从而也不知有什么杂多性，从而是‘一’了”[8]。处于现象领域——在叔本华的解释中，这更像是梦、幻相、玛耶（Maya）女神的恶——背后的，是真实的自在之物，它是永不停息的、没有目的的、奋斗着的“一”“意志”。这才是自然的“超感性基底”，是为“一切”奠基的“一”。像他所厌恶的其他后康德派哲学家那样，叔本华实际上认为，康德主义不得不终结在某种准斯宾诺莎主义当中，为的是避免使自由和自然之间的关系完全无法理解，这一结论自第一《批判》的“第三个二律背反”以来就似乎威胁着康德主义。叔本华的结论是：意志“它呈现于一株或千百万株橡树，都是同样完整的，同样彻底的”，内在存在本身“在自然界每一事物中，在每一生命体中，都是完整的、不可分的”[9]。相当奇怪的是，就像他所讨厌的谢林那样，他也援引柏拉图来解释这一点，并且像谢林那样，他也就有机生命如何不能以机械论的方式来解释这一点提出结论：意志在现象中的对象化（以此方式，作为单一的自在之物的意志，向表象它的行动者显现出来）就相当于是柏拉图的理念；由于每种基本的“对象化”类型都是一种不同的理念，是一种根本上不同的意志显现（将自身对象化）

方式，所以，以适用于“较低”层次现象的视角来解释“较高”层次的现象是无效的，不同的“层次”应当被看作“意志”试图充分表达自身、形成关于自身的自我意识模式的不同方式[10]。

意志以关于世界的自觉的表象知识的形式将自身“对象化”所带来 339
的问题是，这种“对象化”导致了认识的行动者和世界的更深层实在之间的鸿沟，导致一个行动者可能甚至主动地完全误解，在这种无目的的奋斗中，什么对于他来说是终极紧要的。因此，对于这种具有自我意识的行动者来说，需要有一种特殊的天赋和一门特殊的学科，以使他们认识到，“意志”是它们自己的意愿的基础——也就是认识到，他们自己的个人计划、事业和奋斗，都不过是无目的的奋斗的一种经验的、现象的反映（或“客体化”），这后一种奋斗就是自在世界的本性。看到这一点的那种天赋最为明显地表现在“天才”身上，“他能够独立于充足理由律来认识，不是认识那些只在关系中而有其存在的个别事物，而是认识这些事物的理念，能够在这些理念的对面成为这些理念的对应物，亦即不再是个体而是纯粹的认识主体”[11]。

这显然不同于康德所得出的结论，特别是不同于康德对美的东西的经验的解释；康德将之描述为对“无目的的合目的性”的经验，即这样一种感觉：事物根据一种我们不能陈述的目的组合起来，但这种目的却促使我们对它感兴趣，因而向我们揭示出我们道德职责的约束力。而对于叔本华来说，由于认识到世界是“意志”，所以我们能够理解到我们自己的奋斗是**徒劳的**，因为“意志”在做事情时是没有目的的（因此原则上来说它也不能得到满足）。据此，我们可以拥有的唯一目标（如果可以称之为一个目标的话）就是摆脱对一般目标的追求，放弃个体性的幻相（这种幻相对于我们将世界经验为“表象”来说是必要的，因为如康德表明的，自然世界的客观性要求这样一种主观的、个体的世界观），并变成一位“无私的”认识者，即一种可以说不是视角的视角。

并不奇怪的是，叔本华自己和康德之前的差别也表现在他对崇高经验的刻画上。在第三《批判》中，康德区分了“数学的”崇高和“力学的”崇高。前者涉及不可估量其大（或小）的要素，这使得我们甚至不能以一种感性的方式来想象地将它呈现在我们的反思当中（例如无限大

340 是不能以感性的方式具体化的）。后者（力学的崇高）向我们呈现的是某种能够轻易压制我们的、巨大且无法抵抗的东西（飓风、巨石），在认识到我们的身体不足以抵抗这些东西的同时，我们也认识到，我们具有在道德上抵抗它们的能力、**意志**——在面对我们的有限身体不能抵抗这些力量时，承认我们自己的无限尊严。而对于叔本华来说，关于力学的崇高的经验使我们摆脱了自己的意志："那种纯粹认识的状态要先通过有意地、强力地挣脱该客体对意志那些被认为不利的关系，……超脱于意志以及与意志攸关的认识之上，才能获得。"[12] 类似地，对于康德来说，对自然美（与艺术、人造美相对）的接受，证明了一种"美的灵魂"，即一位适应了自然的"无目的的合目的性"的行动者，自然的结构就好像正是与我们的认知机能和道德愿望相匹配似的，这使得我们的道德生活有了一种非概念的方向点；对于叔本华来说，这种非认知的方向只是更为清楚地表明我们是如何超越意志的，由于"客体的美……把意志和为意志服役的，对于关系的认识推出意识之外了，使意识剩下来作为纯粹的认识主体，以致对于意志的任何回忆都没留下来了"[13]。

就像叔本华厌恶的早期浪漫派那样，他认为审美经验要优于所有其他形式的经验。他说，艺术使我们洞见到理念，即意志在经验世界（"表象"世界）当中的"对象化"，更高的艺术处理更高的理念。简言之：审美经验并非（如康德所主张的那样）用于向我们揭示我们的道德职责，而是一种用来摆脱"意志"诸条件的工具。艺术使我们产生"绝对的无欲——这是基督教和印度智慧的最内在精神，可以产生一切欲求的放弃，意志的收敛，意志的取消，随意志的取消也可以产生最后的解脱"[14]。（对于叔本华来说，崇高的反面是迷醉，因为它诱使我们有了虚幻的满足感和充实感，引诱我们幻想，在人的生活中满足才是最终可能的。）叔本华的思想被称为悲观和顺从的哲学是有原因的。

341 叔本华更进一步将音乐提升为第一位的艺术，从而使自己同时代（和浪漫主义）保持一致。在 18、19 世纪之前的美学中，世俗音乐总是被认为低于其他艺术，理由是它只是为了满足或召唤模糊的情绪（尽管在关于塞壬的荷马神话中，甚至在柏拉图对音乐的力量的质疑中都承认了音乐的力量）。世俗音乐主要是用来作为社会化的愉悦背景。（会令 20 世纪和21世纪初期的听众震惊的是，18世纪和19世纪初期歌剧院中有那么多的闲谈及其他噪音。）早期浪漫派改变了这一切，或者至少改变了关于这一切的理论，到19世纪中期，交响乐厅正在被当作古代希腊和罗马的神庙来兴建，听众们的恰当态度变成了尊敬和静默，掌声和几声喝彩（这是听众在适当地释放情绪）只会在最后才出现。在早期浪漫派的手中，早先看起来是音乐的基本弱点的方面——它与纯粹的情绪拉力的关系过于紧密——被转变成它最大的优点[15]。现在的感觉是，**只有**音乐才能充分表达“主观内在性”（*Innerlichkeit*）的含义，这是现代能动性最主要的特征；叔本华被认为是这一观点的重要倡导者之一。

如叔本华所说，由于音乐“跳过了理念，也完全是不依赖现象世界的，简直是无视现象世界；在某种意义上说即令这世界全不存在，音乐却还是存在；然而对于其他艺术却不能这样说。……音乐乃是**全部**意志的**直接**对象化和写照，犹如世界自身。所以音乐不同于其他艺术，绝不是理念的写照，而是**意志自身的写照**。因此音乐的效果比其他艺术的效果要强烈得多，深入得多，因为其他艺术所说的只是阴影，而音乐所说的却是本质”[16]。早期浪漫派未能做得更好，一代代的作家和作曲家将叔本华的话记在心上，认为它表达了他们的事业中紧要的东西。瓦格纳就是叔本华最热情的读者之一。

叔本华的意思简单明了。音乐是本体世界的声音，如他在《作为意 342
志和表象的世界》中反复说的那样，“意志的最低层次的对象化”（如在运动的物质中发现的）是世界的“低音”。他还说：“人们既可以把这世界叫作形体化了的音乐，也可以叫作形体化了的意志。”[17]与将音乐提升为最高等的艺术相伴随的，是将“天才”观念提升为近乎超人的力量。康德在《判断力批判》中已经颂扬过“天才”（这个概念是19世纪的批评者所关注的）与生俱来的力量；由于在做出鉴赏判断时是没有“规则”（概念）可以遵循的，因此天才就是能够赋予艺术以规则的人。天才创造了最初的艺术（如果能够以它为基础成功开创一个流派，那么就能给出这门艺术的规则），但是，关于没有规则的东西，无论是天才艺术家还是其他人都不能预先说明适用于它的规则是什么。（在创造某种新事物时，天才为其他艺术创造了某种典范；天才创造了之后的流派遵从并模仿的榜样。）“天才”是康德解决“康德悖论”的方法之一（或者可以说是悖论本身的另一种表达）。

叔本华似乎对“康德悖论”并不感兴趣，但他接受了康德的天才观念并做了进一步的提升。叔本华所认为的天才典范是作曲家，如贝多芬这类人，他们创造的新事物（例如《英雄交响曲》）是艺术品（一般的交响曲）应当如何的榜样。因此，“作曲家启示着世界最内在的本质”[18]。作曲家（以及一般的天才）在创作时，并没有明确地理解他正在做什么；要想理解的话，就要将之置于概念之下（来“表象”它），但没有人能够将艺术，尤其是音乐置于概念之下。因此，天才作曲家是从“对世界的内在本质——这是他的理性能力所不能认识的——的直接认识出发”来创作他的作品的，由此，他必须比普通人吃更多的苦，“他自己就是那把自己对象化而常住于苦难中的意志”[19]。

如果这就是从哲学中学到的东西，那么就如叔本华正确地猜测到的那样，我们将必须改变我们对现代生活之恰当目标的理解，并放弃康德自己
343 对这些目标的乐观理解。我们不可能接近一个理想的结局（在其中，目的王国得以实现，尽管这种实现是不完全的），因为在世界本身的形而上学核心中，有着一种悲剧性的缺陷。满足主要在于实现自己的目标，但是，由于“奋斗没有最后的目标，所以痛苦也是无法衡量的，没有终止的”[20]。受康德鼓舞的哲学革命所希望的是，在世界中，充满着理性信念、相互尊重，自由也得以实现，但在叔本华的后康德哲学看来，这些希望太过天真了。最可能实现的是顺从和脱离事物（甚至脱离我们自己），以使我们能够摆脱具有自我意识的生活所带来的必然痛苦。从“意志”（无休止的、无意义的奋斗，它是实在的基本本质）的立场来看，个人的生死是没有意义的——一切不过是物种而非个体的保存，从更大的立场来看，这根本就算不上什么——只有当我们明白这一点时，我们才是自由的，即放弃了个体的虚幻本质（我们对起初使死亡变得可怕的东西的依恋）。除了作为脱离和作为摆脱自私的自由之外，任何其他形式的自由都只是幻相，特别是那些似乎是“选择”问题的自由，因为在选择一物而非另一物的过程中，我们只不过是表达了哪种动机更重要，因而必然决定意志采取一种方式而非另一种方式[21]。对于叔本华来说，自由（这是所

有康德及后康德哲学的口号）首先是指除去我们的能动性幻相的自由，这只有对于最有文化、最为纯洁的人来说才是可能的。对于普通人来说，并没有什么目的王国，只有自由选择的幻相和为了一个并不存在的目标做着无意义的痛苦奋斗。

因而，叔本华的结论是，当任一健全的人审视人类生活时，“也许断没有一个人，如果他是清醒的，同时又是坦率的，会在他生命终了之日还愿意重复经历此生一遍”[22]。人们可能会认为，这将会使叔本华得出雅可比曾警告过的虚无主义，但相反，叔本华从这样一种观点中得出了一些（显然是非康德的）伦理结论。每个个体，作为表象的主体，自然会被引 344
导到利己主义上去，因为对于他来说，世界（以及其他行动者）“只是”作为表象而存在的。然而，当人们感觉到（无论这种感觉是多么模糊的）其他行动者同自己一样都是“意志”世界的一部分时，因而当人们感觉到（无论这种感觉是多么模糊的）自己和他人没有真正差别（都只是表象，甚至在一种深层意义上来说，都是同一种奠基性的“意志”的虚幻表现）时，人们就会被引导着摆脱利己主义，并逐渐形成一种良知。这种新的意识使人们感觉到（可能又只是模糊的），在伤害他人时，人们实际上也在伤害自己，因为在一种更深层的意义上来说，自己和他人是同一的。如叔本华所说：“个体化原理（*principium individuationis*）在这样一个守公道的人那里已有所不同于在恶人那里，已不再是绝对的界墙了；这守公道的人已不是恶人那样只肯定自己意志的现象，否定一切别人的意志的现象；看到别人对于他已不再只是一些假脸子，——假脸子的本质和他的本质是完全不同的。”[23]不是承认能动性的内在尊严，而是承认能动性是幻相才会推进正义和伦理。然而，就像偏爱自己胜过他人（因为没有可以为这种偏爱奠基的形而上学差别）是没道理的那样，偏爱他人胜过自己（也就是利他主义）同样是没道理的，因为“不存在任何理由要把别人的个体放在自己的个体之上”[24]。

因此，叔本华明确拒绝康德提出的要将每个人当作目的而不能仅仅当作手段的观念，他认为康德这一观念是“极空泛，极不确定的”，并且“这样笼统地使用却是不够的，说明的也不多，并且还是有问题的”[25]；叔本华断言，人们**当然**有资格将一个定了罪的凶手仅仅当作手段，因为这个凶手已经首先丧失了他所拥有的权利。此外，康德的“至善”观念也是荒谬的，因为这将要求某种最终的和终极的满足，但这根本就是不可能的。（叔本华悲伤地说，如果有什么东西值得被称为至善，那么它就将是对所有为了一般的善而做的奋斗的完全否定。）

当然，从政治视角来看，这种见解和克制是不能指望的，因此国家（世袭君主制更为适宜）必须做维持秩序所必需的事情。（然而，叔本华主张，认为国家能够并因此应当促进道德的观点是极其错误的。）最终，叔本华悲观的、形而上学的后康德主义，完全放弃了康德的道德和政治希
345 望。叔本华超越了他的时代，对于顺从和沮丧的19世纪50年代来说，他是一位完美的哲学家。

克尔凯郭尔：后谢林的黑格尔主义？

丹麦哲学家索伦·克尔凯郭尔（1813—1855）在年轻时曾是谢林讲座的拥趸，一开始，这些讲座启发了他，但随着讲座的进行，与许多其他人那样，他也渐渐失望了，最终他不再去听谢林讲座了。克尔凯郭尔到柏林——实际上，这是除了他的家乡哥本哈根之外他唯一游历过的地方——来接受黑格尔和后黑格尔的气氛与思想。尽管谢林的表现使他深感失望，但他却带走了谢林的一些核心观念，并将它们塑造成一种高度原创的哲学，它深入吸收了谢林所拒斥的后康德思想中的主题。

尽管克尔凯郭尔本人不是德意志人，但他依然被视为一位德意志传统中的后黑格尔哲学家。不过，值得注意的是：将克尔凯郭尔称为哲学家，这不同于他自己对自己的理解，同时这种归类不仅是有争议的，而且许多人认为这完全是误导性的。克尔凯郭尔更应是一位文学人物，而不是如今人们所认为的那样是一位学术哲学家（这种特征描述丝毫不会打扰到他）。尽管他的许多作品类似于哲学著作或文章，但它们更多的时候是（或者经常包括）对后康德派所喜爱的那种“体系论文”的模仿；不同于更常见的文学人物（他们创作小说、诗歌或戏剧），克尔凯郭尔似乎选择了哲学论文这种形式作为他的文学抱负的载体。此外，克尔凯郭尔几乎完全是在用笔名写作，这使得他能够在提出他的想法时带上各种面具；并不

奇怪的是，哪个或多少个面具，或者说这些面具在何种程度上代表了克尔凯郭尔自己的想法，这是一个热议话题。（克尔凯郭尔的面具已经远远超出了他在哥本哈根的公众形象，在那里，他经常是作为超然的花花公子行事，看起来根本不可能写出这些深刻的论文。）他还被归为心理学家（就像后来的尼采在提及自己时偶尔会将自己称为“心理学家”）；他还是一位讽刺家，他的许多作品都很好地适应了19世纪初在耶拿流行的讽刺文 346
章。当然，他还是一位基督教思想家，他的某些工作甚至可以被称为神学。无论是什么情况，人们关于克尔凯郭尔所说的任何东西，几乎都必然会遭到其他关于克尔凯郭尔的看法的强烈质疑。

然而，不管怎样，他都是观念论者意义上的现代主义者。相较于其他许多人（包括叔本华），他更为注意的是康德和后康德派对**自我指导**的强调，即对如下观念的强调：对于“我们现代人”来说重要的，不仅部分地是而且“绝对”“无限”地是**过自己生活**的必要性。作为后黑格尔的一代人，克尔凯郭尔对新兴工商业社会的性状只有深深的失望，他根据他对萦绕着自己的现代世界的失望（如果不是厌恶的话）将自由理念彻底化了。当然，有些人——最引人瞩目的是马克思和恩格斯——将他们的失望转变成对一个完全不同的未来革命的热情和希望，这个未来将实现现代性未能兑现的承诺。克尔凯郭尔非常像后来巴黎的花花公子们，他将他的失望转变成一种文学呼吁和一种生活方式；对于他来说，现代世界曾承诺自由，但相反，它释放出的是一种死气沉沉的从众性，并且更糟糕的是，它构造了一套关于自身的、看起来远离了其粗暴现实的自负辞藻。现代世界本应致力于自我指导，但现在似乎不仅沉闷地墨守成规，而且还将言辞和生活混为一谈，就好像用堂皇的辞藻来描述它就会真的使它变伟大似的。正是“生活”和“理论”之间的关系（或这种关系的缺失），促使克尔凯郭尔写就了大部分作品，并使他被追封为“存在主义者”。

正如克尔凯郭尔的读者们很快都会注意到的，他责骂最多的目标之一是一个名为“黑格尔”的人，这个人将思想和言辞置于现实之上，并相信正是思想使现实如此，他主张虚胀的状态甚至现实，因为这不过是一场理智游戏。克尔凯郭尔对“黑格尔”的敌意可以用他的杂志中的一句讽刺话来总结，谢林也会这么说：“如果黑格尔已经写出了他的整部《逻辑学》，而后在前言中说，这只是一次思想实验，其中他在很多地方都回避了问题，那么他肯定会成为有史以来最伟大的思想家。而实际上他不过是
347 滑稽可笑的。"[26]谢林之所以反对所有“否定”哲学（谢林的术语），是因为他认为这种哲学本质上只是思想与自身所做的游戏，忽视了“我们必须**思考**的东西”和“事物必然所**是**的方式”之间——如谢林所说，“思想”和“现实”之间——的关键断裂，克尔凯郭尔接受了这种异议，并将之变得更为激进。

当然，并不全然清楚的是，克尔凯郭尔所攻击的这个“黑格尔”，与19世纪的观念论者黑格尔是否为同一个人。但是，无论是哪位“黑格尔”遭到攻击，显而易见的是，这正是谢林在他的1841—1842年讲座中所呈现的黑格尔，是那位贡献出“体系”并错误地将之等同于世界的思想家。克尔凯郭尔显然是将谢林首次柏林讲座中那振聋发聩的主张铭记在心了，在此次讲座中，在回应“某种新事物必须取代基督教”这种观念时，谢林表示，这种建议没有考虑到，在此之前，是否真正有人理解了基督教[27]。难道所有基督徒都没有理解成为一名基督徒应当需要什么吗？

尽管克尔凯郭尔最初受到了谢林某些观念的启发——他在他的杂志中写道：“我十分高兴能够聆听谢林的第二次讲座——难以形容的……当他提到‘现实’这个词以及哲学同现实的关系时，这种思想成果使得我和伊丽莎白都欢喜跳跃”[28]——但克尔凯郭尔很快就认识到，谢林总是在夸夸其谈，他同他所斥责的那些人一样自命不凡；克尔凯郭尔甚至以讽刺的口吻对他的朋友说，谢林的“整个幂次学说简直就是无能至极”[29]。失望过后，他接过谢林针对黑格尔的抨击，并将之转向谢林。

克尔凯郭尔已经充分吸收了现代主义者及康德对自律的强调。对于克尔凯郭尔来说，康德的教导——在经验和实践中，事物对于我们而言的意义不可能是既定的，而必须是由我们自己的活动、我们自己的自我指导所提供的——似乎是不言而喻的，到19世纪40年代时，它所曾带来的震惊之感已经被遗忘了。如康德已经看到的那样，我们要成为自我指导的、过**我们自己的生活**的，服从于我们加于自己的法则，这种要求是近乎悖谬
348 的[30]。如果没有什么其他含义的话，这就意味着，我们被要求（或被决定，充分体现了 *Bestimmung* 这一德语词的双重内涵）去**选择**我们所要做

的一切，并且奇怪的是，这种对根本选择的要求，不仅不是可以选择的，而且还涉及如下悖论：既为选择去要求理由，同时又排除了这些理由。我们只能服从那些我们自己创立的法则；但是，作为创立者，我们必须为我们创立的法则提供理由，因为否则的话，这些法则就不能是“法则”（理由），而只能是偶然事件，并且，甚至康德也已看到，这似乎是一个悖论。

说来也奇怪，克尔凯郭尔的主体性观念同黑格尔的（尽管不是他正在嘲讽的那个“黑格尔”）非常接近。成为一个主体、一个**行动者**，不是指成为某种固定东西，如一块石头或一条狗，而是指成为一种承担承诺、承担责任并坚持到底的实体。成为一个“实存着的主体”是一项尚需完成的工作。因而，一个人的生活更像是一项正在进行着的事业，并且，对于任何人来说，最重要的是他们的生活是他们自己的生活，他们的行动和信仰是由他们自己产生的。人们并非一生下来就是主体，他们借助于他们所承担的东西才**成为**主体。

因此，用克尔凯郭尔为了他的意图而发明的语言来说，成为主体就是一个“**实存**问题”。由于人要通过生活使自己成为一个“主体”，所以他们必须承担一定的责任并坚持住。由于主体是这种规范性的生物，所以对于每个主体来说，问题必然是，他们可以坚持哪些规范性承诺，以及他们应当坚持哪些承诺。所有哲学体系（黑格尔哲学是它们的“完成”，这是他从谢林那听来的，毫无疑问也是从黑格尔在柏林的追随者们那里听来的）的错误在于，它们认为，这一实存问题——对于我来说，什么是而且应当是终极**重要的**，而且我对此应当做什么？——可以用一种体系的或标准的方式来回答。将过自己的生活称为一个“选择”问题，这更是误导性的，因为对于一个个体来说终极重要的东西，不可能就是他所选择的 349
东西（就好像一个人真的能够通过选择行为赋予某种东西以最终的和终极的价值似的，这就像一个人用手在空中画了一个圈）。奇怪的悖论是，过自己的生活，因而选择和承认一个人所选择的东西的价值，这些通常不是一个人**选择**的结果，但同时人们又坚持如下观念，只有当你选择它时它才能够约束你。

在人们就自己应当承担什么做出“选择”或“决定”时，绝对关键的是，做出这一点的那些根据就是人们**自己的**理由，而不仅仅是人们所处的文化、背景甚至个人倾向的“客观”理由，因为所有这些“客观”理由都因自己方向之外的力量而受制于欺骗、操纵和盲目的指导。不过，如康德和后康德派已经看到的那样，这要求有这样一种理由，它**不是**人们选择的，但仍能被视为人们**自己的**理由。这种“悖论”（在克尔凯郭尔对它的转化中）就是所有人类生活的悖论：我们必须过我们自己的生活，但我们自己生活的基础恰恰看起来好像不是我们自己的。

克尔凯郭尔的第一部主要著作《或此或彼》以一种文学的方式展示了这一悖论，这种方式自觉地模仿了黑格尔的辩证法（至少在他对黑格尔的相当短暂的研究中吸收了这种辩证法）。然而，在克尔凯郭尔的手中，“辩证法”还没来得及从自身中产生出继承者就失灵了（他认为黑格尔的辩证法就是这样），尽管我们可以发现一位由这种必然的失败所“召唤”出的继承者。这位“继承者”之所以从先于它的东西中产生出来，不是因为某种内在的逻辑，而是因为一个新的开端，一种彻底选择的行为，而这最终是对基督教的承诺。该书是典型克尔凯郭尔式的：它包含一系列文章和书信，部分是哲学的，部分是文学的，它们是由两个匿名作者（A 和 B）写就的，之后由第三方（也是克尔凯郭尔的笔名：维克托·埃里米塔）进行编辑和评论。这个编者不能在二者之间做出选择，而真正的作者克尔凯郭尔从未想告诉读者：谁是对的，谁是错的。

第一位作者 A 介绍了过一种“审美”生活的情况；奇怪的是，在审美模式中，被选择的生活是一种不利于选择的生活（或者，至少是不利于艰难选择或根本选择的）。唯美主义者试图活在当下，试图聚焦于他的经验的直接性——尽管唯美主义者不是享乐主义者，因为就连痛苦经验都
350 能为他提供焦点——事实证明，这相当于企图逃避或压制自己的能动性。唯美主义者沉溺于自己经验中的瞬间；实际上，唯美主义者试图**逃避**自己、避免为自己的整个生活承担责任，矛盾的是，他认为自己不是通过引导生活来过自己的生活，而是通过分裂自己并使自己在自己的激情中沉默迷失。（克尔凯郭尔将唐璜式的诱惑者当作这种审美生活的范例之一，这种人沉迷于自己破碎的、转瞬即逝的浪漫激情，以至于他有意不去看他如何回避对自我的理解。）审美的生活方式是因自身而崩溃的，因为唯美主

义者——用康德的话来说——正在选择的准则，但他又否认自己正在选择这些准则，或者，用克尔凯郭尔的话来说是，选择自己不去对自己进行选择。如果他渐渐明白自己陷入这一悖论当中，那么他唯一的反应只能是**绝望**，即感觉不可能以对于你而言唯一重要的方式过自己的生活。对于唯美主义者来说最重要的是过自己的生活（他将之与没有过自己的生活混为一谈），对不可能做到这一点的自我意识恰恰就是绝望。

从 B 的立场来看，显而易见的是，有一种自然的动力能够让唯美主义者开始过上一种“伦理的”生活方式。（或者，“辩证地”来说就是一者“过渡”为另一者。）在这种生活方式中，行动者自己承担责任，并选择使自己坚持自己所选择的责任。在 B 的讲述中，这一点的范例是婚姻，这涉及承担责任，并且，在实存的意义上，涉及**使**自己**承诺**将会终生坚持这些承诺。克尔凯郭尔的伦理生活观念与黑格尔的伦理生活观念是大体相符的，即行动者自己承担社会中既有的义务，而这些义务原本是自我立法这种自由的实现（例如婚姻和家庭）。因此，B 认为，令人满意的生活在于认识到，真正的自由在于**选择**自己而非**认识**自己，并且这在于承认自己的义务并坚持住。

然而，这种伦理生活必定会遭遇康德的自我立法悖论：为了使伦理生活成为自己的生活，那么人们就必须只服从自己为自己创立的法则，并且，如克尔凯郭尔假托 B 之名所说的：“在此，他的行动的反对者就是他自己，但是，虽然如此，这也不能武断决定他将自己作为一个分配给他的任务而拥有自己，尽管他自己选择这任务成为自己的。”变得明显的是，尽管 B 承认了 A 的绝望（即使 A 可能没有意识到这种绝望），但 B 却因自己的深深绝望而自鸣得意，所有这些绝望最终让 B 尝到恶果。B 发现 351
（或者至少获得了暗示），谈论义务或伦理共同体是无法避免自我立法悖论的。我们无法选择我们自己；这些努力都是无用功；我们永远是我们自己的历史、社会环境和个人特质的创造物，而这些不是我们选择的，我们也不能选择。对于这种自我决定——用费希特的话来说就是“自我设定自身”——的冒失企图的唯一恰当反应就是，承认（费希特未能做到）我们依赖于一个“他者”、一个“非我”，而他不能被重新调整或重新设想为“自我”的“设定”。也就是说，仅凭我们自己的力量，我们不能完全选择我们自己。

《或此或彼》的预期结果就是，让读者意识到，在**是**过审美生活**还是**过伦理生活的选择中，只有对不能过自己的**一般**生活的绝望[31]。也就是说，人们似乎被迫在这两种生活方式之间做出选择（“或此或彼”），而这二者注定都会遭遇惨败。**绝望**是意识到如下一点的条件：不可能实现对于行动者来说最重要的东西，但同时又不能不为实现这东西奋斗；也就是说，它是意识到人的生活必然会失败的条件。（因此，克尔凯郭尔将这种绝望形式同更为“有限的”绝望形式区分开，如人们想使自己的生活抱负变成最好的或变成其他的——例如，成为第一个发现某种东西的研究者——但又不能做到这一点。）用克尔凯郭尔如此小心利用的黑格尔观念论的语言来说就是，自我决定的**无限**价值既不可能实现，也不能够放弃，而“无限的”自我决定之所以不可能实现，原因在于能动性本身的内在有限性：我们依赖各种偶然因素的不同方式，使自我决定（以及过自己
352 的生活）理念变成了妄想。此外，简单接受自己的有限性也不是答案，因为这种接受只强调了不可能实现重要的东西这一点不是相对的，而是“绝对的”“无限的”。**绝对的**绝望就是意识到，无论赋予世界中的哪种东西以绝对价值，都将是徒劳的。

摆脱这种实存困境的唯一出路就是接受悖论：悖论不能通过理性来解决，因而要求某种超越理性的东西来解决它。用费希特的语言来说就是，这要求人们坚持如下观念，即“自我”必须自由地“设定”自身，必须设定“非我”是决定“自我”的，而且还要看到，这种悖论是没办法摆脱的。因此，不可能有辩证的方法来摆脱绝望（没有办法来解决这个悖论），因而没有理智的方法来解决问题——这就排除了成为一个实存着的个体意义为何这一问题的哲学解决方法。也没有直截了当的实践方法来摆脱绝望：意志行为（或意志力或“决心”）不能使人们摆脱因生活之必然失败而产生的实存绝望，因为所有的意志行为都是有限的，并且自身不能建立起某种具有“无限的”重要性的东西（换言之，对于克尔凯郭尔来说，意志行为不能克服内在于作为自我决定的自由理念当中的形而上学悖论）。克尔凯郭尔将绝对绝望的这种条件比喻为“致死的疾病”，这是一种形而上学意义上的不安，它伴随着对不可能实现真正重要的唯一东西的

自觉意识，就其本身而言，这种疾病不会要求治愈。

实际上，要想摆脱这种绝望必须另寻他路，而这不是关于人们的生活的新构想模式（否则人们就会犯下“黑格尔式”的错误，即去思考摆脱悖论的方式）。克尔凯郭尔将这称为“信仰之跃”[32]。我们必须承认，我们依赖于一种外在于我们自己的力量，并且这种力量本身就能给我们提供指导我们生活的“理由”，这些理由不服从于对偶然性和有限性的担忧（这些担忧扭曲了我们生活中的所有其他事务），即使我们不能完全将这是如何发生的概念化。这种飞跃必然能够为我们提供解决方法，并且这解决方法只能是基督教的上帝。此外，人们不能**决定**要进行这种“飞跃”。 353
例如，人们不能凭借一种意志行为来进行这种“飞跃”：促使人们理解这样一种“飞跃”之必要性的那个问题是，承认自己的有限性就意味着承认，凭借自己的力量不能将这样一种价值赋予任何东西或是解决悖论。人们不能**意愿**不可能的东西，不可能意愿通过承认自己的自由取决于上帝赋予的自由力量（当然，这本身也是悖论）这一点来解决过自己的生活的悖论。相反，人们必须将自己交给上帝，并接受如下这点：只有将自己的生活交给上帝来审判，人们才能拥有自己的生活。“康德悖论”只有通过承认基督教悖论来“克服”，而后一悖论的内容是，人们必须放弃自己的生活，为的是拥有自己的生活。（雅可比的“致命的腾跃”概念的重大错误在于，可以说服人们或者人们可以说服其他人去做这种“腾跃”[33]。）

因此，进行这种“信仰之跃”就是进入信仰。不过，为何人们将会进行这种“飞跃”？进行这种飞跃的动机只能通过承认如下一点而发生：人们是没有希望上升到可以去挑战选择自己。人们能够成为虔诚的基督徒的条件就是承认并忍受某些人的绝望，这些人看到，不可能有进行这种飞跃的先天动机，也不可能为这种飞跃做理智辩护，这种飞跃实际上也不可能从概念上来解决悖论。矛盾的是，唯一能够由此成为基督徒的人，正是理解了如何不可能成为基督徒的人。实际上，成为宗教意义上的信徒并不是要**克服**这种绝望，而是要处于应对绝望、**摆脱**绝望的永恒过程当中。（这类似于康德自己的结论，即严格来说，人们不可能对成为道德的有兴趣，道德法则对我们的约束只是一个“理性的事实”[34]。）

然而，克尔凯郭尔一再指出，对这种绝望的恰当反应不是陷入抑郁或

"悲观主义"。（这同克尔凯郭尔自己形成了鲜明对比。）实际上，更为恰
354 当的直接反应是滑稽的。对于克尔凯郭尔来说（对于黑格尔来说也是如此，尽管这可能不是克尔凯郭尔的"黑格尔"），真正滑稽的东西同如下二者之间的鸿沟有关：一方面是我们认为自己正在做的事（当我们认为自己正在做某件重要的事时）；另一方面是我们实际上正在做的事。因此，所有的生活都是滑稽的，因为在所有的生活中，我们都试图做我们不能做到的事，试图选择我们自己但又必然会失败[35]。然而，如果这样一种滑稽的做法同对绝望中紧要的东西的悲剧意识结合在一起，那么它只能是对绝望状态的辩护。滑稽的精神甘心接受因经受这样一种矛盾而体会到的痛苦（例如理解到，人们认为如此重要的东西、人们为之投入了如此多的时间和精力的东西，实际上完全是别的东西）；但是，关于人类生活中的基本矛盾——对它的恰当反应是绝望——这种滑稽观点只是片面的[36]。最终，宗教态度（即信仰，它应对不可避免的形而上学绝望，而不是压制或徒然地试图克服这种绝望）本身不是真正滑稽的，因为它是一个"矛盾"，但是，"虚伪与现实"的范畴并不适合于它。宗教立场是一种主观内在性——对于人们是否正在应对这种绝望来说，没有行为标准，并且也没有直接的方法来回应另一个声称自己正处在这样一种进行着的自身关系当中的人。由于应对这种矛盾，宗教立场的内在性要"高于"滑稽；它意识到关于自身什么是滑稽的（即它为之奋斗的东西，对于普通人来说是无望实现的），但是，它关于自身的"无限的"严肃性使得它更类似于悲剧立场。

对于克尔凯郭尔来说，对后康德传统的回应似乎是直截了当的。他似乎认为康德已经指出了问题，而康德的后继者们却没有表明如何解决它。在康德之后，不可能再有上帝之眼的形而上学（God's-eye metaphysics）来解决成为人意义为何的问题，因为康德已经找准了答案和问题：成为人就是成为"自发的"和"自由的"，因而克尔凯郭尔认为，这不是一个**理论上**可以解决的问题。康德已经提出了一种"实践的"解决方案，但是
355 克尔凯郭尔却将这种解决方案带向了他自己的"存在主义的"方向。后康德派试图与之达成妥协，特别是黑格尔试图彻底想清楚，成为现代的和不依赖过去的传统而思考与生活意味着什么，而这些在克尔凯郭尔看来全

然是失败的。他完全拒绝了黑格尔的历史主义，因为他认为自律问题并不具有什么特别“现代的”内容，但他保留了所有的术语——只不过，在克尔凯郭尔看来，黑格尔对政治、艺术和哲学之间实现和解的希望必须被放弃。现代生活是不可能实现政治和解的；他似乎在说，现在所剩下的，只是一系列极端个人的呼唤——在面对过自己的生活这一必然而又不可能的任务时，每个人都将承认从这种悖论中必然产生出的绝望。在克尔凯郭尔看来，现代世界的命运并不是在伦理生活和自由政治中建立和解，而是这样一个充满因循守旧的社会世界，它受到那些绝望的而又试图否认和压制其绝望的人们欢迎。

在克尔凯郭尔看来，现代性所做的事情就是表明，人们关于自己的生活所做的一切完全取决于自己，不过同时，相当矛盾的是，一切又根本不取决于他们。因此，克尔凯郭尔认为，现代性本身完全失败了。

注释：

［1］*Critique of Judgment*，§§57，59.［康德：《判断力批判》，§57“鉴赏的二律背反的解决”；§59“美作为德性的象征”，187、201页。——译者注］

［2］Arthur Schopenhauer，*The World as Will and Representation*（trans. E. J. F. Payne）（New York：Dover，1966），I，p. 26；§7.［叔本华：《作为意志和表象的世界》，石冲白译，杨一之校，北京：商务印书馆，1982年，57页。——译者注］

［3］Ibid.，I，p. 31；§7.

［4］在这方面，叔本华似乎跟随着莱因霍尔德，但又拒绝莱因霍尔德的结论：“我们的办法是在种类上完全不同于上述两种相反的谬见的，我们既不从客体，也不从主体出发，而是从表象出发的，这是意识的第一个事实……如上所说，［这］向我们指出，世界最内在的根据只能到完全不同于表象的另一面去找。”Ibid.，I，p. 34；§7.［叔本华：《作为意志和表象的世界》，67　68页。——译者注］

［5］Ibid.，I，p. 100；§18.［同上书，152页。——译者注］“身体的行动不过是客体化了的，即已成为表象了的意志。”

［6］ Ibid.，I，pp. 110－111； §22. ［同上书，165 页。——译者注］“人们也可以指出我们在这里当然只是用了从优命名法（*denominatio a potiori*），由此，意志这个概念就获得了比它此前所有的更为广泛的范围了。”

［7］ Ibid.，I，p. 170； §31.

［8］ Ibid.，I，p. 128； §25. ［叔本华：《作为意志和表象的世界》，188 页。——译者注］

［9］ Ibid.，I，pp. 128－129； §25. ［同上书，189－190 页。——译者注］

［10］ Ibid.，I，p. 143； §27. 在这一点上，他甚至是有些信任谢林的。叔本华在谈及“表象”的层次——谈及通过关于世界的理智表象来掌握世界的理智——时说：“意志是在黑暗中极准确无误地追随它的冲动；到了这一级别，它却为自己点燃了一盏明灯。为了消灭那个从它那些现象的拥塞和复杂情况中产生出来的缺点，即令最完备的现象也不免要产生的那个缺点，这盏明灯是一个不可少的工具。”（p. 150； §27）［同上书，217－218 页。——译者注］

［11］ Ibid.，I，p. 194； §37. ［同上书，271 页。——译者注］

［12］ Ibid.，I，p. 202； §39. ［同上书，282 页。——译者注］

［13］ Ibid. ［同上。——译者注］

［14］ Ibid.，I，p. 233； §48. ［同上书，323 页。——译者注］

［15］ 彼得·格雷对这一主题做了出色的处理，参见 Peter Gay，*The Naked Heart*，pp. 11－35（“Bourgeois Experiences：The Art of Listening”）。

［16］ *The World as Will and Representation*，I，p. 257； §52. ［叔本华：《作为意志和表象的世界》，356－357 页。——译者注］

［17］ Ibid.，I，p. 263； §52. ［同上书，364 页。——译者注］

［18］ Ibid.，I，p. 260； §52. ［同上书，360 页。——译者注］

［19］ Ibid.，I，pp. 263，267； §52. ［同上书，370 页。——译者注］

［20］ Ibid.，I，pp. 263，309； §56. ［同上书，424 页。——译者注］

［21］ 在一个颇具特色的陈述中，叔本华说：“以这一切为前提，性器官可说是意志的真正焦点，从而是和脑，认识的代表，也就是和世界的另一面，作为表象的世界相反的另一极。”（Ibid.，I，p. 330； §60）［同

上书，453 页。——译者注］

［22］ Ibid.，I，p. 324；§59.［同上书，444-445 页。——译者注］

［23］ Ibid.，I，p. 370；§66.［同上书，508 页。——译者注］

［24］ Ibid.，I，p. 375；§67.［同上书，514 页。——译者注］

［25］ Ibid.，I，p. 349；§62.［同上书，478 页。——译者注］

［26］ *Kierkegaard's Journals*（trans.，selected，and with an introduction by Alexander Dru）（New York：Harper and Row，1959），Remark 497. 他还说："然而，现在的情况是，《逻辑学》及其全部注解给我们留下了这样一个可笑的印象，就像一个人要展示一封据称来自天堂的信，但他有的是一个封装着的记事簿，这只是相当清楚地揭示了它的平凡的起源。" Søren Kierkegaard，*Concluding Unscientific Postscript*（trans. David F. Swenson）（Princeton University Press，1941），p. 297.

［27］ *Philosophie der Offenbarung*，p. 97.

［28］ 参见 *Philosophie der Offenbarung* 的附录，p. 530（来自 *Kierkegaard's Journal*，November 22，1841）。

［29］ Ibid.，p. 534（来自克尔凯郭尔 1842 年 2 月 27 日致埃米尔·波森的信）。

［30］ 克尔凯郭尔甚至从康德的角度来谈他自己的"悖论"。例如，他用他的一个笔名约翰尼斯·克利马克斯宣称："但是，任何一种激情的至上力量总是希求自身的毁灭，同样，理性的最高激情也要求着冲突，尽管这种冲突总会以这样或那样的方式导致理性的毁灭。去发现某个思想所不能思考的东西，这就是思想的最高形式的悖谬。" Søren Kierkegaard，*Philosophical Fragments or a Fragment of Philosophy*（trans. David F. Swenson）（Princeton University Press，1962），p. 46.［克尔凯郭尔：《哲学片断》，王齐译，《克尔凯郭尔文集》（第四卷），北京：中国社会科学出版社，2013 年，44 页。——译者注］这令人想起康德在《纯粹理性批判》中的表述："人类理性在其知识的某个门类里有一种特殊的命运，就是：它为一些它无法摆脱的问题所困扰；因为这些问题是由理性自身的本性向自己提出来的，但它又不能回答它们；因为这些问题超越了人类理性的一切能力。"（p. Avii）［《纯粹理性批判》，第一版序，1

页。——译者注]

[31] 阿拉斯代尔·麦金泰尔对克尔凯郭尔进行了非常富有洞见的处理，但在我看来，关于这一点，他的理解有误。他认为，《或此或彼》的结果表明，在这两极之间没有理性的选择，因此，克尔凯郭尔提出了一种单纯被决定的选择，此外，克尔凯郭尔对理性和权威的截然划分本身，是理性文化观念在现代崩溃之后的偶然产物。然而，克尔凯郭尔的观念并未使事情变成一件决定了的事；他更关心的，不是关于理性的一般论题，而是这两种生活观念如何导致了绝望；麦金泰尔和我自己都认为，克尔凯郭尔的观念植根于康德道德理论，但与这一理论又有着诸多不同。参见 Alasdair MacIntyre, *After Virtue: A Study in Moral Theory* (South Bend: Notre Dame University Press, 1981), pp. 38–43。

[32] 这使得克尔凯郭尔得出了关于自己的基督教信仰的更为惊人的结论之一，这一结论也与他关于罪的讨论有关："但是，总是被忽视的是，无论如何，罪的反面都不是**美德**。这[认为罪的反面是美德]部分地是一种异教徒的观点，它仅满足于人的尺度，并且恰恰不知道罪是什么，不知道所有罪都是在上帝面前的。不，**罪的反面是信仰**，如《罗马书》14：23 已经确证的那样，'不来自信仰的一切都是罪'。" Søren Kierkegaard, *Fear and Trembling and The Sickness Unto Death* (trans. Walter Lowrie) (New York: Doubleday Anchor Books, 1954), p. 213（引自 *The Sickness Unto Death*）。

[33] 参见 Kierkegaard, *Concluding Unscientific Postscript*, pp. 92–95。

[34] 当然，克尔凯郭尔拒绝了黑格尔将康德的自我立法悖论一般化为关于一般规范性权威的观点的做法，因为在谢林的影响下，他认为黑格尔是试图在一种纯粹理智的、逻辑的意义上来解决这一悖论，而没有考虑现存的世界和个人。因此，克尔凯郭尔说："在黑格尔同康德的关系中，'方法'的不可靠已经变得明显了……以奇异的纯思影子戏来回答康德，这恰恰不是对他的回答。" Ibid., p. 292.

[35] Ibid., p. 459："在生活的每一阶段，滑稽都会出现……哪里出现了矛盾，滑稽也就会出现。悲剧与笑剧（滑稽）是同一个东西，因为二者都基于矛盾；但是**悲剧是痛苦的矛盾，笑剧是无痛的矛盾**。"

［36］Ibid.，p. 84："实存本身，实存行为，是一种奋斗，这在同等程度上既是悲哀的也是滑稽的。它是悲哀的，因为奋斗是无限的；也就是说，它指向的是无限，成为无限的实现过程，是一种涉及最高悲哀的转换。它是滑稽的，因为这样一种奋斗涉及一种自我矛盾。"

结语：观念论的遗产

356 到19世纪60年代时，谢林的早期口号“全部哲学的开端和终点都是自由!”已经失去了它在世纪初所曾具有的修辞力度；即使人们还在说它，但它也已经变成了陈词滥调，甚至是某种没有被说出来的东西的简约表达，其本身并不关乎自由。从更为一般的理智文化的角度来看，哲学（从康德到黑格尔，当有教养的德意志人试图掌握对他们而言有意义的东西时，哲学一直是具有领先优势的方式）已经被自然科学取代了——最初是被化学和心理学所取代，而后又被物理学和生物学取代了。对于许多人来说，工业革命和1848—1849年令人震惊的失望似乎已经表明，从康德到黑格尔的整个运动盛期已过，其太过于形而上学并且几乎没有实用性。对于这些人来说，从现在开始，标志着进步的，将是唯物主义和工业，而不是精神发展的符咒。像黑尔姆霍尔茨（Helmholtz）和菲尔绍（Virchow）这些名字，开始成为新一代知识分子的主角，他们已经转而相信自然科学的权威（以及“理性”本身的权威，但他们对“理性”的解释不同于康德和黑格尔）将会促进人类进步。19世纪50年代之后的这代人往往会将信奉观念论的那几代人看作是古代遗物，是前工业的过去的一部分，他们不能给未来带来任何指导。

在一种显而易见的意义上，对自然科学（以及之后的社会科学）的规范性权威的信仰，没有使世纪中期那些改变了效忠对象的建设者和参与者失望。19世纪下半叶，特别是在德意志，物理学、化学和生物学上的进步令人瞩目，与此同时，德意志工业化的上升也同样激动人心。此外，科学的理性主义和它们的方法的严谨性似乎显然与煤钢的新技术的高度成功有关；这二者自然而然地就成了进步思想的恰当范例，并一劳永逸地完全取代了观念论。谢林的自然哲学在50年前看起来是如此进步，而现在它所代表的，似乎全都是后康德哲学中落后和神秘的内容，因此同科学实践的现实和工业化的世界完全脱节了。致命的一击似乎是伴随着达尔文的进化论发生的，该理论1859年在英国产生，而后在德意志迅速被接受，这要归功于一位有才华的普及者——恩斯特·海克尔，他比其他人更为着力地向更多的德意志公众介绍达尔文的理念（尽管海克尔自己对达尔文理论的解释是中规中矩的，海克尔本人也不过是一个普通人）。作为真理祭司的哲学家（费希特语）形象，被作为真理之世俗权威的自然科学家形象所取代，柏林大学（其口号是教研结合）不再将哲学作为其核心的、起统一作用的系科，而是成为国际领先的科学研究中心。因此，研究的恰当目标是追求因果解释，而恰当的解释模型正是自然科学正在做的一切，这种观念迅速成为19世纪下半叶学院哲学的前沿。观念论迅速被自然主义取代了。 357

不过，并非一切都是蒸蒸日上的。伴随着1871年非自由主义的统一之后的德意志帝国的凯旋之音和日益富有的工业资产阶级对优越性的自鸣得意的强调，对精神空虚的表达和对我们的卑劣的新资产阶级世界之空乏性的重复（这是我们现在所熟悉的）也日益增多。在艺术和文学中（其他运动扎根于其中），越来越多的现代性（不是作为实现了的自由，而是作为一种精神疲惫的形式）主题开始变成现代生活的常规特征。在那些为社会主义所吸引的人中，这被解释为，将死秩序已是奄奄一息，而现代性将以一种更为辉煌的新形式在未来重生；对于其他人来说，这显示了“最后的人”的虚无主义的统治（尼采语）；而对于另一些人来说，这似乎是在呼唤某种新的英雄主义行为，也许是一种“未来的艺术”，它将使人类摆脱自我的、令人窒息的麻烦。对于所有这些没有为凯旋大声欢呼的人来说，1800年时所呼吁的是一种新的活力和精力，是人类最后“摆脱**自己加之于自己的**不成熟”，而事后来看，这些已经变得如此幼稚（*naïveté*）、虚弱，也许正如叔本华所说，这些甚至是某种严重误导人的幻 358
相。在主要兴起于法国的文学（人们会想到司汤达）或关于现代生活的印象派绘画的反抗中，人们所能看到的只是，疲惫的感觉、事情正处于发展路线的终点的感觉，正在蔓延并迅速成为欧洲人希望落空或被丢弃的理智与情感背景。在这两种情况中，人们认为观念论已经被击败了，作为一种持续的思路已经终结了。自然主义认为自己已经彻底击败了观念论；那些从精神疲惫的角度来看待现状的人，把观念论看作这种虚弱的一种征候（如果不是原因的话）。

然而，把观念论看作是耗尽了的，或被击败了的，甚或被克服了的，将会错失它的遗产中最重要的部分，以及它的中心主题如何继续与在它全盛之后出现的主题（甚至是与最坚定地认为它已经被后来者彻底战胜了的人所提出的主题）进行争论。在康德革命之后，如果不设想经验被我们“处理”的方式和我们解释经验的方式（在其中，经验的意义不可能是单纯给定的，而至少部分地是由我们自发解释或建构的），那么就不再可能设想经验。我们如何实现关于我们在世界中的位置的**自我意识**，这对于我们提出的关于知识、精神完整、审美真理和政治正当的所有要求来说是关键性的。总之，康德革命留下了这样一种观点，即自然本身不再能够作为这种意义的来源，因此，我们必须寻求人的自发性来提供这种意义，或者找到据以能够有意义地提出这些要求的条件。

康德遗产认为，规范性权威是自我创立的，是我们的自发性与我们在理论领域中的接受性相结合的产物，是我们在实践领域中的自律的产物。由此，康德遗产提出了这样一个问题，即这种规范性权威本身是否可以抵御进一步的挑战。康德派哲学家有他们自己的回答：这种规范性权威尽管是自发产生的并因而是我们加于自己的，但却是一种“普遍的自我意识”的权威，是约束着所有理性行动者的规则，因为如果没有这些规则，我们根本就不可能有自我意识；当然，我们自己关于我们在创立这些规则过程中的作用的“自我意识”，并不能消除其约束力。后康德派哲学家最初试
359 图坚持“普遍的自我意识”观念（特别是莱因霍尔德），但后来转向了如下理念（这在费希特那里是突出的，黑格尔更是如此），即这种自我创立的权威总是会受到挑战，因为它涉及一种关于自身的不可避免的自我意识。因而，这种普遍的自我意识本身不是一个“确定性”问题，而只是某种**不可避免性**问题，是这样一种能力，即能够抵挡这些挑战并作为对一切具有权威性的东西而出现，能够作为一种“普遍的自我意识”成为自身并维持住自身，这种“普遍的自我意识”是我们关于自身所必须讲的

发展故事的一部分，我们发现我们实际上是离不开它的。

在费希特及之后的黑格尔手中，所有这些要求接受挑战的方式被转换成如下主张，即康德之后——在现代性本身中——所有这些要求都必然伴随着一种可能的自我意识（即"'我思'必须能够伴随着我的一切"要求）。这种自我意识本身就意识到，这些要求抵挡挑战的能力，取决于是否可以表明它们是以理由为基础的，而这些理由已被证明是普遍好的理由，因为它们已经表明对于我们而言是不可避免的——简言之，取决于它们是否能够历史地和社会地**成为**一种"普遍的自我意识"的要素，而不是取决于它们是否随时随地都是所有这些行动者的必要条件。在黑格尔的处理中，理由被设想为给予和要求理由的这一频繁的历史和社会实践的一部分，因此，它们的普遍性被设想为一种脆弱的历史**成就**，而非意识的先验特征。作为一种历史的和社会的成就，它已经从先前建立一种"普遍的自我"意识的企图的失败中成长起来，在黑格尔看来，这种失败应当从如下角度来解释：先前所有这些建立普遍理由的前康德企图已经被证明是"片面的"，在建立和维持自身过程中，它们已被证明是权力或利益的私人运用的产物，或是"既定的"社会规则的产物，而这些规则的权威不能够得到维持。在黑格尔的讲述中，这就是"我们现代人"的起源，我们"注定"要理解规范性权威，而这种理解的根据是我们关于自身在建立这种规范性权威中的作用的自我意识，因而是关于它的脆弱性和可撤销性的自我意识。

观念论的特殊遗产——我们关于如下一点的新的自我意识，即正是由于这种现代的自我意识，我们的所有规范都会受到挑战——在 19 世纪 50、60 年代的哲学、政治、美学甚至宗教争论中起到了背景作用。只有在对 360
康德派和后康德派最初提出的自由之出现的新理解的背景下，才能理解向自然科学（和社会科学）的世俗权威的大规模转向，这种权威表现在提供了同世界的联系，这种联系或是巩固了革命的资本主义工业秩序，或是（特别是在马克思及其"科学社会主义"中）指出了成功摆脱这一秩序的革命道路。只有因自由如此重要，寻找一种更好的方式来确保它才是如此势在必行的，以至于，如果他们的世界（包括大革命之前的、拿破仑之前的和工业化之前的秩序）没有提供答案，那么就还有别的事情需要做。

在这个时期的必胜信念的空气的每个阶段上都如影随形的紧张不安，是关于自我决定本身之可能性的不安：我们真的是自我立法的吗？我们真的可以变成自我立法的吗？甚至更尖锐地说，我们真的“想要”这种意义上的自由吗（或者，即使我们能够做到，那我们能够承担它吗）？“革命”（无论是社会革命、艺术革命还是精神革命）理念的情感力量（这一直徘徊到 1989 年）是如下尚未成形的希望的基础：某些事情将会一起来改变现状，以使我们的自由终将实现，随之而来的那些焦虑终将消失或它们本身将被整合进某种可行的整体当中。

传统主义对观念论提出**我们的**问题的方式（即认为这些问题涉及自我立法，因此需要康德“先验的”甚或黑格尔“思辨的”解决方案）的回应也引起了类似的焦虑，即这种将形成人的意义视为忍受所有规范性权威之不可避免的可撤销性的理解方式，必然导致“失范”，或雅可比所说的“虚无主义”——这种焦虑又会继续使自己要求重申理性或自然或传统的权威，这将以某种方式使那种自我意识生存下来，它正是康德派和后康德派所认为的我们世界不可避免的规范。这种传统主义运动不可避免地将自己变成了一种关于理性的道德主义，变成了重申理性权威过程中对更强的意志力量的呼吁，而这又不可避免地引起了同样的回应，即对这种道德主义之自负的嘲笑（与我们时代许多自称“后现代主义”的流派一样）。

361 克尔凯郭尔自己在实存意义上对“康德悖论”所进行的重写，是这个时期的象征：在现代生活中，对我们绝对重要的，是以个体的和集体的方式**过我们自己的生活**，这使得绝望成为我们理解（无论是多么不成熟）如下这点的永恒条件：这也许（或实际上）是不可实现的——这是因对我们而言终极重要的东西本身不可实现而产生的绝望。观念论的信念（康德的和后康德的）植根于自我决定之可实现性的概念，并且，在黑格尔的版本中，是植根于如下二者的不可避免性：自我决定对我们提出的要求，和体现着它的社会制度及实践。然而，在克尔凯郭尔的版本中，对某事的绝望是如此绝对，因此它本身需要某种非凡的东西——信仰之跃——以确保我们可以实现它；并且，在要求这种非凡的东西时，克尔凯郭尔只是为建立现实自由的企图的成功实现设定了场景，而这又触及非凡的东西——人们想起的是对历史逻辑可以使我们摆脱过去的依赖性的信念，或者一种“未来艺术”带来的世界的新救赎，甚或一种技术统治论意义上的乌托邦，在这个乌托邦中，只追求自己的利益的个人以某种方式产生出一个令人满意的社会整体，这个整体可以实现大众对它的效忠。没有哪位观念论者是这种意义上的乌托邦主义者（尽管早期浪漫派中的某些人可能会接受这些想法），即使宽泛地看，他们都认为，现代性（作为关于一般规范性权威的自我意识以及关于其可撤销性的意识的条件）本身就是人类时间中的一个非凡的间歇，它是如此非凡，以至于像黑格尔这样的人开始认为它是“绝对的”，是自我意识的一项成就，这项成就本身不能进一步被一个新的“时代”或一项新的成就来克服或完成。作为诸“时代”之终结，它既不承诺这些问题的最终解决，也不承诺一种“定局”的含义或事情的“终结”，而是只承诺“无止境的现代性”，这就是说，现代性本身不能在人类的时间中完成[1]。

观念论的遗产（它与关于规范性权威的新自我意识有关，与对这种自我意识的持续性的不安有关）也吸收了它自己最近的历史。通过第三《批判》，康德自己开始构想（作为对“康德悖论”的回应）一个关于如下问题的论点：我们对世界和我们自身的更为清晰的取向本身如何植根于一种不清晰的取向，这种取向是不能用“规则”陈述出来的。他的早期 362
浪漫派的继承者们将这纳入如下论点，即我们的前反思取向必然先于主客视角之区分而发生。这又使得谢林提出了这样一种建立主客之区分的取向，即“绝对”（它本身既不是主观的，也不是客观的）。在黑格尔那里，这种“绝对”变成了“理由的空间”，其本身要求根据一种“逻辑”来表达，这种“逻辑”试图弄清，我们如何能够成为我们所服从的“法则”的创立者（在此，我们自己的思维是“自身的他者”）。这样一种“逻辑”（它体现在给予和要求理由的**实践**中）表达了那种前反思取向（一种意义视域），形象地说，根据它，我们已经具备了一种意识，能够知道什么可以提上我们的议事日程，而什么不能。（这种关于一种前反思取向的理念，不应当与“时代精神”［*Zeitgeist*］观念或其他类似观念相混淆；一种前反思取向不单是时代精神或当时广泛持有的观点的一种表达，而更像是对我们在提出主张的活动中应当在何处转变方向的理解。）从观念论的视角来看，这种认为观念论已经“失败”的广为流传的信念（这种信念在19世纪50年代及之后是相当普遍的），应当根据关于什么对我们重要甚至能够对我们重要的前反思理解来解释；在某种程度上，通过社会事件的偶然性爆发，我们意识到对我们有价值的东西。我们理解观念论的枯竭时要基于观念论自身的立场。

看一看（尽管是以一种格式化的方式）我们对这一时期两位不同作曲家贝多芬和瓦格纳的反应，将不仅有助于理解什么对于观念论遗产的直接继承者（19世纪下半叶的那些人）来说是紧要的，而且有助于理解观念论遗产中哪些内容是紧要的。要理解这两位作曲家如何可能是重要的，以及我们关于他们的作品的经验和我们对这些作品的反应如何可能会告诉我们某些重要的、与我们关于音乐作品本身的经验非常不同的东西——为何我们在掌握某些哲学论证的全部内涵之前，我们起初在很长的一段时间内认为它们是正确的——我们可以看看两位不同评论家是如何表明，在贝多芬和瓦格纳的音乐中，我们认为什么是紧要的。

贝多芬当然是属于革命的一代，他出生于1770年，与黑格尔和荷尔
363 德林（以及华兹华斯）是同龄人。瓦格纳则是出生在1813年，去世于1883年。在最近一项关于贝多芬的有影响力的研究中，斯科特·伯纳姆认为，在贝多芬所谓的“英雄”音乐（例如《英雄交响曲》，和某些著名的早期钢琴奏鸣曲如《悲怆》）的情况中，我们对它的反应涉及我们自己关于如下问题的前反思理解：我们是或已经是自我立法的存在者这一点，将如何以及为何对于我们而言是重要的[2]。伯纳姆相当令人信服地表明，纵观贝多芬“英雄”音乐的接受史，从最纲领性的解释到最有条理的分析，对它的描述一直有一种相对的一致性：它“表达”（用一个相对中立的词）了对某种尚未完全形成的东西的理解，这种东西正在遭遇复杂性，这之后引发了危机（再次纯粹从音乐的角度表达出来），这反过来更新了自己，而后将周围的复杂性与自身整合在一起，最终“胜利地”结束了。伯纳姆认为，这与我们在贝多芬的英雄作品中听到的“叙事”有关，这本身是以音乐而非概念或命题的方式表达出来的（这令人想起了黑格尔的音乐理论）。在这种叙事中，“言说和行动是融合在一起的；疏离与认同是不可分的”，如黑格尔（以及其他后康德派）意识到的那样，这本身

实际上是“我们的自我意识的基本条件”[3]。我们被贝多芬的音乐所吸引，去体验我们自己的自我肯定的斗争，并且，他的作品的音乐力量主要表现的是他的卓越能力，即能够使他的“英雄”乐曲被听众体验为自足的，能够使纯粹的音乐要素存在于我们对“一个自我创造和自我完善的过程”[4]的倾听中。这种特殊的音乐现象学方法（它涉及的是我们关于音乐的经验以及音乐对于我们为何重要）认为，音乐所提供的，不是对自我决定的解释，而是我们经验到**成为**这样一种自我立法的存在者意义为何的一种方式（通过我们关于音乐的经验）。

瓦格纳的音乐凭借革命性的音调偏离和在管弦乐中大胆使用色彩，编织了一种与众不同的音乐经验，这种经验不仅出现在我们全神贯注于音乐时，而且出现在一种我们失去自我的过程中，这发生在我们被扫入瓦格纳 364
自己在其歌剧中实现的音乐、神话的在场和心理学深度的统一的时候。就此而言，我们关于瓦格纳的音乐的经验，同关于叔本华哲学的经验更为切近相符。（瓦格纳是一位热忱的叔本华主义者，不过这一点只是在这里附带提一提；无论瓦格纳是否真正理解了叔本华，是否与叔本华一致，或者，是否表达了瓦格纳自己已经独立得出的某些结论，这都不是这里所要讨论的问题。）在《尼伯龙根的指环》中，瓦格纳从音乐的角度回顾了一个具有一定心理学深度的神话故事，它使听众被卷入到故事当中，目的是使听众融入“无底的和谐之海并被重新创造”[5]。《尼伯龙根的指环》讲述的故事是，诸神就他们自己的未来打赌，他们相互私通密谋，面对着和人一样的情绪和困境，最终的结局是诸神的黄昏（*Götterdämmerung*），这宣告了诸神统治的结束（可能在未来的某个时候，人类的统治就要完全开始了）。

不过，如伯纳德·威廉姆斯最近所说的，瓦格纳对这些主题的音乐呈现虽然非常有力，但也十分令人不安，不是因为瓦格纳自己倾向于反犹主义、种族主义和狭隘民族主义——甚至今日最热忱的瓦格纳主义者也承认，瓦格纳缺乏一些公认的伦理的人生态度——而是因为这种音乐对我们所“说出”的东西和对我们所做的事情。威廉姆斯指出，《尼伯龙根的指环》的最后部分是齐格弗里德的葬曲《未来之人》（瓦格纳认为他就是这种人），这使我们参与到英雄的庆典当中，这位英雄的英雄主义是特别令人不安的，因为齐格弗里德是“瓦格纳的英雄中，最没有自知之明的，从任何意义上来说都是最无知的”；更糟的是，作为英雄的齐格弗里德的凯旋庆典所带来的是“如下暗示，即可能有这样一个世界，在这个世界中，一种纯粹英雄行为的政治可能会成功，这个世界是由沃坦的诡计或与巨人讨价还价的需要所整理的，在这里，尼伯龙根人总是能够被对付：一种救赎的、转换了的、超越了政治的政治”[6]。

如果这就是齐格弗里德葬曲中呈现的内容，是我们因其艺术力量而被带入瓦格纳的视野中时所呈现的内容，一种重要且令人不安的转变发生
365 了。康德主张的是，“把自己的判断仿佛依凭着全部人类理性……置身于”复数行动者所构成的世界中的“每个别人的地位”，黑格尔要求的是，既理解我们规范的不可避免的偶然性，又要坚持我们相互为之辩护的需要和要求，而现在，这些需要和要求没入了另一相当不同的视域当中：这一视域指向的是这样一个世界，在这个世界中，给予和要求理由的零散繁复过程可能会被避免，相反，一种“英雄”行为（或许是一种“英雄”艺术）可能会给我们提供一种新的**统一**，它将比人的复数性和自我意识这些条件“更高”或“更深刻”。尽管威廉姆斯认为，我们的确可以将瓦格纳的《尼伯龙根的指环》理解并经验为“对它所呈现的东西的庆祝，对于我们来说，这象征着，生活即便是处于灾难之中，但却依然是值得的”，但他也表露出对齐格弗里德（纯粹进行行动的英雄）所扮演的核心角色和我们自己对富有力量的葬曲的回应的疑虑，他认为这些与如下一点有关：“整部《尼伯龙根的指环》都在着重表达力量的问题，并且，如果它最终表明，产生了这些问题的世界被克服了，那么就难免会有这样的感觉，即力量及其运用的问题既没有被放逐，也没有被提升到需要某种‘更高’回答的程度”[7]。这种反政治活动是19世纪最危险的遗产之一，它暗示着，可能有一种“天真的政治”（威廉姆斯语），它在某种程度上“超过”了议会政治交易中令人不快的妥协。

当然，这并不是说贝多芬是好的，瓦格纳是坏的——这种判断过于简单了——而只是表明，观念论者所提出的论题依然在伴随着我们，体现在观念论体系当中的那些主张与我们在非哲学语境中回应的其他东西一样，也是现代生活结构的一部分[8]。我们依然在聆听和回应着贝多芬的音乐，但却再也写不出这样的音乐了，这与如下一点有关：当我们聆听这种音乐

时，我们对自我立法（我们将之经验为我们“自己的”）的可能性有了矛盾的看法；并且，尽管我们仍然可以发现贝多芬的“英雄”音乐在更深刻和更实存的意义上是有魅力的（正如我们正在做的那样），但我们发现自己对这样一种“英雄的”自我决定的生活的可能性是持怀疑态度的。366 类似地，我们仍然可以发现我们被瓦格纳的音乐感动着，这很可能是因为将自我没入“无底的和谐之海”的经验本身对我们是有吸引力的，这种经验也至少部分地能够表达“我们”已经变成的样子。在这两种情况中，无论是一种“英雄的”自我决定（它脱离了这种自我决定得以可能的社会条件）的观念，还是一种纯粹行动的天真的英雄主义（它是“高于”政治的，并且可能服务于创建一种新的、摆脱了人之复数性的复杂性的纯粹秩序）的观念，都变成（并且应当一直是）可疑的。

当然，我们可以将类比做一扩展：在音乐的情况中，与贝多芬的“英雄主义”相对，我们可能会想到舒伯特的犹豫和不安（或者反过来将舒伯特的不安比喻为贝多芬自己的晚期四重奏）。或者，我们可能会反思19世纪绘画和文学中相互竞争的叙述；或者，我们也可能会想到在那个世纪起主导作用的建筑学中的历史化运动，如下这种模糊的感觉部分地加剧了这一运动：在效仿一种传统的，因而比卑劣的当下更为“高贵”的类型的建筑中生活和工作，将会在某种程度上有助于我们的生活比“现代”所能创造的任何东西更高贵（也许我们应当反省的是，早在19世纪中期，就已经有建筑师呼吁创造一种适合于现代的“现代”建筑学，这将避免对过去形式的依赖）。可能被带入这样一个故事的事情的数量只会增长，并且，在表面上，没有能够涵盖所有这些运动的总体故事——除了如下故事：紧要的是一种“绝对”形式的自由，它本身要求理解，什么在实践和社会的意义上专注于对给予和要求理由的实践的总体依赖，以实现自身、“给予自身现实性”（黑格尔语），以及专注于**过**我们自己的生活这一承诺所带来的各种问题和焦虑。

观念论被设想为理性和自由之间的一种联系，它认为现代性呈现的是人的时代中的一种根本性断裂。与之伴随的是这样一种理解，即一种不受法则约束的意志根本就不是意志，“为自己立法”（康德语）或“概念给予自身现实性”（黑格尔语）使人们陷入到“康德悖论”当中，陷入到与这一悖论相伴的、关于主体性之本质的最深层问题当中。这种新的自我意识卷入到一种给予和要求理由的实践中，这种实践在确保自身规范性权威
367 时，除了自身无所依靠，这一点提出了关于人类实存之自足的、“绝对的”、“无限的”本质的问题，因为它实现了这种自我意识，特别是因为它反对它那对于世界的总是继承下来的、可以作废的、前反思的取向。

观念论的结局是如下理解：作为自我立法的，我们的规范性权威总是面对着挑战，这意味着“我们”总是面对着挑战；唯一有价值的挑战包含在给予和要求理由的“无限”活动中。作为关于在人的复数性的不可避免条件下实现个体的和集体的自由意义为何这一问题的一系列最深刻和更彻底的反思，作为一种对所有那些否认这些条件的观点（无论这些观点是哲学的还是其他的）的持续怀疑——这是并且一直是观念论真正的遗产。

注释：

［1］参见 Robert Pippin，*Modernism as a Philosophical Problem：On the Dissatisfactions of European High Culture*（Cambridge：Basil Blackwell，1991）。

［2］Scott Burnham，*Beethoven Hero*（Princeton University Press，1995）.（伯纳姆观点所指的仅限于“英雄”音乐，而不是指贝多芬的所有作品。）

［3］Ibid.，pp. 23－24. 伯纳姆的所有观点都是将贝多芬同歌德和黑格尔的要素结合起来（他对这些要素的解释在某些方面与本书所提供的解释不同）：“贝多芬的英雄风格将歌德所实施的变和黑格尔关于意识的叙述相结合”，并且，在贝多芬的情况中，“实施和疏离化讲述、故事和讲述者的这种同时性的最终的、持久的效果，是一种反讽的效果”（pp. 144－145）。

［4］Ibid.，p. 62.

［5］转引自 Jacques Barzun，*Darwin*，*Marx*，*Wagner*：*Critique of a Heritage*（University of Chicago Press，1981），p. 238。

［6］Bernard Williams，“Wagner and Politics，” *The New York Review of Books*，November 2，2000，p. 42.

［7］ Ibid. , p. 43.

［8］ 例如，参见 *Beethoven Hero*，伯纳姆在其中提出，我们必须学会区分贝多芬音乐中的“英勇行为”和“贝多芬英雄”，也就是与如下观念区分开：贝多芬是某种“半神”，他为所有音乐提供了典范。

参考文献

Allison, Henry E., *Kant's Transcendental Idealism* (New Haven, Conn.: Yale University Press, 1983).

Kant's Theory of Freedom (Cambridge University Press, 1990).

Ameriks, Karl, "Kant, Fichte, and Short Arguments to Idealism," *Archiv für die Geschichte der Philosophie*, 72 (1990), 63–85.

Kant and the Fate of Autonomy: Problems in the Appropriation of the Critical Philosophy (Cambridge University Press, 2000).

Ameriks, Karl (ed.), *Cambridge Companion to German Idealism* (Cambridge University Press, 2000).

Barrow, J. N., *The Crisis of Reason: European Thought 1848—1914* (New Haven, Conn.: Yale University Press, 2000).

Barzun, Jacques, *Darwin, Marx, Wagner: Critique of a Heritage* (University of Chicago Press, 1981).

Beiser, Frederick C., *Enlightenment, Revolution, and Romanticism: The Genesis of German Political Thought 1790—1800* (Cambridge, Mass.: Harvard University Press, 1992).

The Early Political Writings of the German Romantics (Cambridge University Press, 1996).

The Fate of Reason: German Philosophy from Kant to Fichte (Cambridge, Mass.: Harvard University Press, 1987).

Berlin, Isaiah, "Hume and the Sources of German Anti-Rationalism," in Isaiah Berlin, *Against the Current: Essays in the History of Ideas* (New York:

Viking Press, 1979), pp. 162—187.

Blackbourn, David, *The Long Nineteenth Century: A History of Germany, 1780—1918* (Oxford University Press, 1997).

Bonsiepen, Wolfgang, *Die Begründung einer Naturphilosophie bei Kant, Schelling, Fries und Hegel: Mathematische versus spekulative Naturphilosophie* (Frankfurt am Main: Vittorio Klostermann, 1997).

Bowie, Andrew, *Schelling and Modern European Philosophy: An Introduction* (London: Routledge, 1993).

Brandom, Robert, "Holism and Idealism in Hegel's *Phenomenology*," in Robert Brandom, *Tales of the Mighty Dead: Historical Essays in the Metaphysics of Intentionality* (Cambridge, Mass.: Harvard University Press, forthcoming).

"Some Pragmatist Themes in Hegel's Idealism: Negotiation and Administration in Hegel's Account of the Structure and Content of Conceptual Norms," *European Journal of Philosophy*, 7 (2) (August 1999), 164—189.

Making It Explicit: Reasoning, Representing, and Discursive Commitment (Cambridge, Mass.: Harvard University Press, 1994).

Breazeale, Daniel, "Between Kant and Fichte: Karl Leonhard Reinhold's 'Elementary Philosophy,'" *Review of Metaphysics*, 35 (June 1982), 785—821.

"Fichte in Jena," in Daniel Breazeale (ed. and trans.), *Fichte: Early Philosophical Writings* (Ithaca: Cornell University Press, 1988).

Breckman, Warren, *Marx, the Young Hegelians, and the Origins of Radical Social Theory: Dethroning the Self* (Cambridge University Press, 1999).

Bungay, Stephen, *Beauty and Truth* (Oxford: Clarendon Press, 1984).

Burnham, Scott, *Beethoven Hero* (Princeton University Press, 1995).

Butler, Judith, *The Psychic Life of Power: Theories in Subjection* (Stanford University Press, 1997).

Constantine, David, *Hölderlin* (Oxford: Clarendon Press, 1988).

Darnton, Robert, "History of Reading," in Peter Burke (ed.), *New Perspectives on Historical Writing* (University Park: Pennsylvania University

Press, 1992).

Dworkin, Ronald, *A Matter of Principle* (Cambridge, Mass.: Harvard University Press, 1985).

Freedom's Law: The Moral Reading of the American Constitution (Cambridge, Mass.: Harvard University Press, 1996).

Eldridge, Richard, *Leading a Human Life: Wittgenstein, Intentionality, and Romanticism* (University of Chicago Press, 1997).

On Moral Personhood: Philosophy, Literature, Criticism, and Self-Understanding (University of Chicago Press, 1989).

Falke, Gustav-H. H., *Begriffne Geschichte: Das historische Substrat und die systematische Anordnung der Bewußtseinsgestalten in Hegels Phänomenologie des Geistes. Interpretation und Kommentar* (Berlin: Lukas, 1996).

Fichte, J. G., "Review of *Aenesidemus*," in *Fichte: Early Philosophical Writings*.

A Crystal Clear Report to the General Public Concerning the Actual Essence of the Newest Philosophy: An Attempt to Force the Reader to Understand (trans. John Botterman and William Rasch), in Ernst Behler (ed.), *Philosophy of German Idealism* (New York: Continuum, 1987).

Das System der Sittenlehre nach den Prinzipien der Wissenschaftslehre, *SW*, IV.

Die Wissenschaftslehre in ihrem allgemeinen Umrisse, *SW*, II.

Fichte: Early Philosophical Writings (ed. and trans. Daniel Breazeale) (Ithaca: Cornell University Press, 1988).

Foundations of Transcendental Philosophy: Wissenschaftslehre nova methodo (1796/99) (ed. and trans. Daniel Breazeale) (Ithaca: Cornell University Press, 1992).

Grundlage des Naturrechts nach Prinzipien der Wissenschaftslehre (*1796*), *SW*, III.

Introductions to the Wissenschaftslehre and Other Writings (ed. and trans. Daniel Breazeale) (Indianapolis: Hackett Publishing Company, 1994).

Sämtliche Werke (ed. Immanuel Hermann Fichte) (Berlin: Walter de Gruyter, 1971).

The Science of Knowledge (ed. and trans. Peter Heath and John Lachs) (Cambridge University Press, 1982).

Forster, Michael, *Hegel's Idea of a Phenomenology of Spirit* (University of Chicago Press, 1998).

Frank, Manfred, *Eine Einführung in Schellings Philosophie* (Frankfurt am Main: Suhrkamp, 1985).

Einführung in die frühromantische Ästhetik (Frankfurt am Main: Suhrkamp, 1989).

Selbstbewußtsein und Selbsterkenntnis (Stuttgart: Reklam, 1991).

Unendliche Annäherung (Frankfurt am Main: Suhrkamp, 1997).

Fried, Charles, *Contract as Promise: A Theory of Contractual Obligation* (Cambridge, Mass.: Harvard University Press, 1981).

Friedman, Michael, *Kant and the Exact Sciences* (Cambridge, Mass.: Harvard University Press, 1992).

Fries, J. F., *Neue oder anthropologische Kritik der Vernunft* (Heidelberg: Muhr und Zimmer, 1807).

Philosophische Rechtslehre und Kritik aller positiven Gesetzgebung mit Beleuchtung der gewöhnlichen Fehler in der Bearbeitung des Naturrechts (Jena: Mauke, 1803; photoreprint Leipzig: Felix Meiner, 1914).

Reinhold, Fichte, Schelling (Leipzig: August Lebrecht Reinicke, 1803).

Wissen, Glaube, und Ahnung (translated as *Knowledge, Belief and Aesthetic Sense* (ed. Frederick Gregory, trans. Kent Richter) (Cologne: Jürgen Dinter, 1989).

Fulbrook, Mary, *A Concise History of Germany* (Cambridge University Press, 1990).

Furet, François, *Revolutionary France: 1770—1880* (trans. Antonia Nevill) (Oxford: Blackwell, 1992).

Gay, Peter, *The Naked Heart* (New York: W. W. Norton, 1995).

Gerhardt, Volker, Reinhard Mehring, and Jana Rindert, *Berliner Geist: Eine Geschichte der Berliner Universitätsphilosophie* (Berlin: Akademie, 1999).

Giovanni, George di, "Introduction: The Unfinished Philosophy of Friedrich Heinrich Jacobi," in *F. H. Jacobi: The Main Philosophical Writings and the Novel Allwill* (ed. and trans. George di Giovanni) (Montreal: McGill-Queen's University Press, 1994).

Guyer, Paul, "Naturalizing Kant," in Dieter Schönecker and Thomas Zwenger (eds.), *Kant Verstehen/Understanding Kant* (Darmstadt: Wissenschaftliche Buchgesellschaft, 2001), pp. 59–84.

Kant and the Claims of Knowledge (Cambridge University Press, 1987).

Kant and the Experience of Freedom (Cambridge University Press, 1996).

Hardenberg, Friedrich von, *Novalis: Philosophical Writings* (ed. and trans. Margaret Mahony Stoljar) (Albany: State University of New York Press, 1997).

Werke, Tagebücher und Briefe (eds. Hans-Joachim Mähl and Richard Samuel) (Munich: Carl Hanser, 1978).

Harris, Henry S., *Hegel: Phenomenology and System* (Indianapolis: Hackett Publishing Company, 1995).

Hegel's Ladder (Indianapolis: Hackett Publishing Company, 1997), vols. 1–2.

Hartmann, Klaus, "Hegel: A Non-Metaphysical View," in Alasdair MacIntyre (ed.), *Hegel: A Collection of Critical Essays* (Garden City: Doubleday, 1972).

Briefe von und an Hegel (ed. Johannes Hoffmeister) (Hamburg: Felix Meiner Verlag, 1969), vols. 1–4.

Hegel, G. W. F., *Aesthetics: Lectures on Fine Art* (trans. T. M. Knox) (Oxford: Clarendon Press, 1975).

Differenz des Fichteschen und Schellingschen Systems der Philosophie, in *Werke*.

Elements of the Philosophy of Right (ed. Allen W. Wood, trans. H. B. Nisbet (Cambridge University Press, 1991).

Enzyklopädie der Philosophischen Wissenschaften, *Werke*, vol. 9.

Faith and Knowledge or the Reflective Philosophy of Subjectivity in the Complete Range of Its Forms as Kantian, Jacobian, and Fichtean Philosophy (trans. Walter Cerf and H. S. Harris) (Albany: State University of New York Press, 1977).

"Glauben und Wissen oder Reflexionsphilosophie der Subjektivität in der Vollständigkeit ihrer Formen als Kantische, Jacobische und Fichtesche Philosophie," *Werke*, vol. 2.

Hegel's Philosophy of Nature (trans. A. V. Miller) (Oxford: Clarendon Press, 1970).

Lectures on the Philosophy of Religion (ed. Peter Hodgson, trans. R. F. Brown, P. C. Hodgson, and J. M. Stewart) (Berkeley: University of California Press, 1984).

Lectures on the Philosophy of World History: Introduction: Reason in History (trans. H. B. Nisbet) (Cambridge University Press, 1975).

Phänomenologie des Geistes (eds. Hans Friedrich Wessels and Heinrich Clairmont) (Hamburg: Felix Meiner, 1988).

Phenomenology of Spirit (trans. A. V. Miller) (Oxford University Press, 1977).

Science of Logic (trans. A. V. Miller) (Oxford University Press, 1969).

The Difference Between Fichte's and Schelling's Systems of Philosophy (trans. H. S. Harris and Walter Cerf) (Albany: State University of New York Press, 1977).

Vorlesungen über die Geschichte der Philosophie, *Werke*, vols. 18–20.

Vorlesungen über die Philosophie der Religion (ed. Walter Jaeschke) (Hamburg: Felix Meiner, 1993).

Vorlesungen über die Philosophie der Weltgeschichte: *Band I*: *Die Vernunft in der Geschichte* (ed. Johannes Hoffmeister) (Hamburg: Felix Meiner, 1994).

Vorlesungen über die Philosophie des Geistes. Berlin 1827/1828. Nachgeschrieben von Johann Eduard Erdmann und Ferdinand Walter (eds. Franz Hespe and Burkhard Tuschling) (Hamburg: Felix Meiner, 1994).

Werke in zwanzig Bänden (eds. Eva Moldenhauer and Karl Markus Michel) (Frankfurt am Main: Suhrkamp, 1971).

Wissenschaft der Logik (Hamburg: Felix Meiner, 1971).

Heine, Heinrich, "Concerning the History of Religion and Philosophy in Germany," in Heinrich Heine, *The Romantic School and Other Essays* (eds. Jost Hermand and Robert C. Holub) (New York: Continuum Books, 1985).

Heinrichs, Johannes, *Die Logik der "Phänomenologie des Geistes"* (Bonn: Bouvier, 1974).

Henrich, Dieter, "*Fichtes Ursprüngliche Einsicht*," in Dieter Henrich and Hans Wagner (eds.), *Subjektivität und Metaphysik*: *Festschrift für Wolfgang Cramer* (Frankfurt am Main: Klostermann, 1966).

"Kant's Notion of a Deduction and the Methodological Background of the First Critique," in Eckart Förster (ed.), *Kant's Transcendental Deductions*: *The Three Critiques and the Opus Postumum* (Stanford University Press, 1989).

Der Grund im Bewußtsein: *Untersuchungen zu Hölderlins Denken* (*1794—1795*) (Stuttgart: Klett-Cotta, 1992).

The Course of Remembrance and Other Essays on Hölderlin (ed. Eckart Förster) (Stanford University Press, 1997).

Herman, Barbara, *The Practice of Moral Judgment* (Cambridge, Mass.: Harvard University Press, 1993).

Hölderlin, Friedrich, *Höderlin* (ed., trans., and introduced by Michael Hamburger) (Baltimore: Penguin Books, 1961).

"Sein Urteil Möglichkeit," in Friedrich Hölderlin, *Sämtliche Werke* (*Frankfurter Ausgabe*), vol. 17 (eds. D. E. Sattler, Michael Franz, and Hans Gerhard Steimer) (Basel: Roter Stern, 1991), pp. 147–156.

Horstmann, Rolf-Peter and Michael J. Petry (eds.), *Hegels Philosophie der Natur: Beziehungen zwischen empirischer und spekulativer Naturerkenntnis* (Stuttgart: Ernst Klett, 1986).

Houlgate, Stephen, *Freedom, Truth and History: An Introduction to Hegel's Philosophy* (London: Routledge, 1991).

Iber, Christian, *Subjektivität, Vernunft und ihre Kritik: Prager Vorlesungen über den Deutschen Idealismus* (Frankfurt am Main: Suhrkamp, 1999).

Jacobi, F. H., *F. H. Jacobi: The Main Philosophical Writings and the Novel Allwill* (ed. and trans. George di Giovanni) (Montreal: McGill-Queen's University Press, 1994).

Kant, Immanuel, "An Answer to the Question: 'What is Enlightenment?,'" in *Kant's Political Writings*.

"Idea for a Universal History with a Cosmopolitan Purpose," in *Kant's Political Writings*.

"On the Common Saying: 'This May Be True in Theory, but It Does Not Apply in Practice,'" in *Kant's Political Writings*.

Critique of Judgment (trans. Werner S. Pluhar) (Indianapolis: Hackett Publishing Company, 1987).

Critique of Practical Reason (trans. Lewis White Beck) (Indianapolis: The BobbsMerrill Company, 1956).

Critique of Pure Reason (trans. N. K. Smith) (London: Macmillan and Co., 1964).

Groundwork of the Metaphysics of Morals (trans. H. J. Paton) (New York: Harper Torchbooks, 1964).

Kant's Political Writings (ed. Hans Reiss, trans. H. B. Nisbet) (Cambridge University Press, 1991).

Metaphysical Foundations of Natural Science (trans. James W. Ellington)

(Indianapolis: Hackett Publishing Company, 1985).

Metaphysics of Morals (trans. Mary Gregor) (Cambridge University Press, 1991).

Religion Within the Limits of Reason Alone (trans. Theodore M. Greene and Hoyt Hudson) (New York: Harper and Row, 1960).

Werke (ed. Wilhelm Weischedel) (Frankfurt am Main: Suhrkamp Verlag, 1977), vol. 8.

Kierkegaard, Søren, *Concluding Unscientific Postscript* (trans. David F. Swenson) (Princeton University Press, 1941).

Either/Or (trans. Howard V. Hong and Edna Hong) (Princeton University Press, 1987).

Fear and Trembling and The Sickness Unto Death (trans. Walter Lowrie) (New York: Doubleday Anchor Books, 1954).

Kierkegaard's Journals (trans., selected, and with an introduction by Alexander Dru) (New York: Harper and Row, 1959).

Philosophical Fragments or a Fragment of Philosophy (trans. David F. Swenson) (Princeton University Press, 1962).

Kinlaw, C. Jeffery, "The Being of Appearance: Absolute, Image, and the Trinitarian Structure of the 1813 *Wissenschaftslehre*," in Tom Rockmore and Daniel Breazeale (eds.), *New Perspectives on Fichte*, pp. 127–142.

Korsgaard, Christine, *The Sources of Normativity* (Cambridge University Press, 1996).

Lance, Mark and John O'Leary-Hawthorne, *The Grammar of Meaning: Normativity and Semantic Discourse* (Cambridge University Press, 1997).

Larmore, Charles, *The Romantic Legacy* (New York: Columbia University Press, 1996).

Lear, Jonathan, "The Disappearing 'We,'" in Jonathan Lear, *Open Minded: Working Out the Logic of the Soul* (Cambridge, Mass.: Harvard University Press, 1998), pp. 282–300.

Longuenesse, Beatrice, *Kant and the Capacity to Judge: Sensibility and*

Discursivity in the Transcendental Analytic of the Critique of Pure Reason (trans. Charles T. Wolfe) (Princeton University Press, 1998).

MacIntyre, Alasdair, *After Virtue: A Study in Moral Theory* (South Bend: Notre Dame University Press, 1981).

Martin, Wayne M., *Idealism and Objectivity. Understanding Fichte's Jena Project* (Stanford University Press, 1997).

Marx, Karl, *The Eighteenth Brumaire of Louis Napoleon*, in Karl Marx and Frederick Engels, *Selected Works in Two Volumes* (Moscow: Foreign Languages Publishing House, 1962), pp. 243—344.

McDowell, John, *Mind and World* (Cambridge, Mass.: Harvard University Press, 1994).

Mills, Patricia Jagentowicz, *Feminist Interpretations of G. W. F. Hegel* (University Park: Pennsylvania State Press, 1996).

Morley, Edith J. (ed.), *Crabb Robinson in Germany: 1800—1805: Extracts From His Correspondence* (Oxford University Press, 1929).

Neuhouser, Frederick, *Foundations of Hegel's Social Theory: Actualizing Freedom* (Cambridge, Mass.: Harvard University Press, 2000).

Nicolin, Günther (ed.), *Hegel in Berichten seiner Zeitgenossen* (Hamburg: Felix Meiner, 1970).

Nietzsche, Friedrich, *On the Genealogy of Morality* (ed. Keith Ansell-Pearson, trans. Carol Diethe) (Cambridge University Press, 1994).

Norton, Robert E., *The Beautiful Soul: Aesthetic Morality in the Eighteenth Century* (Ithaca, N. Y.: Cornell University Press, 1995).

O'Neill, Onora, *Constructions of Reason: Explorations of Kant's Practical Philosophy* (Cambridge University Press, 1989).

Pascal, Blaise, *Pensées*, trans. A. J. Krailsheimer (Baltimore: Penguin Books, 1966).

Petry, Michael, *Hegel's Philosophy of Nature* (ed. and trans. with an introduction and explanatory notes by Michael Petry) (London: Allen & Unwin, 1970).

Petry, Michael J. (ed.), *Hegel and Newtonianism* (Dordrecht: Kluwer Academic Publishers, 1993).

Hegel und die Naturwissenschaften (Stuttgart-Bad Cannstatt: Frommann-Holzboog, 1987).

Pinkard, Terry, "Analytics, Continentals, and Modern Skepticism," *The Monist*, 82 (2) (April 1999), 189—217.

"Kant, Citizenship and Freedom (§§41—52)," in Otfried Höffe (ed.), *Klassiker Auslegen: Immanuel Kant, Metaphysische Anfangsgründe der Rechtslehre* (Berlin: Akademie Verlag, 1999), pp. 155—172.

Hegel: A Biography (Cambridge University Press, 2000).

Hegel' Phenomenology: The Sociality of Reason (Cambridge University Press, 1994).

Pippin, Robert, "The Actualization of Freedom," in Karl Ameriks (ed.), *Cambridge Companion to German Idealism* (Cambridge University Press, 2000).

"Avoiding German Idealism," in Robert Pippin, *Idealism as Modernism: Hegelian Variations* (Cambridge University Press, 1997).

"Kant's Theory of Value: On Allen Wood's *Kant's Ethical Thought*," *Inquiry*, 43 (summer, 2000).

"Naturalness and Mindedness: Hegel's Compatibilism," *Journal of European Philosophy*, 7 (2) (August 1999), 194—212.

"Rigorism and 'the New Kant'," forthcoming in *Proceedings of the IXth International Kant Congress*.

"The Significance of Taste: Kant, Aesthetic and Reflective Judgment," *Journal of the History of Philosophy*, 34 (October 1996), 549—569.

Hegel's Idealism: The Satisfactions of Self-Consciousness (Cambridge University Press, 1989).

Hegel's Practical Philosophy: Traces of Reason in Ethical Life (forthcoming).

Henry James and Modern Moral Life (Cambridge University Press,

2000).

Kant's Theory of Form: An Essay on the Critique of Pure Reason (New Heaven, Conn.: Yale University Press, 1982).

Modernism as a Philosophical Problem: On the Dissatisfactions of European High Culture (Cambridge: Basil Blackwell, 1991).

Pöggeler, Otto, *Hegels Idee einer Phänomenologie des Geistes* (Munich: Karl Alber, 1993).

Raich, J. M. (ed.), *Dorothea von Schlegel geb. Mendelssohn und deren Söhne Johannes und Philip Veit, Briefwechsel* (Mainz: Franz Kirchheim, 1881).

Redding, Paul, *Hegel's Hermeneutics* (Ithaca, N. Y.: Cornell University Press, 1996).

Reinhold, Karl Leonhard, *Über das Fundament des Philosophischen Wissens* (ed. Wolfgang H. Schrader) (Hamburg: Felix Meiner, 1978; photomechanical reprint of the 1791 edition, Mauke, Jena).

Über die Möglichkeit der Philosophie als strenge Wissenschaft (ed. Wolfgang H. Schrader) (Hamburg: Felix Meiner, 1978; photomechanical reprint of the 1790 edition, Mauke, Jena).

Versuch einer neuen Theorie des menschlichen Vorstellungsvermögens (Prague and Jena: Widtmann and Mauke, 1789; photomechanical reprint, Darmstadt: Wissenschaftliche Buchgesellschaft, 1963).

Rockmore, Tom, "Fichte's Anti-Foundationalism, Intellectual Intuition, and Who One Is," in Tom Rockmore and Daniel Breazeale (eds.), *New Perspectives on Fichte*.

Cognition: An Introduction to Hegel's Phenomenology of Spirit (Berkeley: University of California Press, 1997).

Rockmore, Tom and Daniel Breazeale (eds.), *New Perspectives on Fichte* (New Jersey: Humanities Press, 1996).

Sandkühler, Jörg, "Einleitung: Positive Philosophie und demokratische Revolution," in F. W. J. Schelling, *Das Tagebuch* 1848.

Schelling, F. W. J., "Of the I as Principle of Philosophy," *Of the I as the Principle of Philosophy or On the Unconditional in Human Knowledge*, in F. W. J. Schelling, *The Unconditional in Human Knowledge: Four Early Essays (1794—1796)*.

Ausgewählte Schriften (ed. Manfred Frank) (Frankfurt am Main: Suhrkamp, 1985).

Das Tagebuch 1848 (ed. Jörg Sandkühler) (Hamburg: Felix Meiner, 1990).

Die Weltalter: Fragmente. In den Urfassungen von 1811 und 1813 (ed. Manfred Schröter) (Munich: C. H. Beck, 1946).

Einleitung an dem Entwurf eines Systems der Naturphilosophie oder über den Begriff der speculativen Physik und die innere Organisation eines Systems der Philosophie (1799), in F. W. J. Schelling, *Ausgewählte Schriften*, vol. 1.

Grundlegung der positiven Philosophie: Münchner Vorlesung WS 1832/33 und SS 1833 (ed. Horst Fuhrmans) (Turin: Bottega d'Erasmo, 1972).

Ideas for a Philosophy of Nature (trans. Errol E. Harris and Peter Heath) (Cambridge University Press, 1988).

Of Human Freedom (trans. James Gutmann) (Chicago: Open Court, 1936).

Philosophical Letters on Dogmatism and Criticism, in F. W. J. Schelling, *The Unconditional in Human Knowledge: Four Early Essays (1794—1796)*.

Philosophie der Offenbarung: 1841/42 (ed. Manfred Frank) (Frankfurt am Main: Suhrkamp, 1977).

Philosophische Briefe über Dogmatismus und Kritizismus, pp. 234－235, in *Schellings Werke*, vol. 1.

Schellings Werke (ed. Manfred Schröter) (Munich: C. H. Beck und Oldenburg, 1927).

System of Transcendental Idealism (trans. Peter Heath) (Charlottesville: University Press of Virginia, 1978).

The Ages of the World (Fragment) from the Handwritten Remains: Third

Version (*c. 1815*) (trans. Jason M. Wirth) (Albany: State University of New York Press, 2000).

The Unconditional in Human Knowledge: Four Early Essays (*1794—1796*) (trans. Fritz Marti) (Lewisburg: Bucknell University Press, 1980).

Über das Wesen der menschlichen Freiheit (Frankfurt am Main: Suhrkamp, 1975).

Über die Weltseele, in *Schellings Werke*, vol. 2.

Vom Ich als Prinzip der Philosophie oder über das Unbedingte im menschlichen Wissen, in F. W. J. Schelling, *Ausgewählte Schriften*, vol. 1.

Schlegel, Friedrich, *Philosophical Fragments* (trans. Peter Firchow) (Minneapolis: University of Minnesota Press, 1991).

Schleiermacher, Friedrich D. A., *Hermeneutics and Criticism and Other Writings* (ed. and trans. Andrew Bowie) (Cambridge University Press, 1998).

On Religion: Speeches to its Cultured Despisers (ed. and trans. Richard Crouter) (Cambridge University Press, 1988).

Über die Religion: Reden an die Gebildeten unter ihren Verächtern (Hamburg: Felix Meiner, 1958).

Schopenhauer, Arthur, *The World as Will and Representation* (trans. E. J. F. Payne) (New York: Dover, 1966).

Schulze, Gottlob Ernst, *Aenesidemus, oder, Über die Fundamente der von dem Herrn Professor Reinhold in Jena gelieferten Elementar-Philosophie: nebst einer Verteidigung des Skeptizismus gegen die Anmaßungen der Vernunftkritik* (ed. Manfred Frank) (Hamburg: Felix Meiner, 1996).

Sellars, Wilfrid, "Empiricism and the Philosophy of Mind," in Wilfrid Sellars, *Science, Perception and Reality*.

Science and Metaphysics (London: Routledge and Kegan Paul, 1968).

Science, Perception and Reality (London: Routledge and Kegan Paul, 1963).

Seyhan, Azade, *Representation and its Discontents: The Critical Legacy of German Romanticism* (Berkeley: University of California Press, 1992).

Sheehan, James, *German History: 1770—1866* (Oxford University Press, 1989).

Sherman, Nancy, *Making a Virtue of Necessity: Kant and Aristotle on Virtue* (Cambridge University Press, 1997).

Siep, Ludwig, *Der Weg der Phänomenologie des Geistes* (Frankfurt am Main: Suhrkamp, 2000).

Sophocles, *Antigone* (trans. Elizabeth Wycoff), in *Sophocles I* (eds. David Grene and Richard Lattimore) (New York: The Modern Library, 1954).

Speight, Allen, *Hegel, Literature, and the Problem of Agency* (Cambridge University Press, 2001).

Stamm, Marcelo, "Das Programm des methodologischen Monismus: subjekttheoretische und methodologische Aspekte der Elementarphilosophie K. L Reinholds," *Neue Hefte für Philosophie*, 35 (1995), 18–31.

Stekeler-Weithofer, Pirmin, *Hegels analytische Philosophie: Die Wissenschaft der Logik als kritische Theorie der Bedeutung* (Paderborn: Ferdinand Schönigh, 1992).

Stern, Robert, *Hegel's Phenomenology* (London: Routledge, 2001).

Stolzenberg, Jürgen, *Fichtes Begriff der intellektuellen Anschauung: die Entwicklung in den Wissenschaftslehren von 1793/94 bis 1801/02* (Stuttgart: Klett-Cotta, 1986).

Taylor, Charles, "The Importance of Herder," in Charles Taylor, *Philosophical Arguments* (Cambridge, Mass.: Harvard University Press, 1995), pp. 79–99.

Hegel (Cambridge University Press, 1975).

Tilliette, Xavier, *Schelling: Une Philosophie en Devenir* (Paris: Vrin, 1970).

Toews, John Edward, "Transformations of Hegelianism: 1805—1846," in Frederick C. Beiser, *The Cambridge Companion to Hegel* (Cambridge University Press, 1993).

Hegelianism: The Path Toward Dialectical Humanism, 1805—1841

(Cambridge University Press, 1980).

Viellard-Baron, Jean-Louis, *Hegel et L'Idéalisme Allemand* (Paris: Vrin, 1999).

Waibel, Violetta L., *Hölderlin und Fichte: 1794—1800* (Paderborn: Ferdinand Schönigh, 2000).

Williams, Bernard, "Wagner and Politics," *The New York Review of Books*, November 2, 2000.

Winfield, Richard Dien, *Overcoming Foundations: Studies in Systematic Philosophy* (New York: Columbia University Press, 1989).

Wolff, Michael, *Das Körper-Seele Problem: Kommentar zu Hegel, Enzyklopädie (1830), §389* (Frankfurt am Main: Vittorio Klostermann, 1992).

Wood, Allen, *Hegel's Ethical Thought* (Cambridge University Press, 1990).

Kant's Ethical Theory (Cambridge University Press, 1999).

Wordsworth, William, *The Prelude* (ed. Jonathan Wordsworth) (London: Penguin Books, 1995).

Ziolkowski, Theodore, *German Romanticism and Its Institutions* (Princeton University Press, 1990).

Zöller, Günther, *Fichte's Transcendental Philosophy: The Original Duplicity of Intelligence and Will* (Cambridge University Press, 1998).

索　引

德国古典哲学研究译丛

主编　李秋零

康德的遗产与哥白尼式革命：费希特、柯恩、海德格尔
［法］朱尔·维耶曼（Jules Vuillemin）/著　安靖/译

自身关系
［德］迪特尔·亨利希（Dieter Henrich）/著　郑辟瑞/译

德国观念论的终结
［德］瓦尔特·舒尔茨（Walter Schulz）/著　韩隽/译

形而上学与政治：亚里士多德与黑格尔研究
［德］约阿希姆·里特尔（Joachim Ritter）/著　贺念/译

黑格尔《逻辑学》的开端
［英］斯蒂芬·霍尔盖特（Stephen Houlgate）/著　刘一/译

主体性与自由：从康德到黑格尔以来的观念论考察
［德］克劳斯·杜辛（Klaus Düsing）/著　李红霞/译

理性的界限：关于德国观念论目标及其动因的研究
［德］罗尔夫-彼得·霍斯特曼（Rolf-Peter Horstmann ）/著　谢晓川/译

德国哲学 1760—1860：观念论的遗产
［美］特里·平卡德（Terry Pinkard）/著　侯振武/译

康德的实践理性批判——一种自由哲学
［德］奥特弗里德·赫费（Otfried Höffe）/著　袁辉/译

康德的道德宗教
［美］艾伦·W. 伍德（Allen W. Wood）/著　李科政/译

图书在版编目（CIP）数据

德国哲学1760—1860：观念论的遗产/（美）特里·平卡德著；侯振武译.
—北京：中国人民大学出版社，2019.12
（德国古典哲学研究译丛/李秋零主编）
ISBN 978-7-300-27462-1

Ⅰ.①德… Ⅱ.①特…②侯… Ⅲ.①哲学-研究-德国 Ⅳ.①B516

中国版本图书馆CIP数据核字（2019）第262751号

德国古典哲学研究译丛
主编 李秋零
德国哲学1760—1860：观念论的遗产
［美］特里·平卡德（Terry Pinkard） 著
侯振武 译
Deguo Zhexue 1760—1860：Guannianlun de Yichan

出版发行	中国人民大学出版社		
社　　址	北京中关村大街31号	**邮政编码**	100080
电　　话	010－62511242（总编室）		010－62511770（质管部）
	010－82501766（邮购部）		010－62514148（门市部）
	010－62515195（发行公司）		010－62515275（盗版举报）
网　　址	http://www.crup.com.cn		
经　　销	新华书店		
印　　刷	北京联兴盛业印刷股份有限公司		
规　　格	160 mm×230 mm　16开本	**版　　次**	2019年12月第1版
印　　张	27.25 插页2	**印　　次**	2023年3月第2次印刷
字　　数	401 000	**定　　价**	98.00元